KB235620

친밀한 하나됨

크리스천 여성들이 궁금해하는 성에 대한 21가지 질문과 대답

친밀한 하나됨
크리스천 여성들이 궁금해하는 성에 대한 21가지 질문과 대답

초판 1쇄 인쇄일 • 2010년 4월 5일

초판 1쇄 발행일 • 2010년 4월 8일

지은이 • 린다 딜로우, 로레인 핀투스

옮긴이 • 강선규

감　수 • 박병은

펴낸이 • 김미숙

편　집 • 이기홍

디자인 • 박선옥

마케팅 • 백유창

관　리 • 이생글

펴낸곳 • 이마고

121-840 서울시 마포구 서교동 408-18 5층

전화 (02)337-5660 | 팩스 (02)337-5501

E-mail : imagopub@chol.com | www.imagobook.co.kr

출판등록 2001년 8월 31일 제10-2206호

ISBN 978-89-90429-86-5　03230

* 값은 뒤표지에 있습니다.
● 잘못된 책은 바꿔드립니다.

이마고데이 [Imago · Dei]

크리스천 아내들을 위한
이상적인 부부생활 지침서

박병은(한사랑기독상담실장)

나는 지난 20여 년간 500회 이상 성에 대한 강의를 여러 곳에서, 여러 사람들을 상대로 진행해왔다. 교회에서, 학교에서, 상담기관에서, 텔레비전 방송에서, 개인적으로 또는 집단으로⋯⋯. 결혼예비학교에서는 결혼을 앞둔 예비부부들을 위한 부부의 성생활을 가르쳤고, 젊은부부학교 또는 가정행복학교에서는 기존의 부부관계가 거룩함 안에서 좀더 즐거움을 만끽할 수 있도록 구체적인 성생활에 대해 강의했으며, 중고등부 청소년들과 해외유학생을 비롯한 청년들에게는 이성교제에서부터 배우자 선택에 이르기까지 예방 차원에서의 순결교육과 더불어 왜곡된 성행위로부터 자신을 돌이키도록 하는 상담을 해왔다. 물론 이러한 성강의에는 전문 상담사들을 위한 성상담 교육도 들어 있으며, 모든 성교육은 철저하게 성경적 관점을 바탕으로 이루어진다.

하나님의 말씀에 근거한 성과 실제 성생활에 관한 지침들을 교육하면서 늘 느끼는 것은 시간도 작업도 충분하지 못하다는 안타까움이었다. 한 차례 강의에 할당되는 시간은 보통 90분에서 120분 정도인데, 이 제한된 시간 안에 강의로 풀어내는 성이야기는 성경에서 성을 어떻게 말씀하고 있는지를 설명하기에도 부족할 때가 많다. 실제적인 부부의 성이야기를 나눌 때에도 피교육생들의 필요를 다 반영하거나 다룰 수 없는 점 역시 안타까운 일이었다.

남녀의 성차이를 비롯해서 부부관계의 감각을 높이는 스킬의 문제, 성장과정에서 형성된 성정체성과 나름의 성경험에서 비롯된 성에 대한 태도와 죄책감, 다스려지지 않는 성충동과 욕구의 문제, 성기능장애, 자위행위, 포르노 등에 이르기까지 우리가 꼭 알아야 하고 해결해야 할 문제들은 너무나 많은데, 강의는 대부분 성에 대한 성경적 개념을 정리하게 된 것이 너무 좋았다는 피드백과 함께 앞으로 더 많은 작업을 하고픈 아쉬움으로 끝나곤 했다.

따라서 나는 개인적으로 부부의 성생활을 비롯해서 성의 영역들에 대해 성경적 관점에서 구체적이고 실제적 지침이 되는 책의 필요성을 절감하고 있었다. 말로 다 풀어낼 수 없는 영역까지도 샅샅이 다루어줌으로써 속을 시원케 하고 실질적인 도움이 되는 내용을 담은 책이 있다면 얼마나 좋을까 하고 항상 생각해왔다.

시중에는 남녀의 성반응 차이에 대한 이해를 돕기 위해 쓰인 책들이 있지만 성경에 근거한 성해석이 아니라는 점에서 크리스천들에게는 적극 추천할 만하지 못하다. 또한 성과 성생활에 대한 성경적 관점을 피력한 책들이 더러 있어 나름대로 도움을 주는 것은 사실이나 더 구체적으로 부부가 한몸이 되는 기쁨에 대해서나 크리스천에게 이슈가 될 만한 성에 대해서까지는 다루고 있지 못하는 실정이다.

이런 연유로 이 책을 감수하게 되었을 때 나는 흥분을 감출 수 없었다. "바로 이거야!"라는 말은 바로 이럴 때 쓰는 게 아닐까! 페이지를 넘길수록 흥분이 더해갔다. 내가 매번 강의 때마다 다루고 싶었던 이야기들이 너무나 잘 정리되어 있었다. 무엇보다 이 책은 성에 관한 모든 궁금증과 우리 크리스천 아내들이 가장 알고 싶은 것들을 질문으로 제시하고 바로 답을 얻을 수 있도록 정리해놓았다. '경건하면서 동시에 감각적인 여성이 될 수 있을까요?' '다른 남자에게 마음이 끌릴 때는 어찌해야 하나요?'

'포르노에 탐닉하는 남편은 어찌해야 하나요?' '과거의 성적인 죄로 인한 죄책감을 극복할 수 있을까요?' 등등 하나같이 우리에게 절실한 물음들이다.

정상적인 성에서부터 금기사항과 실제 성테크닉까지를 두루 아우르고 있는 이 책은 가히 이 땅의 부부들, 특히 아내들을 위한 성백서로 활용될 수 있을 것이다. 또한 매 장에서 다룬 내용들을 함께 모여서 나눌 수 있도록 부록으로 엮어놓는 친절까지 베풀고 있으니 교재로 사용하기에도 전혀 부족함이 없어 보인다.

이 땅에 사는 크리스천 아내들에게, 그들을 아내로 둔 남편들에게 하나님은 이 책을 통해서 거룩한 즐거움을 풍성하게 주시기로 작정하셨음이 틀림없지 않은가!

Contents

part. 1 폭발 직전의 질문들

 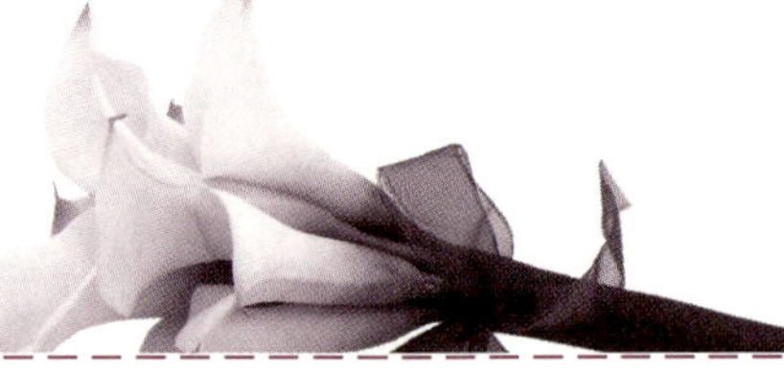

part. 2 검게 타버린 질문들

part.3 뜨겁게 끓고 있는 질문들

한 목사가 여성 건강 심포지엄에 연사로 초청을 받았다. 강연 주제가 무엇이냐고 묻는 아내에게 그는 쑥스러운 나머지 차마 성에 관해 이야기해 달라는 요청을 받았다는 말을 하지 못했다. 재빨리 머리를 굴린 그는 이렇게 답했다.

"항해에 대해 말할 거요."

다음날 식품점에서 그 강좌에 참석했던 한 젊은 여성이 목사의 아내를 알아보았다.

"어제 목사님 말씀이 정말 훌륭했어요. 그 주제에 관해 정말 독특한 관점을 가지고 계시더군요."

그녀의 말에 목사의 아내가 이렇게 대답했단다.

"그렇게 생각하시다니 재미있네요. 그러니까 제 말은 남편이 그 경험을 단 두 번밖에 해보지 않았다는 거죠. 첫번째는 토했고, 두번째는 모자가 바람에 날아가버렸죠."_01

옥상에 올라가서 성에 대해 큰 소리로 외치는 사람들도 있지만 많은 사람들은 이에 대해 말하는 것을 당혹스러워한다. 최근 우리는 텔레비전 뉴스에 한 커플이 나와 비아그라가 어떻게 상상 이상의 황홀경을 가져다 주었는지 드러내놓고 설명하는 장면을 보게 되었다. 역겨운 마음이 든 우리는 텔레비전을 꺼버렸다. 그러고 나서 일주일 뒤, 비즈니스석에서 공공연히 사랑을 나누고 있는 두 승객을 질책하러 가기 위해 점보제트기의 기장이 어쩔 수 없이 조정석을 이탈할 수밖에 없었다는 기사를 신문에서 읽었다._02

사람들은 도처에서 성에 관한 이야기를 하고 있다. 하지만 그리스도인 아내들이 여성의 관점에서 이 민감한 주제에 대해 성경적이고 솔직한 정보를 얻을 수 있는 곳은 거의 없다. 바로 그것이 우리가 이 책을 쓴 이유이다.

이 문제를 다루기 전에 먼저 우리 자신부터 소개하고자 한다. 우리는 성 상담치료사나 심리학자 또는 사회학자가 아니다. 우리는 성경을 공부하는 사람이고, 하나님을 추구하며 그분을 알고 남편과의 성적인 관계를 포함하여 우리 삶의 모든 영역에서 그분을 드러내기를 원하는 여성들이다. 우리는 둘 다 결혼과 성문제뿐만 아니라 영적 삶과 관련된 주제들을 가르치는 저자이자 연사들이다.

이 책을 준비하면서 우리는 1,000명의 여성들에게 "남편과 아내 사이의 성적인 관계에 대해 두 가지 질문을 하고 답을 얻을 수 있다면 어떤 질문을 하시겠습니까?"라고 물었다. 가장 빈도가 높았던 질문들이 이 책 각 장의 제목이 되었다. 질문을 해주었을 뿐 아니라, 우리에게 지혜와 용기를 전해준 그들의 이야기를 이 책에서 소개할 수 있게 허락해준 많은 여성들에게 감사를 표하고 싶다. 그들의 솔직함에 감사한다. 그러나 그들을 보호하기 위해 이름을 바꾸었음을 밝혀둔다.

조사 작업의 일환으로 우리는 〈창세기〉부터 〈요한계시록〉까지 성에 관련된 모든 구절을 표시하며 성경을 읽었다. 우리는 그리스도인 여성들의 섹슈얼리티가 하나님의 관점에서 성숙하는 데 관심이 있다. 마음 같아서는 차 한 잔을 앞에 두고 마주앉아서, 한 사람 한 사람의 질문에 답하고 염려하는 바를 위해 함께 기도할 수 있었으면 좋겠다. 하지만 그렇게 할 수 없기에 당신이 이 책을 읽을 때에 하나님이 당신의 필요를 채워주시도록 기도하고 있다. 또한 우리는 당신이 그분을 만나고 있을 뿐만 아니라 당신에게 관심을 가진 두 친구를 만나고 있다는 것을 느낄 수 있도록 도와달라고 기도한다.

이 책을 위해 여러 시간 기도했다. 우리는 이 책이 도움이 될 만큼 구체적이면서도 감정을 상하게 하지 않을 만큼 세심하기를 원한다. 하나님은 결혼관계에서 그분이 선물로 주신 섹스는 자유로운 즐거움과 친밀한 하나됨을 가져다주기 위한 것이라고 선언하신다. 이 책이 그분의 마음을 드러낼 수 있기를, 당신이 경건하면서도 감각적인 아내로 성장하는 데 동기를 부여하고 격려가 되기를 소망한다.

당신을 위해 기도하고 있는
린다와 로레인

이 책을 어떻게 읽을 것인가?

*** 이책은 다음과 같이 이용할 수 있다.**

_ 성에 관한 당신의 태도를 변화시키고 부부관계를 풍성하게 하는 데 도움을 주는 핸드북으로.

_ 개인적 묵상을 위하여(각 장의 말미에 '오 하나님, 제 마음을 바꾸소서' 라는 적용 부분이 포함되어 있다).

_ 다른 여성들을 상담하기 위한 자료로.

_ 개인 성경공부나 그룹 성경공부를 위하여(이 책의 끝에 12주 과정의 성경공부 질문이 포함되어 있다).

***** 각 장은 독립적인 내용을 담고 있기 때문에 당신이 도움을 필요로 하는 특별한 질문이 있다면 그 장을 바로 찾아볼 수 있다. 하지만 우리가 권하는 바는 특정한 주제들이 하나하나 쌓아올려지도록 이 책을 순서대로 읽는 것이다. 어떤 경우든 이 책의 1, 2장은 반드시 읽도록 하라. 그 두 장은 기초가 되는 내용을 담고 있다.

***** 우리는 21개의 질문을 세 영역으로 나누었다. 1부는 우리의 마음 한편에 항상 자리 잡고 있는 '폭발 직전의 질문들' 을 다루고 있다. 2부는 불이 붙어 고통을 주는 '검게 타버린 질문들' 을 다루고 있으며, 3부는 즉시 답을 얻어야 할 필요가 있을 만큼 '뜨겁게 끓고 있는는 질문들' 에 대해 현명한 답변을 제공한다.

***** 우리는 대화를 나눈 많은 여성들로부터 들은 수많은 이야기를 이 책에 포함시켰고, 기독교와 세속적인 자료도 두루 인용하였다. 하지만 세속적인 자료를 이용할 때는 성경의 가르침에 반하지 않으면서 도움과 통찰을 제공해주는 것들만을 선별하여 인용하였다. 우리가 인용한 책 전체나 잡지를 읽어보라고 권하는 것이 아니라 단지 인용된 부분만을 참조하라는 것임을 이해해주기 바란다.

part.1

SIMMERING questions

폭발 직전의 질문들

하나님은 우리가 성적인 기쁨을 경험하고, 우리의 감각을 활성화하며, 우리 마음이 하나님께 대한 감사와 찬양으로 소리치게 되기를 원하신다. 감각적인 것을 받아들이고 기뻐하는 것은 하나님의 선물을 받고 심히 기뻐하는 것이다. 하나님은 우리가 감각적이 되는 것을 허락하셨다. 당신은 자신에게 그것을 허락할 것인가?

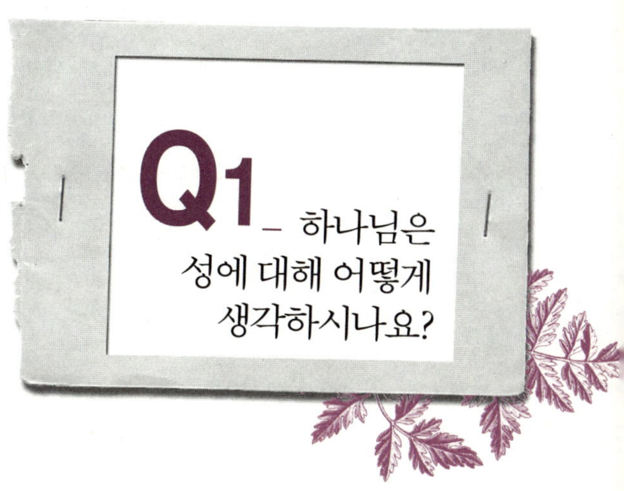

식품점 계산대에 서서 직원이 좀더 빨리 움직여주었으면 하고 바라는 중에 껌을 사고 싶은 마음이 생긴다. 손을 뻗어 계산대 옆 판매대에 놓인 껌 한 통을 집어드는데, 가까이에 진열된 타블로이드 신문의 헤드라인이 소리친다.

'성적 쾌락이 내 결혼생활을 유지시킨다.'

그 옆에서는 한 여성잡지가 이렇게 선언한다.

'남자를 유혹하는 일곱 가지 방법'

잡지진열대를 쭉 훑어본다. 타블로이드 신문과 여성잡지들이 모조리 이와 비슷한 메시지를 외쳐대고 있다. 그 소리들을 잠재우기 위해 고개를 돌려 장바구니에 담긴 채소들을 살펴본다. 그저 껌 한 통을 원했을 뿐인데 기대했던 것보다 씹어야 할 것이 훨씬 더 많아졌다. 브로콜리를 응시하면서 이렇게 기도한다.

'하나님, 성적인 쾌락만을 탐하는 것은 옳지 않다는 것을 저도 분명히 압니다. 하지만 아내가 남편을 유혹하는 것은 어떤가요? 성적인 행동의 어디

쯤에다 선을 그어야 하나요? 무엇이 옳고 무엇이 그른 일인가요? 제가 경건하면서도 동시에 감각적인 여성일 수 있나요? 성에 대해 어떻게 생각해야 하는지, 하나님 당신은 성에 대해 어떻게 생각하시는지 알고 싶어요.'

성과 관련한 문제에서 혼란을 느끼는 것이 당신만은 아닐 것이다. 대부분의 여성이 성에 관한 하나님의 관점을 파악하지 못하고 있다. 그들은 하나님이 무슨 생각을 하시는지 확신하지 못한다. 왜냐하면 불협화음을 내며 아우성치는 온갖 소리가 난무하는 가운데 종종 그분의 음성을 놓쳐 버리기 쉽기 때문이다. 이리저리 뒤섞인 너무나 많은 메시지들을 들으며 사람들이 혼란스러워 하는 것도 이상한 일은 아니다.

혼란을 낳는 모순된 음성들

빅토리아시대의 음성을 들으면 우리는 혼란을 느낄 수 있다.

"그것에 대해서는 말도 하지 마라. 불을 끈 채로 이불 속에서만 하라."
"그것은 오로지 정상체위로만 하라."
"그것은 남자들만을 위한 것이다."

성적 선구자들의 음성을 들을 때도 우리는 혼란을 느낀다. 심리학자 지그문트 프로이트, 헨리 해브록 엘리스, 앨프레드 킨제이, 윌리엄 매스터스 그리고 버지니아 존슨은 여성들에게 '빅토리아시대의 은폐물'로부터 벗어나 성적인 피조물이 되라고 요구한다. 그들이 하는 말에 긍정적인 요소가 포함되어 있기는 하지만 그 논조에 우리의 감각을 거스르는 부분이 있는 것도 사실이다.

당신의 몸이 작용하는 방식은 이렇다. 이 처방전을 당신의 몸이라는 컴퓨터에 꽂아라. 빙고! 오르가슴을 느끼게 될 것이다. 그것은 모든 여성의 권리다. 당신의 '개인용 컴퓨터'가 제 몫을 다하게 하라.

일부 교부들의 음성을 들으면 우리는 혼란을 느낄 수 있다.

* 아우구스티누스는 성행위는 좋은 것이라고 인정했지만 열정이나 욕망은 죄라고 했다. "결혼관계에서 절제하지 않는 사람, 그는 다름 아니라 아내를 간음하는 자다."_01
* 토마스 아퀴나스는 성을 즐기지만 않는다면_02 수사의 삶이 요구하는 사항들을 받아들일 수 없는 사람들은 결혼을 해도 좋다고 생각했다.
* 마르틴 루터는 이런 말을 했다. "성교는 결코 죄가 없지 않다. 하지만 하나님은 그분의 은혜로 그것을 용서하시는데, 왜냐하면 결혼이 그분의 작품이기 때문이다."_03

열정이나 기쁨이 없는 성교? 성교가 죄라고? 이런 유산을 물려받은 그리스도인 여성들이 혼란을 느끼는 것은 전혀 이상한 일이 아니다.

어머니들의 음성을 들으면 우리는 혼란을 느낄 수 있다. 물론 현명한 조언을 하는 어머니도 있지만 부정적인 메시지를 보내는 어머니도 있다.

"'그런 부류의' 여자아이들이나 그것을 즐기는 거란다."
"그것은 남자들의 일이란다. 너는 그저 그걸 참고 견디는 거야."
그리고 정말로 도움이 안 되는 반응, 침묵.

일부 선배 여성들의 음성에 귀를 기울이면 우리는 혼란을 느낄 수 있다. 많은 사람들이 성행위를 의무와 동일시하고 종종 다음과 같은 불평을 늘어놓는다.

"결혼하고 한 20년쯤 지날 때까지 기다려봐. 그럼 그것도 시들해질 테니까."
"결혼하고 2년쯤 지나면 이미 흥분은 사라지고 없어."
"남편과 자고 나면 그저 아이를 가질 수 있을 뿐이지."

미디어의 음성에 귀를 기울이면 우리는 정말로 혼란을 느낄 수 있다.

* 그것은 언제나 그저 자연스럽게 벌어지는 일이다.
* 여성들은 언제든 남자를 받아들일 수 있고, 곧바로 준비된다. 사랑이나 격려나 전희 따위는 필요로 하지 않는다. 여자의 생식선은 셔츠의 단추를 푸는 순간 작동한다.
* 남자도 여자도 모든 것을 알고 있고, 모든 것을 잘하고, 원래 완벽하게 사랑을 할 줄 아는 연인이다.
* 피곤은 열정적인 눈길 한 번만으로 사라져버린다.
* 남자도 여자도 아침에 일어났을 때 입냄새가 나는 일은 없다. 여자는 아침에 일어났을 때에도 제대로 화장을 하고 있고, 남자의 머리는 말끔하게 빗겨져 있다.

익히 들어본 이야기들 아닌가? 이런 음성들은 우리가 우리의 섹슈얼리티를 바라보는 방식에 영향을 미쳐왔다. 성이라는 하나님의 선물에 대한 생각은 너무나 왜곡되어서 많은 여성들이 무엇을 믿어야 할지 알지 못한다. 어떤 이들은 자신에게 무슨 문제가 있는 것은 아닐까 고민한다.

"영화에서 보면 사랑을 나누는 것이 아주 간단하더군요. 커플이 흥분한 상태로 침대에 눕고 그 다음은 일사천리죠. 그런 걸 보면 내가 뭔가 잘못된 게 아닌가 하는 생각이 들어요. 나는 성적으로 흥분되는 데 시간이 걸리니까요. 또 침대에서 남편과 이틀씩이나 뒹굴며 지낼 수도 없어요. 나는 아무래도 감각적인 사람은 아닌가봐요."

"남편과 사랑을 나눌 때, 때때로 아이들과 집과 정원이 생각나서 집중하기가 어려워요. 내게 무언가 문제가 있는 거죠?"

"성에 대해 점점 더 혼란스러워져요. 우리 부모님이 서로를 피하셨던 건 분명해요. 지금은 나도 결혼을 했는데, 성적으로 충동을 느끼지 않는다면 무언가 잘못된 거라고 다들 말하잖아요. 부모님께 배운 것과는 다르니 대체 누구의 말을 들어야 할까요?"

무언가 잘못되기는 했다. 하지만 이 아내들이 잘못된 것은 아니다. 잘못된 것은 바로 그 들려오는 음성들이다. 그들은 한편으로는 성행위가 악이라고 속삭이고 다른 한편으로는 "그걸 하라!"고 소리친다.

이것은 하나님이 의도하신 것이 아니다. 어둠에서 외치는 음성들을 잠잠하게 하고 대신 밝은 빛 가운데서 진리를 속삭이는 바로 그 하나의 음성에 귀를 기울일 때다. 그분의 음성을 듣는가? 하나님이 당신을 부르시고 그분의 음성을 들으라고 간청하고 계신다. 우리를 지으신 그분은 성에 대해 할 말씀이 많으시다. 그분이 그것을 고안해내신 분이니까. 우리의 귀를 열자. 우리의 눈을 열자. 우리의 마음을 열자.

하나님의 말씀이 그분이 성을 창조하셨던 이유를 알려주신다.

<u>하나님의 음성이 선언하신다.</u>

"나는 너희가 생명을 창조하도록 성이라는 선물을 주었다"

하나님은 땅의 흙으로 아담을 지으셨다. 그러고 나서 아담의 갈빗대를 취하여 하와를 만드셨다. 그분은 계속해서 이런 방식으로 남자와 여자를 창조하실 수도 있었고, 그분이 할 수 있는 다른 수많은 방법 중에서 선택하실 수도 있었다. 하지만 하나님은 그분의 완전한 지혜 안에서, 한 남자와 한 여자가 새로운 생명을 창조하기 위한 최선의 계획으로 성을 고안하셨다.

〈창세기〉 서두에서 우리는 "생육하고 번성하여 땅에 충만하라."(1:28)는 명령을 받는다. 이것은 아마도 하나님의 백성들에게 지속적으로 적용되는 하나님의 유일한 명령일 것이다. 성이라는 선물은 사랑을 통해 하나님의 형상을 가진 생명을 창조하는, 말로 다할 수 없는 특권을 우리에게 부여한다. 우리 하나님은 얼마나 창조적인 분이신지!

어떤 이들은 하나님이 아담과 하와에게 이렇게 지시하신 것은 아닌가 생각한다. "이것은 너희가 아이를 만들기 위해 하는 일이란다……." 우리는 그렇게 생각하지 않는다. 하나님은 남자와 여자의 몸을 아주 절묘하게 만드셔서 그들이 서로 잘 들어맞게 하셨다. 아담과 하와가 이 사실을 발견했을 때 얼마나 놀라고 경탄했을지 상상이 되는가? 그들이 사랑의 창조물인 아이를 품에 안았을 때, 얼마나 영광스러운 환희를 느꼈을지 상상이 되는가?

<u>하나님의 음성이 선언하신다.</u>

"나는 친밀한 하나됨을 위해 성이라는 선물을 주었다."

"남자는 아버지와 어머니를 떠나 그의 아내와 결합하여 한몸을 이루는 것이다."(창세기 2:24) 정말 놀라운 생각 아닌가? 두 개의 서로 분리된 존재가 결합되고, 연결되고, 몸과 영과 혼이 함께 짜여지면, 하나님이 그들을 둘이 아니라 하나의 존재로 보시게 된다.

사도 바울은 이 구절을 인용하면서 그 의미를 자세히 설명한다. 그는 남편과 아내가 이루는 한몸은 엄청난 신비라고 말한다. 신비는 일반적으로 비밀이나 감추어진 것이지만 바울은 이 신비를 쉽고 분명하게 밝힌다. 하나님의 말씀은 우리의 성적인 하나됨이 그리스도가 교회와의 관계에서 갖는 영적인 하나됨을 보여주는 이 세상의 그림이라는 것이다.(에베소서 5:31~32)

이에 비추어볼 때 도대체 그 누가 하나님이 성을 잘못된 것이나 추한 것이라고 생각하셨다고 말할 수 있는가? 하나님 곧 우주의 전능하신 창조자께서 우리의 육체적 하나됨이 그분이 우리와 갖기를 원하시는 영적 하나됨을 보여주는 그림이라고 말씀하셨다. 그것은 하나님이 이렇게 말씀하고 계신다는 의미다.

"너희의 성관계를 통해 나는 너희에게 시각적으로 확인할 수 있는 그림을 주었다. 그리함으로 너희가 육체적 친밀함의 아름다움을 경험할 때 너희는 내가 너희에게 영적으로 바라는 모든 것, 너희의 영이 나의 영과 달콤하게 연합하는 것에 대해 어렴풋하게나마 이해할 수 있게 될 것이다."

그런 영광스러운 하나됨은 거의 우리의 이해 수준을 넘어서는 것이다.

하나님의 음성이 선언하신다.

"나는 지식을 위해 성이라는 선물을 주었다."

〈창세기〉 4:1절에는 "아담이 자기 아내 하와와 동침하니〔knew(had sexual intercourse with), NKJV〕 아내가 임신하여 가인을 낳았다."라는 말씀이 있다. 히브리어로 '알다' 라는 단어는 '성관계를 갖다' 는 의미로 사용되기도 한다. 성이라는 하나님의 선물을 통해서 남편과 아내는 서로를 그 누구와도 다른 방식으로 친밀하게 "알게 된다." 이러한 지식은 그들의 관계에 깊이를 더해준다. 마이크 메이슨은 《결혼의 신비》에서 이 점을 아름답게 이야기한다.

이성의 몸에서 가장 비밀스러운 곳을 자신의 가장 내밀한 부위로 터치하기 때문에 거기에는 단순한 터치를 넘어서는 무언가가, 살 그 자체를 지나 영과 연결되는 지점까지 그리고 성육신이 일어나는 지점까지 나아가는 무언가가 있다._04

"나는 즐거움을 위해 성이라는 선물을 주었다."

성경이 '열매 맺기'와 '하나됨'에 대해 말하는 것보다 성의 즐거움에 대해 더 많은 말을 한다는 사실이 믿어지는가? 하나님은 성경의 한 권 전체, 곧 〈아가서〉를 통해 결혼관계 안에서의 성적 즐거움이라는 주제를 다루셨다. 다른 여러 곳에서도 결혼관계의 사랑이 주는 기쁨에 대해 이야기하신다. 하나님의 음성에 귀를 기울여보자.

> 너는 네 우물의 물을 마시고, 네 샘에서 솟아나는 물을 마셔라.
> ……네 샘이 복된 줄 알고, 네가 젊어서 맞은 아내와 더불어 즐거워하여라.
> 아내는 사랑스러운 암사슴, 아름다운 암노루, 그의 품을 언제나 만족스럽게 생각하고, 그의 사랑을 언제나 사모하여라.(잠언 5:15, 18~19)

이 구절의 첫 부분은 시원하고 신선한 물을 마심으로써 목마름이 해소되는 것과, 흥분되고 즐거움이 넘치는 성관계를 통해서 부부간의 성적 갈증이 만족되는 것을 아름다운 병행구로 묘사하고 있다. 두번째 부분은 그들이 서로를 안았을 때 경험하는 감정을 묘사한다. 이 구절을 풀어쓴 것 중 우리가 가장 좋아하는 대목은 이것이다.

네 아내에 대한 사랑과 아내와의 잠자리가 계속해서 너를 기쁨으로
취하게 하라. 그녀의 사랑이 주는 황홀경을 항상 누리고 즐거워하
라._05

'취하다'와 '황홀경'보다 더 강력한 단어를 찾기는 어려울 것이다. 이
것이 하나님의 말씀, 당신에게 말씀하시는 그분의 음성이다.
"네 남편을 누리고, 그에게 사랑을 주고 그에게서 받아라. 성적 사랑이
주는 에로틱한 감정으로 너 자신을 기쁘게 하라."

<u>하나님의 음성이 선언하신다.</u>
"나는 유혹을 막는 방어책으로 성이라는 선물을 주었다."

하나님이 선물로 주신 섹슈얼리티는 선을 위해서도 악을 위해서도 강
력한 힘으로 사용될 수 있다. 그분의 선물이 분명하게 선을 위해—자녀
생산, 유일한 지식, 친밀한 하나됨, 즐거움과 위로를 주기 위해—사용되
도록 하기 위해, 그분은 선물을 결혼서약이라는 띠로 묶으셨다. 〈잠언〉은
젊은 남자들에게 성적 탐욕의 유혹을 경고하고 "너는 네 우물의 물을 마
시고 네 샘에서 솟아나는 물을 마셔라."(5:15)라고 권고한다. 다음 본문은
결혼관계에서의 성행위가 유혹을 씻는 세제라는 점을 분명히 알려준다.

그러나 음행에 빠질 유혹 때문에, 남자는 저마다 자기 아내를 두고,
여자도 저마다 자기 남편을 두도록 하십시오. ……서로 물리치지 마
십시오. 여러분이 기도에 전념하기 위하여 얼마 동안 떨어져 있기로
합의한 경우에는 예외입니다. 그러나 그 뒤에 다시 합하십시오. 여러
분이 절제하는 힘이 없는 틈을 타서 사탄이 여러분을 유혹할까 염려
되기 때문입니다. (고린도전서 7:2, 5)

"나는 위로를 위해 성이라는 선물을 주었다."

부부관계에서 하나님이 계획하셨던 것의 일부가 바로 위로다. 〈사무엘하〉에서 다윗과 밧세바가 아들의 죽음을 맞이한 장면에 귀를 기울여보자. 한편으로는 깊이 탄식하고 슬퍼하였지만, "그 뒤에 다윗이 자기의 아내 밧세바를 위로하고 동침하니, 그 여인이 아들을 낳았다. 다윗이 그의 이름을 솔로몬이라고 하였다."(12:24)

이런 성관계는 연민과 사랑으로 풍성하다. 위로가 되는 것이 당연하지 않은가!

자넷은 남편이 직장을 잃고 절망에 빠져 있을 때, 그녀가 그에게 주었던 가장 효과적인 위로와 격려가 그를 육체적으로 사랑해주는 것이었다고 말했다. 열정적인 남자와 결혼한 셜리는 남편이 사무실에서 전쟁을 치른 듯한 하루를 보내고 집에 돌아왔을 때, 남편과 사랑을 함으로써 그를 위로하고 피로도 풀어줄 수 있다는 것을 알고 있었다.

남편은 의자에 푹 파묻혀서 아주 깊이 낙담해 있었어요. 친구 하나가 그를 배신했거든요. "여보, 이리 와서 셔츠를 벗고 침대에 누워요. 내가 따뜻한 오일 마사지로 근육의 긴장을 풀어줄게요." 남편의 어깨와 등을 주물러주면서 그의 긴장이 풀리는 것을 느낄 수 있었어요. 나는 그가 입고 있던 옷을 마저 벗기고 전신 마사지를 해주었고, 그러고 나서 사랑으로 그를 위로해 주었어요. 그건 아주 감각적인 성교도 아니었고 친밀한 하나됨의 영광스런 시간도 아니었죠. 그건 위로를 주는 시간이었어요. 남편은 깊은 숨을 내쉬고는 잠에 빠져들었고, 나는 그를 위로할 수 있어서 기뻤어요.

부부의 성관계는 긴장을 완화시켜주기 때문에 위로를 준다. 등을 주물러주는 것만으로도 몸의 긴장을 풀어주는 데 효과가 있지만 성적인 해소는 이보다 훨씬 더 좋다. 하나님은 아주 독창적인 방식으로 그분의 피조세계를 만드셨다. 우리는 성을 통해서 생명을 창조할 수 있고, 한몸을 이루는 친밀함과 깊은 지식을 경험할 수 있고, 깊은 즐거움을 누리며, 나아가 힘겹고 슬플 때에 서로를 위로할 수 있다.

하나님의 음성 듣기

세상은 성이라는 하나님의 아름다운 선물을 더럽혔다. 그분이 순수하게 만드신 것을 세상이 부패시켰다. 그분이 성스럽게 만드신 것을 세상이 타락하게 했다. 세상이 한 일은 잘못된 것이지만 우리가 세상의 신성모독을 허용하고 하나님의 아름다운 관점으로부터 멀어진다면 그 역시 잘못을 범하는 것이 된다. 하나님은 남편과 아내가 벌거벗었으나 부끄러워하지 않고, 지극히 즐거움을 주고받는 중에 기뻐하고, 성행위가 주는 친밀한 하나됨을 누리기를 바라신다.

당신이 오늘 어디에 있든지 하나님은 구속하시는 하나님이심을 확신하라. 그분은 당신에게 그분의 선물이 에로틱하고 만족스럽고 자유롭고 아름다운 것이 될 수 있음을 보여주려 하신다. 그러나 당신이 부부의 성을 올바로 누리기 위해서는 하나님의 음성과 충돌을 일으키는 어떤 메시지든 그것을 들려주는 마음의 테이프를 내다버려야만 한다.

당신은 하나님의 음성만을 들어야 한다. 오직 그 한 분만의 음성에 귀를 기울여야 한다. 우리의 영광스러운 하나님이 당신에게 말씀하실 것이다. 그분은 간절히 당신을 돕고 싶어하신다. 그리고 당신이 원한다면 하나님은 당신의 삶 속에서 그분의 아름다운 선물을 구속하시고 모든 것을 새롭게 하실 것이다.

하나님, 제가 세상의 음성에 귀를 닫고 당신의 음성에 귀 기울이기로
작정합니다. 당신께서 치유가 필요한 곳을 치유하시고, 지혜가 부족
한 부분에서 저를 가르치시고, 제가 남편과 더불어 친밀감을 누리고
자 할 때에 저를 인도하실 것이라고 믿습니다. 당신 앞에 제 자신을
내어놓고, 당신이 저의 삶 속에서 성이라는 당신의 아름다운 선물을
구속하시기를 간구합니다.

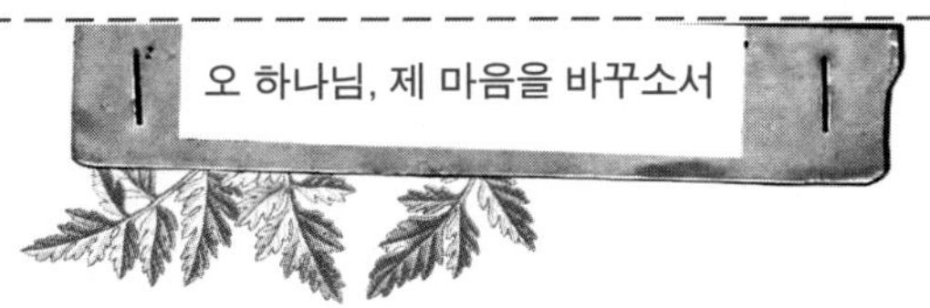

성에 대한 세상의 관점을 알고자 한다면 굳이 여기저기 찾아다닐 필요가 없다. 세상의 관점은 빌보드, 텔레비전, 라디오, 신문에서—심지어는 우리가 구입하는 물건의 포장지에서도—우리를 향해 크게 소리친다. 하지만 성에 관한 하나님의 관점을 알고자 한다면 우리는 그것을 찾아야만 한다.

1. 아래에 적은 목록은 성에 대한 하나님의 견해를 더 잘 이해할 수 있도록 도와주는 세 가지 방법이다. 적어도 그 중 하나를 골라서 그대로 해보라.

* 〈아가서〉를 읽고 묵상한다.
* 〈잠언〉 5:15~19절이나 〈고린도전서〉 7:2, 5절 중에 하나를 골라 그것을 묵상하고, 이 본문에서 하나님이 당신에게 성에 관해 가르치고 계시다고 생각되는 것들을 적어본다.
* 이 책을 계속해서 읽으면서 성에 관한 하나님의 관점을 드러내 보여주시도록 하나님께 간구한다.

2. 하나님이 성이라는 선물을 주신 여섯 가지 이유 중에서 어느 것이 당신에게 가장 격려가 되는가? 이러한 관점은 당신과 남편의 성관계에 어떤 영향을 미칠 수 있는가?

3. 이번주에 이 관점이 당신 자신의 사고방식으로 구체화되도록 하기 위해 어떤 것을 할 수 있는가?

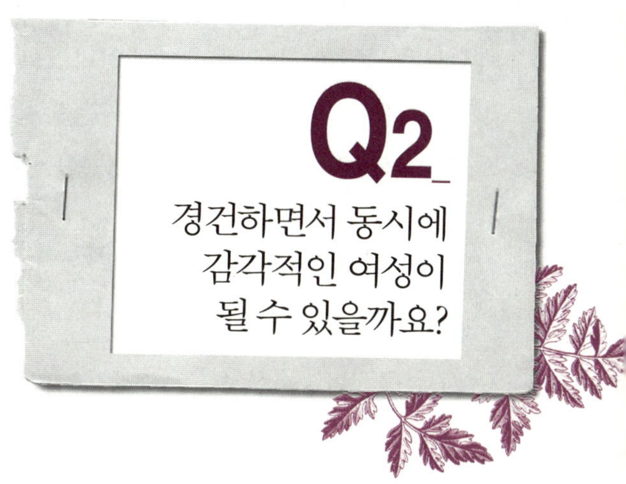

자료를 조사하면서 들은 이야기 가운데 시사하는 바가 가장 많았던 것은 하이디라는 이름의 여자가 들려준 이야기였다. 그녀는 남편 브렌트에게 생일선물로 무엇을 해줬으면 좋겠냐고 물어보았다. 그녀는 남편이 새 골프채 같은 평범한 선물을 원할 것이라고 예상하고 있었다. 그런데 그의 평범하지 않은 대답이 그녀를 놀라게 했다.

"여보, 내가 유일하게 바라는 선물은 당신이 스스로에게 감각적인 여자가 되도록 허락해주는 것이오."

하이디의 눈에 눈물이 고였다. '나 자신에게 허락해주라고? 감각적인 여자가 되는 걸? 이게 무슨 말이야?'

하이디와 마찬가지로 많은 그리스도인 여성들이 성을 하나님이 주신 선물이라고 믿고 있음에도 불구하고 결혼의 성이 주는 감각적인 즐거움을 마음껏 누리도록 스스로에게 허락하지 못한다. 왜 그럴까? 그들의 마음속에서는 '경건한'이라는 단어와 '감각적인'이라는 단어가 함께 할 수 없는 것이기 때문이다. 경건한 여성이 어떤 사람이냐에 대한 그들의 정의는 '성적인' 또는 '감각적인'과 같은 단어를 포함하지 않는다. 따라서 경건한 여성이 되고자 하는 그들은 자신들의 감각적인 성향을 부정한다. 결과적으로 그들은 남편과 자신 둘 다에게 하나님의 가장 큰 선물 중 하나, 즉 남편과의 육체적 연합에서 기쁨을 누리는 능력을 억누르고 있는 것이다.

우리는 15명의 목사 아내들에게 경건한 아내에 대한 정의를 물어보았다.

"주 하나님을 경외하고, 투명하며, 온화하고 평온한 영을 소유하고 있는 사람이지요."

"남편과 자녀들을 사랑하고, 지혜가 넘치며, 순종하는 여성이에요."

"기쁨이 넘치고 만족할 줄 아는 사람이지요. 힘과 위엄을 특징적으로 보여주고요."

무엇이 빠져 있는지 눈치 챘는가? 육체적인 부분이라고 생각할 만한 무언가를 포함하고 있는 대답은 하나도 없다. 오로지 영적인 자질들만이 언급되었다.

대부분의 그리스도인 여성들은 하나님이 그들을 성적인 존재로 창조하셨으며, 그들의 몸을 놀라운 방식으로 남편의 몸에 딱 들어맞게 만드셨다는 것을 믿는다. 그러나 하나님의 관점을 알고 있음에도 불구하고 그들은 자신들이 감각적이 되는 것을 허락하지 않는다. 아마 '감각적인'이라는 단어를 부정적으로 생각하기 때문일 것이다.

웹스터 사전은 '감각적인(sensuous)'이라는 단어를 "감각과 관련한; 감각에 호소하는; 감각을 통해 받아들여지는 즐거움에 민감한"이라고 정의한다. '감각적인'은 긍정적인 용어다. 반면에 '관능적인(sensual)'은 억제되지 않은 성적 취향을 의미하는 부정적인 의미로 사용되는 경우가 아주 많은데, 그것은 항상 잘못되고 불경건한 것이다.(갈라디아서 5:19) 이 책 전체에서 '감각적인'이라는 단어는 긍정적인 용어 즉 남편과 더불어 "감각을 통해 받아들여지는 즐거움에 민감한"이라는 의미로 사용될 것이다. 하나님이 우리에게 원하시는 것이 바로 이것이다.

우리는 많은 여성들에게 "당신은 스스로에게 감각적인 아내가 되는 것을 허락하나요?"라고 물어보았다. 그들의 반응은 다양했다. 늦은 나이에 결혼을 한 일부 여성들은 순결하게 살기 위해 여러 해 동안 그들의 성적 열망을 '가로막고' 지내왔기 때문에 갑자기 댐문을 열고 성적 감정이 흘러가도록 하는 것이 어렵다고 느낀다. 그들은 너무나 오랫동안 그들의 섹슈얼리티를 무시해왔고 그래서 그것이 쇠약해져버렸다. 과거에 지은 성적인 죄 때문에 스스로를 용서할 수가 없고, 이제는 절대로 성을 '지나치게' 즐기지 않는 것이 참회의 일부분이라고 생각하는 사람들도 있다(8장을 보라). 그러나 가장 일반적인 이유는 세상이 너무나 철저하게 성이라는 하나님의 선물을 타락시켜버렸기 때문에 경건해지기 위해서는 에로틱하거나 감각적인 것은 무엇이든 멀리해야 한다고 느끼는 여성들이 많다는 것이다.

그것은 마치 성과 관련된 것을 모조리 다 한 냄비에 집어넣고 끓여버리는 행동과 같다. 우리는 그 국을 이리저리 휘저어보고 비위에 거슬리는 것들을 끄집어내버리지만 그것들을 버리고 난 다음에도 입맛은 여전히 개운치 않다. 우리는 하나님이 우리에게 먹으라고 하시는 군침 도는 국을 맛있게 즐기는 대신에 한 냄비 통째로 내다버리고는 배고픔 자체를 부정한다.

'이층집'에서 살고 있지는 않은가?

썩은 당근 몇 조각 때문에 하나님이 창조하신 것을 쓰레기로 처분해버릴 때 어떤 일이 일어날까? 남편과의 성관계는 판에 박히고 열정은 싸느랗게 식어버린다. 우리는 우리 자신이 격하게 풀어지거나 에로틱한 기쁨을 느끼는 것을 허용하지 않는다. 왜냐하면 그것은 지나치게 세상을 닮았기 때문이다. 남편과의 성적 친밀감 속에 누려야 하는 열정을 우리는 일이나 자녀나 영적 성장과 같은 다른 모험에 쏟아 붓는다.

레슬리는 침대에서는 영 소극적이지만 하나님과의 관계에는 아주 열정적이다.

"크리스천으로서 내가 점점 더 성장하면 할수록 육체적인 것은 점점 덜 중요해져요. 나는 영적인 것에 초점을 맞추기를 원해요."

그녀는 "여러분은 성령께서 인도하여 주시는 대로 살아가십시오. 그러면 육체의 욕망을 채우려 하지 않을 것입니다."(갈라디아서 5:16)나 "여러분은 땅에 있는 것들을 생각하지 말고, 위에 있는 것들을 생각하십시오."(골로새서 3:2)와 같은 성경 구절을 들면서 자신의 생각을 정당화한다.

불행히도 레슬리는 그 성경 구절들을 잘못 이해하고 있다. 그녀는 이 구절들에서 '욕망'이나 '땅에 있는 것'이라는 단어를 성적 즐거움과 연결시키고 있는데, 사실 그 말들은 이기적인 추구를 의미하는 것이다. 레슬리의 영적 이상주의는 육체적 삶의 실상과 갈등을 일으켰다. 그녀는 육체적인 세상에 살고 있는 육체적인 존재이다. 그렇다면 그녀는 어떻게 영적인 존재로 머물 수 있을까? 그녀의 해결책은 두 영역을 분리하는 것이었다. 성행위와 같은 육체적인 것들이 하나의 구획을 이루고, 영적인 것들이 다른 하나의 구획을 이루었다. 경건한 여성이 되고자 하는 열정으로 인해 그녀는 분열된 여성이 되어버렸다.

많은 여성들이 이 덫에 걸려 넘어진다. 한 여성은 이렇게 표현했다, "그것은 마치 이층집에 살고 있는 것과 같아요. 위층은 영성이고 아래층은 성성(섹슈얼리티)이에요. 두 층 사이에는 내 영적 자아를 성적 자아와 분리시키는 벽돌담이 있어요. 나는 경건한 사람이고 싶기 때문에 나 자신이 너무 세속적이 되는 것을 허용할 수가 없지요. 그리고 성행위는 분명히 세속적인 것이에요. 어느 정도 즐거움을 경험하는 것은 허용하지만 너무 지나치면 안 돼요. 내가 정말 넋을 잃을 정도로 흥분한다면 그것은 '지나치게 육적인' 것이 되니까요."

이건 정말 잘못된 생각이다. 하나님이 우리를 여성으로 창조하셨을 때, 그분은 우리의 섹슈얼리티가 우리의 영성과 통합되도록 하셨다. 그분은 영적인 것과 성적인 것이 하나로 융합되게 하셨다. 그렇지 않다면 하나님은 왜 굳이 궁극적인 성행위 곧 남편과 아내 사이의 육체적 결합을 궁극적인 영적 경험 곧 그리스도와 교회의 연합을 비유하는 데 사용하셨을까?(에베소서 5:31~32) 남편과 아내가 성적 절정의 순간에 자기 자신을 잊고 하나로 녹아들어가는 것과 마찬가지로 예수 그리스도와의 연합으로 그분과 하나가 될 때 우리는 궁극적인 기쁨을 경험한다. 성적 연합은 하나님과 우리의 관계와 흡사하며, 이 좋은 선물을 우리에게 주신 그분을 경배하게 한다._01

영적 친밀감과 기쁨은 성적 친밀감이나 기쁨과 반대되는 것이 아니다. 실제로 성적 연합이 주는 기쁨의 한가운데에서 영적 친밀감을 발견할 수 있다. 댄 알렌더와 트렘퍼 롱맨 박사는 그들의 저서 《친밀한 동맹》에서 "하나님의 성품은 성적 전희, 흥분, 오르가슴 그리고 안정에서 맛볼 수 있다. 하나님은 열정의 하나님이시다. 그분은 기쁨을 아주 좋아하시고, 영광 중에 우리의 즐거움을 즐거워하신다."_02고 말한다.

"온전하라."

하나님은 우리를 부르셔서 "내 관점으로 옷을 입으라."고 말씀하신다. "하나님께서 지으신 것은 모두 다 좋은 것이요, 감사하는 마음으로 받으면 버릴 것이 하나도 없습니다. 모든 것은 하나님의 말씀과 기도로 거룩해집니다."(디모데전서 4:4~5)

여기서 '모든 것'은 정말 모든 것을 포함한다. 윌리엄 뉴엘은 〈로마서〉

주석에서 '모든 것' 은 우리의 마음과 우리의 영과 우리의 몸을 포함한다고 말한다._03 삶의 모든 것 — 우리가 좋게 보는 것들, 은사, 재능, 믿음, 소유, 남편, 자녀, 일 그리고 우리의 섹슈얼리티 — 이 오직 하나님으로부터 왔으며, 모든 것이 그분의 영광을 위한 것이다. 우리가 '이층집' 에 살면서 영성과 성성을 분리시킬 때, 우리는 하나님이 온전하게 만드신 것을 나누어버리는 우를 범하게 된다. 우리는 성이라는 하나님의 선물이 영적인 것과 나란히 자리할 만한 가치가 없다고 알고 있다.

많은 여성들이 하나님이 모태에서 자기를 지으신 것, 놀랍고 오묘하게 지으신 것에 대해 감사한다.(시편 139:13~14) 그들은 계속해서 다윗과 더불어 이렇게 말한다.

"주님께서 하신 일이 놀라워, 이 모든 일로 내가 주님께 감사를 드립니다. 내 영혼은 이 사실을 너무도 잘 압니다."(시편 139:14)

그러나 그들은 자신의 섹슈얼리티가 자신의 육체를 만든 짜임새의 일부라는 것을 인식하지 못한다. 하나님이 당신 육체의 모양새를 짜시면서 아름답게 수를 놓으셨는데, 그 자수의 일부가 당신의 섹슈얼리티라는 것에 하나님께 감사하고 있는가?

우리의 성성과 영성은 이층집에 있는 위층과 아래층처럼 별개이거나 분리된 것이 아니다. 도리어 그것은 하나의 전체로서 깨지지 않는 원을 형성한다. 보네트 브라이트는 우리의 성성과 영성이 이루는 원을 아름답게 묘사했다.

"남편과 함께 누운 침실에서 그를 만족시키면서 동시에 성령이 충만하게 하는 것은 성경을 가르치거나 사역을 할 때에 성령으로 충만해야 하는 것만큼이나 중요한 일이다."_04

성적인 것과 영적인 것의 결합을 보여주는 가장 강력한 예시는 솔로몬의 〈아가〉에서 찾을 수 있다. 이 구절들에서 하나님은 놀라운 그림을 그리신다. 솔로몬과 술람미 여인_05은 *끈끈하고 에로틱하고 감각적인* 사랑을 나눈다. 그때 갑자기 제3자가 그 방에 등장한다. 하나님. 전능하신 창조자는 상냥하게 육체적 즐거움을 나누고 있는 벌거벗은 연인을 지긋이 바라보시고 손을 뻗어 영적인 축복을 내리신다.

"먹어라, 마셔라, 친구들아! 사랑에 흠뻑 취하여라."(아가서 5:1)

상상해보라! 하나님이 거기 계시다. 그분이 그 불타는 열정을 보고 계신다. 그분이 그 기쁨의 한숨소리를 들으신다. 가장 은밀한 장소에서 서로를 애무하는 연인을 그분이 지켜보신다. 그분이 그 육체적인 일, 세상에 속한 광경, 소리, 냄새의 증인이시다. 그분이 그 모든 것을 보시고 나서 연인에게 자신이 그들을 위해 즐기라고 창조하신 절묘한 즐거움을 풍성히 먹고 마시라고 촉구하신다.

하나님은 우리가 감각적인 것들을 즐기고, 그것에 빠지기를 바라신다. 그분은 우리가 조금도 주저하지 않고 육체적인 열정의 수문을 활짝 열고 거기에 몸을 담그기를 원하신다. "먹어라, 마셔라, 사랑에 흠뻑 취하여라." 그분이 촉구하신다.

어쩌면 당신은 이런 생각을 하고 있을 것이다. '나는 이제 내 섹슈얼리티가 하나님이 나를 창조하신 원래 모습의 일부라는 것을 알고 있으니까 내가 성적으로 더 깊이 들어가는 것을 스스로에게 허락해줄 수 있어. 하지만 이것을 어떻게 실천에 옮겨야 할지 모르겠어. 도대체 내가 뭘 해야 하지? 어떻게 행동해야 하는 거야? 경건하고 감각적인 여성은 어떤 모습인 거지?'

은혜롭게도 하나님은 그분의 말씀 가운데 해답을 제공해주신다.

감각적이고 성적인 여성은 어떤 모습인가?

성경에서 하나님은 우리가 그분의 성품을 드러내려고 노력하고 그분의 형상에 맞게 행하려고 할 때 따라야 할 모범을 제시하신다. 예를 들어 우리가 충성하는 자세를 지니고 성장하기를 바란다면 룻을 자세히 살펴보아야 한다. 다른 사람을 용서하고자 한다면 요셉이 그 방법을 가르쳐준다. 마찬가지로 우리가 아내로서 감각적인 면에서 성장하기를 바란다면 솔로몬의 신부 술람미 여인을 연구하고 그녀를 열심히 따라하면 된다.

〈아가서〉로 돌아가보자. 〈아가서〉는 구애와 결혼식 그리고 솔로몬과 술람미 여인의 신혼을 묘사하고 있는 아름다운 책이다. 서정시 형식으로 쓰인 이 책은 술람미 여인의 생각을 적은 15편의 시를 포함하고 있다. 또한 마치 몇 개의 플래시백, 곧 관중들에게 과거의 장면을 보여주기 위해서 이야기의 흐름을 일시적으로 차단하는 기법이 사용된 영화와 같이 전개된다. 이것은 〈아가서〉에서 시간의 연속성이 결여되어 있는 이유를 설명해준다.[06] 또한 이 책을 읽는 많은 커플들이 혼란을 느끼는 이유도 설명해준다! 하지만 이 책에 숨겨진 보석은 파낼 가치가 있는 것들이다. 경건하며 동시에 감각적인 술람미 여인의 초상을 들여다보자.

그녀는 민감하게 반응한다. 술람미 여인은 솔로몬의 귀에 대고 사모하는 마음을 담아 속삭인다.

"나의 동산으로 불어오너라. 그 향기 풍겨라. 사랑하는 나의 임이 이 동산으로 와서 맛있는 과일을 즐기게 하여라!"(아가서 4:16)

그녀는 모험적이다. 때때로 술람미 여인은 남편이 주는 성적 기쁨을 받아 누린다. 그러나 어떤 경우에는 그녀가 주도자가 되어서 취하게 하는 향기, 유혹하는 시선 그리고 성적 황홀경을 약속하면서 그녀의 연인을 적극적으로 자극한다. 이 영리한 아내는 함께 시골로 휴가를 떠나 야외에서 사랑을 나누자고 제안함으로써 남편을 기분 좋게 자극한다. 거기 포도원에서 그녀는 그에게 성적으로 익숙한 기쁨 또는 새로운 기쁨을 제공해줄 것이다.(아가서 7:11~13)

그녀는 억압되지 않았다. 술람미 여인은 자기 몸의 어디를 만지면 성적으로 자극 받는지 남편에게 이야기한다.(아가서 2:6, 4:16) 그녀는 군침을 흘리게 만드는 성적인 장난으로 그를 감질나게 하고 자신의 몸으로 그를 유혹한다. 그녀의 성적 감각은 사랑을 나누자는 초대의 표시로 남편 앞에서 엉덩이를 흔들며 에로틱한 누드 춤을 출 때 절정에 달한다.(아가서 7:1~3)

그녀는 표현이 풍부하다. 술람미 여인은 언어적으로 풍부한 표현력을 가지고 있다.

"임은 나의 것, 나는 임의 것. 임은 나리꽃 밭에서 양을 치네."(아가서 2:16)

그녀는 남편의 남성성에 대해 찬사를 보낸다.

"나의 사랑, 멋있어라. 나를 이렇게 황홀하게 하시는 그대! 우리의 침실은 푸른 풀밭이라오."(아가서 1:16)

"숲속 잡목 사이에 사과나무 한 그루, 남자들 가운데서도 나의 사랑 임이 바로 그렇다오."(아가서 2:3)

그녀는 감각적이다. 감각적인 여성은 자신의 몸과 오감을 통해 받는 자극에 주파수를 맞춘다. 그녀는 자신의 감각을 즐긴다. 〈아가서〉 5:10~16절에서 술람미 여인은 자신의 섹슈얼리티를 따르고, 남편을 아주 감각적인 측면에서 생각한다. 솔로몬은 옆에 없지만, 술람미 여인은 남편의 몸에 대해 생각하면서 에로틱한 표현을 동원하여 그를 묘사한다. 그녀는 마음속으로 머리에서부터 시작해서 아래쪽으로 남편의 옷을 벗긴다. 그녀는 그의 감각적인 입술, 근육질의 어깨, 단단한 다리를 생각하고 "그의 입속은 달콤하고, 그에게 있는 모든 것은 사랑스럽다."(아가서 5:16)라는 말로 공상을 마무리한다. 술람미 여인의 이런 생각은 남편과 더불어 그녀의 감각이 표출될 수 있도록 그녀를 준비시켜주었다.

의심의 여지없이 술람미 여인은 감각적이고 성적인 여성이다. 그리고 하나님은 그녀의 민감한 감각을 명시적이고 에로틱한 용어로 묘사하신다. 하나님은 우리가 섹슈얼리티의 아름다움과 자유를 이해하기를 원하신다. 젊은 신부 술람미 여인을 통해서 하나님은 경건하고 감각적인 아내의 초상을 보여주신다. 그리고 그분이 그녀를 축복하시는 것을 보면서 우리는 확신을 가지고 그녀의 모범을 따라갈 수 있다.

당신이 지금 '나는 절대로 그렇게 할 수 없어.'라고 생각하고 있다면, 낙망하지 말라. 하나님은 우리가 하루아침에 감각적인 성인이 되기를 기대하지 않으신다. 그보다 하나님은 우리를 창조할 때 의도하셨던 모습의 연인이 되어가는 방향으로 우리가 나아가기를 요구하신다. 크리스천 여성들은 세상에서 가장 위대한 연인이 되어야 한다. 왜냐하면 우리는 육체적 열정을 소유하고 있을 뿐만 아니라 우리의 감각성에 거룩함을 주입할 수 있는 능력을 가지고 있기 때문이다.

새로운 시작을 위한 기도

새로운 변모를 시작하고 하나님이 당신을 창조하면서 의도하셨던 모든 측면에서 꽃을 피울 준비가 되었다면, 그 변화를 시작할 지점은 침실이 아니라 당신의 무릎이다. 변화된 행동은 변화된 자세의 결과다. 변화된 자세는 기도로 시작된다. 지금 기도하면서 하나님이 당신의 마음과 생각 가운데 일하시도록 간구하지 않겠는가?

| 기 도 | "하나님, 제게 새로운 생각을 주세요."

당신의 생각은 새로운 정보를 받아들여 프로그램을 다시 만들어야 한다. "감각적이 되어서는 안 된다."고 말하는 모든 음성은 하나님의 음성으로 대체되어야 한다. 그분은 당신이 감각적이 되는 것을 그저 허용하기만 한 것이 아니다. 그분은 그것을 장려하신다! 〈아가서〉 5:1절을 암송하라. "먹어라, 마셔라, 친구들아! 사랑에 흠뻑 취하여라." 하나님께 그분의 관점이 당신의 관점이 되게 해달라고 간구하라. 하나님이 당신의 생각을 새

롭게 하고 계신 것에 대해 바로 지금 하나님께 감사하라.(로마서 12:2)

| 기 도 | "하나님, 제게 분열되지 않는 마음을 주세요."

예수님은 〈누가복음〉 11:17절에서 "어느 나라든지 갈라져서 서로 싸우면 망하고, 또 가정도 서로 싸우면 무너진다."고 경고하신다. 하나님은 우리가 영의 청결함을 개발해야 하는 것만큼이나 몸의 기쁨을 개발하기를 바라신다._07 그분은 우리가 영성과 성성이 분리된 여성이 아니라 통합적이고 온전한 여성이기를 간절히 바라신다. 선지자 에스겔을 통해 주신 하나님의 약속에 귀를 기울여보자.

"그때에 내가 그들에게 일치된 마음을 주고, 새로운 영을 그들 속에 넣어주겠다. 내가 그들의 몸에서 돌같이 굳은 마음을 없애고, 살같이 부드러운 마음을 주겠다."(11:19)

우리가 영적 자아와 성적 자아를 분리시킨다면, 그것은 마치 돌같이 굳은 마음 곧 우리 존재의 '이층' 사이에 벽돌 장벽을 쌓아놓은 마음을 가진 것과 같다. 그러나 하나님은 그 돌을 치우겠다고 말씀하신다. 그분은 우리의 몸에 그분의 영을 불어넣고 일치된 마음을 주겠다고 약속하신다. 우리가 해야 할 일은 단지 그것을 간구하는 것이다.

경건하고 감각적인 여성으로 성장하기

베스 : 남편을 사랑하는 것은 하나님을 예배하는 행위가 될 수 있다

"성적 황홀감의 여운을 즐기며 남편과 내가 함께 누워 있을 때, 내가 할 수 있는 세상에서 가장 자연스러운 일은 우리가 누린 성적 기쁨의 아름다움과 영광에 대해 하나님께 감사하는 것이다. 나는 심지어 내가 무엇을 하고 있는지에 대해서도 생각하지 않는다. 내 마음이 그저 주님께로 향하고 찬양을 드린다. 성이라는 그분의 선물은 진정으로 놀라운 것이다."

"결혼한 지 넉 달이 되었다. 하루는 하나님을 향한 주체할 수 없는 사랑을 경험했다. 그리고 성적 기쁨이 바로 나를 위해 창조되었다는 생각이 머리에 떠올랐다. 나는 하나님이 성을 계획하셨다는 것, 그것이 그분의 선물이라는 것을 알고 있었지만 개인적으로 하나님의 선물에 감사하지는 않았다. 그러나 그날 나는 나 자신이 감각적이 되는 것을 허락했다. 그날 밤은 남편이 쉽게 잊지 못할, 나 역시 잊지 못할 밤이 되었다. 나는 연극에 그저 '참여한 사람'이 아니라 연극에 등장하는 여배우가 되었다. 내가 연극의 일부이기에, 나는 소도구들을 배치하고 무대를 마련하는 일에 관여했다. 그것이 얼마나 엄청난 차이인지!"

| 기 도 | "하나님, 제가 하나님이 원래 의도하셨던 모습의 감각적인 여인이 되게 해주세요."

하나님은 우리가 성적인 기쁨을 경험하고, 우리의 감각을 활성화하며, 우리 마음이 하나님께 대한 감사와 찬양으로 소리치게 되기를 원하신다.[08] 감각적인 것을 받아들이고 기뻐하는 것은 하나님의 선물을 받고 심히 기뻐하는 것이다.

하나님은 우리가 감각적이 되는 것을 허락하셨다. 당신은 자신에게 그것을 허락할 것인가?

여전히 망설이고 있다면 이 책의 처음 두 장을 다시 읽어보라. 하나님의 말씀에 담긴 진리가 당신의 마음과 생각에 스며들도록 하라. 감각적인 사랑에 대한 하나님의 축복을 이해하였다면, 이제 이 계시들을 행동에 옮기라. 당신과 함께 사랑을 나누자고 남편을 초대하라. 그의 얼굴을 어루만지고, 그의 눈을 들여다보고, 당신 옆에 누운 그의 온기를 느끼라. 그리고 친밀한 터치를 통해서 육체적이고 영적인 사랑을 표현할 수 있는 능력을 주신 것에 대해 하나님을 찬양하라. 그러고 나서 두 사람이 하나가 될 때

에 하나님이 당신의 침대 옆에 서 계신 것을 상상하라. 그분의 영광스러
운 임재가 그 방 안에 가득한 것을. 그분의 사랑스런 미소를 보라. 축복하
시는 그분의 사랑스런 손길을 느껴보라. "사랑에 흠뻑 취하여라."(아가서
5:1)고 말씀하시는 그분의 음성을 들으라.

하나님, 우리가 나누는 친밀한 사랑의 행위를 축복해주서서 감사합
니다. 우리에게 성적인 기쁨을 즐거이 누리라고, 당신이 창조하신 절
묘한 감정들을 한껏 즐기라고 말씀해주서서 감사합니다. 당신이 저
를 위해 주시는 성적 기쁨을 깊이 맛보기를 원합니다. 주님의 성령께
의탁합니다. 제가 주님이 의도하셨던 감각적인 여성이 되도록 저를
가르치옵소서.

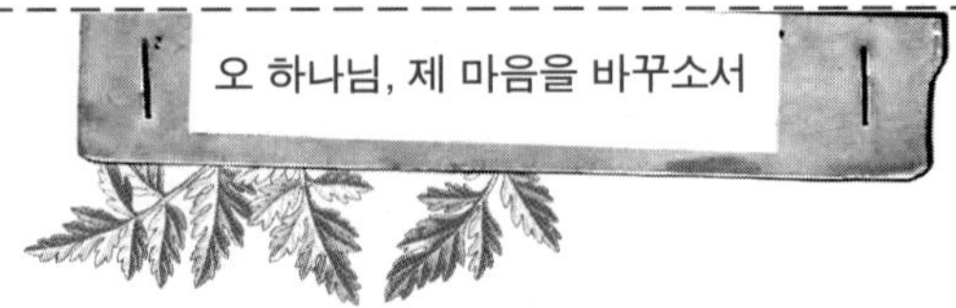

1. 당신은 지금 벽돌로 담을 쌓아 성성과 영성을 갈라놓은 이층집에 살고 있는가? 그렇다면 그 벽돌은 무엇인가?

2. 당신의 성성과 영성을 갈라놓은 그 벽돌들을 제거할 수 있는 방법은 무엇인가?

3. 〈로마서〉 11:36절을 암송하라. 당신의 성성이 '만물'에 포함되는 것에 감사하라.

4. 이 장에서 하나님이 당신에게 보여주신 것에 반응하기 위해 이번 주간에 당신은 어떤 단계를 취하려고 하는가? (감각적인 여인인 술람미 여인에 대해 다시 읽어보라.)

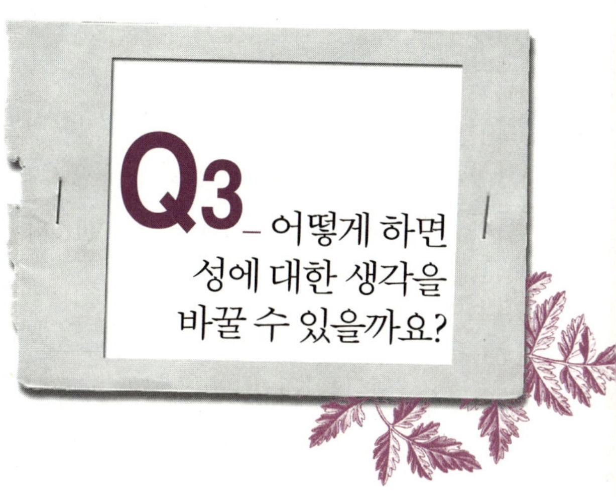

C. S. 루이스의 유명한 소설 《나니아 연대기》를 보면 네 명의 어린이가 낡은 옷장 속으로 기어들어갔다가 새로운 세계로 들어가는 감추어진 문을 발견한다. 그 새로운 세계는 상상을 뛰어넘는 모험과 전대미문의 가능성으로 넘쳐나는 곳이다.

이 책을 읽는 것도 이와 비슷한 문 앞에 서는 것과 같다. 그 뒤에는 경건하고, 아직은 상상할 수 없는 성적인 기쁨과 모험으로 가득한 새로운 세계가 있다.

1장에서 우리는 그 문을 살짝 열고 이 신세계를 엿보았다. 거기서 우리는 육체적 친밀함에 대해 하나님이 의도하셨던 목적을 생각해보았다. 2장에서는 문을 슬쩍 밀어 더 많이 열고는, 경건하고 감각적인 술람미 여인을 통해 계시하신 하나님의 관점을 찾아보았다. 이 장에서는 그 문을 활짝 열어젖히고 용감하게 이 영광스러운 신세계로 들어가는 모험을 시작할 것이다. 눈을 들어 멀리 바라보라. 예상치 못한 기쁨이 당신을 기다리고 있을 것이다. 당신을 그리로 데려가는 길이 있을 것이다. 그 길은 바로 당신의 생각이다.

생각이 가장 중요한 성기관이라고 말하면 많은 여성들이 놀라워한다. 하지만 그것은 사실이다. 생각은 모든 성적 감정을 일으키는 명령본부다. 또한 성적 상태를 다스리는 의회이며, 당신이 이미 가지고 있던 모든 성적 사고들을 쌓아놓은 창고다. 신학자이자 성 치료사인 더글라스 로즈나우 박사에 따르면 성행위는 80퍼센트의 상상과 생각, 20퍼센트의 마찰이다._01

생각을 주관하는 뇌라는 작은 기관은 불과 1.36킬로그램 정도의 무게를 가지고 있을 뿐이지만 120억 개의 세포와 120조 개의 연결망을 가지고 있다. 뇌가 컴퓨터라면 엠파이어스테이트빌딩 크기만 했을 것이다!_02 10만 가지나 되는 생각들이 하루에 인간의 뇌를 통과한다. 이 생각들은 우리가 누구이며, 무엇을 하며, 어떻게 되어갈 것인가를 결정한다. 〈잠언〉 23:7절은 "무릇 그 마음의 생각이 어떠하면 그의 사람됨도 그러하니"라고 말한다. 랠프 월도 에머슨은 그것을 이렇게 표현하였다. "당신의 생각을 어디에 둘 것인지 조심하라. 반드시 그렇게 될 것이니까." 우리는 우리가 생각하는 대로 될 것이다. 그러니까 우리가 무엇을 생각하느냐는 분명 너무 중요하다.

당신은 여자로서 자기 자신을 어떻게 생각하는가? 자신을 '경건하고 감각적인' 여성이라고 생각하는 사람들이 있다. 반면에 어떤 여성들은 자신이 성적인 면에서는 아무런 열의도 없는, 늘어지고 닳아빠진 낡은 행주 같이 여겨진다고 말한다. 우리는 당신에게 남편과의 성생활을 즐겁게 만들기 위한 방법을 배우려는 열의를 가지라고 격려할 것이다. 결혼한 지 수년이 지났다 하더라도 그 관계는 계속해서 혁신적이고 창조적일 수 있다. 그것은 모두 당신의 생각에 달려 있다. 남편에 대한 당신의 생각이 성적일수록 부부관계는 더 기쁨에 넘쳐날 것이다.

그러나 이 주제에 대해 여성들과 이야기하다보니 많은 사람들이 그들의 부부생활을 더 잘 하기 위해 생각을 사용하려는 의식적인 노력을 기울이지 않는다는 사실을 알게 되었다. 이미 지적한 대로 어떤 그리스도인들은 이를 불편하게 여긴다. 또 다른 사람들은 그에 대해 고려해본 적도 없다. 유념하라. 당신이 성에 대해 어떻게 생각하느냐는 당신과 남편의 관계에 지대한 영향을 미친다. 성을 부정적인 것으로 바라본다면 생각하는 방식을 바꿈으로써 긍정적인 것으로 만들 수 있다. 이것을 다른 말로 표현해보자.

대 전 제 : 우리는 생각을 통제할 수 있다.

소 전 제 : 우리의 감정은 생각으로부터 온다.

결   론 : 우리는 생각하는 방식을 변화시키는 법을 배움으로써 감정을 통제할 수 있다._03

생각 바꾸기

사람들은 대부분 생각을 통제하는 것보다는 몸을 통제하는 데에 더 능숙하다. 우리는 하루에도 수십만 가지 생각들이 제어되지 않고 머리를 유린하도록 내버려둔다. 마치 순종하지 않는 어린아이처럼 생각들이 이리저리로 뛰어다니면서 혼란과 무수한 감정들을 낳는다.

하나님은 이렇게 두어서는 안 된다고 말씀하신다. 그분은 우리가 생각을 다스릴 것이라는 기대를 가지고 우리에게 생각을 주셨다. 그분은 우리가 우리 마음을 지키기를 원하신다. 하나님은 말을 듣지 않는 자녀에게 고개를 가로젓는 어머니처럼 우리가 생각이 갈 수 있는 곳과 갈 수 없는 곳을 분명히 이야기하기를 원하신다. 하나님은 우리가 어떤 생각에는 양분을 주어 자라게 하고, 다른 생각에는 "아니! 나는 이 방향으로는 가지 않을 거야."라고 말하기를 바라신다.

〈고린도후서〉10:5절은 "(우리는) 하나님을 아는 지식을 가로막는 모든 교만을 쳐부수고, 모든 생각을 사로잡아서, 그리스도께 복종시킵니다." 라고 말한다. 우리는 이 구절을 "잘못된 생각이 당신 뇌의 보좌에 자리 잡고 앉지 못하게 하십시오. 그것을 그 높은 자리에서 끌어내려 던져버리십시오. 쓰레기통에 버리고 불태우십시오. 선한 생각은 올가미를 던져 잡으십시오. 그리고 끌어당기세요. 그것을 끌어안고 당신의 것이 되게 하십시오."라고 풀어쓴다. 이 구절에 따르면 우리는 어떤 생각들이 머리를 지배하게 할 것인지 계속해서 선택해야만 한다. 올바른 생각이든 잘못된 생각이든, 하나님의 생각이든 세상의 생각이든, 거룩한 생각이든 악한 생각이든.

"여러분은 땅에 있는 것들을 생각하지 말고, 위에 있는 것들을 생각하십시오."(골로새서 3:2) 이 본문에서 '생각'이라는 헬라어는 '생각하는 방식' 또는 '마음가짐'을 의미한다.[04] 마음가짐이란 일정 기간 이상 우리가 삶을 바라보는 방식에 영향을 미치는 개별적인 생각들의 집합이다. 잠시 멈추어서 여러분 자신에게 중요한 질문을 던져보라. 지난 20년 동안 내가 했던 개별적인 생각들은 오늘날 내가 성에 대해 가지고 있는 마음가짐에 어떻게 기여했는가?

과거의 경험, 성에 관해 말했거나 말하지 않았던 것들, 귀를 기울이고 들었던 음성들, 받아들이거나 거부하기로 선택했던 것들, 그 모든 것들이 우리의 마음가짐에 영향을 미친다. 아주 다른 마음가짐을 가지고 있는 세 아내의 이야기를 들어보자.

"나는 정말로 성에는 별 관심이 없어요. 그건 너무나 세속적이고 육체적이라는 생각이 들어요. 영화에서처럼 그렇게 탐욕스럽고 헐떡거리는 부도덕한 여자가 되고 싶지는 않아요. 남편에게 그것이 필요하다는 건 알고 있고, 그래서 그에게 순종하기는 하죠. 하지만 나는 그

것이 우리 결혼생활에서 중요한 일이 아니었다면 더 행복했을 거예
요."

"나는 남편과의 성생활에 대해 별 흥미를 느끼지 못해요. 한마디로
시시해한다고 말할 수 있을 것 같네요. 그건 항상 그랬고 앞으로도
결혼생활 내내 쭉 그럴 거예요."

"나는 새로운 방식으로 내 몸의 감각을 일깨울 준비가 되어 있어요!
최근에 하나님이 남편과 아내의 성적인 관계에서 의도하셨던 자유와
강렬한 기쁨을 깨달았거든요. 난 그걸 누릴 준비가 되었어요."

당신의 생각이 첫번째나 두번째 여성과 같다면 다른 마음가짐이 필요하
다. 당신은 생각을 변화시킬 필요가 있다. 〈로마서〉 12:2절은 "여러분은 이
시대의 풍조를 본받지 말고, 마음을 새롭게 함으로 변화를 받아서,"라고 말
한다. '변화를 받아서'라는 단어는 헬라어로 'metamorphousthe'인데, 여기
에서 영어단어 'metamorphosis(변태, 변화)'가 나왔다. 'metamorphosis'는
내면으로부터의 전체적인 변화를 포함한다.

당신의 꽃을 자라게 하는 방법

어떻게 하면 생각을 변화시킬 수 있을지 좀더 잘 이해하기 위해 당신의
생각을 꽃밭이라고 상상해보라. 당신이 태어났을 때, 당신 생각의 흙은
황무한 상태였다. 성장하면서 당신의 삶은 꽃밭에 뿌려진 씨앗들을 경험
한다. 어떤 씨는 자라서 우아한 자태를 뽐내는 백합, 사기를 북돋워주는
아이디어가 되고, 양분을 받으면 향기로운 사상으로 꽃을 피운다. 잡초가
되는 씨앗도 있다. 이것은 가시가 많고 기운을 앗아가는 거짓말들로서,

꽃이 받아야 할 양분을 앗아간다. 이런 거짓말들을 뿌리 뽑지 않는다면 그것들이 퍼져나가 결국 생각의 전 영역을 뒤덮고 말 것이다.

성에 대한 당신 생각의 꽃밭을 조사해보라. 거기에 사랑스러운 장미가 자라고 있는가? 아니면 꾸불꾸불한 덩굴이나 날카로운 가시나무가 퍼져 있는 무질서한 곳인가?

우리는 정원을 바꾸는 것과 똑같은 방식으로 생각을 변화시킨다. 우선 아름다운 정원을 마르게 하는 잘못된 생각의 잡초들을 모조리 뽑아낸다. 그 다음에 꽃밭의 장려함을 더하고 번성하게 해줄 하나님의 관점이라는 꽃을 심는다. 그런 변화가 빠르게 일어나는 사람들이 있다. 그러나 다른 이들에게는 긴 과정이 될 수도 있다. 생각의 꽃밭을 가꾸는 데 어떤 일이 필요한지 〈로마서〉 12:2절을 살펴보자.

1. **잡초 뽑기**："이 시대의 풍조를 본받지 말고"라는 구절에서 우리는 거짓말, 부도덕한 행동, 잘못된 태도 등을 포함하는 세상의 마음가짐을 뿌리 뽑아야 한다는 말을 듣는다. 이런 잡초들 중 어떤 것이 당신 생각의 정원에서 자라고 있는가? 성경 말씀을 이렇게 응용해보자.

* 거친 농담이나 추잡한 성적인 말(에베소서 4:29, 입 밖에 내지 말라.)
* 남자들에 대한 순수하지 않은 생각(마태복음 5:28, 제초제를 끼얹으라.)
* 과거의 경험에서 생겨난 부정한 성적 이미지(이사야 43:18~19, 즉시 뿌리를 뽑아버리라.)
* 성에 관한 이기적인 자세(빌립보서 2:3, 쓰레기통에 던지라.)
* 남편과의 성관계에 대한 부정적인 생각(빌립보서 4:8, 정원용 괭이를 들고 힘차게 쪼아버리라.)

이러한 잡초들이 자라고 있는지 부지런히 당신의 생각을 살펴보라. 일단 그 뿌리를 뽑고 나면 당신의 마음 밭은 이제 그 빈 자리에 꽃들이 자랄 준비가 된 것이다.

2. 꽃씨 심기 : "마음을 새롭게 함으로 변화를 받아서." 이제 잡초는 사라졌고, 성경의 씨앗을 심어서 아름다운 꽃이 피게 할 시간이다. 심을 만한 씨앗이 몇 가지 있는데, 그 각각은 당신의 성적인 마음 밭에 다채로운 색과 아름다움을 더해줄 것이다.

* 아내는 사랑스러운 암사슴, 아름다운 암노루, 그의 품을 언제나 만족스럽게 생각하고, 그의 사랑을 언제나 사모하여라.(잠언 5:19)
* 그의 입 속은 달콤하고, 그에게 있는 것은 모두 사랑스럽다.(아가서 5:16)
* 나는 임의 것, 임이 그리워하는 사람은 나.(아가서 7:10)

당신의 생각을 변화시킬 다른 씨앗들도 보여달라고 하나님께 간구하라.

무성히 자라도록 양분 주기

땅에 씨앗을 심는 것은 아름다운 정원을 가꾸기 위한 첫번째 단계에 불과하다. 꽃들이 무성히 자라려면 심겨진 것에 물을 주고 땅을 비옥하게 해야 한다. 마찬가지로 당신의 생각에 말씀의 씨앗을 심은 후에는 암송과 묵상이라는 훈련을 통하여 심겨진 것에 양분을 주어야 한다.

성경 암송은 당신의 삶에서 성령의 어휘를 증가시킨다._05 외우는 것은 쉬운 일이 아니지만 진짜 변화를 일으키기 위해서는 반드시 필요한 일이다. 생각 속에 심기 원하는 구절들을 카드에 옮겨 적고 자주 들여다보라.

침실 거울에 붙여놓거나 베개 밑에 넣어두고 잠자기 전에 꺼내어 다시 한 번씩 되새기라.

묵상은 암송한 것을 개인적으로 적용하고 그것을 위해 하나님께 기도하면서, 성경이 깊이 뿌리내리게 하는 것이다. 예를 들면 당신은 다음과 같이 기도하면서 〈잠언〉 5:19절을 묵상할 수 있다.

> 하나님, 제가 남편에게 사랑스럽고 아름다운 암사슴 같다고, 제 품이 언제나 남편을 만족시킬 수 있다고 말씀해주셔서 감사합니다. 하나님, 어떻게 하면 제가 그에게 창조적이고 감각적인 연인이 될 수 있는지, 어떻게 하면 그에게 기쁨을 주기 위해 제 품과 제 몸을 사용할 수 있는지 보여주세요. 연인으로서 저의 기술로 그를 취하게 하고 기운을 북돋울 수 있기를 원합니다.

하나님의 말씀을 암송하고 묵상할 때에, 새로운 생각의 패턴들이 우리 마음 밭에 꽃피게 된다. 새로운 마음가짐이 가슴속 깊은 곳까지 스며들 때, 우리는 다르게 행동하기 시작한다. 좀더 기꺼이 안전지대를 벗어나 새로운 일을 시도하게 된다.

나(린다)는 신혼 시절, 남편과 사랑을 나눌 때 좀더 적극적인 표현을 하기로 마음먹었던 적이 있다. 〈아가서〉의 본문을 기억하고 암송하고 있어서 참 다행한 일이었다. 나는 몇 가지 새로운 시도를 할 준비가 되어 있었는데, 남편 조디는 내가 성적으로 그를 기쁘게 하기 위해 어떤 시도를 하려고 하는지 구체적이고 자세하게 설명해주기를 원했다. 구체적으로? 어떻게 그럴 수가 있나? 어떤 단어들을 사용해야 하지? 그 당시 내가 남편의 요구를 들어주는 것은 당혹스럽고 힘든 일이었지만 나는 그렇게 했다.

새로운 일을 처음으로 시도할 때는 항상 어렵다. 하지만 시간이 지나면 점점 쉬워진다. 그것은 마치 차가운 호수에 들어가는 것과 마찬가지이다.

처음에는 몸이 충격을 느끼지만 한 발 한 발 물에 익숙해지면서 이내 기분 좋게 수영을 즐길 수 있게 되는 것이다.

한 걸음 나아가라. 표현력 있는 연인이 되라. 한 걸음 또 나아가라. 새로운 체위를 시도해보라. 한 걸음 나아가라. 새로운 장소에서 사랑을 나누어보라. 한 걸음 나아가라. 자신의 마음이 남편의 몸을 생각하는 것을 허락하라. 이것이 술람미 여인이 했던 일이다.

생각이 가는 대로 내버려두라

술람미 여인은 성경이 제시하는 경건하면서도 감각적인 아내의 모범사례이다. 그녀는 성적 기어를 넣기 위해 생각을 사용했다. 자신의 생각 속에 에로틱하고 소중한 기억의 창고를 마련하고, 여기에서 그 기억들을 하나씩 끄집어내어 되새겼다. 그녀는 아주 감각적인 측면에서 연인 솔로몬을 생각하고 있다. 그녀의 아름다운 말에 귀 기울여보자.

나의 임은 깨끗한 살결에 혈색 좋은 미남이다. 만인 가운데 으뜸이다. 머리는 정금이고, 곱슬거리는 머리채는 까마귀같이 검다. 그의 두 눈은 흐르는 물가에 앉은 비둘기. 젖으로 씻은 듯, 넘실거리는 못가에 앉은 모습이다. 그의 두 볼은 향기 가득한 꽃밭, 향내음 풍기는 풀언덕이요, 그의 입술은 몰약의 즙이 뚝뚝 듣는 나리꽃이다. 그의 손은 가지런하고 보석 박은 반지를 끼었다. 그의 허리는 청옥 입힌 상아처럼 미끈하다. 그의 두 다리는 순금 받침대 위에 선 대리석 기둥이다. 그는 레바논처럼 늠름하고, 백향목처럼 훤칠하다. 그의 입속은 달콤하고, 그에게 있는 것은 모두 사랑스럽다. 예루살렘의 아가씨들아, 이 사람이 바로 나의 임, 나의 친구이다. (아가서 5:10~16)

사랑하는 연인의 머리와 얼굴에서 시작해 아래쪽으로, 술람미 여인은 마음속으로 천천히 옷을 벗기면서 그의 몸을 생각한다. 《친밀한 동맹》의 저자들은(한 사람은 《구약성경》을 연구한 학자다) 여기서 술람미 여인의 생각이 어떤 성격을 갖는지에 대해 이렇게 말한다.

> 그녀는 그의 강한 팔에 대해 언급한 다음에 그의 몸 한 부분을 잘 연마한 상아로 묘사한다. 대부분의 영어 번역은 이 구절에서 머뭇거린다. 이 단어는 히브리어로 아주 에로틱한 것인데, 대부분의 번역자들은 그 분명한 의미를 확실하게 밝히지 못한다. 매끄럽고 값비싸게 장식한 상아 이빨은 남편의 발기한 성기를 사랑스레 묘사한 것이다._06

하나님이 그분의 거룩한 말씀 가운데 한 아내가 남편의 벌거벗은 몸을 상상한 그림을 포함시키셨다는 것이 놀라운가?(여기서 '남편'이라는 단어가 중요하다는 것을 기억하라. 당신이 마음에 담아야 할 것은 로맨스 소설에서 읽었거나 영화에서 본 어떤 사람의 몸이 아니라 바로 당신 남편의 몸이다.)

하나님은 우리에게 남편의 몸을 곰곰이 생각해도 된다고 허락하셨을 뿐만 아니라 그것을 장려하신다. 그분은 이렇게 말씀하시는 것 같다.

"네 남편의 몸은 내가 창조한 예술품이란다. 그의 몸을 찬찬히 생각하고, 머리 꼭대기에서부터 발끝까지 그가 어떻게 만들어졌는지에 감탄하라."

남편에 대해 꿈꾸고 상상하는 것에 관해서라면 생각이 가는 대로 내버려두라. 그런 생각을 하다보면 당신의 마음과 몸이 사랑을 나눌 준비가 될 것이다.

《성에 대한 경배》의 저자 로즈나우 박사는 "우리의 뇌와 생각하고 상상할 수 있는 능력은 창조된 인간 존재의 핵심적인 부분이다. 정신적인 심상을 즐길 수 있는 이 능력은 성행위를 포함해서 당신 삶의 모든 영역을 확장하고 누리는 데 사용될 수 있다."고 말한다._07 친구여, 당신 마음의 창고를 남편에 대한 소중한 기억으로 채우라.

팜은 남편과 함께 그들이 즐기고 좋아했던 성생활에 대한 기억들을 이야기하면서 하루저녁을 보냈다고 말했다. 캐롤은 빗속에서 사랑을 나누면 얼마나 멋질까 하는 생각을 항상 가지고 있었다. 그녀는 그저 꿈만 꾸는 대신에 폭풍이 부는 어느 날 밤, 남편을 뒷마당으로 데리고 나가 그녀만의 기억을 만들었다.

우리는 당신이 생각을 확대시키기를 기도한다. 확장된 생각은 원래의 모습으로 다시 돌아가지 않을 것이기 때문이다. 우리는 당신이 계속해서 잘못된 생각의 뿌리를 뽑아내고 성경 말씀의 씨앗을 심기를 바란다.

"무엇이든지 참된 것과, 무엇이든지 경건한 것과, 무엇이든지 옳은 것과, 무엇이든지 순결한 것과, 무엇이든지 사랑스러운 것과, 무엇이든지 명예로운 것과, 또 덕이 되고 칭찬할 만한 것이면, 이 모든 것을 생각하십시오."(빌립보서 4:8)

남편의 몸에 대해 상상하는 것은 옳고, 순결하고, 거룩한 일이다.

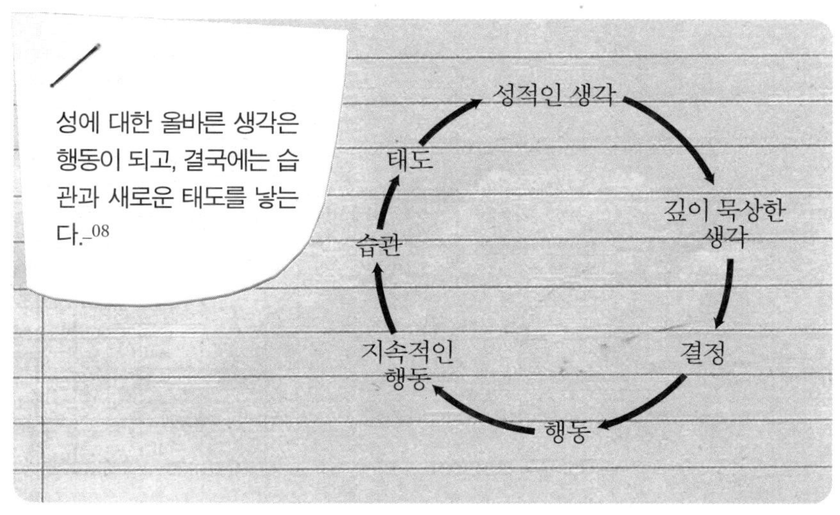

당신의 마음이 성적 기어를 잘 넣을 수 있도록 훈련하는 것은 옳고, 순결하고, 거룩한 일이다.

남편에 대한 성적 기억들을 마음의 보물상자에 쌓아두는 것은 옳고, 순결하고, 거룩한 일이다.

마르쿠스 아우렐리우스는 "우리의 삶은 우리의 생각이 만들어내는 바로 그것이다."라고 말했다. 우리는 이런 말을 덧붙이고 싶다. "우리의 성생활은 우리의 생각이 만들어내는 바로 그것이다." 당신의 뇌는 가장 위대한 성기관이다. 하나님이 당신에게 바라셨던 경건하고 감각적인 여인이 되기 위해 그것을 사용하라!

1. 성과 관련해서 하나님이 당신의 생각에서 '뿌리 뽑기' 원하시는 잘못된 생각은 어떤 것들인지 목록을 만들어보라. 그것들을 하나하나 하나님께 고하라. 그러고 나서 그 목록을 찢어 쓰레기통에 버려라.

2. 성과 관련해서 하나님이 당신의 생각에 심기 원하시는 올바른 성경적 생각들을 목록으로 만들어보라.('당신의 꽃을 자라게 하는 방법'을 참조하라.) 그 각각을 하나님께 소리 내어 말하라. 그분께 당신이 새로운 마음을 원한다고 말씀드려라. 이 목록을 자신만의 장소에 보관하고 가끔씩 꺼내어 되새겨보라.

3. 〈아가서〉에서 암송할 두 구절을 뽑아내라. 그 구절들을 당신의 기억에 심은 후에, 그것을 묵상하고 하나님께 기도로 돌려드리라. 그다음 이 구절들에 근거해서 당신이 앞으로 나아가 '어떤 선택을 할' 필요가 있는지 하나님께 여쭈어보라.

4. 술람미 여인이 마음속으로 성적인 기어를 넣기 위해 자신의 상상력을 어떻게 사용했는지 다시 한 번 살펴보라.('생각이 가는 대로 내버려두라'를 보라.) 어떻게 하면 당신의 생각을 이와 비슷한 방식으로 사용할 수 있을지 보여달라고 하나님께 간구하라.

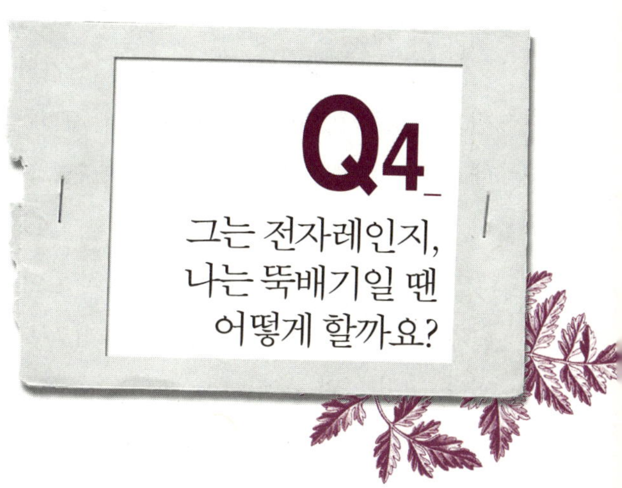

우리가 고등학생이던 시절, 소년들은 스포츠 경기를 하고 소녀들은 사이드라인에 서서 응원을 했다. 우리 팀이 골라인을 향해 풋볼 경기장을 달려가면 우리는 이런 응원가를 부르곤 했다. "왼쪽으로 굽히고. 오른쪽으로 굽히고. 일어서. 앉아. 파이팅! 파이팅! 파이팅!"

이런 응원 장면은 지난 세기에 우리 사회가 남자와 여자의 차이를 어떻게 보았는지를 적절하게 요약해 보여준다. 1900년대 초반, 여자들은 정치에 대해 토론하지 않았고 남자들은 부엌일을 돕지 않았다. 남자들은 성에 탐닉했고 여자들은 그것을 참고 견뎠다. 남자와 여자는 다른 존재로 여겨졌다. ……왼쪽으로 굽히고.

1970년대에 페미니스트 운동이 등장했다. 여자들은 같은 역할, 같은 월급, 같은 오르가슴을 원했다. 남자와 여자는 동일하게 여겨지기 위해 갈등했다. ……오른쪽으로 굽히고.

21세기가 된 오늘날, 베스트셀러 작가 존 그레이 박사에 따르면 남자와 여자는 너무나 달라서 남자는 화성에서 여자는 금성에서 온 존재로 여겨진다. 다시 왼쪽으로 굽히고. 앞으로 갔다 뒤로 갔다, 사회는 끊임없는 논쟁으로 흔들린다. 우리는 다른가? 아니면 같은가?

실제로 두 주장이 모두 사실이다. 남자와 여자는 사랑과 경탄과 존중을 필요로 하는 존재라는 점에서 같다. 또한 인생의 의미와 목적을 찾아 헤매고 육체적이고 정서적인 사랑이 필요하다는 점에서도 서로 같다. 그러나 남녀는 또한 아주 다르다. 특히 성행위와 관련해서.

이 장의 목적은 남자와 여자의 성적 차이를 논하고, 이런 차이점들이 더 강한 성적 관계를 세워가는 데 도움이 되도록 하는 방법을 알아보려는 것이다. 그런 논의는 맨 처음, 하나님이 첫번째 남자와 첫번째 여자를 창조하셨던 바로 그 처음에서 출발해야만 한다. 창조의 현장이 양성 사이의 차이점에 대해 무엇을 말해줄 수 있는지 알아보자.

하나님은 우리를 다르게 창조하셨다

아마도 당신은 〈창세기〉의 다음 구절들을 수도 없이 읽었을 것이다. 이제 이 구절을 읽으면서 새로운 눈으로 볼 수 있게 해달라고 하나님께 간구하라. 천천히 읽으라. 남자와 여자가 다르게 창조된 부분에 유념하라. 그리고 나서 우리가 만든 목록과 당신의 목록을 비교해보자.

> 주 하나님이 땅의 흙으로 사람을 지으시고, 그의 코에 생명의 기운을 불어넣으시니, 사람의 생명체가 되었다. …… 주 하나님이 사람을 데려다가 에덴동산에 두시고, 그곳을 맡아서 돌보게 하셨다.(2:7, 15)

> 주 하나님이 말씀하셨다. "남자가 혼자 있는 것이 좋지 않으니, 그를 돕는 사람 곧 그에게 알맞은 짝을 만들어주겠다."(2:18)

주 하나님이 들의 모든 짐승과 공중의 모든 새를 흙으로 빚어서 만드
시고, 그 사람에게로 이끌고 오셔서, 그 사람이 그것들을 무엇이라고
하는지를 보셨다. …… 그러나 그 사람을 돕는 사람 곧 그의 짝이 없
었다.(2:19~20)

그래서 주 하나님이 그 남자를 깊이 잠들게 하셨다. 그가 잠든 사이
에, 주 하나님이 그 남자의 갈빗대 하나를 뽑고, 그 자리는 살로 메우
셨다. 주 하나님이 남자에게서 뽑아낸 갈빗대로 여자를 만드시고, 여
자를 남자에게로 데리고 오셨다. 그때에 그 남자가 말하였다. "이제
야 나타났구나, 이 사람! 뼈도 나의 뼈, 살도 나의 살, 남자에게서 나
왔으니 여자라고 부를 것이다."(2:21~23)

아담은 자기 아내의 이름을 하와라고 하였다. 그가 생명이 있는 모든
것의 어머니이기 때문이다.(3:20)

이 구절들을 근거로 보면 남자와 여자의 차이점은 다음과 같다.

* 남자는 흙으로 만들어졌다.— 여자는 살로 만들어졌다.
* 남자는 그 동산에 홀로 있게 되었다.— 여자는 남자에게로 이끌려
   갔고, 그래서 그들은 함께 있을 수 있었다.
* 남자는 필요가 있는 존재로 창조되었다.— 여자는 그 필요를 채우
   기 위해 창조되었다.
* 남자의 임무는 일하는 것이었다.— 여자의 임무는 남자가 그의 일
   을 하도록 돕는 것이었다.
* 남자의 임무는 인지적/과업지향적이었다(동물의 이름을 짓는 것).—
   여자의 임무는 정서적/관계적이었다(남자의 필요를 채우는 것).

* 남자는 여자에게 이름을 주었다.— 여자는 남자로부터 이름을 받
  았다.
* 남자의 몸은 씨를 주기 위해 창조되었다.— 여자의 몸은 생명을 주
  기 위해 창조되었다.

하나님은 남자와 여자를 육체적으로 다르게 창조하셨고, 다른 능력을
주셨으며, 다른 역할을 맡기셨다. 그러고 나서 그들의 차이점 전부가 녹
아 없어질 수 있는 한 가지 방법을 고안해내셨다. 친밀한 성적 사랑 안에
서 그들의 차이점은 용해되고, 서로 분리되고 구별되는 두 명의 다른 개
인들은 한몸이 되었다.(창세기 2:24)

하나님이 고안해내신 것은 거룩하고 옳았다. 그분이 만드신 차이점들
은 부채가 아니라 자산이다. 남자와 여자는 오직 함께만—그들의 모든 차
이점과 더불어—하나님의 목적을 성취하고 하나님과 그분의 형상들을 드
러낼 수 있다.

하나님의 원래 의도는 남자와 여자가 함께 살면서, 함께 일하고, 서로를
완전하게 하며, 결혼관계의 사랑 안에서 황홀경을 누리는 것이었다. 그러
나 죄가 그 장면에 들어왔고 그 커플의 하나됨을 난도질해놓았다. 즉시
'두 사람의 눈이 밝아'졌다. 벌거벗었으나 부끄러워하지 않던 아담과 하
와는 이제 도리어 그들의 몸을 숨겼다. 서로를 감사하게 여겼던 그들은
이제 도리어 서로를 비난했다. 그들의 차이는 더 이상 그들을 연합하게
하지 못하고 그들을 갈라놓았다. 사랑의 아름다움조차도 그들이 처음에
알았던 원래의 하나됨을 항상 가져다주지는 못했다.

하나님이 원래 의도하셨던 사랑의 아름다움을 회복할 수 있을까? 그렇
다. 〈잠언〉 24:3~4절은 "집은 지혜로 지어지고, 명철로 튼튼해진다. 지식
이 있어야, 방마다 온갖 귀하고 아름다운 보화가 가득 찬다."고 말한다.
이 원리는 성관계에도 적용될 수 있다.

우리는 배우자가 우리와 어떤 점에서 다른지에 대해 지혜와 명철과 지식을 구해야 한다. 그러고 나서 차이를 해소하고 하나됨을 회복하는 데 그 정보를 사용해야 한다.

친밀함에 영향을 미치는 여섯 가지 차이점

잉태되는 그 순간부터 염색체는 우리 존재의 모든 섬유 하나하나마다 여성성과 남성성을 새겨 넣는다. 결과적으로 남자와 여자는 몸을 구성하는 모든 세포가 서로 다르다. 남자의 근육과 골격 구조는 여자보다 더 크고 강한 경향이 있다. 동물적인 강함에서 남자는 여자보다 50퍼센트는 뛰어나다.[01] 여자의 심장은 남자의 심장보다 더 빠르게 뛰고(80대 72), 여자의 혈압은 남자보다 낮다(평균적으로 약 10 정도). 하나님이 우리를 이렇게 만드셨다.

육체적 짜임새의 차이 때문에 남자와 여자는 성관계에서 다르게 반응한다. 우리는 일반적으로 여자들이 남자에 대해 당황스럽다거나 이해할 수 없다고 자주 물어보는 여섯 가지 질문을 집중해서 다루려고 한다. 각각의 질문들은 남자와 여자의 생리학적 차이에서 파생된 것으로, 그 차이는 성관계에 영향을 미친다. 그러나 우선, 우리는 백기를 흔들고 싶다.

다음에 이야기하는 정보 가운데 어떤 것은 당신에게 잘 들어맞겠지만 어떤 것은 그렇지 않을 수도 있다. 우리는 양성 사이에 차이가 있는 한편 동성 내에서도 차이가 있다는 것을 잘 알고 있다. 어떤 두 여자도 똑같지 않다. 어떤 두 남자도 똑같지 않다.

이번 장을 읽으면서 하나님께서 당신에게 지혜를 주시도록, 당신의 지식을 증진시켜 주시도록, 그리하여 당신과 당신의 남편을 위해 마련된 이 정보에 숨어 있는 귀한 보화를 캐낼 수 있도록 기도하라.

그는 왜 한 번에 한 가지 일밖에 집중하지 못할까?

남자아기는 엄마의 자궁에서 16주에서 26주 사이의 어느 시점에선가 '테스토스테론 목욕'을 하게 된다._02 이 '목욕'은 아기의 남성적 특성을 두드러지게 할 뿐만 아니라 뇌의 좌반구와 우반구 사이에 있는 연결 신경 섬유의 말단 중 일부를 끊어놓는다. 결과적으로 남자들은 좌뇌와 우뇌의 기능을 전환하는 것이 어렵다.

여자들은 이런 목욕을 당하지 않기 때문에 연결 섬유가 손상되지 않은 채 남아 있고, 양 반구 사이에서 빠르게 전환하는 것이 가능하다. 결과적으로 여자는 한 번에 세 가지 일을 생각하고 할 수 있는 반면 남자들은 한 가지 일에 집중하는 경향이 있다.

간단히 말하면 사랑을 나누는 동안 남편은 오로지 그 행위에만 집중하는 반면, 아내는 그 친밀함을 즐기는 동시에 마음속으로 침실을 다시 장식하는 것이 가능하다.

모든 연결 신경섬유를 손상되지 않은 채 가지고 있다는 사실이 주는 밝은 면은 동시에 여러 상황을 처리할 수 있다는 것이다. 반면 어두운 면은 쉽게 주의가 흐트러진다는 것이다. 어떤 남편은 이런 말을 했다.

"나는 아내와 사랑을 나누려고 애쓰고 있는데 그녀의 마음이 수십만 킬로미터는 멀리 가 있을 때 정말 싫어요. 그녀는 아이들 문제를 생각하고 있거나 내일 저녁식사는 무엇으로 할까 따위를 생각하고 있죠. 아내가 내게 집중했으면 좋겠어요."

해 결 책 성관계는 한 가지에 집중해야 하는 시간이다. 당신이 생각하기에 성적 기어를 넣는 데 문제가 있다면 3장을 읽어보라. 당신도, 남편도 당신이 한 일을 좋아하게 될 것이다!

왜 그는 오로지 섹스만을 생각하는 것처럼 보일까?

호르몬 수치는 성적 욕구에 지대한 영향을 미친다. 남자는 강과 같다. 남자의 테스토스테론 수치는 끊임없이 계속해서 흐른다. 그러나 여자는 바다와 같다. 여자의 호르몬은 생리주기에 따라서 밀려왔다가 밀려간다. 생리주기의 초반에는 에스트로겐 수치가 높고, 그때는 성에 대한 욕구가 태풍처럼 강하게 그녀를 덮칠 수 있다. 하지만 며칠 후 배란이 되고 나면 여자는 성교에 관해서라면 아무것도 원하지 않을 수 있다.

남자의 머리는 늘 성행위를 생각할지 모르지만 그가 만져주기를 바라는 부분은 거기서부터 대략 아래로 1미터쯤 내려간 곳이다. 남자의 생식선은 한 지점, 그의 성기에 집중되어 있다. 그러나 그 한 지점은 아주 많은 자극점들을 포함하고 있어서 살짝만 건드려도 그를 흥분시킬 수 있을 정도이다. 남자는 17개의 생식선을 가지고 있다. 수십만 마리의 에너자이저 버니들(배터리 광고의 마스코트로 검은 선글라스에 분홍색 털을 가지고 지칠 줄 모르고 계속해서 북을 친다―옮긴이)처럼 이 생식선들은 밤낮으로 일을 해서 정액을 생산하고, 그것은 고환에 있는 정낭에 저장된다. 정낭이 가득 차면 그의 고환은 뇌에게 말을 한다.

"내가 폭발해버리기 전에 빨리 뭔가를 하지!"

성행위에 대한 남자의 필요는 전적으로 생각의 문제만은 아니다. 성적인 명령을 내리는 본부가 축적된 것을 해소하라고 요구하는 것이다.

여자의 몸은 이와 반대다. 여성의 해부학적 구조는 온몸이 성적 갈망의 방아쇠를 당길 수 있도록 만들어져 있다. 등을 살짝 애무한다든지, 허벅지 위에 손을 올려놓는다든지, 팔을 천천히 두드리는 것만으로도 그녀의 발끝까지 짜릿짜릿하게 할 수 있다. 핫 스폿에 대해서는 아직 말도 꺼내지 않았다. 이런 차이들을 요약하면 다음과 같이 말할 수 있다. 여자는 욕구가 '가득 차 오를' 때까지 그녀의 몸 여러 곳에 축적된 터치에 반응하는 반면, 남자는 성기에 대한 직접적인 터치에 빠르게 반응하고 그것이 '비워져야 할' 필요를 느낀다.

<u>해 결 책</u> 현명한 아내는 자신의 생리주기를 기억하고 에스트로겐 수치가 높을 때에 남편과의 성관계를 주도함으로써 욕구의 파도를 탄다.

그는 왜 웅얼거리는 것을 의미 있는 의사소통이라고 생각할까?

양성 사이에 식별할 수 있는 또 하나의 차이점은 여자들이 일반적으로 언어적 표현에 대한 필요가 남자들보다 강하다는 것이다. 북아일랜드 벨파스트에 있는 퀸스대학 연구자들은 여자아기들이 태어나기 전부터 남자아기들보다 입을 더 많이 움직인다는 사실을 발견했다. 임산부들을 상대로 초음파를 시행한 결과, 임신 20주에 들어간 여자아기들이 남자아기들보다 시간당 입을 대략 30퍼센트 정도 더 많이 움직였다.[03] 성경은 이 주장을 뒷받침해준다. 〈아가서〉를 보면 술람미 여인의 말이 십중팔구 솔로몬보다 더 많다.(이것은 아마도 성관계를 하는 동안 여자들은 "아, 여보, 너무 좋아요."라고 말하는데 남자들은 왜 그저 웅얼거리다가 마는지 그 이유를 설명해줄 것이다.)

여자들은 말의 여왕이기 때문에, 우리는 배우자를 추켜세워주기 위해 그 기술을 사용해야 한다. 한 잡지의 기사에 다음과 같은 말이 실렸다.

"대부분의 남자들이 필요로 하는 것은 성적인 만족에 더해서 자신의 성적 능력을 확인하는 것이다."[04]

로렌은 부부 성경공부를 하면서 남편이 자신의 성적 능력을 확신할 수 있도록 하는 데 그녀의 언어적 기술을 사용했다. 부부들은 각기 자기 배우자에 대해 가장 감사하게 여기는 성품이 무엇인지 말해보라는 질문을 받았다. 다른 부부들은 보통 '아내의 활발한 성격' 또는 '우리 가족을 부양하는 남편의 능력' 같은 것들을 언급했다. 로렌은 "내가 남편에게 가장 감사하게 여기는 것은 그가 굉장히 멋진 연인이라는 것이에요."라고 말했다. 그 모임이 있고 나서 몇 달 동안, 그룹에 속해 있던 남자들이 로렌의 남편에게 집적거렸다.

"어떻게 하면 아내에게 그런 말을 들을 수 있죠? 비결 좀 알려줘요."

해 결 책 다음번에 남편과 함께 있을 때, 연인으로서 그의 능력에 대해 긍정적인 말을 해주도록 하라.(그가 웅얼거리는 반응을 보인다면, 다시 웅얼거려주라. 얼마나 많은 의사소통이 일어나는지 깜짝 놀라게 될 것이다!)

그는 왜 아름다운 여자를 보면 고개가 돌아갈까?

남편이 딱 달라붙는 짧은 반바지를 입은 섹시한 빨간 머리 여자를 한 번 더 쳐다본다고 해도 놀라지 말라. "남자의 시신경은 그의 성기와 직접 연결되어 있다."《새로운 남성의 성》의 저자인 버니 질버겔드 박사의 말이다._05 어떤 여자에게 이 말을 해주었더니, 그녀는 집으로 돌아가서 이 두 지점을 연결하는 숨겨진 와이어를 찾겠다고 남편의 몸을 수색했다고 한다.

대부분의 남자들은 에로틱한 이미지와 성적 흥분 사이의 연결이 아주 강력하고 즉각적이다._06 솔로몬의 신부는 이것을 알고 있었다. 그녀가 어떻게 연인 앞에서 누드 춤을 추어서 그의 성적 감각들을 흥분시켰는지 기억하는가?

당신의 남편은 당신의 벗은 몸을 보는 것을 좋아한다. 그는 당신들 두 사람이 하나가 되는 것을 보는 것을 즐긴다. 이것은 그에게 성적으로 엄청난 자극이 된다. 그러나 정말 제일 큰 '자극제'는 당신의 눈에서 욕구를 보는 것이다.

해 결 책 남편 앞에서 기꺼이 유혹적인 몸짓을 할 마음이 있는가? 그런 마음이 있다면 그렇게 하라! 이런 행동이 당신의 안전지대를 벗어나는 것이라면, 거울이 많거나 촛불을 잔뜩 켜놓은 방에서 사랑을 나누는 것으로 그의 시신경을 자극해보라.

그는 왜 그렇게 쉽게 정상에 도달할까?

"남편은 전자레인지보다 더 빨리 불이 들어와요. 반면에 나는 서서히 조리하는 뚝배기에 가깝죠."

자넷이 말했다. 남자와 여자가 오르가슴에 도달하는 데 걸리는 시간의 차이는 장난이 아니다. 남자들은 보통 오르가슴에 도달하기까지 2~3분 정도의 자극이면 충분하다. 하지만 여자들은 일반적으로 그보다 10배나 되는 시간이 필요하다. 《화성남자 금성여자의 침실 가꾸기》의 저자인 존 그레이 박사는 다음과 같이 말했다.

"여자가 격렬한 오르가슴을 경험하기 위해서는, 남자가 자신의 시간을 2~3분에서 20~30분으로 늘리고 그 후에 오르가슴이 오도록 조절해야만 한다."_07

남자의 오르가슴은 여자의 오르가슴과 다르다. 남자가 느끼는 절정은 일차적으로 성기에 집중되어 있다. 여자의 오르가슴은 성기에서 시작되지만 온몸으로 물결치듯 퍼져나갔다가 다시 성기로 돌아온다. 남자가 '돌이킬 수 없는 지점'에 이르면 그는 사정을 해야만 한다. 집에 불이 났을지라도 먼저 자기 '불'을 꺼야 한다. 반대로 여자의 절정은 시작된 다음이라도 금방 깨질 수 있다. 수많은 아내들이 아기가 울거나 전화가 울리는 것 때문에 오르가슴 직전에서 좌절을 경험한다. 그러면 황홀경의 스릴은 사라져버린다.

남자와 여자의 오르가슴에는 서로 다른 점이 또 있다.

＊ 대부분의 남자들에게 오르가슴은 본능적이다. 대부분의 여자들에

게 오르가슴은 학습되는 것이다.(우리는 이 기쁨을 한 번도 경험해본 적이 없는 아내들을 알고 있다. 당신도 그 중 하나라면 16장이 바로 당신을 위한 것이다.)

* 남자들은 삽입하고 있는 동안 쉽게 절정에 오른다. 대부분의 여자들은 클리토리스를 직접적으로 자극하지 않고는 좀처럼 오르가슴에 도달하지 못한다.

* 남자의 절정은 일반적으로 10초에서 13초 동안 지속된다. 여자는 6초에서 60초 동안 지속된다._08

* 오르가슴 후에 남자는 반드시 회복기를 가져야 한다. 여자는 곧바로 또는 연속적으로 오르가슴을 반복하는 것이 가능하다.

* 사랑을 나누는 동안 남자의 몸은 옥시토신을 분출하는데, 그 호르몬은 졸음의 원인이 되는 것으로 남자로 하여금 자고 싶게 만든다._09 여자는 관계 후에 긴장이 풀리기는 하지만 흔히 깨어서 대화를 나누거나 꼭 껴안고 있고 싶어한다.

* "남자는 18세에서 20세 사이에 최고의 오르가슴을 경험하지만 여자는 30대와 40대에 성적으로 왕성해진다."_10

해 결 책   언어적 기술을 사용하라. 술람미 여인처럼 어떻게 하면 당신의 기분이 좋아지는지, 어디를 만지면 제일 좋은지를 남편에게 설명하라. 아주 구체적으로. 그가 정확한 지점을 건드리면 긍정적인 말로 인정하라. 성적 기운이 서서히 올라가면서 어떤 느낌이 드는지, 쾌감이 몰려와 당신을 감쌀 때 어떻게 느끼는지 서로 이야기하라.

왜 가만히 끌어안고만 있을 수 없는 걸까?

여자에게 포옹은 정서적 필요를 채워준다. 남편이 아내를 포옹하는 것은 아내에게 "당신을 사랑해요. 당신은 나에게 중요한 사람이에요. 당신 옆에 있어서 참 좋아요."라는 말을 전하는 것과 같다. 남자에게는 성행위가 이와 동일한 정서적 필요를 채워준다. 아내가 남편과 성행위를 하는 것은 "당신을 사랑해요. 당신은 내게 중요한 사람이에요. 당신 옆에 있어서 행복해요."라고 말하는 것이다. 우리 여자들은 남편이 우리와 정서적 교감을 나누어야 한다고 주장한다. 그러나 이러한 교감이 육체적이기보다는 언어적이어야 한다고 주장해야 하는 것일까?

여자인 우리들은 때로 육체적 필요를 우습게 여기는데, 이는 우리가 자신의 육체적 필요를 간단하고 자유롭게 쫓아버릴 수 있기 때문이다. 하지만 정서적 필요를 쫓아버리는 것에 대해서는 꿈도 꾸지 않는다. 정서적 필요는 너무 정당하다고 생각하기 때문이다. 남자들은 성행위에 대한 육체적 필요를 가지고 있는데, 남자에게 그것은 깊은 정서적 필요를 채워주는 일이기도 하다. 남편과 사랑을 나누는 것은 그의 영혼을 어루만지고 그의 정서가 표현될 수 있는 출구를 만들어주는 것과 같다. 그를 만지는 것은 그가 자기 자신을 찾을 수 있도록 해주는 것이다. 존 그레이 박사의 통찰에 귀를 기울여보자.

> 나는 아내와 멋진 사랑을 나누고 난 다음에 우리 집 주변의 나무들이 얼마나 아름다운지 그동안 잊고 지냈다는 사실을 깨달은 적이 한두 번이 아니다. 그러면 나는 밖으로 나가서 신선한 공기를 들이마시고 다시금 내가 살아 있다는 느낌을 받곤 한다. 일을 하면서도 내가 살아 있다고 느끼지 않는 것은 아니지만, 아내와 멋진 관계를 갖고 나면 직장에서 목표를 성취하기 위해 전력을 다하느라 쉽게 잊어버리게 되는 감각들이 다시 살아나고 생활의 활기를 얻게 된다. 어떤 의미에서 멋진 성관계는 내가 잠시 걸음을 멈추고 꽃향기를 맡을 수 있도록 도와준다.[11]

해 결 책 남편의 손을 잡고 침실로 끌어들이라. 그에게 깊은 정서적 대화를 나눌 시간을 오래 미뤄두었다고 말하라. 그 다음에 옷을 벗기 시작하라.

만세! 우리는 다르다

지금까지 남자와 여자 사이에 존재하는 일곱 가지 태생적 차이점과 여섯 가지 생리학적 차이점에 대해 알아보았다. 이러한 차이뿐만 아니라 문화적 차이, 자라온 방식의 차이까지 합쳐볼 때 어떻게 부부가 함께 살아갈 수 있는지 놀라울 지경이다. 차이점은 헤아릴 수 없이 많고 극복할 수 없을 것처럼 보인다. 많은 여성들이 절망한 나머지 손을 들어버린다. 하지만 크리스천인 우리들은 우리의 차이점 때문에 찬양의 손을 들게 될 수도 있다고 믿는다. 하나님이 남자와 여자 사이에 창조하신 차이점은 그야말로 거룩한 것이다. 차이는 결혼생활에 균형과 풍성함과 완성을 가져다준다. 남자와 여자는 서로 가르칠 것이 있고, 배울 것이 있다.

영화 〈록키〉에서 실베스터 스탤론은 그다지 명석하지 못한 권투선수를 연기했는데, 그는 여자친구 애드리언을 깊이 관찰한다.

"그녀에게 부족한 부분이 있고, 나에게도 부족한 부분이 있어. 우리는 서로 부족한 부분을 채우지."

남편이 당신의 부족한 부분을 채워준다. 당신은 그의 부족한 부분을 채운다.

성적 차이들을 요약하면서 여자는 물과 같은 존재로, 남자는 얼음 같은 존재로 생각해보라고 말하고 싶다. 남자와 여자는 본질적으로 동일하게 만들어졌지만 다른 형태를 가지고 있다. 남자는 얼음처럼 딱딱하고, 고정되고, 응집된 존재라고 할 수 있다. 여자는 물처럼 인간관계에서든 언어적 소통에서든 맑게 흐르는 존재라 할 수 있다. 남편과 아내의 성관계는 한 잔의 물에 얼음을 넣는 것과 같다. 남자가 여자에게로 들어간다. 처음에는 딱딱하고 그녀와 분리되어 있지만 친밀한 접촉을 하는 동안 얼음은 녹고 그들은 하나가 된다. 남자는 날카로운 각이 사라지고, 여자는 남자로 채워진다. 그들이 성적인 사랑을 나누며 하나로 녹아들 때 차이는 해소된다.

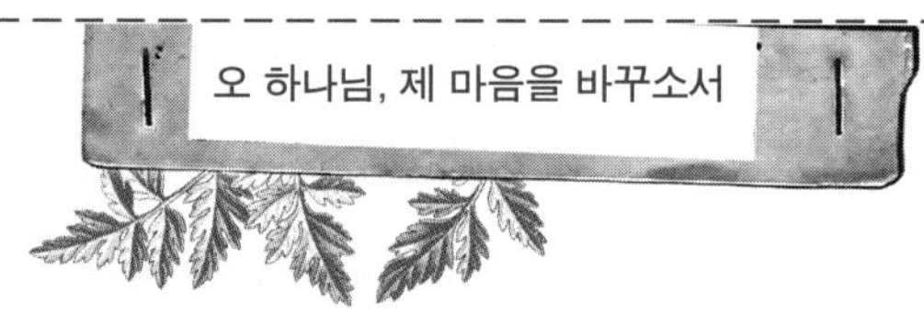

1. 남편과 함께 이 장을 읽도록 하자. 읽으면서 당신의 결혼생활에 딱 맞는 말처럼 들리는 내용이 있으면 잠시 멈춰서 그에 대해 대화를 나누자. 그리고 나서 다음 문장들을 완성해보라.

＊ 당신이 나와 달라서 내가 당신에게 감사하는 세 가지는 (   )이다.
＊ 내가 당신과 함께 하기를 좋아하는 세 가지는 (   )이다.
＊ 성행위와 관련해서, 나는 당신이 (   ) 때 정말 좋다.
＊ 성적으로 내가 새롭게 시도해보고 싶은 한 가지는 (   )이다.

2. 이 장에서 제시한 해결책들을 다시 읽어보고 이번 주간에 그 중 하나를 선택해 적용해보라.

남성과 여성의 차이

	남성	여성
지향성	육체적 구획적 육체적 하나됨 변화 가장 높은 우선순위는 성관계	관계적 전체적 정서적 하나됨 안전 다른 것들이 더 높을 수도 있다
자극	시각 냄새 몸 중심	촉각 태도 행동, 말, 사람 중심
필요	존경 감탄 육체적 필요 억제할 수 없다	이해 사랑 정서적 필요 시간을 요한다
성적 반응	비순환적 빠른 흥분 (일반적으로) 주도적 주의가 잘 흩어지지 않는다	순환적 느린 흥분 (일반적으로) 반응적 쉽게 주의가 흩어진다
오르가슴	종족 번식 짧고 더 강렬하다 육체적 보통 오르가슴이 있어야 만족한다	하나됨의 번식 길고 더 깊다 정서적 오르가슴 없이도 만족할 수 있다

* 이러한 차이점은 일반적인 경향을 말하는 것이고, 모든 경우에 적
용되는 것은 아니다._12

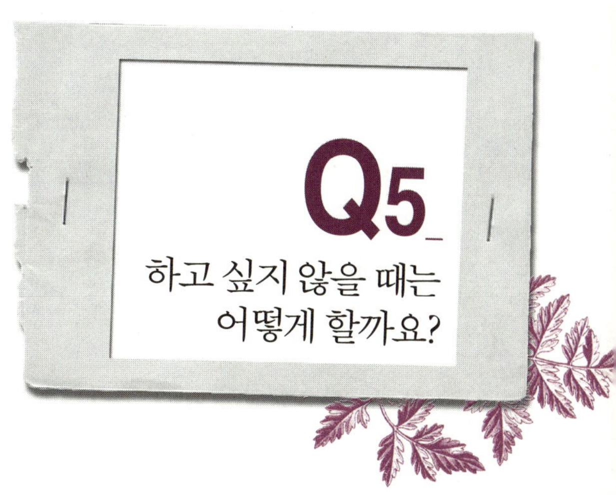

영화에서 남편과 아내가 각각 치료사와 대화를 나누고 있는 장면을 보여준다. 반으로 가른 스크린의 왼편에서 남자가 불평한다.

"우리는 자주 사랑을 나누지 않아요. 아마 최고로 많이 해야 일주일에 세 번일걸요."

스크린의 오른편 절반에서 아내가 한탄한다.

"우리는 끊임없이 성관계를 하고 있어요. 일주일에 두세 번은 꼭 한다니까요!"

영화에서 보면 유머러스한 장면이지만 실제로 가정에서 이런 대화가 이루어진다면 재미있어 할 일만은 아닐 것이다. 이 여자의 말이 남의 말 같지 않은가? 마음속으로 성문제는 당신의 남편에게 '빅 이슈'이고 남편은 더 자주 하고 싶어하는데 당신은 덜 하고 싶다는 생각을 하고 있는가? 그런 생각이 든다면 당신과 남편이 일생 동안 사랑을 나누는 데 얼마나 많은 시간을 보내게 될지 자문해보라. 이번달에는 몇 시간을 보내게 될까? 이번주에는?

《즐거움을 위한 성》의 저자 에드 휘트 박사에 따르면 평균적인 부부는 사랑을 나누는 데 일주일에 한 시간 이상 시간을 들이지 않는다. 놀라운가? 여자들이 자신이 맡고 있는 모든 역할을 균형 있게 감당하기 위해 노력하다가 능력의 한계를 넘어섰다고 느껴 힘겨워할 때, 부부관계는 단지 그녀가 해야 할 일의 목록에 들어 있는 한 가지 일에 지나지 않게 될 수 있다.

당신이 '그걸 하고 싶지 않아서' 고민하고 있다면 이유가 무엇인지 자문해보라고 권하고 싶다. 생활에 지쳐 있고, 부부관계가 그저 당신이 해야 하는 다른 50가지 일만큼밖에 중요하지 않기 때문인가? 남편이 저지른 어떤 일에 화가 나거나 상처 받아서 그에게 육체적으로 가까이 다가가고 싶지 않은가? 성에 대해 잘못된 견해를 가지고 있는가? 잘못된 사고의 패턴을 스스로에게 허용해왔는가?

당신이 성적으로 흥미가 부족한 이유가 결혼생활의 문제들이 낳은 결과라면 목사나 기독교 카운슬러를 찾아가 전문적인 도움을 받아볼 것을 강력히 권한다. 하지만 많은 여성들의 경우 문제는 결혼생활이 아니라 그들의 태도에 있다. 그들은 '그것을 하기'를 원하지 않는데, 하나님이 그들에게 되라고 하신 연인이 되기 위해 하나님께 헌신하지 않았기 때문이다. 이 장에서 우리는 태도의 문제를 다루려고 한다.

우선 그 단어를 정의해보자. 태도는 외적 행동으로 표현되는 내면의 감정이다. 아마도 당신은 남편이 당신의 태도를 알아채지 못하리라고 생각할 것이다. 하지만 확신하건대 그는 알고 있다. 당신의 내면은 얼굴 표정, 목소리의 톤, 보디랭귀지 등으로 드러난다. 말은 하지 않았을지 모르지만 당신은 온몸으로 "나는 하기 싫어요!"라고 외치고 있다.

아내들이 성에 대해 가지고 있는 다음 세 가지 태도를 읽고 자신에게 정직하게 물어보라. 어느 것이 내가 가진 태도를 가장 잘 설명해주고 있는가?"

* "그것은 해야만 하기 때문에 하는 어떤 것이다."
* "그것은 하나님이 내가 해야만 한다고 말씀하시기 때문에 하는 어떤 것이다."
* "그것은 내가 남편에게 사랑을 주고 그를 돌볼 수 있는 한 가지 방법이다."

아마 당신의 태도는 이보다 조금 더 퉁명스러운 것일 수 있다.

* "그것은 아무 보람도 없는 일이다."
* "그것을 하면서 제일 좋은 것은 그것이 끝났을 때다."
* "나는 그보다 더 좋은 할 일들이 있지만, 또다시 이불 속으로 기어들어간다. 내 남편이 기쁨을 얻을 수 있도록."
* "그것은 내게 중요하지 않다. 그리고 나는 그걸 하는 데 우선순위를 둘 생각이 정말 없다."
* "그것은 너무 많은 노력을 필요로 한다."
* "내 남편은 도대체 무엇이 문제일까? 엄마의 자궁에서 테스토스테론을 세 배쯤 먹었나? 한번쯤 나를 그냥 내버려둘 수는 없는 걸까?"

하나님이 원하시는 태도

우리가 가진 태도와 하나님이 우리에게 원하시는 태도를 비교해보자. 우리와 함께 익숙한 본문 한 곳을 살펴볼 텐데, 그 구절들은 일반적으로 매우 잘못 이해되어왔다. 어떤 여성들은 성경의 그 부분을 그들이 '아내의 의무'를 수행해야만 한다는 의미로 해석해왔다.

남편은 아내에게 남편으로서의 의무를 다하고, 아내도 그와 같이 남
편에게 아내로서의 의무를 다하도록 하십시오. 아내가 자기 몸을 마
음대로 주장하지 못하고, 남편이 주장합니다. 마찬가지로 남편도 자
기 몸을 마음대로 주장하지 못하고, 아내가 주장합니다. 서로 물리치
지 마십시오. 여러분이 기도에 전념하기 위하여 얼마 동안 떨어져 있
기로 합의한 경우에는 예외입니다. 그러나 그 뒤에 다시 합하십시오.
여러분이 절제하는 힘이 없는 틈을 타서 사탄이 여러분을 유혹할까
염려되기 때문입니다.(고린도전서 7:3~5)

"하지만 그건 결국 아내가 남편의 성적 필요를 채워줄 의무가 있다는
말씀 아니야?"라고 중얼거리는 소리가 들린다. 이 장을 덮어버리기 전에
그 본문이 정말로 말하고 있는 바가 무엇인지 열린 마음으로 귀 기울여
들어보라.

영어로 '의무(duty)'라는 단어는 불쾌한 일이라는 의미를 담고 있다. 하
지만 헬라어로 전해진 그 메시지는 '빚진'이라는 의미다. 그것은 호의를
베푸는 것("좋아, 내가 당신을 받아주지.")이 아니라 빚진 것을 갚는 것이다.
위의 구절에는 세 가지 중요한 원리가 담겨 있다. 바로 필요의 원리, 권한
의 원리, 신실함의 원리이다. 우리는 이 원리들을 하나하나 살펴볼 텐데,
남편과 아내가 상대방을 성적으로 기쁘게 하고 또 거기에서 기쁨을 얻을
자유가 있을 뿐만 아니라 책임도 있다는 것을 보게 될 것이다.

1. 필요의 원리 : 하나님은 우리에게 성적인 필요라는 선물을
주셨다.(3절) 하나님의 말씀이, 우리는 배우자의 성적인 필요를 채워주어
야 한다고 명하신다. 남자와 여자 둘 다 이런 필요를 가지고 있기 때문이
다. 성적 열정은 하나님이 주신 선물이다. 당신은 그것을 선물로 보지 않
을는지 모르지만, 건강과 자녀가 하나님의 선물이듯 육체적 연합을 통해

남편과 하나가 될 수 있는 능력도 하나님의 선물이다. 우리가 이 점을 파악하고 남편의 필요를 채우기 위해 할 수 있는 모든 일을 하기 시작할 때, 그 관계는 친밀한 하나됨과 육체적 즐거움이라는 축복을 받게 될 것이다.

2. **권한의 원리** : 결혼을 할 때 우리는 실제로 선물을 교환하는 것이다.(4절) 아내는 그녀의 몸을 남편에게 선물로 주고, 남편도 자신의 몸을 아내에게 선물로 준다. 각자는 자신의 몸에 대한 권리를 포기하고 상대방에게 권한을 양도한다. 이것은 놀라운 개념이다. 슬프게도 우리는 배우자에게 상처를 줄 수 있는 가장 손쉬운 방법 중 하나가 우리 몸을 선물로 주지 않는 것이라는 사실을 빨리 배운다. 그러나 하나님은 우리에게 그럴 권리가 없다는 것을 분명히 하신다.

3. **신실함의 원리** : 5절은 강력한 표현들을 포함하고 있는데, 우리가 결혼식 날에 상대방에게 주었던 몸이라는 선물을 도로 찾아올 수 없다고 경고한다. 또한 하나님은 상대방이 그 선물을 즐기도록 허용할 책임이 따른다고 말씀하신다. 그것은 특권이기도 하다. 우리는 "서로 물리치지 마십시오."라는 말씀을 듣는다. 달리 표현한다면 "맹세한 것을 철회함으로써 사기 치지 마십시오."라는 것이다.

성경이 빈번한 성적 만남을 절제해도 좋다고 허용하는 유일한 이유는 기도이다. 우리는 여성들이 성관계를 하고 싶지 않은 수만 가지 이유를 들었다. 하지만 그들의 목록에 기도는 없었다. 이 구절에 따르면, 다른 이유로 성관계를 거절한다면 우리의 결혼관계에 사탄의 유혹이 들어오도록 문을 열어놓는 것과 같다. 이미 말한 대로 우리에게 성적 욕구를 주신 창조주 하나님은 이 점을 알고 계시고, 따라서 그분은 우리에게 적극적이고 정기적으로 배우자와 사랑을 나누라고 가르치신다. 성경적으로 성이란 논란의 여지가 있는 주제가 아니다. 그것은 결혼에 없어서는 안 될 한 부분이다.

유진 피터슨의 《메시지》는 4절을 이렇게 풀어놓았다.

"결혼은 상대방을 침대 위에서건 밖에서건 섬기기로 하는 결정이다."

하나님이 우리에게 성이라는 선물을 주셨고, 우리는 각자의 몸을 남편에게 선물로 주었기 때문에 서로에게 빚을 지고 있다. 성행위는 불쾌하고 재미없는 의무가 아니라 특권이 따르는 책임이다. 남편과 아내 사이의 성행위는 하나님이 정하시고 명령하신 것이다. 둘 중 누군가가 성적으로 배우자의 권한을 인정하지 않는다면 그것은 결혼을 모욕하는 것이고, 따라서 하나님을 모욕하는 것이다.

태도가 전부다

여러분 중 몇몇은 이런 생각을 하고 있을지도 모르겠다.

'지금 성경은 내가 절대로 "오늘밤은 싫어요."라고 말해서는 안 된다고 하는 건가?'

아니, 그런 것은 아니다. 하지만 그런 말을 어떻게 할 것인가는 매우 조심해야 한다. 남자들은 성적인 영역에서 아주 쉽게 상처를 받는다. 당신은 여자들이 이 영역에서 예민하다고 생각할지 모르지만 실은 남자들이 훨씬 더 예민하다. 남성성에 대한 남자들의 감정은 연인으로서 갖는 용기로 포장되어 있다는 것을 잊지 말라. 당신의 남편은 당신이 성적인 구애를 거절할 때 정서적으로 거절감을 느낀다. 아내들은 남자가 여자에게 구애할 때 얼마나 상처받기 쉬운 상태에 놓여 있는지 이해할 필요가 있다.

그가 요청을 하는데 당신은 곧바로 사랑을 나눌 수 없다면, 이런 식으로 반응할 수 있을 것이다.

＊"여보, 사랑해요. 그런데 당신하고 사랑을 나누는 건 좀 나중에 했

으면 좋겠어요. 하루 종일 아이들하고 씨름했더니 지금은 너무 힘이 들어서 내가 원하는 방식으로 당신을 사랑해줄 수 없을 것 같아요. 잠깐만 나를 그냥 안아주세요. 당신이 아이들을 돌보는 걸 도와준다면 아이들이 잠든 다음에 우리가 시간을 가질 수 있을 거예요."

* "그전에는 내가 거절한 적이 거의 없잖아요, 그리고 나중에도 안한다는 게 아니라 그저 지금은 아니라고 말하는 거예요."

* "여보, 난 지금 말 그대로 너무 피곤해서 당신에게 반응해줄 수가 없어요. 내가 그냥 당신에게 사랑을 줄 수 있게 해줘요. 그렇게 하는 것이 나는 아주 많이 기뻐요."

맞다. '나중에' 또는 '지금은 그냥 내 마음을 좀 알아줘요.'라고 사랑스럽게 말하는 방식은 많이 있다. 그러나 우리는 하나님이 우리 몸을 선물로 주어야 한다고 말씀하신다는 것을 기억해야 한다. 성에 관한 책을 쓰고 있기 때문에 어쩌면 당신은 우리 둘 다 언제나 사랑을 나눌 준비가 되어 있고 그러기를 간절히 원한다고 생각할지도 모르겠다. 그렇지 않다. 당신과 마찬가지로 우리도 피곤하다. 우리 역시 괴짜 호르몬을 가지고 있다. 우리 마음에도 종종 '더 중요한' 일이 떠오른다. 때로 우리는 남편에게 너무 짜증이 나서 같은 침대는 말할 것도 없고 그와 한방에 함께 있기도 싫을 지경이 된다. 그러나 우리는 하나님을 영화롭게 하고 남편을 흥분시키는 연인이 되기로 헌신했다. 그 결정은 정말 하고 싶지 않을 때 어떤 태도를 취할 것인가에 도움을 준다.

우리는 친구 브룩으로부터 최근 자신이 어떤 태도를 취할 것인지의 문제로 씨름했고, 결국에는 남편에 대한 자신의 헌신을 존중하기로 했다는 말을 들었다. 그녀는 일기에 이렇게 썼다.

눈 덮인 길을 운전해 집으로 돌아오면서 나는 마음속으로 노래를 불렸다. 오늘 밤에는 혼자 있게 될 것이다. 잭은 교회 리그로 농구경기를 하러 갔고 아이들은 각기 친구 집에서 자고 오기로 되어 있었다. 빈집. 너무 좋아! 좋은 책 한 권과 뜨거운 코코아 한 잔을 들고 거품 목욕을 하러 욕조에 미끄러져 들어가는 장면이 눈앞에 아른거렸다. 그런데 차고의 문이 열려 있고 우리 집 파란색 차가 눈에 들어왔다. 잭이 아직도 집에 있었다. 나는 그와 그날 밤을 어떻게 보낼지에 대한 그의 계획을 받아들일 준비가 전혀 되어 있지 않았다. 나를 보고 싱긋 웃으면서, 그는 오늘 밤 모닥불 앞에서 나눌 사랑이 나를 기다리고 있다고 알려왔다. 마음이 무너져 내렸다. 나는 그와 함께가 아니라 혼자 있게 되기를 기대하고 있었다.

나 홀로 즐기며 보내려던 저녁시간이 사라져버려서 슬펐다. 남편과 사랑을 나눌 마음이라고는 전혀 없었다. 어쩌면 오르되브르 섹스 정도라면 마음을 낼 수도 있었을 것이다. 하지만 잭이 원한 것은 모든 것이 제대로 차려진 추수감사절 만찬인 것이 분명했다! 나는 전혀 그럴 기분이 아니었다. 어떻게 해야 할까?

친구와 나눈 대화가 생각났다. 그녀는 내게 남편이 자신을 전혀 원하지 않는다고 말했다. 결혼생활을 17년이나 하고도 잭이 여전히 간절히 나를 원한다는 것, 그가 농구시합보다도 나와의 로맨틱한 밤을 더 좋아한다는 사실에 감사해야 했다. 그러나 나는 그렇지 않았다. 오늘 밤은 아니다. '하나님, 도와주세요.' 나는 이렇게 기도했다. '이 남자를 사랑합니다. 내가 그를 사랑하고 싶게 도와주세요.' 하나를 결정하면 다른 결정이 뒤따라온다. 나는 이것이 내게 얼마나 힘든 일인지 잭이 알지 못하게 해달라고 기도했다.

나는 잭에게 내가 얼마나 그를 사랑하는지 말했고, 그에게 어떤 즐거움을 선사할 생각인지 말했다. 하지만 내 마음은 여전히 책과 함께 욕조에 있었다. 나는 계속해서 기도하고 남편을 사랑했다. '나는 그

를 사랑하기로 선택합니다. 주님, 제가 그를 원하게 해주세요.'

이 글을 쓰고 있는 지금은 그로부터 몇 시간이 지났다. 오늘 밤에 어떤 일이 있었는지를 생각하느라 잠이 오질 않는다. 너무나 아름다운 사랑을 나누었다. 그 후에 우리는 서로를 아주 가깝고 친밀하게 느꼈다.

이 일을 통해 한 가지 교훈을 얻었다. 그렇다, 내 계획은 산산이 깨어져버렸지만 내가 그런 선택을 하고 새로운 계획을 따른 것이 스스로 얼마나 감사한지 모른다. 나는 남편을 매우 행복하게 했고, 사랑을 하기로 선택한 것에 마음이 평온하다. 그리고 언젠가는 하나님이 내게 혼자 있을 수 있는 저녁시간을 주시겠지.

브룩은 그녀의 태도를 바꾸는 상당히 어려운 선택을 해야만 했다. 하지만 그것이 얼마나 많은 것을 달라지게 했는가! 그녀는 이기적인 마음을 버리고 자신을 주기로, 그리고 하나님께서 일하시게 하기로 선택했다.

하나님이 일하시게 하라

성문제에서 우리 모두는 각자 이 질문에 답해야만 한다. 내 방식을 이기적으로 주장할 것인가 아니면 남편을 먼저 돌보고 하나님이 내 순종을 축복하시리라는 믿음을 가질 것인가?

이 장면을 상상해보라. 저녁시간이다. 남편이 폴로 향수를 두드려 바르고 침대로 기어들어온다. '아, 안 돼!' 당신의 생각이다. '오늘 밤은 아냐!' 밖으로는 침착한 척하지만 당신의 내면에서는 고약한 전쟁이 휘몰아친다. '난 하고 싶지 않다고!' 당신의 이기적인 본성이 마음을 확 잡아당긴다. '하나님의 은혜로 그냥 하지 뭐!' 사랑하는 본성이 끌어당긴다. 남편이 당신을 더 꼭 끌어안는다. 그의 손이 당신의 허벅지를 애무한다. 당

신의 생각과 정서가 서로 다툰다. '안 할 거야! 그냥 하지 뭐!' 어떤 음성
이 이길까?

이러한 순간에 하나님이 우리 마음속에 '결심'이라는 대단한 녀석이
떠오르게 하시기를 간구한다.

* 내 이기심을 거부하고 남편에게 반응해야지.
* 내 몸을 남편에게 선물로 주어야지.
* 남편과 관계를 맺도록 이 아름다운 방식을 창조하신 하나님을 찬
  양해야지.
* 남편을 돌보고 내 필요보다는 그의 필요를 먼저 생각해야지.

올바른 결정을 내리는 것은 결코 쉬운 일이 아니지만 올바른 태도를 적
용하면 유익한 점이 많다. 이기심을 버리고 사랑하기로 선택할 때, 우리
는 하나님을 예배하는 것이며, 남편을 행복하게 하고, 성적으로 더 큰 즐
거움을 발견하게 된다.

자아를 죽이는 것은 어려운 일이다. 하지만 경건함 가운데서도 성장하
기를 원한다면 그것은 반드시 필요한 일이다. 경건함이란 경건한 태도를
갖는 것을 의미한다. 경건한 태도는 경건한 행동을 낳는다. 우리 몸을 남
편에게 선물하는 것과 같은 행동 말이다. 당신이 하나님께 항복하고 그분
의 성령이 당신 안에서 일하도록 한다면 그것은 좀더 쉬워진다.

"하나님께는 불가능한 일이 없다."(누가복음 1:37)

그분은 예전에는 당신에게 전혀 없던 욕구를 주실 수 있다. 그분은 당
신이 잘못된 생각을 경건한 생각으로 바꾸도록 도우실 수 있다. 그분은
당신이 가능하다고 생각한 것보다 훨씬 더 깊은 친밀감을 누리도록 하실
수 있다.

하나님, 제가 주님이 주신 이 선물의 가치를 항상 인정하지 않았고 또 심지어는 그것을 원하지도 않았던 것을 고백합니다. 저는 당신을 피했고, 남편에게 제 몸을 허락하지 않았습니다. 저를 용서해주세요. 자발적이고 창조적인 연인이 되고 싶지만 그것이 참 어렵습니다. 저에게 남편에 대한 열정과 욕구를 일으켜주세요. 제가 제 자신에게 마음을 쏟지 않고 남편에게 집중할 수 있게 도와주세요. 저 자신을 주님께 내려놓습니다. 주님께서 제 안에서 일을 시작하시기를 겸손히 간구합니다.

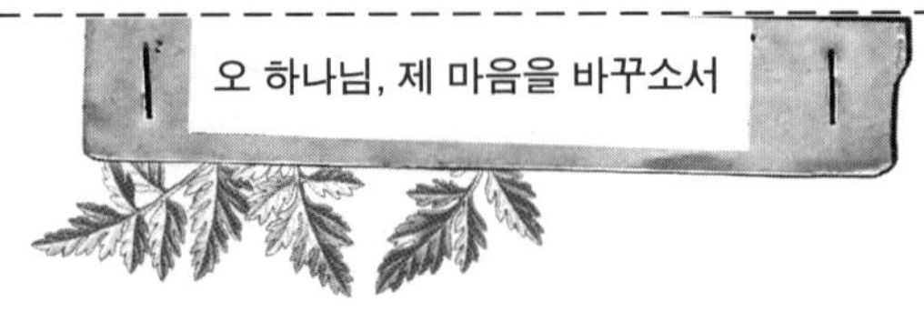

태도란 외적인 행위로 표현되는 내면의 감정이라고 정의했다. 우리 마음에서 일어나는 일은 곧 행동으로 드러나게 될 것이다. 성에 대한 하나님의 관점을 받아들이게 되면, 우리의 생각을 변화시키고 그분의 태도에 굴복한다면, 그러한 내면의 선택은 남편과 나누는 사랑의 행동으로 꽃피게 될 것이다.

1. 잠시 시간을 내어 다음 질문에 답해보라.

* 성에 관한 나의 태도는 어떠한가?

* 내 태도를 점수로 매기면? 매우 좋다, 좋다, 그저 그렇다, 나쁘다 또는 형편없다?

* 하나님은 내 태도가 어떻게 바뀌기를 원하실 것 같은가?

2. 다음에 제시하는 짧은 프로젝트를 실행해보라.

* 〈고린도전서〉 7:3~5절을 당신 자신의 말로 풀어서 써보라.

* 〈고린도전서〉 7:3~5절 말씀대로 살기 위해 당신이 이번 주간에 할 수 있는 창조적인 일 한 가지를 정하라.

우리는 25명의 친구들에게 "당신의 몸에 만족하세요?"라고 물어보았다. 그들 모두 아니라고 대답했다.

자신의 몸에 만족하는 여성은 거의 없다. 많은 사람들이 자기는 너무 크다, 너무 작다, 너무 말랐다, 너무 쉽게 살이 찌는 경향이 있다고 불평한다. 어떤 사람들은 자기 머리칼이 너무 곱슬거린다고 하거나 너무 직모라고 말한다. 자신의 코를 싫어하는 사람도 있는데, 그들은 자기 코가 너무 크다거나 너무 길다거나 또는 너무 들창코라고 말한다. 또한 얼마나 많은 여성들이 '섹시'의 상징인 더 큰 가슴을 갖고 싶어 안달하는가?

우리는 거울을 들여다보다가 자기 모습에 신물이 나서 다른 누군가를 바라보고 이런 생각을 한다. 저런 몸을 가지고 있다면 만족스러울 텐데. 다시 생각해보자. 영화배우 줄리아 로버츠는 매우 아름다운 몸을 가지고 있다. 하지만 그녀는 영화 〈귀여운 여인〉의 누드장면에서 대역을 썼는데, 자신의 몸이 '충분히 아름답지' 않다고 여겼기 때문이다.[01]

맥 라이언은 반할 만한 미소와 질투 나는 몸을 가지고 있다. 그러나 맥

라이언 자신은 "나는 좀 이상한 외모를 가지고 있다고 생각한다. 내 몸을 바꿀 수 있다면 더 긴 다리와 더 작은 발과 더 작은 코를 가지고 싶다."고 말한다._02

왜 우리는 자신의 몸에 대해 그토록 비판적인가? 한 가지 이유는 미디어가 자신의 몸에 대해 만족하지 못하도록 끊임없이 메시지를 퍼부어대기 때문이다. 무지방 간식거리나 운동기구를 선전하는 늘씬한 모델들은 그 상품을 구입하지 않으면 우리 몸이 결코 멋지게 보이지 않을 것이라고 주장한다. 상품기획자들은 아름다운 몸을 원한다면 가슴이 커 보이게 하는 브래지어나 몸이 길어 보이게 하는 수영복을 사야만 한다고 암시한다. 잡지기사들은 '10일 만에 5킬로그램 감량하기' 또는 '슈퍼모델처럼 보이도록 도와주는 미의 비결 따라잡기' 등의 제목으로 몸에 대한 불만을 더해준다.

여성이 자신의 몸에 만족하지 못하는 또 다른 이유는 미에 대한 사회의 기준이 끊임없이 변하고 있기 때문이다. 르네상스시대에는 동그랗고 토실토실한 여자가 이상형이었다. 1960년대에 완벽한 몸의 전형은 마릴린 먼로였다. 평균적인 키, 금발, 풍만한 가슴 그리고 곱슬머리. 10년이 지나자 곱슬머리 마릴린의 시대는 가고, 키가 크고 젓가락처럼 깡마른 트위기의 시대가 왔다. 이렇게 미의 기준이 계속 변화하는데, 그럼 어찌하오리까?

세번째 이유는 현재의 미의 기준이 성취 불가능한 것이라는 점이다. 21세기를 맞은 현 시점에서 아름다운 몸의 규칙은 다음과 같다.

* 늙지 말아야 한다.
* 말라야 한다.
* 완벽하게 대칭적이고, 크고, 단단한 가슴을 가지고 있어야 한다._03

기준은 "늙지 말아야 한다."는 것이지만 우리는 늙을 것이다. 열역학 제

2법칙은 모든 것은 아래로, 좀더 무질서한 상태로 움직인다는 것이다. 나이 마흔이 넘으면서, 우리는 늙어가는 속도가 그 대단한 인디애나폴리스 500 자동차경주대회에서 수립된 기록과 맞먹으려 한다는 사실을 알게 되었다. '당신 몸의 나이는 몇 살?'이라는 제목의 한 기사는 이 점을 재미있는 문구로 표현했다. "서른 즈음이 되면 근육덩어리는 서서히 감퇴되기 시작하고 천천히 타는 지방으로 대체된다."_04

기준은 "말라야 한다."는 것이지만 우리의 체중은 늘어갈 것이다. 모래시계 같은 몸매를 지녔던 여성도 흔히 시간의 흐름에 따라 모래가 아래쪽으로 미끄러져 내려간다는 사실을 발견하게 된다. 체중이 늘면 근심도 는다. 1984년 25세 이상 성인 56퍼센트가 자신의 체중이 자기 체형의 적정 체중보다 더 무겁다고 말했다. 1998년에는 그 비율이 76퍼센트로 올라갔다._05 한 기사에 따르면, 몸은 "40대 이후에 자동적으로 매년 약 450그램씩 체중이 늘어난다."고 한다._06

기준은 "완벽하게 대칭적이고, 크고, 단단한 가슴을 가지고 있어야 한다."는 것이지만 우리가 모두 큰 가슴을 가지고 있는 것은 아니며 또한 우리 가슴은 처질 것이다. 〈로마서〉 8:20절은 모든 피조물이 허무에 굴복했다고 말한다. 본질적으로 피조물은 시들어간다. 우리 몸의 피부, 근육, 한때는 탄력 있던 가슴도 마찬가지다.

계속해서 몸에 대한 이 세상의 메시지에 귀를 기울이는 한, 우리는 절대 자신의 외모에 만족할 수 없을 것이다. 그 점을 직시하자. 이 세상에는 슈퍼모델처럼 생기지 않은 여성들이 30억 명이나 있고, 슈퍼모델의 외모를 가진 여성은 고작 일곱뿐이다. 세상의 메시지를 귀담아 듣는 대신 우리는 하나님의 말씀에 귀를 기울여야 한다. 하나님의 메시지는 이것이다.

"내가 너에게 준 몸을 기뻐하라. 나를 영화롭게 하고 네 남편을 즐겁게 하기 위해 그것을 사용하라."

하나님의 거울에 비친 모습

> 내가 이렇게 빚어진 것이 오묘하고 주님께서 하신 일이 놀라워, 이
> 모든 일로 내가 주님께 감사를 드립니다. 내 영혼은 이 사실을 너무
> 도 잘 압니다.(시편 139:14)

나(로레인)는 하나님의 시선으로 자신을 보게 되기를 간절히 원하지만
실제로는 세상의 사고방식과 씨름한다. 몇 년 전에 자꾸 체중이 불어나면
서 옷이 불편할 정도로 꽉 끼게 되자 나 자신이 너무 싫었던 적이 있었다.
남편 피터가 새로 생긴 내 셀룰라이트를 만진다고 생각하면 견딜 수가 없
어서 그가 친밀하게 다가오는 것을 회피했다. 어느 날 밤, 마음이 솔직해
진 순간에 "나는 섹시하지 않은 것 같아요. 너무 뚱뚱해요."라고 인정해버
렸다. 내 복부를 둘러싸고 있는 지방은 피터를 괴롭히지 않았지만 그는
그것이 내게 엄청난 장애가 되고 있다는 것을 깨달았다. 그는 이렇게 말
했다.

"여보, 당신은 자신의 몸에 대해 잘못된 생각을 하고 있어요. 당신을 도
와줄 방법이 생각났어요. 내가 〈시편〉 139:14절의 말씀을 종이에 옮겨 적
을 테니까, 당신이 그걸 욕실거울에 붙여놓았으면 좋겠어요. 그러고 나서
옷을 벗고 거울 앞에 30분 정도 가만히 서서, 머리부터 발끝을 향해 당신
몸 부분 부분을 찬찬히 살피며 하나님이 당신을 오묘하고 놀랍게 빚으신
것에 대해 감사하세요."

옷을 벗은 나 자신을 본다는 생각이 내게는 절대 재미있는 아이디어가
아니었지만(그때의 내 상태에서 그것은 아주 소스라치게 놀랄 일이었다), 그렇
다고 그의 도전에 저항할 만한 일도 아니어서 욕실 문을 걸어 잠그고 옷
을 벗었다.

즉시 잔뜩 살이 오른 허리로 눈이 갔지만, 남편에게 머리부터 시작해서

아래로 내려가면서 찬찬히 살펴보겠다고 이미 약속을 한 뒤였다. 머리칼을 만져보았다. 내 몸에서 가장 보기 좋은 부분 중 하나였다.

'하나님, 이렇게 튼튼한 머리칼로 축복해주셔서 감사합니다. 내가 이렇게 빚어진 것이 오묘하고 주님께서 하신 일이 놀랍습니다.'

나는 그렇게 기도했다. 그리고 얼굴을 가만히 들여다보았다, 사실 작년보다 주름이 늘었지만 눈가에 진 잔주름은 웃어서 생긴 것들이었다. 나는 항상 내 파란 눈을 좋아했다. 이 두 개의 동그란 물체가 내게 제공해주는 시력이라는 놀라운 선물에 경탄했다. 죄를 깨닫고는 눈을 감고 기도를 드렸다.

'하나님, 제가 볼 수 있다는 사실을 당연하게 받아들였던 것을 용서해주세요.'

다시 눈을 떴을 때, 나는 내 몸을 새로운 눈으로 볼 수 있었다. 하나님은 얼마나 창조적인 분이신지! 그분은 어떻게 눈꺼풀 가장자리에 우아하고 깃털 같은 속눈썹을 붙이실 생각을 하셨을까? 그분은 두 눈 가운데를 갈라놓도록 코를 배치하시고, 냄새를 즐길 수 있는 굴뚝 역할을 하게 하셨다. 코, 이, 입, 혀를 자세히 살펴보았다. 오 하나님, 내가 이렇게 빚어진 것이 오묘하고 주님께서 하신 일이 놀랍습니다.

나는 몸 전체를 놀랍게 엮어 짜신 하나님을 찬양하며 오랫동안 욕실에 머물렀다. 팔 근육을 두드려보고, 손에 있는 관절과 정맥들을 자세히 살펴보고, 네 손가락과 엄지손가락 한 개를 만드셔서 물건을 쥘 수 있게 해주신 하나님의 지혜를 찬양했다. 젖가슴을 만져보고 거기서 흘러나오는 것으로 우리 아이들을 먹일 수 있게 하신 하나님을 찬양했다. 그리 평평하지 않은 배를 손으로 쓰다듬어보았다. 배 바로 아래쪽에는 첫째 아이를 낳으면서 제왕절개를 했던 상처가 만져졌다. 임신으로 살이 튼 자국과 늘어난 허리 사이즈는 우리 가정의 축복이 된 두 아이와 교환한 가치 있는 흔적이었다. 나는 내 몸을 세밀히 조사한 후에 무릎을 꿇고 하나님을 찬양했다.

"하나님, 저를 용서해주세요. 그동안 온통 잘못된 것들에 초점을 맞추고 살아왔습니다. 하나님이 제 몸을 저만의 모습으로 만드셨는데, 저는 하찮은 것들에 사로잡혀 있었습니다. 주님께 감사드립니다. 저를 오묘하고 놀랍게 지으신 주님의 솜씨가 놀랍습니다."

하나님은 그분이 우리에게 선물로 주신 몸에 대해 그분을 찬양하기를, 그분이 우리를 지으신 그 모습 그대로를 수용하기를 바라신다. 하나님이 우리 몸에 대해 보내시는 메시지는 "내가 너에게 준 몸을 기뻐하고 나를 영화롭게 하고 너의 남편을 즐겁게 하는 데 그것을 사용하라."는 것이다.

감각적인 여성의 아름다움

자기 몸이 매력적이거나 섹시하다고 느끼지 않으면서 몸을 사용해 남편을 즐겁게 하기란 쉽지 않은 일이다. 이 두 단어의 의미를 살펴보고 그것이 감각적인 연인이 되는 것과 어떤 관계가 있는지 알아보자.

매력적이라는 것은 무슨 의미인가? 웹스터 사전은 매력적이란 "마음을 끄는 자질을 가진; 마음을 사로잡거나 유혹하는 힘이 있는; 유혹하는, 마음을 끄는, 끌어들이는"이라고 정의한다. 그러나 새로 생긴 지방덩어리나 등처럼 밋밋한 젖가슴에 마음이 사로잡혀 있을 때에는 자기 몸을 매력적으로 느끼기가 어렵다. 우리는 그것을 농담거리로 삼아 웃어넘기려고 한다.

"내 가슴은 너무 밋밋해서 비행기도 착륙할 수 있을 거야."

"내 다리는 드럼통이야."

하지만 그런 식으로 비하하는 말은 우리 몸의 이미지를 고의로 파괴하고, 침실에서 옷을 벗었을 때 스스로 매력이 없다고 느끼게 만들 수 있다. 우리의 몸이 어떤 특정한 형태를 가지고 있다면, 우리가 '10점 만점의' 완벽한 몸을 가지고 있다면, 우리는 자신이 더 매력적이라고 느낄지도 모

'남자가 여자를 볼 때 제일 먼저 무엇을 볼 것 같은가? 당신의 대답이 '몸'이라면 틀렸다. 『유에스에이 투데이』 조사에 따르면 39퍼센트의 남자들이 처음으로 보는 것은 눈이라고 말한다. 다음으로 높은 순위(25퍼센트)는 미소나 치아이다. 겨우 14퍼센트의 남자들만이 제일 먼저 몸을 본다고 말한다._07

어떤 몸이 남자의 마음을 끌 것이라고 생각하는가? 남자들이 여릿여릿한 슈퍼모델 스타일을 선호할 것이라고 생각하는가? 아니다. 평균적인 남자는 아주 마른 여자보다는 정상적인 체중의 여자가 더 섹시하다고 생각한다. 이것은 텍사스대학 심리학자인 데븐드라 싱 박사가 700명의 남자들에게 12명의 여자사진을 보여준 다음에 내린 결론이다._08

른다. 그러나 《화성남자 금성여자의 침실 가꾸기》의 저자인 존 그레이 박사는 이렇게 말한다.

"남자가 사랑을 하거나 아내로 인해 성적으로 흥분하게 되면, 미디어의 기준에서 그녀의 몸이 몇 점이든 상관없이 그는 그녀의 육체가 가진 여성적인 아름다움에 완전히 매료된다. 남자가 아내를 사랑할 때, 그는 그녀의 몸이 자신에게 완벽하다고 여긴다."_09

개인적으로 당신에게 중요한 문제는 어떻게 하면 남편의 마음을 사로잡느냐는 것이다. 대부분의 남자들은 평균적인 체중의 여자를 선호하지만 과체중의 여자를 좋아하는 남자도 있다. 튼튼한 체형을 좋아하는 사람도 있고 글래머 스타일에 화장을 짙게 한 여자를 좋아하는 남자도 있다. 또 어떤 사람은 자연스러운 모습을 좋아한다. 우리는 패션 비평가들이 아니라 하나님이 우리에게 사랑하라고 주신 한 남자를 기쁘게 만들려고 해야 한다.

당신의 몸은 당신을 구성하는 다른 모든 것과 함께 남편이 당신에게 매력을 느끼도록 하는 요인이다. 당신은 그를 유인하고 당신의 미소, 눈, 몸, 지성, 성품, 당신의 모든 것으로 그를 사로잡았다. 이 세상의 여자들 가운데 그는 당신을 선택했다. 그가 좋아한 것은 당신의 몸만이 아니라 그냥 당신이다. 당신이 150센티미터 키에 짧은 허리선을 가지고 있든 170센티미터 키에 긴 다리를 가지고 있든 별 상관없다. 당신이 가지고 있는 것으로 최선을 다한다면 당신의 몸은 남편을 흥분시킬 것이다.

두번째 단어, 섹시를 살펴보자. 《성적 친밀감》의 저자 앤드류 그릴리에 따르면 섹시하다는 것은 자신의 몸을 유희와 즐거움을 위한 도구로 인식하는 것, 이러한 인식을 남편에게 전달하는 능력 그리고 즐거움, 기쁨, 변화, 장난스러움을 추구하며 자신의 몸을 남편에게 선물로 주는 것이다.[10]

한 가지 비밀을 얘기하자면, 10점 만점의 몸을 갖는 것보다는 감각적이 되는 편이 더 낫다. 젖가슴으로 남편을 즐겁게 하고 그에게 황홀경을 선물하고(잠언 5:19), 남편 앞에서 엉덩이를 유혹적으로 흔들며 몸을 보여주는(아가서 6:13~7:9) 행동은 그가 당신의 육체에 푹 빠져서 기뻐하게 만들 것이다. 그것이 하나님이 그에게 주신 선물이다. 당신의 몸은 그를 위한 것이다.

우리의 몸은 완벽함과는 거리가 멀다. 몸은 계속해서 늙어가겠지만 우리는 몸을 사용해서 남편을 기쁨에 취하게 만드는 능숙한 기술을 습득할 수 있다. 환갑을 코앞에 둔 현명한 아내인 캐롤라인의 이야기를 듣고 배우자.

나이가 들면서 늙은 내 몸은 점점 상태가 나빠졌다. 세 아이를 낳은 흔적으로 살이 텄고, 셀룰라이트가 생기고, 정맥류가 나타났다. 젖가슴은 쪼그라들었고 주름이 늘어났지만, 내 몸이 쇠락해감에도 불구하고 여자로서의 기술은 늘어갔다. 나는 진심으로 40년 동안 함께 살아온 사랑하는 남편이 여전히 내 몸을 젊었을 때와 마찬가지로 바라보고 있다고 생각한다. 왜냐하면 그가 내 몸으로부터 그때와 마찬가지의 즐거움을 얻기 때문이다.

캐롤라인은 자신의 민감한 감성을 따르는 여성만큼, 남편에게 자신이 기쁨을 주고받는 것을 좋아한다는 사실을 알게 하는 여성만큼 '섹시'한 여성은 없다는 점을 알고 있었다. 다음의 말을 깊이 생각해보라.

"열정에 불타 흥분한 여성의 얼굴과 몸은 전통적인 미의 정의를 완전히 초월한다."_11

하나님이 주신 메시지는 선하다.

"내가 네게 준 몸을 즐거워하라. 나를 영화롭게 하고 너의 남편을 즐겁게 하는 데 그것을 사용하라."

하나님이 주신 몸 돌보기

새로운 몸을 판다는 우편주문용 카탈로그는 어디에도 없다. 천국의 몸을 가질 때까지 우리는 지금의 몸을 가지고 있을 것이다. 사실, 당신이 현재 가지고 있는 몸은 가만 생각해보면 참 놀랍다. 그 몸은 엄청난 감각적 즐거움을 누릴 수 있을 뿐만 아니라 살아 계신 하나님이 거하는 장소이기도 하다.

여러분의 몸은 여러분 안에 계신 성령의 성전이라는 것을 알지 못합니까? 여러분은 성령을 하나님으로부터 받아서 모시고 있습니다. 여러분은 여러분 자신의 것이 아닙니다. 여러분은 하나님께서 값을 치르고 사들인 사람입니다. 그러므로 여러분의 몸으로 하나님을 영화롭게 하십시오. (고린도전서 6:19~20)

전에 이 구절을 묵상해본 적이 있는가? 한번 상상해보라. 하나님이 당신의 몸을 그분의 성령이 사시는 집으로 선택하셨다. 웹스터 사전은 성전(temple)을 "신성한 장소……하나님을 섬기거나 예배하기 위해 드려진 장소"라고 정의한다. 이 정의를 되새겨보면, 우리 자신의 성전을 가능한 한 적절하고 사랑스럽게 가꾸어야겠다는 마음이 일어난다.

때로는 필자인 우리도 건강한 음식을 먹거나 운동을 하는 등 불룩하게 나온 배를 줄이기 위한 노력을 그만두고 싶은 유혹을 느낀다. 어차피 중력이 이길 텐데 뭣 때문에 계속 싸우겠는가?

이 싸움을 계속하는 데는 두 가지 이유가 있다. 첫째, 우리는 몸으로 하나님을 영화롭게 하기를, 우리 몸이 하나님이 거하시는 '적합한 성전'이 되기를 원한다. 둘째, 우리는 남편에게 창조적이고 감각적이며 함께 하기에 즐거운 연인이 되기를 원한다.

그래서 우리는 계속해서 싸우기로 결심한다. 우리는 훈계를 마음에 간직한다.(잠언 23:12) 우리 몸을 쳐서 복종시켜서 그것이 제 욕망의 종이 되지 않게 할 것이다.(고린도전서 9:27) 우리는 끈기 있게 노력하여 성경이 게으름뱅이라고 일컫는 사람이 되지 않을 것이다.

〈잠언〉에서는 게으름뱅이에 대해 13번이나 언급하고 있는데, 각 경우마다 "게으른 사람이나 훈련되지 않은 사람이 되지 말라."는 경고가 따른다.(잠언 6:6~11, 24:30~34, 26:13~16) 게으른 여자는 문짝이 돌쩌귀에 붙어서 돌아가듯이 침대에 들러붙어서 뒹구는 것으로 묘사된다.(잠언 26:14) 꼼짝 않고 있는 모습을 우스꽝스레 묘사한 것이다. 그녀는 일어나려는 어떤 시도도 하지 않은 채 침대에 누워 이리 뒤척이고 저리 뒤척일 뿐이다.

게으름뱅이는 변명을 늘어놓으며 꾸물거린다. 꾸물거리며 미루는 버릇은 훔치는 일을 전공으로 하는 전문도적이다. 그는 보석을 약탈하는 것이 아니라 동기와 의욕을 훔쳐간다. 그는 감각적인 여성이 갖춰야 할 자신에 대한 사랑을 훔쳐간다. 그는 우리 자신과 남편에게서 기쁨과 자유의 가능성을 훔쳐간다. 이 도적을 아는가? 우리는 그를 안다. 우리는 욕실에 있는 저울에 올라서서 놀라 소리 지른다.

"내 체중이 이렇게 많이 나갈 리가 없어."

저울 눈금을 볼 수 있도록 콘택트렌즈만 달랑 남기고 옷과 귀걸이까지 몽땅 벗어놓지만 무자비하게도 저울은 진실을 말해준다. 그러나 미루는 버릇이라는 도적은 다른 해석을 내놓는다.

"너는 그저 부었을 뿐이야. 저울이 잘못되었어."

밀려오던 동기를 와락 잠재우며 그가 주문을 외운다.

"내일부터."

그리고 우리는 과자봉지에 손을 뻗는다._12

자신이 훈련되어 있지 않다는 것을 인정하고 싶은 사람은 아무도 없지만 사실을 직면해야 한다. 과체중임에도 잘 움직이지 않는다면 그것은 육체적 건강, 에너지 수준, 자신에 대해 생각하는 방식 그리고 섹슈얼리티에 영향을 미친다. "내일부터."라는 주문을 멈추고, 미루는 버릇을 쉬이 쫓아버릴 수 있는 한 단어를 사용해야 한다. 지금!

가까운 곳에 살고 있는 우리 두 사람은 작년에 강도 높은 운동과 올바른 식생활을 시작하면서 서로를 책임져주기로 했다. 몇 달간 어려운 시간을 보내고 나서 두 사람 모두 살이 빠졌다. 나(린다)는 스커트를 수선하기 위해 수선소로 달려갔다. 수선하는 아주머니가 솔기를 뜯고 옷을 줄이는 것을 지켜보는데, 그렇게 좋을 수가! 하지만 10개월이 지나서 또다시 그 수선소를 찾아가 같은 스커트를 늘렸는데 얼마나 실망스러웠는지 모른다. 통계에 따르면 체중을 줄였던 사람들의 95퍼센트가 5년 이내에 다시 그만큼의 체중이 불어난다고 한다._13 우리 두 사람 모두 통계대로 되고 말았다. 지금까지도 우리는 체중 조절을 포기하지 않았으며, 인내하면서 계속해야 할 이유를 스스로에게 상기시키고 있다.

보고 배우기

지혜로운 여성은 게으른 사람을 보고 깊은 묵상을 한다.

> 게으른 사람의 밭과 지각없는 사람의 포도원을 내가 지나가면서 보
> 았더니, 거기에는 가시덤불이 널려 있고, 엉겅퀴가 지면을 덮었으며,
> 돌담이 무너져 있었다. 나는 이것을 보고 마음 깊이 생각하고 교훈을
> 얻었다.(잠언 24:30~32)

우리가 몸에 대해 논의해온 것에 이를 적용한다면 다음과 같이 읽을 수 있을 것이다.

> 지혜로운 한 여자가 수년 동안 만나지 못한 친구를 방문하고는 그녀
> 의 변화에 충격을 받았다. 한때는 매력적이고 활기가 넘친 여성이었
> 던 그녀의 친구는 자신의 ‘포도원’을 방치하고 있었다. 그 모습은 볼
> 썽사납고 단정하지 못했다. 지혜로운 여인은 친구의 우울한 표정과
> 맥 빠진 모습을 보면서 깨달음을 얻었다.

자신과 다른 사람들을 보고 배우는가? 우리가 다른 여자와 몸 가꾸기에 대해 이야기할 때 그리고 우리 자신의 게으름과 싸울 때, 다음과 같은 조언이 도움이 되었다.

1. 하나님의 관점을 가지라

하나님의 말씀은 거울이다. 그 거울에서 우리는 반사된 모습을 본다. 놀이동산에 있는 거울의 집에 들렀을 때 당신의 모습을 콩꼬투리나 코끼리, 외계인 같이 이상한 모습으로 보이게 만드는 거울을 본 적이 있는가? 영

원히 젊고 날씬하고 볼록한 가슴을 추구하는 세상의 기준을 통해 우리 몸을 바라볼 때, 우리는 왜곡된 형상을 보게 된다. 그러나 성경이라는 거울을 들고 하나님의 기준으로 바라보면 선명한 형상을 보게 된다. 우리는 '오묘하고 놀랍게' 만들어졌다.

2. 자신을 학대하지 말라

특정한 사이즈나 몸매를 갖는 것이 목적이 되어서는 안 된다. 우리의 목적은 당신이 가지고 있는 것으로 최선을 다하고, 당신의 '성전'에 유익이 되는 것들만을 먹는 것이다. 몸에는 정크푸드만을 쓸어넣고 고등학교 체육시간 이래로 운동이라고는 해본 적이 없는데도 멋진 외모를 가지고 있는 여성들이 있다. 반면에 매일 부지런히 운동하고 유기농 샐러드만을 먹는데도 사이즈가 줄어들 생각을 안 하는 여성도 있다. 자신의 몸을 성실하게 돌보고 있는 중이기만 하다면 현재의 자신에게 은혜를 베풀라.

3. 하나님이 당신에게 주신 것을 최선으로 만들라

우리는 하나님의 형상으로 지음받았기 때문에 추한 사람이란 없다. 단지 자신을 돌보는 데 실패한 여성이 있을 뿐. 다니고 있는 미용실의 헤어 디자이너에게 당신에게 가장 잘 어울리는 머리모양을 찾아달라고 부탁해보라. 백화점 등에서 하는 메이크업 강좌를 찾아서 새로운 모습을 선보일 수 있는 방법을 모색해보라. 스타일리스트를 찾아서 어떤 색조가 당신의 피부 톤을 살려주는지, 어떤 의상 스타일이 당신의 체형을 보완해주는지 배우라. 우리는 둘 다 금발머리에 파란 눈을 가지고 있지만, 오렌지색은 로레인을 화색이 돌게 만드는 반면 린다는 감기에 걸린 것처럼 보이게 한다. 진분홍색은 린다를 생기발랄해 보이게 하는데 로레인은 창백해 보이게 한다. 어렵지 않게 할 수 있는 일 중에 자신에 대해 더 좋게 느끼거나 더 좋아보이게 만들 수 있는 것들이 많이 있다.

4. 다른 사람들의 조력을 구하라

목표는 여러 명이 함께 할 때 더 쉽게 달성된다. 또한 그 성공의 기쁨은 곱절이 된다. 홍콩에 살 때, 나(린다)는 친구들과 함께 다이어트 클럽을 결성하고 주제가를 만들고 보상체계를 마련했다. 서로를 지켜보며 책임져 주는 관계는 어려운 시간을 참고 견딜 수 있게 하고 훈련과정을 즐겁게 해준다. 훌륭한 체육관과 놀라운 체중감소 프로그램을 이용하는 방법도 있다.[14]

5. 현실적인 목표를 설정하라

우리 둘 중 누구도 55사이즈의 몸매가 가능한 체형을 가지고 있지 않다. 우리가 그런 목표를 달성하고 유지하려고 한다면 그것은 우리 자신을 죽이는 일이 될 것이다. 우리는 본래 그렇게 생기지 않은 사람들이니까. 우리에게 좀더 현실적인 목표는 5킬로그램을 줄이고, 그 몸을 단단하게 해서 유지하는 것이다. 당신에게 현실적인 목표는 무엇인가?

균형잡기

하나님은 우리에게 훈련하라고 가르치신다. 그분은 또한 우리가 오묘하고 놀랍게 지어졌다고 말씀하시고 그분이 우리에게 주신 몸을 기꺼이 수용해야 한다고 말씀하신다. 핵심적인 단어는 균형이다. 어떤 여성들은 지나치게 은혜와 수용의 방향으로 나아간다.

"하나님은 지금 있는 그대로의 나를 사랑하셔."

다른 여성들은 지나치게 율법과 훈련의 방향으로 나아가, 그들의 몸에 집착하고 그것이 죄가 되는 지경에 이른다. 그 둘 사이에 균형을 잡기 위해서는 끊임없는 갈등이 생기겠지만, 하나님의 메시지를 지키고자 한다면 반드시 균형을 잡아야 한다.

"내가 네게 준 몸을 즐거워하라. 나를 영화롭게 하고 네 남편을 즐겁게 하는 데 그것을 사용하라."

하나님이 당신을 지으신 방식을 받아들이는 것과 당신의 몸에 대해 책임지는 것 사이에 균형점을 알게 되면, 하나님이 당신에게 바라시는 감각적이고 자극적인 연인이 되는 데 아무 거리낌이 없어지고 외모가 어떻게 보이느냐 하는 것보다는 기쁨을 주고받는 데 집중할 수 있게 된다.

『현대 심리학』이 조사한 바에 따르면, 자신의 몸에 대해 좋은 느낌을 가질 수 있는 가장 빠르고 좋은 방법 중 하나는 남편과 만족스러운 성생활을 누리는 것이라고 한다. 멋진 성경험은 몸에 대한 만족도를 높인다.[15] 이것은 하나의 순환이다. 당신이 자신의 몸을 좋아할 때 즐겁고 활기찬 연인이 될 수 있고, 결혼생활에서 멋지고 자유로운 성생활을 할 때 자신의 몸에 대해 더 좋게 느끼게 된다.

몸을 새로 살 수 있는 가게는 없다. 하지만 아내들은 점점 더 매력적이고 섹시해지는 것이 가능하다. 자신에게 있는 것으로 최선을 다하고 자신의 몸을 사용해서 남편을 유혹하고 기쁘게 하는 법을 아는 여성에게서는 자연스러운 아름다움이 풍겨 나온다.

하나님께 당신의 마음을 살펴달라고 기도하지 않겠는가?

하나님, 지금 주님이 제게 하시는 말씀이 무엇인가요? 제게 지금 필요한 것이 당신이 제게 주신 몸을 받아들이는 것인가요, 감각적인 아내의 아름다움을 개발하는 것인가요, 아니면 저의 '성전'을 더 책임감 있게 가꾸는 것인가요? 주님, 당신이 원하시는 것을 제게 보여주세요. 당신이 제게 주신 몸을 즐거워하고, 주님을 영화롭게 하며 남편을 즐겁게 하는 데 그것을 사용할 수 있기를 간절히 원합니다.

1. 〈시편〉 139:14절을 종이에 옮겨 적고 거울에 붙여놓으라. 그러고
   나서 옷을 벗고 욕실 거울 앞에 서라. 머리에서부터 아래로 자신의
   몸을 찬찬히 살피면서 하나님이 당신을 얼마나 '오묘하고 놀랍게'
   지으셨는지 찬양하라.

2. 당신의 몸을 통해 남편이 성적인 기쁨을 누리도록 만들 수 있는 방
   법들을 적어보라.

3. 〈잠언〉 6:6~11, 24:30~34, 26:13~16절에 나오는 게으른 사람에 대해
   읽으면서 자신에게 적용되는 부분이 있는지 자문해보라. 이번주
   에 시작해볼 일이 있는가? 당신의 '성전'을 좀더 잘 돌보기 위해서
   할 수 있는 일을 한 가지 결심하라.('매일 5분씩 운동시간을 늘린다'
   '백화점에서 메이크업 강좌를 듣는다' 등)

4. 1부터 10까지의 척도에서(1은 아무런 관심이 없다, 10은 집착하고 있
   다) 자신의 몸에 어느 정도나 초점을 맞추고 있는가? 좀더 균형을
   잡기 위해 당신이 삶 속에서 할 수 있는 일은 무엇인가?

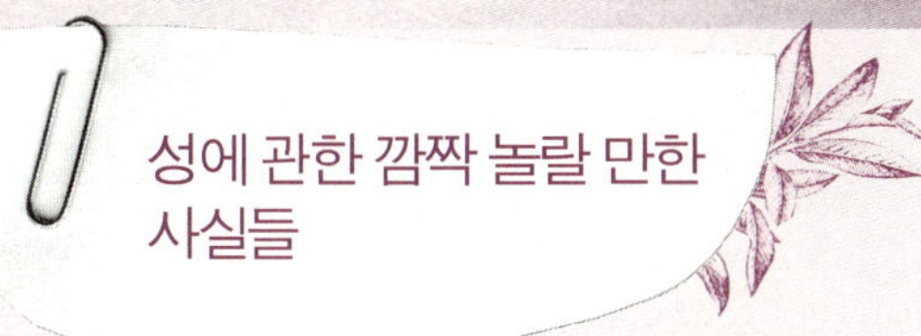

* 그것은 좋은 운동이다. 사랑을 나눌 때마다 100에서 150칼로리가 소비된다. 이는 활기 있게 25분을 걸었을 때 소비되는 칼로리에 해당한다._[16]

* 그것은 좋은 약이다. 연구에 따르면 성관계를 하는 동안 여자들의 통증에 대한 역치(통증을 통증으로 감지하는 가장 낮은 단계의 지점—옮긴이)가 높아지는데 이는 관절염, 하부요통, 심지어는 월경전증후군을 완화하는 데 도움이 될 수 있다는 것을 의미한다._[17]

* 그것은 혈류를 증대시키고 피부재생을 도와 피부를 더욱 부드럽고 탄력 있게 함으로써 피부 톤과 색을 향상시킨다._[18]

* 그것은 엔돌핀 방출을 자극하여 더 편안히 잠잘 수 있게 해준다._[19]

* 그것은 훌륭한 심혈관 운동이다. 사랑을 나누는 동안 심장박동은 1분에 무려 130에 이를 수도 있다._[20]

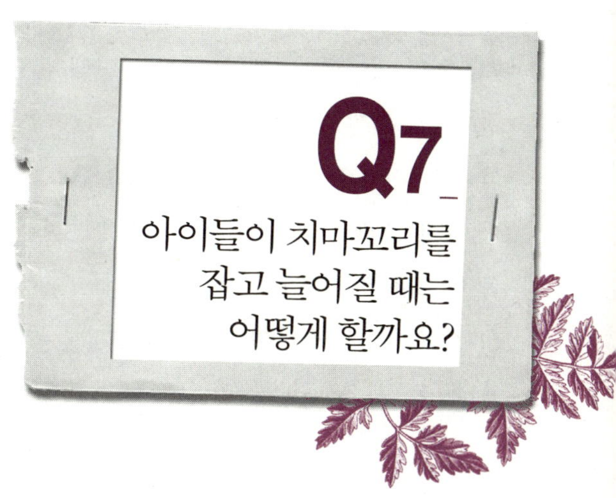

"산부인과 의사는 켈시를 낳고 나서 6주가 지나면 남편과 다시 정상적인 성생활을 할 수 있을 거라고 말했어요."

베스가 말했다. 그녀는 28세로 첫아이를 출산한 엄마였다.

"하지만 딸아이를 낳고 난 후로는 내 인생에 정상적인 거라곤 아무것도 없어요. 특히 성생활은 더 그렇죠."

처음 켈시를 품에 안은 순간부터 베스의 세상은 달라졌다. 피곤에 찌들고 늘 수면부족인 상태에서 베스에게는 성에 대한 열정이 마루를 닦는 일과 특별히 다를 게 없었다. 설사 남편과 친밀한 관계를 갖고 싶은 욕구가 있다 해도, 그럴 시간은 어디에 있고 그것을 즐길 에너지는 어디에서 찾을 수 있단 말인가? 베스는 인생이 정상으로 되돌아갈 날을 기다리고 있었다.

베스처럼 많은 초보엄마들이 인생이 정상으로 되돌아갈 것이라고 기대한다. 아기를 낳으면서 생긴 상처가 완전히 회복되고 나면, 호르몬이 럭비공 튕기듯 들쭉날쭉 하기를 멈추고 나면, 새벽 3시에 젖먹이는 것을 끝내고 나면, 체중을 10킬로그램쯤 빼고 나면……. 하지만 이런 기대가 무산되는 이유는 일단 아이가 생기면 정상적인 생활은 물 건너간 일이 되기 때문이다. 당신은 변했다. 남편도 변했다. 가정환경도 변했다. 그러니 애정생활도 변할 수밖에 없다.

『육아』지가 거의 6,000명의 부모를 대상으로 조사한 바에 따르면, 남편과 아내 중 80퍼센트가 아이가 생기고 나서 그들의 성생활이 힘들어졌다는 데 동의했다. 우리는 원더우먼처럼 한 바퀴 빙글 돌고 나면 곧바로 섹시한 연인으로 변신했다가 다시 엄마로 돌아올 수 있으면 좋겠다는 생각을 한다. 그러나 남편은 한숨을 내쉬고 있는데 동시에 아이가 울어댈 때, 그 일은 불가능해 보인다. 어머니라는 새로운 역할을 수행할 때면, 때로 부부생활보다는 잠이 더 달콤하다.

찌그러진 통조림과 좀비 같은 인생

원하는 것이 많은 두 아이를 돌보면서 내 인생은 고갈되었다. 나는 종종 아이들이 끊임없이 상자와 캔을 끄집어내는 선반이 된 듯한 느낌이었다. 아기를 먹이고 씻기고 기저귀를 갈아주다보면 딸아이를 돌보는 일은 내 선반에서 시리얼 상자를 끄집어내는 것 같았다. 세 살 먹은 아이와 옷 입히는 문제로 실랑이를 하다보면 아이에게 옷을 입히는 일은 내 선반에서 과자를 끄집어내는 것 같았다. 아만다는 계단에서 넘어져 구르고 메간은 아기침대에 머리를 박았다. 아이들의 상처를 치료해주는 일은 매번 내 선반에서 주스를 마르게 했다. 밤 11시쯤 되면, 나는 어지럽고 허무하고 완전히 지친 상태에서 침대에 널브러졌다. 그런데 그때 남편 피터가 내 옆으로 슬금슬금 다가오곤 했다.

어느 날 밤 그가 나를 끌어당겨 안는데 내가 중얼거렸다.

“아, 아니! 지금 내게 남은 것이라곤 찌그러진 콩통조림 하나뿐이에요.”

내 말을 제대로 알아듣지 못한 남편이 되물었다.

“뭐라고?”

그때 갑자기 몇 년 전에 남편이 원할 때면 언제라도 그의 요구를 들어주겠다고 결심했던 것이 떠올랐다. 너무 피곤했지만 남편을 위해 그 일을 허락할 작정이었다. 그래서 나는 말을 조금 바꾸었다.

“지금 내게 남은 것이라곤 찌그러진 콩통조림 하나뿐이에요.”에서 “좋아요. 하지만 내가 꼼짝하지 않더라도 개의치 말아요. 알았죠?”

| 린 다 의   경 우 |

나는 38개월 사이에 세 명의 아이를 낳고 내 이름을 린다에서 좀비로 바꾸고 싶은 심정이었다. 조디는 내가 왜 그렇게 지칠 대로 지쳤는지 알아보기 위해 의사에게 데려갔다. 조디에게는 분명하지 않던 것이 의사에게는 확실하게 보였다.

“린다, 그 나이에 아이를 셋 가진 사람이라면 누구라도 정신이 말짱하게 깨어 있기는 힘들 거예요.”

내 성적 욕구마저도 잠이 든 것 같았다. 아이들이 자랄 때까지 부부관계를 미룰 수는 없다는 것을 알고 있었고, 그래서 나는 이렇게 기도했다.

“주님, 도와주세요! 비록 제가 지금은 너무 피곤해서 감각이 없지만 제 마음에 다시 성적 기어를 넣을 수 있는 방법이 무엇인지 보여주세요.”

나는 하루건너 하루씩 일정표에 T. S.라고 적기 시작했다. 조디가 내 달력을 보더니, 도대체 T. S.는 누구이며 왜 이 사람에게 그렇게 많은 시간을 쓰고 있는지 궁금해했다. 수년이 지나 T. S.가 Think Sex(섹스를 생각하자)의 약자라는 것을 알고는 크게 웃었다.

그것은 내가 우리의 성관계에 우선순위를 두어야 한다는 것을 기억하게 해준 효과적인 도구였다.

역경 극복하기

머피의 법칙은 이렇게 말한다. 성관계는 작은 아기를 만들고, 아기는 성관계가 적어지게 만든다. 6,000명이 넘는 부부를 대상으로 한 한 연구에서는, 그들이 아직 자녀가 없을 때 인터뷰를 하고 그들이 부모가 되고 나서 5년 뒤에 다시 인터뷰를 했다. 그 연구는 부모가 되고 나서 부부의 결혼생활 만족도가 심각하게 떨어졌다는 것을 보여주었다.[01] 그것은 사실이다. 어린 자녀를 기르는 일은 부부의 결혼생활에서 최대 위기 중 하나가 될 수 있다. 그러나 희망은 있다. 그보다 좀더 희망적인 조사연구가 『부모 되기』에 실렸는데, 조사한 250쌍 중에서 20퍼센트는 자녀를 갖고 난 이후에 결혼관계가 주목할 만큼 향상되었다고 말했다.[02] 어떻게 하면 머피의 법칙을 깬 20퍼센트에 들 가능성을 향상시킬 수 있을까? 성생활을 우선순위에 두는 것이다.

《결혼한 부부의 슈퍼 섹스》의 저자인 폴 피어설 박사는 이렇게 쓰고 있다. "결혼생활에서 어떤 부분을 무시하면 그것은 사라져버릴 것이다. 특히 성관계가 그렇다. 대부분의 부부에게 그들이 성적인 관계에서 끌어내는 즐거움의 양은 그들이 그것에 기울이는 관심의 양에 비례한다."[03] 아이들이 세 살, 다섯 살이었을 때 성생활을 우선순위에 두기로 결심하지 않는다면 그들이 열세 살, 열다섯 살이 되었을 때도 그것을 우선순위에 두지 못할 것이다. 아이들이 더 커서 방해가 되지 않을 단계에 이를 때까지 또는 해야 할 일이 없을 때까지 그것을 미뤄둘 수는 없는 일이다.

지금이 행동해야 할 때이다. 관심을 기울여야만 한다. 내일이 없는 것처럼 살아야 하는 것은 아니지만 마치 오늘밖에 없는 것처럼 창조적으로 더 나은 사랑을 나누는 것이 좋다.

일곱 살짜리 자녀를 둔 엄마 코니는 부부수련회에서 이런 말을 했다.

"성생활을 우선순위에 두려는 마음이 있다면 시간은 얼마든지 만들 수 있어요."

그녀 남편의 얼굴에 떠오른 행복감과 그들의 밴에 실린 어린이 카시트의 수를 보면, 그녀가 시간을 찾아냈을 뿐만 아니라 만들어냈다는 것을 분명히 알 수 있다.

네 아이의 엄마인 테리는 성생활을 우선순위에 두고 싶은 마음은 있었지만 그렇게 할 에너지를 찾기 위해 고심했다. 그녀는 이런 방식으로 문제를 해결했다.

나는 아침형 인간이고 남편은 올빼미형 인간이에요. 남편의 마음이 동할 즈음이면 나는 너무 피곤해서 움직일 수도 없어요. 하지만 스스로에게 정직하자면, 아이들이 잠들고 난 후 집 안팎의 소소한 일을 하고 빨래와 설거지 등을 할 약간의 에너지는 남아 있다는 것은 인정할 수 있어요. 나는 성생활을 우선순위에 두기로 결심했기 때문에, 내 인생의 바로 그 남자에게 내가 얼마나 그를 갈망하는지 보여주는 일에 초점을 맞추고 에너지를 사용하기로 했죠. 도저히 그럴 마음이 생기지 않을 때면 나는 〈아가서〉 5:16절에 나오는 술람미 여인의 말을 반복해서 중얼거려요. "그의 입 속은 달콤하고, 그에게 있는 것은 모두 사랑스럽다. 이 사람이 바로 나의 임, 나의 친구이다." 이렇게 하고 나면 흔히 열정이 되살아나곤 하지만 그렇지 않다고 해도 나는 여전히 행동해요. 왜냐하면 그것이 중요하다는 것을 알고 있으니까.

아마 당신은 '그럴 기분이 아닌데 성적으로 사랑을 표현하는 것은 위선적인 게 아닐까?'라는 생각을 하고 있을지도 모르겠다. 《다섯 가지 사랑의 언어》의 저자인 게리 채프먼은 이 문제에 대해 이렇게 답한다.

아마도 감정으로서의 사랑과 행동으로서의 사랑을 구별한다면 도움

이 될 것이다. 만약에 당신이 있지도 않은 감정을 있는 척한다면 그
것은 위선이고, 그런 거짓된 의사표현은 친밀한 관계를 형성해가는
방법이 될 수 없다. 그러나 다른 사람의 유익이나 즐거움을 위해 고
안된 사랑의 행동을 한다면 그것은 단순히 하나의 선택일 뿐이다. 당
신은 그 행동이 깊은 정서적 유대감에서부터 나온 것이라고 위선적
인 주장을 하는 것이 아니다. 단지 상대의 유익을 위해 무언가를 하
기로 선택한 것이다._04

최근에 테리는 우리에게 자신이 멋진 성생활을 하고 있다고 말했는데,
4년 반 동안에 네 명의 자녀를 둔 여성이 한 말로는 아주 놀라운 것이었
다. 테리는 역경을 극복했고, 자녀를 낳은 후에 결혼생활이 더 좋아졌다
고 말한 20퍼센트의 부부에 속했다. 쉬운 일은 아니었지만 그녀는 성생활
을 우선순위에 두기로 결심했다. 당신도 그럴 마음의 준비가 되었는가?
그렇다면 당신에게 도움이 될 만한 몇 가지 실제적인 아이디어를 소개하
고자 한다.

가정에서의 창조적인 성생활을 위한 가이드

성생활을 우선순위로 두기 위해, 지금 바로 달려 나가 두 사람이 하와이
로 떠날 로맨틱한 여행상품을 구입해야 하는 것은 아니다. 약간의 창조성
만 있다면 집에서도 혁신적인 소풍을 계획할 수 있다. 첫번째로 할 일은
당신의 침실을 사랑을 나누기 위한 본부로 만드는 것이다.(침실 분위기를
꾸미는 문제는 19장을 참조하라.)

1. 사랑을 나누기 위해 침실을 되찾으라

리즈와 사무엘의 침실은 '가족모임장소'가 되었다. 천둥번개가 치는 날

이면 두려움에 떠는 아이들에게 안성맞춤인 곳이었다. 처음에는 온 가족이 이불을 덮고 있으면 포근한 느낌이 들었다. 하지만 시간이 지나자 나중에는 복닥거린다는 느낌이 들 뿐이었다. 조그마한 발에 배를 걸어차이거나 언제라도 아이 중 하나가 침대에 뒹굴고 있으리라는 것을 알게 되면서, 그들의 성생활은 종지부를 찍었다.

어느 날 아침, 팬케이크로 식사를 끝낸 부부는 아이들에게 선언했다. "애들아, 오늘부터 새로운 규칙이 시행된단다. 엄마와 아빠 침실에는 엄마와 아빠 이외에는 누구도 들어올 수 없어. 엄마 아빠의 침대는 우리가 대화를 나누는 우리만의 사적인 공간이란다. 우리 식구는 이 집의 다른 어느 곳에서든 함께 놀고 즐겁게 지낼 수 있지만 엄마 아빠의 침실만은 출입금지야."

리즈와 사무엘이 너무 극단적인 조치를 취했다고 생각되거나 침대에서 온 가족이 함께 잠드는 포근한 시간을 포기하고 싶지 않다면 가족들의 침실모임을 한 달에 한 번 정도로 제한할 수 있을 것이다. 아니면 거실에서 온 가족이 모여 자는 날을 마련하거나 아이들의 침실에서 가족들이 서로에게 책을 읽어주는 시간을 만드는 등 대안을 찾아볼 수도 있다. 당신에게 편안하게 느껴지는 방법을 취하되, 아이들이 부부의 침실을 두 사람을 위해 마련된 신성한 곳으로 존중해야 할 필요를 분명히 이해하게 하라.

2. 침실 랑데부

이제 당신의 침실이 다시 당신들만의 것이 되었다면, 한 달에 한 번씩 화려한 침실행사를 계획하라. 기대하고 미리 계획할 수 있도록 훨씬 앞서서 그날 저녁 스케줄을 잡아놓는다. 그러고 나서 남편이 전에 한 번도 가보지 못한 곳, 바로 당신의 침실로 데려가라! 바닥에 두 장의 비치타월을 깔아서 이국적인 해변 분위기를 만들어보라. 해변에서 사용하는 소품들을 타월 주변에 흩어놓으라. 비치볼, 선글라스, 코코넛 향의 선탠로션 같은 것들. 재빨리 트로피컬 음료를 만들고, 해변에서 입는 스커트와 '바닷소리'를 들려주는 테이프를 구입하고, 멋진 저녁시간을 맞이하라. 아니면 전에는 한 번도 해본 적 없는 어떤 일을 함으로써(이에 관한 아이디어를 얻으려면 18장과 19장을 보라) 성적인 측면에서 남편을 새로운 곳으로 데려가라. 이렇게 하는 목적은 당신의 침실 환경을 개선하고 성생활에 새로운 시도를 하려는 것이다. 그를 깜짝 놀라게 하고 반응을 불러올 수 있는 일을 계획하고 실행하는 데 당신의 모든 창조성을 동원하라. 그러고 나서 남편에게 "다음번엔 이보다 더 잘 할 수 있지 않을까요?"라는 말로 다음 달의 랑데부를 계획하도록 해보라.

3. 홈 데이트

돈이 부족하다는 것은 결코 데이트를 할 수 없는 이유가 될 수 없다. 리시와 알렉스는 6개월에서 5세까지 네 명의 아들을 둔 부부인데, 집에서 하는 데이트 일정을 계획하고 스케줄을 잡는다. 그들은 결혼생활의 로맨스를 유지하기로 결심한 다른 부부와 함께, 한 달에 한 번씩 서로 돌아가면서 아이를 봐주기로 했다. 그들의 데이트 시간은 대략 오후 4시 30분에서 8시까지이다. 리시가 이 시간을 어떻게 보내는지 들어보자.

> 나는 아이들을 데려오면 곧바로 침대로 보낼 수 있도록 모두 잠옷으로 갈아입힌다. 또 음식을 만들고 설거지를 하느라 우리가 함께 하는 시간을 빼앗기지 않기 위해 알렉스가 집에 오기 전에 간단한 음식으로 저녁식사 준비를 모두 끝내놓는다. 우리는 촛불을 켜고 그 옆에서 저녁식사를 한다. 무엇을 먹느냐는 중요한 문제가 아니다.('디저트'에 대해 말하고 있는 것이 아니라면 말이다. 우리는 장난스레 서로를 '디저트'라고 부른다.) 아이들을 보내고 나면, 우리는 저녁을 먹은 후에 집 안 어느 곳에서나 '디저트'를 즐길 수 있다.

리시는 집에서 데이트를 할 때 가장 어려운 점은 주의가 분산되는 것이라고 말한다.

"나는 스스로를 타이르곤 하죠. 리시, 지금은 집에서 해야 할 일이 무엇인지 찾아내는 숨바꼭질 시간이 아니고 네가 사랑하는 사람에게 집중해야 하는 시간이야라고 말이에요."

4. '스피드' 메뉴 넣기

취학 전 아이를 셋이나 키우는 콜린 부부는 성생활을 거의 하지 않고 있었다.

"나는 우리가 최소한 '스피드' 섹스라도 할 수 있을 거라는 마음을 먹었어요. 아이들이 지하실에서 비디오를 보고 있을 때였죠. 남편 진에게 위층 목욕탕에 물이 새는 것을 봐달라고 말했어요. 그가 문을 열고 들어왔을 때, 그의 손을 잡고 안으로 끌어들이고는 문을 잠갔어요. 우리는 세면대에 기대서 사랑을 나누었죠. 약간 불편하긴 했지만 굉장히 흥분되는 일이었어요! 지금은 그저 '여보, 세면대에 물이 새요.' 라고만 말하면 그가 번개처럼 이층으로 올라와요!"

5. 즐거운 토요일 아침시간

당신과 남편이 집에서 둘이서만 시간을 즐길 수 있도록 두 시간 가량 아이들을 놀이터에 데리고 나가줄 사람을 고용하라. 함께 욕조에 몸을 담그거나 서로 마사지를 해주라. 이 아침에 아이들은 놀이터에서 즐겁게 놀 것이고 당신과 남편도 이 이상의 즐거움을 누리기는 어려울 것이다.

성생활을 위해 침실을 되찾을 때, '스피드' 섹스를 다시 시작할 때, 홈 데이트와 즐거운 토요일 아침시간을 계획할 때, 당신은 남편에게 '당신을 사랑하는 것이 가장 중요한 일이에요.' 라는 메시지를 보내는 것이다.

여기서 끝어내주세요

 "집이 최고야."라는 말은 거기다가 "집을 떠나는 게 최고야."라는 두번째 후렴을 덧붙이기만 한다면 성생활을 위한 최고의 주제가 될 수 있을 것이다. 정기적으로 로맨틱한 외출을 계획해서 육체적인 열정의 범위를 확장해보라.

1. 결혼기념일 탈출

 아이들이 발끝에 거치적거리는 시기에는 주말여행을 떠나는 것이 거의 불가능해 보일 것이다. 하지만 아이를 돌봐줄 사람이 없고 예산도 부족한 부부라 할지라도 일 년에 한 번 결혼기념일에 외출을 할 수는 있다. 조금 앞서서 계획을 세우기만 하면 된다.

 나(린다)는 아이들이 어렸을 적 어느 비 오던 결혼기념일을 기억한다. 조디는 지역 교회의 결혼 세미나에서 강연을 하고 있었다. 우리는 그날 저녁 함께 강연을 하기로 되어 있었다. 내 계획은 세미나가 끝나면 곧바로 남편을 끌고 호수 주변에 있는 통나무집으로 가서 둘이 주말을 보내는 것이었다. 하루 종일 가방을 싸고, 가져갈 특별한 음식을 준비하고, 아이를 돌봐줄 사람에게 줄 주의사항들을 적느라 종종거렸다. 그런데 모든 것이 틀어졌다. 기분이 좋지 않았다. 그 모든 것을 준비하는 데 생각했던 것보다 시간이 오래 걸렸다. 아이들은 칭얼거렸고, 엄마가 가지 말았으면 좋겠다고 했다. 빗속을 운전하고 가면서 눈물을 흘리며 생각했다.

 '이렇게 애쓸 필요가 없는 일이야. 도대체 내가 왜 이런 일을 하고 있는 거지?'

 세미나 장소에 도착한 나는 세 시간 동안 연설했고 몸은 더 지쳐버렸다. 여행가방이 차에 실려 있지 않았더라면 좋았겠다 싶었다. 곧바로 집으로 가서 자고 싶었다. 조디와 나는 밤이 깊어서야 일을 마무리하고 주차되어 있는 차로 걸어가서 문을 열었고, 그가 여행가방을 보았다.

"이게 뭐야?"

그가 물었다.

"당신과 함께 호숫가 통나무집으로 가서 특별한 결혼기념일 깜짝파티를 하려고요."

그의 얼굴에 떠오른 표정이 내 피곤함을 싹 사라지게 했다. 나는 언제 울면서 괴로워했는지 이내 잊어버렸다. 그 이틀은 우리가 아무런 일도 없이 서로 안에서 푹 쉬는 시간이었다. 우리는 마치 무슨 주사를 맞은 듯 열정적인 사랑을 나누었고, 집으로 돌아와서도 몇 주 동안이나 즐겁고 친밀한 관계가 유지되었다.

2. 집 바꾸기

'절대 우리끼리 여행을 떠날 수는 없어. 그건 불가능해.'라고 생각하고 있다면 캐서린의 이야기를 들어보라. 2년도 채 안 되는 기간에 그녀는 세 쌍둥이를 낳고 또 한 명의 아이를 낳아서 이미 있던 다섯 살짜리 아이에 더해 두 살 이하의 아기가 네 명이 되었다.(이 말만 들어도 벌써 피곤해지지 않는가?) 미숙아인 세 쌍둥이는 병원에서 집으로 올 때 산소 탱크와 심장 모니터를 달고 있었다. 그럼에도 불구하고 한 달 뒤 그들의 결혼기념일에 캐서린과 가이는 기념여행을 갔다. 어떻게 이렇게 할 수 있었을까?

그들의 친구인 낸시가 캐서린의 집에 와서 주말 동안 아이들을 돌봐주었고, 그동안 이 피곤에 지친 부모는 낸시네 집에 가서 그녀의 개를 돌보았다.(물론 캐서린과 가이는 자기들이 유리한 거래를 했다는 것을 인정한다.) 낸시가 사랑이 넘치고 친절한 친구일 뿐 아니라 매우 능력 있는 전문간호사라는 이야기를 했던가? 캐서린은 "아이들이 중요하지만 우리의 결혼생활도 마찬가지로 중요해요."라고 말한다. 캐서린이 휴가에 우선순위를 둘 수 있다면, 우리도 그렇게 할 수 있다.

3. 타임아웃

  우리는 아이들의 태도를 고치기 위해 타임아웃(아이들이 잘못을 저질렀을 때 일단 행동을 중지시키고 조용한 곳에 격리하여 자신의 행동을 반성하게 하는 벌—옮긴이)이라는 벌을 준다. 때때로 우리는 스스로에게 '타임아웃' 시간을 줄 필요가 있다. 한 달에 두 번 정도 타임아웃 시간을 계획에 넣어보라. 아이를 봐 줄 사람을 고용하거나 예산이 빠듯하다면 다른 부부와 '아이 서로 봐주기'를 약속한다. 첫번째 타임아웃에는 맥도날드가 아닌 다른 곳으로 저녁을 먹으러 가라. 예쁘게 꾸미고, 아기 물휴지 냄새 대신에 남편이 제일 좋아하는 향수를 뿌린다. 아이들이 흘린 침자국이 없는 말끔한 실크 블라우스를 입는다. 기저귀가 든 불룩한 가방 대신에 멋진 지갑을 들고 레스토랑까지 걸어가는 자유를 만끽한다. 무언가 두 사람이 즐겁게 할 수 있는 일을 계획하는데, 반드시 남편의 눈을 들여다보며 아이들이 아닌 다른 주제에 대해 이야기하는 시간을 갖는다.

  두번째 타임아웃은 모텔 데이트를 갖는 것에 대해 고려해보라.(구체적인 내용은 19장을 참조하라.)

  당신이 '타임아웃' 시간을 예정에 넣을 때, 결혼기념일 여행을 계획할 때, 남편과 둘만의 시간을 갖기 위해 아이들을 서로 돌봐주거나 집을 바꾸는 약속을 잡을 때, 당신은 남편에게 '당신과 함께 있는 것이 가장 중요한 일이에요.'라는 메시지를 보내는 것이다.

웃고 유연해지라

  아이들은 변한다. 이번주에는 당신과 남편 둘만의 시간을 가질 수 있게 해주던 방법이 두 달 뒤에는 아무 소용이 없어질 수도 있다. 내가 알고 있는 한 부부는 자기 아이들을 '쐐기들'이라는 별칭으로 부르는데 그 부부가 키스라도 할라치면 아이들이 꼭 그들 사이에 쐐기처럼 끼어들어 관심을 끌기 때문이다.

　부부는 언제 어느 때든지 서로에게 친밀감을 유지해야만 한다. 발치에 걸리는 자녀들이 있을 때 당신의 별명은 ‘유연’이 되어야 할 필요가 있다. 잘 웃을 수 있다면 그것 또한 도움이 될 것이다. 오르가슴의 순간에 아이가 후두염에 걸린 바다표범처럼 울어대기 시작하면, 같이 웃는 수밖에 달리 어쩌겠는가? 화장실에 가겠다고 일어난 아이가 화장실을 지나쳐 현관에 나가 당신의 신발을 신고 서 있으면, 같이 웃는 수밖에 달리 어쩌겠는가? 당신이 두 사람을 위해 촛불을 켜고 저녁식사를 하려는 계획을 가지고 있는데 천사 같은 딸아이가 나타나 “우리도 촛불 켜고 싶어요.”라고 말한다면, 미소를 지으며 내일 촛불을 켜주겠다고 약속하고 같이 웃는 수밖에 달리 어쩌겠는가?

　우리는 지금까지 성생활에 우선순위를 부여해야 할 필요성에 대해 논의해왔다. 집안에서 할 수 있는 것과 집을 떠나 할 수 있는 일에 대해 아이디어를 제공했다. 웃고 유연해져야 할 필요에 대해서도 이야기했다. 하지만 로맨스를 풍성하게 하기 위해 해야 할 가장 중요한 일 중 하나를 하지 않는다면 우리가 한 조언은 아무 소용이 없을 것이다. 그것은 기도이다.

실제적인 기도

　우리는 알고 있다. 당신은 기도하기를 좋아할 것이다. 하지만 화장실에 갈 시간을 찾기도 힘든 판국에 기도할 시간을 어떻게 낼 수 있겠는가! 그러나 피곤에 지친 친구들이여, 포기하기 전에 기도에 관한 다음의 생각들을 고려해보라.

1 .　감 사　기 도 : 우리는 “모든 일에 언제나 우리 주 예수 그리스도의 이름으로 하나님 아버지께 감사를 드리십시오.”(에베소서 5:20)라는 가

르침을 받는다. '모든 일'에는 육아기 동안에도 성생활을 활기차게 유지하기 위해 고심하는 것도 포함된다. 당신이 처한 지금 현재 상황에 대해, 기저귀와 아이들 카풀 운전과 소모적인 활동들에 파묻혀 헤어나지 못하는 상황에 대해 하나님께 감사해본 적이 있는가? 아이들의 기저귀를 갈아대는 생활 속에서도 남편과의 성적인 관계에서 성장이 가능하다는 것에 대해 그분께 감사해본 적이 있는가?

2. 호 흡 기 도 : 성경은 "끊임없이 기도하십시오."(데살로니가전서 5:17)라고 말한다. 성경은 "모든 것을 멈추고 기도하십시오."라고 말하지 않는다. 하나님은 우리가 활동하고 있는 중에도 기도하는 법을 배우길 원하신다. 기저귀를 갈면서, 잠시 멈춰서 이 소중한 아이를 창조한 성적 사랑에 대해 하나님께 감사하라. 딸아이와 놀 때에도, 잠깐 멈추고 당신이 침실에서도 잘 즐기는 아내가 되게 도와달라고 하나님께 간구하라. 아들의 발이 커져서 신던 신발을 치워둘 때면, 당신이 잘못된 태도나 행동을 고치고 성장할 수 있도록 도와주신 하나님을 찬양하라.

하나님께 간구할 것들을 내쉬고 성령의 도우심을 들이마시는 짧은 순간이 바로 '호흡' 기도이다. 로레인은 그녀의 저서 《기저귀, 고무젖꼭지, 그외 거룩한 것들》에서 그녀가 호흡 기도를 하기 시작하면서 이상한 일이 일어났다고 말한다.

"내가 노래를 부르기 시작했다! 어쩔 수 없이 해야 하는 지루하기 짝이 없는 일 속에서, 하나님은 내가 그분의 영광을 어렴풋이나마 볼 수 있게 해주셨다. 마루를 닦고 있을 때나 벽에 묻은 오물을 닦아내고 있을 때에도 나는 즐거웠다. 나는 살아계신 하나님의 임재 안에 있었다."_05

3. 성 경 말 씀 기 도 : 카드에 〈잠언〉 5:18~19절, 〈아가〉 5:16절 또는 5:1하반절 같은 구절을 옮겨 적는다. 그리고 눈에 띄는 장소에 붙여

놓는다. 기저귀 교환대 옆, 욕실, 아기용 의자 옆, 자동차 운전대 위. 그러고 나서 그 구절들을 하나님께 기도로 돌려드린다.

"주님, 주님은 제게 성적인 사랑을 마음껏 누리고, 육체적 기쁨을 깊이 들이마시라고 말씀하십니다. 고갈되고 피곤한 순간에도 이렇게 할 수 있는 방법이 무엇인지 보여주세요." (아가 5:1하반절을 풀어쓴 기도)

4. 위 탁 기 도 : 하나님은 우리가 삶의 이 단계에 대해서 염려하지 않기로 결심하고, 대신에 그런 근심들을 감사하는 마음으로 그분께 아뢰기를 원하신다. 이렇게 할 때, 그분의 평화가 마치 천사 수비대처럼 우리 마음과 생각을 지킬 것이다.(빌립보서 4:6~7) 기도하겠는가?

주님, 지금 당장 제가 남편에게 창조적인 연인이 되는 것은 불가능해 보입니다. 제가 감사는 드리지 않고 불평만 늘어놓았던 것을 고백합니다. 용서해주세요. 그리고 주님, 지금 이 순간 바로 남편과 저의 관계를 주님께 올려드립니다. 우리가 언제 어떻게 성적인 면에서 함께 성장할 수 있을지에 관한 제 모든 염려를 주님께 내어놓습니다. 이것을 주님께 맡깁니다. 주님의 평화로 저를 채우시고, 지금 창조적인 연인이 될 수 있는 실제적인 방법들을 보여주세요.

이와 같이 기도할 때, 당신은 경건하면서 동시에 감각적인 연인이 되기를 간절히 바란다—심지어 아이들이 치마꼬리를 잡고 늘어지는 때라도—는 메시지를 하나님께 전달하는 것이다.

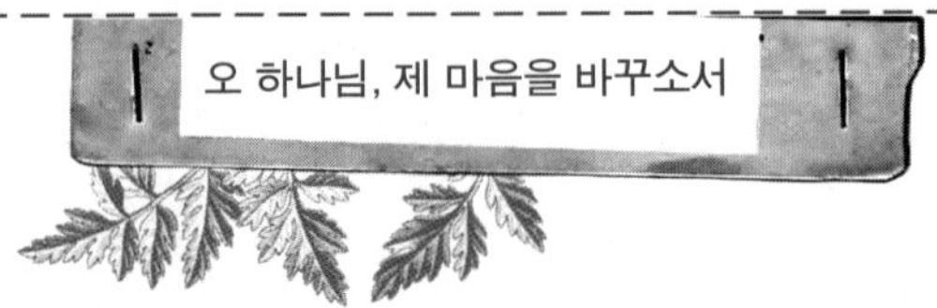

1. 남편에게 이번 장을 읽어보라고 권하라. 그러고 나서 데이트 일정을 잡고 성생활에 대해 허심탄회한 이야기를 나누어보라.(아이들이 잠자리에 들고 난 후 집에서 늦은 저녁식사를 하면서 이야기할 수도 있다.) 그에게 당신이 애정생활에 우선순위를 두고 싶어한다는 사실을 알려주라. 두 사람이 함께 이 장에 나오는 아이디어들을 검토하고 당신의 성적 배터리를 재충전하기 위해 함께 할 수 있는 일이 무엇인지 정하라.

2. 이 장에서 실제적인 제안을 한 가지 골라 이번 주간에 실천하라.

3. 앞의 '실제적인 기도'에 나오는 다양한 형태의 기도들을 읽어보라. 두 가지 형태의 기도를 선택해서 이번 주간 동안 실천하라.

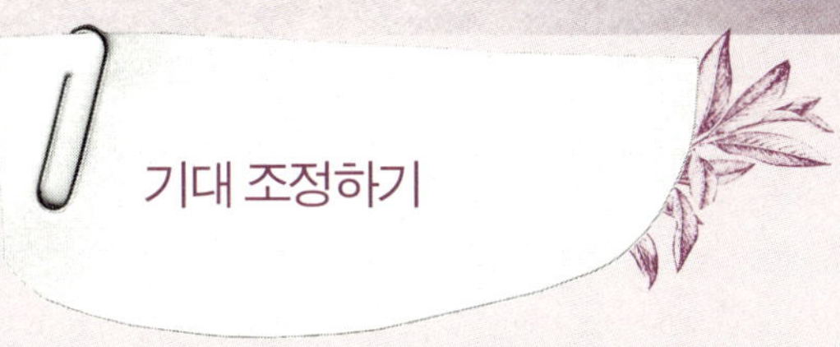

기대 조정하기

피곤에 지친 부모들이 매번 '할리우드 섹스'를 경험하기를 기대할 수는 없다. 하지만 더 적은 노력을 기울이고도 기대치만 높았던 '이전'보다는 기대치를 낮춘 '지금'이 더 현실적이고 효과적이다.

이 전 : 영화관에 가서 버터 팝콘을 나누어 먹고, (소금 묻은) 손을 잡고 영화를 봤다.

지 금 : 전자레인지에 튀긴 팝콘을 먹고, 서로 들러붙어 담요를 덮고, 갑자기 아이가 울면 '일시정지'를 누를 수 있는 비디오를 관람한다.

이 전 : 자동차가 신호등에 걸려 멈춰 있는 30초 동안 키스를 했다.

지 금 : 시골에 계신 할머니를 찾아뵈러 운전을 해서 가는 동안 서로의 어깨를 주물러준다.

이 전 : 콘서트에 가서 오케스트라가 시작되기 전 서로 장난을 치며 놀았다.

지 금 : 홈 스테레오 시스템에 〈오페라의 유령〉 CD를 걸어놓고 아이들과 남편과 함께 춤을 춘다.

이 전 : 프랑스 레스토랑에서 은은한 촛불 아래 서로의 눈을 사랑스레 바라보며 식사를 했다.

지 금 : 맥도날드에서 감자튀김을 먹으면서 알록달록한 공을 가지고 노는 아들을 바라보며 웃는다.

이 전 : 우리는 충동적이었고 즐거웠다.

지 금 : 우리는 계획을 세운다. 그것은 아름답다.

이 전 : 친밀감은 그냥 생겨났다.

지 금 : 친밀감이 생기도록 한다.

part.2
SMOLDERING questions

검게 타버린 질문들

그리스도 안에서 사랑하는 친구들이여, 더 이상 주저하지 말라! 그분의 발 아래 엎드려서 당신의 절망을 그분께 털어놓으라. 거짓과 고통과 분노는 놓아버리라. 그분을 신뢰하라. 미래에 당신이 오늘을 돌아보면서 희망을 발견한 날, 주님을 신뢰한 날로 기억하기를 간절히 기도한다.

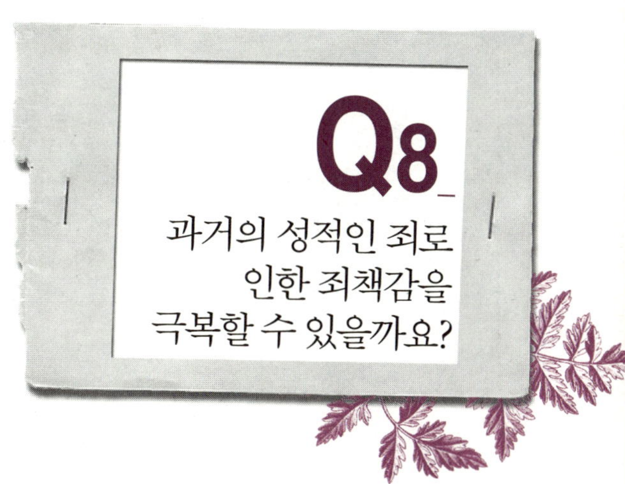

우리는 얼마나 간절히 정화를 필요로 하는지 모른다. 우리 영혼의 갈라진 틈을 타고 깊이 젖어들어 드디어 우리가 "나는 깨끗하다."라고 선언할 수 있게 해주는 그런 종류의 정화 말이다.

우리는 고통스러운 기억들을 거미줄이 잔뜩 쳐진 우리 마음의 저 밑바닥 지하실로 밀어넣는다. 그런 기억들을 거기 남겨두고, 어둡게 가리고, 문을 잠근다. 세월이 흐른다. 지하실에서 악취가 스멀스멀 올라온다. 불쾌한 냄새가 온 집안에 퍼지고 자신에게 그리고 남편과의 관계에도 영향을 미친다.

방향제를 뿌리고 향기 나는 초를 태워도 문제는 해결되지 않는다. 아무리 어려운 일이라 해도 아래 묻어둔 것을 제거하지 않으면 안 된다. 하나님은 우리를 도와주시려고 간절히 기다리신다. 하지만 어두운 지하실 문을 열고 그 안에 감춰둔 것을 꺼내어 그분의 빛 가운데로 가져갈 수 있는 사람은 우리 자신뿐이다.

내가(로레인) 이번 장의 집필을 막 시작했을 즈음 오랜 친구 크리스틴에 게서 전화가 걸려왔다. 그녀는 꼭 사고 싶었던 블라우스가 드디어 60퍼센 트 세일에 들어갔다며 좋아했다.

"크리스, 그거 굉장한데. 네 불타는 빨강머리와 어울리면 아마 다이너 마이트처럼 보일 거야. 그런데 있지, 내가 지금 전화를 하고 있을 시간이 없거든. 책에서 정말 중요한 장을 쓰고 있는 중인데 무지 급하고 정신이 없어."

"무슨 내용인데?"

"과거의 성적인 죄로 인한 죄책감을 극복하는 법."

"나한테는 그런 문제가 없는 것 같지만, 만약 있다면 그걸 어떻게 알 수 있는데?"

크리스틴과 나는 10년 전 작가들의 모임에서 만났고, 그 이후로 인생을 함께 해온 동반자였다. 우리는 성 문제를 제외하고는 하늘 아래 모든 주 제에 대해 대화를 나누었다. 나는 그녀가 엄격한 기독교 가정에서 성장했 다는 것을 알고 있었다. 그녀의 남편 스튜어트도 알고 있었다. 하지만 성 적인 측면에서 그녀의 과거를 구체적으로 알진 못했다. 나는 내가 만든 '죄책감 지표' 질문들 중에서 첫번째 질문을 그녀에게 했다. 남편과의 성 관계가 신나고 멋진 일이 될 수 있다는 것을 알고 있지만, 당신이 과거에 했던 일에 대한 죄책감 때문에 자신에게는 그런 성관계를 즐기도록 허용 하는 것이 어렵지 않은가?

전화기 저쪽에서 숨이 막히는 것이 느껴졌고, 그 질문에 대한 답이 '어 렵다.'인 것을 알 수 있었다. 다른 질문들을 계속했다.

* 당신은 결혼식장에서 하얀 드레스를 입고 가족들 앞에 입장하면서
  부끄러움을 느꼈는가?
* 당신이 남편과 아내로서 첫날밤을 함께 보낼 때, 이미 서로를 너무

잘 알고 있었기 때문에 그 밤이 실망스러웠는가?

* 당신은 성적인 경계선에 대해 타협을 했던 것 때문에 자신이나 남편에게 화가 났던 적이 있는가?

* 당신은 남편과 사랑을 나누고 있는 동안 다른 남자에 대한 공상을 하고, 당신의 머릿속에서 일어나고 있는 일이 실제로 침대에서 일어나고 있는 일보다 더 흥분되는 것이어서 자책감 같은 것을 느낀 적이 있는가?

* 당신은 성관계나 아니면 깊은 접촉을 통해서 자신의 일부를 다른 남자에게 주었기 때문에 불완전하다는 느낌이 드는가?

* 당신은 성생활을 하지 않고도 그럭저럭 잘 지낼 수 있을 텐데 그것이 너무 과대평가되고 있다는 느낌이 종종 드는가?

크리스틴은 잠잠했다. 잠시 후 그녀는 울먹이며 인정했다.

"로레인, 그 질문들이 전부 내 이야기야."

"크리스틴, 당장 신발 신고 이리로 와! 우리가 같이 기도할 게 있는 것 같아."

크리스틴은 단숨에 우리 집에 도착했고, 나는 그녀에게 과거의 성적인 죄로부터 우리 자신을 정화하는 것은 샤워를 하는 것과 아주 비슷하다고 설명했다. 우선 샤워를 하기 전에 더러운 옷을 벗는 것처럼 옛것을 벗어 버린다. 다음에는 샤워꼭지 아래로 들어가 하나님이 그분의 용서를 우리 위에 부으시도록 하고, 우리의 과거를 하수구로 씻어 보낸다. 마지막으로 깨끗한 새옷을 입는다. 성경은 그것을 그리스도의 의로 옷 입는 것이라고 말한다.(고린도후서 5:21, 갈라디아서 3:27)

"옛것을 벗어버리는 것이 일반적으로 정화과정에서 제일 어려운 부분이야. 하지만 우리 모두 그걸 해야만 하지. 크리스틴, 너는 너만 그렇다고 생각하겠지만 크리스천 여성들 중에 많은 이들이 처리해야 할 성적인 과거를 가지고 있어. 그저 하나님께 정직하렴. 네가 했던 모든 일을 그분 앞에서 인정해. 어차피 모두 알고 계시니까. 네가 잘못했고 네 죄를 몹시 슬퍼한다고 말씀드려. 내가 네 옆에서 걸으면서 함께 있겠지만 나한테 말하지 말고 하나님께 말씀드려, 알았지?"

크리스틴은 그러겠노라고 고개를 끄덕였다. 우리가 자갈길을 자박자박 걷고 있는 동안, 크리스틴은 자신의 마음을 하나님께 쏟아놓았다.

"하나님 아버지, 무엇보다 브레드가 만져서는 안 되는 곳을 만졌을 때 그냥 내버려둔 저를 용서해주세요. 그것이 잘못이라는 것을 알았지만 그를 너무나 좋아했고 그가 하는 행동도 싫지가 않았어요. 그럼에도 불구하고 후회가 돼요. 그가 그만두게 해야 했어요. 그리고 크레그가 그와 비슷한 방식으로 저를 만지게 내버려둔 것도 용서해주세요. 제가 왜 그랬을까요? 저는 그에게 끌리지도 않았는데요. 대학 때 만났던 리처드에 대해서는 거의 잊고 있었어요. 그는 정말 매력적이었지요. 저는 제가 허락해야 했던 것보다 더 가깝게 그가 접근해오는 것을 허용했어요."

크리스틴이 말을 하는 동안 나는 하나님께서 그녀에게 그녀의 마음 저 밑바닥에 있는 모든 기억들을 보여주시기를, 그분이 구석구석을 드러내주시기를 조용히 기도했다. 그녀는 남편 스튜어트에 대해 생각하면서 잠깐 머뭇거렸다. 그녀의 신발 위로 눈물이 떨어졌다.

"하나님, 우리가 결혼하기 전에 스튜어트에게 저를 주었던 것을 용서해주세요. 저는 기다리고 싶었어요. 그러려고 노력도 했어요. 그런데 그는 왜 그렇게 심하게 밀어붙였을까요? 왜 그는 제 바람을 존중해주지 않았을까요? 그것이 저를 너무 화나게 했어요. 그것이 아직도 저를 화나게 만들어요!"

숨이 막힌 크리스틴은 내가 쉬기 좋은 자리를 가리키자 그 바위 위에 주저앉았다. 그녀는 손으로 얼굴을 감싸고 온몸이 흔들릴 정도로 흐느껴 울었다. 그녀의 어두운 기억 어디엔가 빛이 들어오자, 그녀는 성적인 영역

에서 자신이 내렸던 결정들이 결혼생활에 어떤 영향을 미쳐왔는지 보게
되었다.

"오, 하나님, 제가 이렇게 하고 있었나요? 저는 그동안 분열된 사람으로
살고 있었어요. 제가 스튜어트의 요구에 진 것이 잘못이라는 걸 알고 있
었고, 그래서 저는 비록 육체적으로는 그에게 양보하면서도 정서적으로
나 영적으로는 무언가를 유보하고 있었어요. 15년 동안이나 결혼생활을
해왔지만 저는 남편에게 한 번도 제 자신을 완전히 주지 않았어요! 하나
님, 우리의 성생활이 그렇게 어설프고 유쾌하지 않았던 게 이것 때문이었
나요?"

크리스틴은 자신이 내렸던 많은 결정들이 이해되기 시작했다. 그녀는
남편과 별도로 독립된 구좌를 관리했고, 직장에서는 별개의 정체성을 유
지했으며, 남편에게 양보하기보다는 그에게 자신을 주장해야 할 필요가
있다고 느꼈다. 그녀가 남편과 자기 자신을 향해 느꼈던 분노는 그들 사
이에 작은 심연을 파놓았다.

"그동안 저는 우리 사이에 친밀감이 없는 것이 스튜어트의 탓이라고 원
망했어요. 그런데 지금 보니까 비난받아야 할 사람은 바로 저였다는 걸
알겠어요. 하나님, 저를 용서해주세요."

그녀는 소리 내어 울었다. 나는 친구를 감싸 안고 함께 울었다. 가을 햇
살이 구름을 뚫고 나오면서 따스한 기운이 우리를 덮었다. 빛이 우리 주
변에 퍼지고, 하나님의 은혜가 우리에게 흘러넘쳤다. 크리스틴이 흘린 고
통의 눈물은 하나님의 용서가 그녀를 씻기시면서 정화의 눈물이 되었다.

잠시 후 그녀가 잠잠해졌다.

"괜찮아?"

내가 물었다. 그녀는 마스카라가 번져서 불쌍한 너구리 같은 모습으로
고개를 들었다. 한숨을 내쉬더니, 그녀의 얼굴에 밝은 미소가 번졌다. 그
것은 살아계신 하나님과 접촉한 사람이 보일 수 있는 미소였다. 나는 막

대기를 하나 집어 들었다.

"이 막대기 보이지? 네가 하나님의 용서를 받았다는 것을 기억하는 표시로 바로 여기 이 바위 옆에 꽂을 거야. 만일 오늘 일이 의심스러워지면, 그러니까 옛날 기억이 네 마음속에 슬그머니 기어들어와서 너를 정죄하면, 이 막대기를 떠올리고 그 기억에게 이렇게 말해. '나는 용서를 받았어.'"

나는 막대기를 땅에 꽂았다. 끝부분이 툭 하고 소리를 내며 부러졌다. 우리는 그렇게 연약한 작은 가지로 단단한 영적 진리를 비유하려고 했던 것에 같이 웃었다. 어쨌거나 그 막대기는 하나님이 그녀에게 깨끗하다고 선언하신 날을 기억하게 하는 표시가 될 것이다. 집으로 돌아오면서 나는 그녀에게 말했다.

"크리스틴, 하나님이 너를 용서하셨듯이 너도 스튜어트를 용서해야 해."

"나도 알아."

"언제 할 건지 나에게 알려줄래? 너무 오래 기다리게 하지 마."

"그러지 않을 거야."

그녀가 약속했고, 생각에 잠겨 이런 말을 덧붙였다.

"로레인, 오늘 일은 기적이지 않니?"

"맞아, 하나님이 세상 여성들을 위해 매일매일 베풀기를 원하시는 그런 종류의 기적이지."

용서는 당신을 위한 것이기도 하다

크리스틴의 성적인 죄에 대해 읽으면서 어쩌면 당신은 이런 생각을 할지도 모르겠다. '그녀는 죄책감이란 게 뭔지 쥐뿔도 모르는 거야. 나는 너무 혐오스러워서 내가 한 일을 생각할 수조차 없는데. 내가 아주 가깝게 지낸 남자들의 이름을 모조리 말하려면 족히 15킬로미터는 걸어야 할 거야.' 아니면 당신은 성적으로 '깨끗한' 역사를 가지고 있어서 과거를 고백하는 데 고작 한 블록 정도만 걸어도 되지만, 마음속 깊은 곳에는 잘못된 태도들이 가득 차 있다는 것을 스스로 알고 있을 수도 있다. 당신이 어떠하든지 간에, 무엇을 했든 간에, 하나님은 그분의 은혜를 당신에게 베풀기를 원하신다.

간음도 하고 살인도 저지른 다윗왕은 이런 말을 했다.

> 주님, 나를 변호해주십시오. 나는 올바르게 살아왔습니다. 주님만을 의지하고 흔들리지 않았습니다. 주님, 나를 샅샅이 살펴보시고, 시험하여 보십시오. 나의 속 깊은 곳과 마음을 달구어보십시오.(시편 26:1~3)

밧세바와 간음하고 그녀의 남편을 죽였으면서도 어떻게 다윗은 자신이 올바르게 살아왔다고 말할 수 있었을까? 다윗의 생애는 우리가 과거에 얼마나 끔찍한 죄를 범했는지와는 상관없이 하나님은 우리에게 죄가 없다고 선언하실 수 있다는 것을 보여준다.

당신은 스스로에게 "나는 올바르게 살아왔다."라고 말하고 싶지 않은가? 그럴 수 있다. 우리의 생각이 얼마나 끔찍하고 우리의 행실이 얼마나 악했는지와는 상관없이 하나님은 당신을 용서하시고 그 기록을 깨끗하게 지우실 수 있다. 이런 일이 어떻게 가능한가?

옛것을 버리라

정화과정의 첫번째 단계는 옛것을 버리는 것이다. 여기에는 비열하고 나쁜 기억, 불결한 태도, 부도덕한 행동을 모두 다 제거하는 것이 포함된다. 만일 당신의 성적인 과거를 하나님 앞에 내어놓지 않았다면, 결혼관계 이외의 성적 접촉이나 관계에 대한 후회를 하나님께 고백하지 않았다면, 지금 바로 그렇게 하기를 바란다.

다시 순결해질 수 있나요?

한 젊은 아가씨가 나를 찾아와서 물었다. "저는 지금까지 네 명의 남자와 관계를 했어요. 지금 저는 정화의 단계를 밟고 있고 하나님은 제 과거를 용서하셨는데, 제가 다시 순결해지는 것이 가능할까요?"

'순결'이라는 의미는 '깨끗하다'는 것이다. 한 여성이 그녀의 처녀성을 내준 이후에라도 그녀는 성적인 생각과 태도, 복장과 행실, 남자와 관계를 맺는 방식에서 깨끗해질 수 있다. 그리스도의 피는 우리를 깨끗하게 씻겨서 우리의 죄를 눈처럼 하얗게 만들 수 있다. 이러한 과정을 통해 우리는 모든 면에서 순결해질 수 있다.

이런 생각을 할지도 모르겠다. 이제는 더 이상 과거의 연인들과 육체적 접촉을 하지 않고 있는데도 이런 '제거' 과정을 반드시 거쳐야만 하는 것인가? 그렇다. '몸 밖에서' 지은 다른 죄와는 달리 성적인 죄는 당신이 다른 사람과 육체적으로, 정서적으로, 영적으로 '한몸'이 되도록 하는 몸에 지은 죄이다.(고린도전서 6:15~18) 당신이 지금까지 자신을 '주었던' 각 사람들이 당신의 일부를 가지고 있다. 당신은 그 사람과 육체적으로 분리되어 있을지 모르지만 정서적으로나 영적으로는 여전히 끈이 남아 있다. 이것은 당신이 어째서 이따금씩 '불완전하게' 느끼는지 또는 생각지도 않은 꿈이나 갈망과 씨름하게 되는지를 설명해준다.

이런 끈을 제거하는 일은 그리 복잡하지 않다. 그저 그 상황을 하나님

앞으로 가지고 가서 당신이 후회하고 있다는 것을 그분께 말씀드리고 용서해달라고, 당신을 과거에 묶어두는 그 끈을 끊어달라고 간구하기만 하면 된다. 주님께서 당신을 단번에 모두 깨끗하게 만드시도록 각 사람의 이름과 행위를 그분께 아뢰는 것이 중요하다. 크리스틴이 그랬던 것처럼 당신의 마음을 하나님께 쏟아놓으라. 하나님과 단둘이서 해도 좋고 신뢰하는 친구에게 그 과정을 함께해달라고 요청할 수도 있다.

스스로 기도할 수도 있고, 수백 명의 여성을 과거에 지은 성적인 죄의 굴레로부터 자유롭게 도와준 이 기도문을 사용할 수도 있을 것이다._01

> 사랑하는 하나님 아버지,
> 제가 (사람 이름)와 (잘못된 행위)함으로써 성적인 죄를 저질렀을 때 주님께 죄를 짓고 범죄하였다는 것을 압니다. 이 성적인 행위로 제 영혼이 _______의 영혼과 합하였다는 것을 압니다. 제가 (잘못된 행위)했던 것을 용서해주시고 _______와의 영적인 연합을 깨뜨려주세요. _______로부터 영적인 자유를 주시고 제 영이 제게로 돌아오게 해주세요. 그것이 제게 돌아올 때, 예수 그리스도의 피가 제 영을 깨끗하게 하시길 간구합니다. _______를 향한 음란한 생각과 행동의 문을 영원히 닫아주세요. 사랑하는 하나님, 제가 영적으로 다시 온전해지게 해주세요. 예수 그리스도의 능력을 의지하여 믿음으로 기도합니다. 아멘.

이전의 연인과 묶여 있는 끈을 끊는 일은 지하실에 널린 눈에 거슬리는 커다란 상자들을 치우는 것과 같다. 일단 하나님께 드리고 나면 힘든 일은 끝난 것이다. 이제 다시 돌아가서 구석구석을 점검해보자. 잘못된 태도, 부도덕한 생각 또는 하나님을 슬프게 하는 의도하지 않은 행동들과 같은 숨겨진 죄를 드러내달라고 하나님께 간구하라. 예수께서는 "숨겨둔

것은 드러나고, 감추어둔 것은 나타나기 마련이다."(마가복음 4:22)라고
말씀하셨다.

다윗과 욥처럼 기도하라.

> 잘못이 무엇인지를 일러(욥기 34:32) 주옵소서.
> 하나님, 나를 샅샅이 살펴보시고, 내 마음을 알아주십시오. 나를 철
> 저히 시험해보시고 내가 걱정하는 바를 알아주십시오. 내가 나쁜 길
> 을 가지나 않는지 나를 살펴보시고, 영원한 길로 나를 인도하여 주십
> 시오.(시편 139:23~24)

옛것을 제거하는 데 걸리는 시간은 당신의 지하실이 얼마나 지저분한
가에 달렸다. 하나님이 일하실 시간을 드리자. 당신이 준비되었을 때, 곧
지하실이 비고 오랫동안 쌓아놓았던 것들이 하나님의 손에 있게 되었을
때 다음 단계로 옮겨가자. 하나님의 용서로 목욕하기.

새것을 받아들이라

옛것을 버리고 나면 새것을 받아들여야 한다. 받는 것이 버리는 것보다
더 쉬워보이지만 실제로는 그렇지 않다. 받는 것이 왜 어려운가? 우리가
하나님이 주시는 것을 받을 만하지 않기 때문이다. 죄는 우리가 지었지만
그 값은 하나님이 치르셨다. 우리는 하나님께 잘못했다고 말하는 데 오랜
세월이 걸렸지만 하나님은 즉시 용서하신다. 이런 일은 공정해 보이지 않
고 실제로 공정하지 않다. 하지만 우리를 향한 하나님의 사랑은 무조건적
이다. 우리는 그분을 실망시키지만 그럼에도 불구하고 하나님은 우리에
게 항상 주시고, 항상 사랑하시고, 항상 먼저 다가오신다. 그분의 사랑을
거절하는 것만큼 그분을 슬프게 하는 것은 없다. 그분의 은혜를 받아들이

는 것보다 그분을 더 기쁘게 하는 것은 없다. 그러므로 우리가 받을 만하지는 않지만 그분이 제공해주시는 것을 받아들여야만 한다.

나병환자 한 명이 예수께 다가와 절하면서 말했다. "주님, 하고자 하시면 나를 깨끗하게 해주실 수 있습니다."(마태복음 8:2) 예수께서 손을 내밀어 그에게 손을 대시고 "그렇게 해주마. 깨끗하게 되어라." 하고 말씀하셨다.

《구약성경》의 제사장들은 희생 제사를 드리고 난 후에 '바다 모양'의 커다란 물통에 몸을 담그곤 했다.(열왕기상 7:23) 세상의 더러움과 사람들의 죄가 씻겨 내려갔을 때 그들의 기쁨이 어떠했을지 상상해보라. 하나님의 용서의 물로 온몸을 적시고 그분의 정결케 하시는 능력을 경험하는 것이 얼마나 영광스럽고 상쾌한 일이겠는가!

당신 역시 그분의 용서로 뛰어들어 몸을 담글 필요가 있다. 그분의 용서를 받아들이라. 그분의 은혜가 당신을 씻기도록 하라. 하나님은 당신을 용서하신다. 이제 당신 자신에게 동일한 용서를 베풀라. 당신은 자신을 용서해야 한다. 그분의 사랑이 당신 주변과 당신 안에 흘러넘치는 것을 느껴보라. 그것은 그저 물이 똑똑 떨어지는 정도가 아니라 그분의 자비가 엄청난 폭우처럼 퍼붓는 것이다.

새것을 받아들이는 일은 하나님이 당신을 위해 준비하신 새옷을 입고 자신을 꾸미는 것을 포함한다. 샤워를 하고 나서 분을 바르고 향수를 뿌렸으면 이제 깨끗한 옷을 입는다. 하나님이 당신에게 새옷을 주셨다. "주님께서 나에게 구원의 옷을 입혀주시고, 의의 겉옷으로 둘러주셨으니, 내가 주님 안에서 크게 기뻐하며, 내 영혼이 하나님 안에서 즐거워할 것이다."(이사야 61:10)

당신이 옛것을 버리고 새것을 받아들이면 하나님은 당신을 용서하신다. 외부에서 보면 별로 달라진 것이 없어 보일지 모르지만, 내면의 무언가가 완전히 달라진다. 하나님은 그 '새' 것이 당신의 남편에 대한 새로워진 사랑과 욕망으로 표현되기를 바라신다. 그분은 당신이 성이라는 선물에 대해 마음과 생각과 몸으로 그분의 관점을 받아들이기를 바라신다. 그분은 당신이 자유롭기를 원하신다. 그분이 당신을 창조하신 대로 아무 거리낌 없이 감각적인 여성이 되라. 결혼관계 안에서 아무 거리낌 없이 자유롭게 성적인 사랑을 주고받으라.

용서를 어떻게 느끼는가

용서받았다는 것을 어떻게 느낄 수 있는가? 용서는 느낌이 아니라 사실이다. 당신은 용서를 받았든지 아니면 받지 못한 것이다. 죄를 고백하고, 그분의 용서를 받아들이고, 당신이 용서받은 것같이 다른 사람들을 용서하면, 당신이 어떻게 느끼느냐와 상관없이 당신은 용서를 받은 것이다. 그러나 무슨 일이 일어났는지 당신의 삶 속에서 증거를 찾아볼 수 없다면 어떻겠는가? 이것은 당신이 용서받지 못했다는 의미인가?

때로 하나님은 즉시 치유하신다. 크리스틴에게는 마치 눈앞에서 베일이 벗겨지듯 즉각적으로 나타났다. 그녀는 갑자기 사물을 다르게 보았고, 하나님이 성을 바라보시는 방식으로 자신도 그것을 바라보려는 새로운 갈망을 갖게 되었다. 그 이후 며칠 안에 그녀는 앞으로 더 나아가서, 결혼 전에 그녀에게 관계를 강요했던 남편을 용서했다. 그러고 나서 일어난 일은 놀라웠다. 그녀는 그 다음 한 주간 동안 이전 두 달 동안보다 더 자주 남편과 사랑을 나누었다.

모든 여성이 즉각적인 변화를 볼 수 있다면 얼마나 좋겠는가. 하지만 반드시 그렇지는 않다. 때로 하나님은 일련의 과정을 통하여 치유하신다. 이런 방식으로 치유함을 받은 여성은 다음과 같이 생각할지도 모른다.

'내가 죄를 고백하고 하나님의 용서를 받아들여서 참 기뻐. 하지만 다른 어떤 느낌도 들지 않고 그래서 대체 변화가 일어나기는 할 것인지 확

신이 들지 않아.'

다음 며칠 동안 그녀는 과거에 대해 이전과 동일한 생각을 하고 있는 자신을 발견할 수도 있다. 그러나 그녀가 자기 마음에 귀를 기울인다면 무언가 달라졌음을 깨달을 것이다. 예전과 동일한 생각을 하고 난 직후에 새로운 생각이 퍼뜩 떠올라 '너는 용서받았어.' 라고 말하게 될 것이다. 이 여성은 믿음으로 새로운 음성을 수용하고 옛 음성을 거부해야만 한다. 〈이사야서〉 43:18~19절은 이렇게 말한다.

"너희는 지나간 일을 기억하려고 하지 말며, 옛일을 생각하지 말라. 내가 이제 새 일을 하려고 한다. 이 일이 이미 드러나고 있는데, 너희가 그것을 알지 못하겠느냐?"

새것을 믿고 옛것을 거부할 때마다 그녀는 하나님이 이미 그녀 안에서 성취하신 그 영역에서 성장한다. 마치 복권에서 100만 달러에 당첨된 할머니가 그 돈을 매일 소비할 때마다 비로소 부자가 되었다는 변화를 실감하는 것과 같다고 말할 수 있다.

하나님이 당신을 즉시 치유하시든 아니면 점차적으로 치유하고 계시든 그분을 신뢰하라. 옛것을 버리고 새것을 받아들임으로써 치유의 과정은 시작되었다. 하나님의 풍성한 자비는 당신을 부자로 만들었다. 하나님은 당신이 남편과 함께 당신의 성적인 부를 '소비' 하기를 바라신다. 〈아가서〉에서 하나님이 두 연인에게 너무도 아름답게 말씀하셨던 것처럼. "먹어라, 마셔라, 친구들아! 사랑에 흠뻑 취하여라."(5:1)

하나님이 치유하시는 방법

하나님은 사람들을 각각 다른 방식으로 치유하신다. 예수께서 만지셨던 많은 사람들이 즉시 치유함을 받았다.(마가복음 3:5, 5:29, 5:42, 10:52)

그러나 어떤 사람들은 일련의 과정을 통해 치유되었다.(마가복음 8:22~25, 누가복음 17:14~15) 나병에 걸린 왕의 군대 장관은 깨끗해지기까지 강에서 일곱 번이나 씻어야 했다.(열왕기하 5:14) 하나님이 당신을 어떤 방법으로 치유하기로 하셨든 당신은 그분의 사랑과 당신을 향한 신실하심을 신뢰할 수 있다.

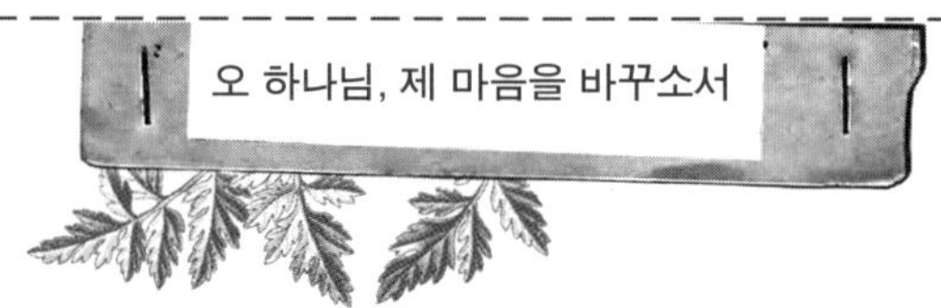

1. 옛것을 버리라

정화의 과정을 실행하며 하나님과 단둘이(또는 하나님과 다른 한 명의 친구와 함께) 한 시간을 보내라. 〈시편〉 51편과 52편을 묵상하라. 대부분의 경우에 이것은 그들이 어떤 영적 단계들을 밟았는지 물리적으로 기억하게 하는 데 도움이 된다. 크리스틴의 막대기와 바위는 그녀가 정화되었다는 증거가 되었다. 후에 그녀가 남편을 용서하고 나서, 그녀는 막대기 하나를 꽃병에 꽂아서 욕실 개수대 위에 두었다.

"남편에게 무언가를 감추고 싶거나 성적으로 닫힌 마음의 유혹을 느낄 때면, 언제든지 이 막대기를 보고 이렇게 말해. '나는 용서했고 용서받았어. 나는 과거에 한 것처럼 생각하고 행동하지 않을 거야.'"

당신이 용서받았다는 것을 확인하고 기억나게 하기 위해서 어떤 장치를 사용할 수 있을까? 몇 가지 제안을 하자면 다음과 같다.

* 정원이나 화분에 푯말을 하나 박고, 거기에 〈시편〉 32:5절의 말씀을 적어둔다, "내 죄를 주님께 아뢰며 내 잘못을 덮어두지 않고 털어놓았습니다. ……주님께서는 나의 죄악을 기꺼이 용서하셨습니다."

* 침대 머리맡에 작은 가위를 놓아두고 하나님이 과거와 묶여 있던 끈을 '잘라' 버

리셨다는 것을 상기한다.

* 마음에 드는 퍼즐을 맞춘다. 그것을 보면서 하나님이 당신 삶의 모든 조각을 한데 모으셔서 다시 '온전케' 하셨음을 찬양한다.

* 지하실이나 창고를 깨끗이 청소한다. 깨어지거나 소용없는 물건들을 모두 내다 버린다. 잘 정돈된 그곳을 보면서 하나님이 당신 영혼의 지하실을 청소하셨음을 찬양한다.

2. 새것을 받으라

* 당신이 그리스도의 의로움으로 옷 입었다는 것을 기억하기 위해 새 목욕 가운을 구입하라. 부드러운 새 가운을 몸에 두를 때마다 성과 관련해서 새로운 마음과 생각을 얻은 것을 하나님께 감사하라.

* 메모지에 〈요한복음〉 15:3절을 적어서 샤워실에 붙여둔다. "너희는, 내가 너희에게 말한 그 말로 말미암아 이미 깨끗하게 되었다."

* 하나님의 용서에 감사하는 기도문을 적고 크게 소리 내어 읽는다. 당신의 죄는 감추어졌다. 찬양과 감사를 드려야 한다.

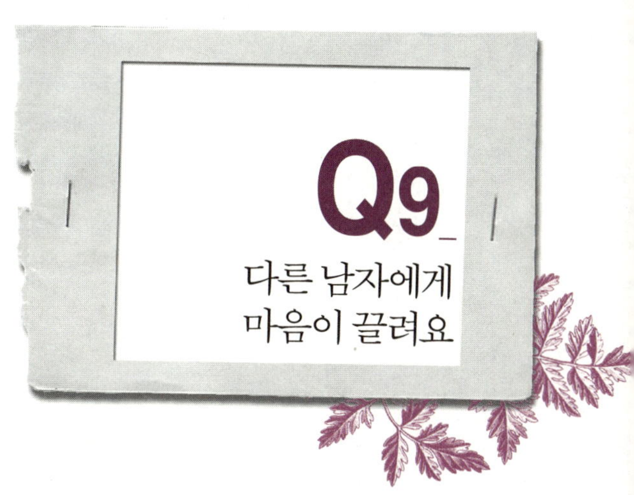

당신은 지금 남편이 아닌 다른 남자에게 마음이 끌린다. 마음속으로 수만 가지 생각이 오간다.

'다른 남자에 대해 백일몽을 꾸다니 정말 너무 끔찍하지 않아? 이런 생각을 하는 것도 죄인가? 내 머릿속에 끊임없이 떠오르는 이 생각을 통제할 수가 없을 지경인데 어떻게 벗어나지? 이런 느낌을 가진 사람이 나뿐인가 아니면 다른 크리스천 여성들도 성적인 유혹으로 고민하나?'

셜리는 이런 질문을 가지고 나를 찾아왔다. 그녀와 리처드는 훌륭한 결혼생활을 하고 있었지만, 셜리가 교회에서 댄을 만난 그 순간 그녀는 즉각적인 '화학반응'을 느꼈다. 처음에는 댄에 대한 관심이 그저 순진하고 일시적인 것일 뿐이라고 치부해버렸다. 그러나 그녀가 채 인식하기도 전에 그녀는 바람피우는 상상을 즐기고 있었다. 셜리의 일기를 읽어보면 '순수한' 생각이 얼마나 순식간에 위험한 갈망으로 변하는지 알 수 있다.

5 월 4 일 : 댄은 정말 사려가 깊은 사람이다. 어제 교회에서 나

오는데 그가 나를 위해 문을 잡아주고는 멋져 보인다고 말했다. 리처드가 내게 예쁘다고 말한 게 언제였는지 기억도 나지 않는다.

5 월 1 5 일 : 리처드와 나는 댄에게 우리 집 지하실 리모델링을 부탁했다. 집을 수리할 줄 아는 남자가 있다는 것은 멋진 일이다. 벌써부터 댄의 방문이 기다려진다.

5 월 2 0 일 : 댄은 딸과의 관계에 문제가 있다. 내가 몇 가지 조언을 해주었고, 그는 너무 감사해하며 나를 살짝 안아주었다. 나도 그를 안아주고 싶었지만 그러지 않았다. 내 결혼생활을 위협할 만한 일이라면 절대 어떤 일도 하지 않을 것이다. 하지만 인정을 받는 것은 기분 좋은 일이다. 이따금씩 그 장면을 마음속에 다시 떠올린다.

6 월 1 일 : 지하실 수리에 필요한 자잘한 결정을 마무리하기 위해 댄과 함께 점심을 먹으러 가려고 한다. 나는 소녀처럼 마음이 들떠 있다. 옷도 열 번은 더 갈아입었고 향수도 조금 더 뿌렸다. 나 자신에게 이건 별일이 아니라고, 그저 일을 하는 것뿐이라고 계속 주지시키고 있다. 그러나 욕실 부착물과 전기배선에 대한 이야기를 나누는 동안, 나는 그의 미소 짓는 갈색 눈을 들여다보게 되었다. 댄은 정말 멋진 눈을 가졌다.

6 월 2 일 : 어제 점심을 먹는데 치즈케이크가 놀랄 만큼 맛있었다. 그에게 내 치즈케이크를 조금 나누어준들 무슨 해가 될까 싶었다. 하지만 그가 그걸 맛보는 순간 우리의 눈이 서로 마주쳤고, 쉭! 우리는 10만 볼트나 되는 전기에 감전되었다. 두 사람 모두 아무 말도 하지 않았지만 우리 둘 다 무언가 달라졌다는 것을 알았다. 우리

는 보이지 않는 선을 넘었고 이제 다시는 평범한 친구로 돌아갈 수 없을 것 같다.

6 월   4 일 : 불안하고 초조하다. 전화벨이 울릴 때마다 댄이기를 바란다. 집 앞으로 차가 지나가도 댄이 아닌지 창밖을 내다본다. 요즘 나는 갈망으로 가득 차 있지만 그 갈망은 남편을 향한 것이 아니다. 도와주세요, 하나님! 잘못이라는 것을 알지만 멈추고 싶지 않다.

셜리는 나를 만나러 와서 눈물을 흘렸다.

"이런 일이 나한테 일어났다는 걸 믿을 수가 없어요. 나는 크리스천이 잖아요. 어떻게 내가 다른 남자 품에 안겨 있는 걸 상상이라도 할 수 있을 까요? 다른 여자들도 이런 문제로 고민하나요?"

나는 셜리에게 다른 여자들도 물론 성적인 유혹과 씨름한다고 말해주 었다. 우리도 그렇다. 우리가 알고 있는 다른 크리스천 교사들이나 저자 들도 마찬가지다. 우리의 성경공부나 세미나에 참석하는 여성들 중에 많 은 이들도 그러하다. 사실, 살다보면 어느 시점에선가 대부분의 여성들이 그런 유혹에 직면한다.

최근 우리는 교회에서 지도자의 자리에 있는 17명의 여성과 수련회에 참석한 250명의 여성에게 이런 질문을 했다.

"다른 남자에게 끌리고 있는 자신을 발견한 적이 있습니까?"

이 경건한 여성들 가운데 과연 몇 퍼센트가 그렇다고 대답했을 것 같은 가? 50퍼센트? 70퍼센트? 아니다. 90퍼센트가 다른 남자에게 마음이 끌 린 적이 있다고 인정했다. 이미 알고 있겠지만 다른 10퍼센트는 거짓말을 하고 있거나 아니면 신혼일 것이다.

이 통계를 셜리에게 이야기해주자 그녀는 충격을 받았다.

"이게 그렇게 일반적인 문제라면 왜 아무도 그에 대해 이야기하지 않는 거죠?"

사람들은 그 문제에 대해 말을 하기는 한다. 일이 일어난 후에. 우리는 유명한 목사, 복음전도자, 가수들이 성적인 죄에 빠진 경험에 대해 이야기한다. 부부 중 한쪽이 바람을 피워서 이혼 위기에 처한 부부들에 대해서도 이야기한다. 신실함을 지킨 다른 쪽 배우자와 자녀들에게 얼마나 비극적인 일인지에 대해 이야기한다. 부부 사이에 벌어지는 부정이 어떤 영향을 미치는지도 이야기한다. 집을 팔고, 사역이 엉망이 되고, 교회는 텅 비어버린다. 마치 성적인 죄의 결과에 대해 이야기하는 것은 괜찮지만 그 원인에 대해 말해서는 안 된다는 불문율에 우리 모두가 동의하고 있는 것 같다.

당신이 씨름하고 있는 성적인 유혹에 대해 경건한 여성과 마음을 터놓고 이야기해본 것이 최근 언제인가? 셜리의 경우, 대답은 '한 번도 없다'였다. 그래서 우리는 대화를 나누었다. 셜리는 하나님께 순종하고 싶어했지만 한편으로 자신의 마음을 이렇게 고백했다.

"지금 당장은 댄에 대해 생각하는 것이 내 삶의 가장 큰 기쁨이에요. 그걸 어떻게 포기할 수 있을까요?"

그녀는 다른 질문도 했다.

* 댄에게 지하실 공사를 계속 맡겨도 될까요? (제발 아니라고 하지 마세요!)

* 나는 남자에게 인정과 사랑을 받고 싶어요. 그게 그렇게 잘못된 일인가요?

* 제가 죄를 지었나요? 하지만 댄과 나는 키스조차 하지 않았는데요?

* 댄과 함께 침대로 간다면 잘못이라는 걸 알아요. 하지만 마음속으로 우리가 했던 포옹을 다시 상기하는 것이 무슨 해가 되나요?

* 내 생각이나 행동이 안전선을 넘어서서 죄를 짓게 되는 지점이 어느 선인지 어떻게 알 수 있죠?

* 하나님이 당신과 이 문제에 대해 이야기하라고 나를 인도하셨다고 믿어요. 다른

누군가와 말해야 할까요? 남편에게 알릴 필요가 있을까요? 댄에게 내가 무슨 생각을 하는지 말해야 하나요?

셜리는 '유혹을 이기는 입문반'에서 기초과정을 거칠 필요가 있었다. 우리는 우리가 유혹에 직면했을 때 도움이 된 것들을 그녀에게 이야기해주었다. 유혹을 이기고 승리하기 위해서는 유혹이 어떤 것이며 그것이 우리에게 어떤 영향을 미치는지 알아야만 한다.

유혹의 3단계 나선구조

유혹은 경건한 생각을 하던 우리가 악한 행동을 하도록 부추기는 강한 인력이다. 유혹은 시작(최초의 이끌림)이 있고, 끝이 있고(종말), 그 사이에 몇 단계가 있다. 〈야고보서〉 1:14~15절을 보면, 각 단계는 그 이전 단계 위에 세워지고 치명적인 나선형 하향곡선을 그린다.

> 사람이 시험을 당하는 것은 각각 자기 욕심에 이끌려서, 꾐에 빠지기 때문입니다. 욕심이 잉태하면 죄를 낳고, 죄가 자라면 죽음을 낳습니다.

이 구절은 유혹의 나선구조에 포함되는 뚜렷한 세 단계 또는 세 차원을 제시한다. 유혹, 깊은 생각, 활성화. 댄에 대한 셜리의 생각은 "댄은 멋지다"(수준1-유혹)에서 "침대에서 그와 사랑을 나누고 싶다"(수준3-활성화)의 단계로 뛰어넘은 것이 아니었다. 생각은 생각을 낳고, 행동은 행동을 낳아서, 어느 날 셜리는 정서적으로 다른 남자의 품에 안겨 있는 자신을 발견하게 된 것이었다.

흐르는 모래처럼 유혹은 항상 우리를 더 깊이 몰아가고, 항상 잡아당기고, 항상 빨아들인다. 거기에 발을 디디는 순간 우리는 확실하게 아래쪽으로 발목을 끌어당기는 힘을 느낀다. 처음에는 쉽게 그 인력에 저항하고 단단한 바닥 위로 발을 옮겨놓을 수 있다. 하지만 거기 오래 머물러 있으면 있을수록 우리는 더 깊이 빠져들어 결국에는 머리까지 잠겨버리고 만다.

아래의 토양 분석표에서 볼 수 있듯이, 유혹의 각 단계들은 각기 다른 특성과 위험을 안고 있다.

수준	토양 이름	침몰 계수	죄의 계수
1	유혹	발목까지	죄 없음
2	깊은 생각	허리까지	죄에 사로잡힘
3	활성화	머리 위로	죽음

셜리의 상황과 관련해서 세 단계를 자세히 살펴보자.

1. **유 혹** : 유혹은 생각을 통해서 우리에게 온다. 셜리는 '내게 찬사를 보내고 집을 수리할 줄도 아는 사려 깊은 남자가 주변에 있다면 분명 아주 좋을 거야.'라고 생각했다. 그녀의 생각은 댄과 그의 능력을 흠모하고, 남편의 단점에 집중하며, 공구를 잘 다루는 사려 깊은 남편을 가지고 있지 않다는 사실에 뭔가 속은 듯한 느낌을 갖도록 유혹했다. 셜리가 이런 생각을 한 것이 죄를 지은 것인가? 그렇지는 않다. 단지 죄가 들어오도록 문을 열어놓았을 뿐이다. 댄의 성품과 남편의 단점을 계속 떠올리면서 그녀는 즉시 '아니오'라고 말하는 대신 '예'라고 말했다. '예'라고 말하면서 그녀는 다음 단계로 빠져들기 시작한 것이다.

2. **깊 은 생 각** : 이 단계에서는 잘못된 생각에 집착하고 잘못된 선택을 합리화하는 것을 스스로에게 허용함으로써 죄를 짓는다. 셜리는

열 벌의 옷을 갈아입어가며 댄과 함께 점심을 먹으러 나가는 것에 대해 '예'라고 답했다. 그녀는 '이건 그저 일 때문에 먹는 점심일 뿐이야. 해가 될 일은 전혀 없어.'라고 되뇌면서 자신의 결정을 합리화했다. 일기에 써 놓은 대로 그녀는 치즈케이크 한 조각으로 갑자기 자신이 열정에 사로잡혔다는 것을 발견하게 되었다.

우리는 피할 수 없기 때문에 죄를 짓는 것이 아니다. 자신을 합리화하고 스스로에게 거짓말을 하기 때문에 죄를 짓는다. 우리는 이기적이고, 무언가를 원할 때 우리가 원하는 것을 원하기 때문에 죄를 짓는다. 우리는 거짓되고 사악하기 때문에 죄를 짓는다.(예레미야서 17:9) 셜리는 죄에 빠져들고 있었다. 그녀는 죽음을 피하기 위해 빨리 벗어나야만 했다.

3. **활 성 화** : 이 국면에서 우리는 하나님의 명령에 불순종하는 방향으로 생각을 행동에 옮긴다. 일반적으로 우리는 활성화를 외적인 행동의 측면에서 생각하지만 내면의 의도를 통해서도 활성화가 가능하다. 예를 들어 "내가 이 사람과 사랑을 나누는 상상을 하는 것(내면의 의도)은 아무 문제가 없어. 어쨌거나 나는 절대로 실제 어떤 행동을 하지는 않을 거야(외적인 행동)."라고 말할 수 있다. 그러나 하나님은 그 둘을 구별하지 않으신다. 둘 다 똑같이 잘못이다. 예수님은 우리가 탐욕스러운 생각을 가지고 다른 사람을 보는 것만으로도 간음한 것이라고 말씀하셨다.(마태복음 5:28)

예수님의 말씀은 하나님의 마음을 보여준다. 네 남편이 아닌 다른 남자와 연합함으로써 마음으로라도 네 자신을 더럽히지 말라. 남편과 사랑을 나누면서 다른 남자에 대한 상상을 하는 것은 그 남자가 실제 거기 있는 것과 똑같이 그 남자를 당신의 침실로 끌어들이는 것이다. 우리는 남편과 아내가 이성의 '베스트 프렌드'를 가지고 있는 경우를 많이 보았다. 두 사람 사이의 관계는 친밀한 나눔이 있고 서로의 필요를 채우는 것이지만 그들은 서로 옷을 벗기지 않았으니까 잘못이 아니라고 생각한다. 이러한 관계는 정서적인 불륜이고 하나님이 남편과 아내 사이에 의도하신 하나됨을 결혼관계로부터 빼앗는다.

생각이나 행동이 어디까지 가면 성적인 죄를 짓게 되는 것일까? 우리의 인간적인 본성은 언제든지 법적으로 가능한 마지막 지점까지 가보고 싶어하는 속성이 있다. 절대로 정욕의 선은 넘지 않겠다고 다짐하면서 이성과 가까워지는 것을 자신에게 허용한다. '사태가 걷잡을 수 없어지기' 전에 발을 뺄 수 있다고 스스로를 안심시키면서 유혹과 희롱을 하고 깊은 생각에 탐닉한다.

그러나 우리는 스스로를 기만하고 있다. 우리는 절대 안전하지 않다. 어떤 유혹, 어떤 생각이나 행동이 죄의 선을 넘도록 우리를 끌어당길지 결코 알지 못한다. 그런 일은 무서운 속도로 일어날 수 있다. 그것은 마치 어떻게 과자 통에서 과자를 꺼내 먹게 되었는지 순진하게 설명하는 세 살 먹은 어린아이와 같다.

"과자 냄새가 나서 판매대에 기어 올라갔는데, 내 입에 과자가 들어 있었어요."

실수하지 말라. 장난을 칠 여지가 없다. 불을 가지고 놀면 불에 데게 된다. 자신이 어떤 생각을 하고 어떤 행동을 해야 하는지 심각하게 생각하고, 당신에게 다가온 유혹을 향해 '아니오'라고 말하기로 선택하라. 기도로 시작하는 것이 좋다. 〈고린도전서〉 10:13절을 기도로 드리지 않겠는가?

"여러분은 사람이 흔히 겪는 시련밖에 다른 시련을 당한 적이 없습니다."

예수님, 저만 이런 식으로 시련을 당하는 것이 아니어서 감사합니다.

또한 당신이 유혹을 받는다는 것이 어떤 것인지 아는 분이셔서 감사합니다.

"하나님은 신실하십니다. 여러분이 감당할 수 있는 능력 이상으로 시련을 겪는 것을 하나님은 허락하지 않으십니다."

주님, 주님은 제가 얼마나 연약한지 알고 계십니다. 제가 할 수 없는 일을 제게 허락하지 않으신다고 약속해주셔서 감사합니다.

"하나님께서는 시련과 함께 그것을 벗어날 길도 마련해주셔서, 여러분이 그 시련을 견뎌낼 수 있게 해주십니다."

하나님, 주님은 제게 피할 길을 주셨습니다. 그것이 무엇입니까? 제게 보여주십시오.

유혹 물리치기

여성들이 유혹과 싸우는 데 효과적인 몇 가지 방법을 소개한다.

* "과거의 남자친구에 대한 잘못된 생각이 머릿속에 떠오르면, 나는 강한 의지로 생각을 돌려서 그가 아내와 아이들과 함께 저녁시간을 즐기는 모습을 상상한다."

* "나는 혼자서 많은 롤플레잉게임을 했다. 불륜을 저질렀을 때 일어날 수 있는 논리적인 결과를 머릿속으로 상상한다. 엄마가 어떤 일을 하고 있는지 알게 되었을 때 아이들의 눈에 떠오르는 혐오감을 마음에 그려보고, 내가 사랑하는 사람들의 얼빠진 표정을 상상해보았더니, 너무 늦기 전에 멈추어야 한다는 것을 알게 되었다. 나는 또한 나중에 나에 관해 어떤 평가가 내려질지 상상해보았다. '젊은 남자 때문에 버림받은 세 아이의 어머니이자 남편의 아내.' 나는 내 삶이 그렇게 평가되기를 원하지 않는다."

* "내 아이들이 나를 다시 현실로 끌어내렸다. 나는 그 남자를 원했지만 아이들의 존경을 더 간절히 원했다. 나는 그 둘 모두를 얻는 것이 불가능하다는 것을 알고 있었다."

탈출로

하나님은 성적인 유혹에서 벗어날 길을 다양하게 제공하신다. 우리는 여섯 가지 길을 살펴볼 것이다. 당신은 그 중 하나의 길로 탈출할 수도 있고 하나님이 당신만을 위해 특별히 마련하신 길을 통해 벗어날 수도 있다. 어떤 방법이냐는 중요하지 않다. 중요한 것은 당신이 언제나 탈출로를 찾고 있어서 그 길을 지나치기 전에 재빨리 벗어날 수 있는가 하는 것이다.

1. 피하기

"음행을 피하십시오."(고린도전서 6:18) 벗어나라, 지금. 이 구절은 명령이지 제안이 아니다. 유혹을 피하고 더 이상의 여지를 남겨두지 말라. 〈잠언〉 5:8절은 "네 길에서 그(여자)를 멀리 떨어져 있게 하라. 그(여자)의 집 문 가까이에도 가지 말라."라고 경고한다.

피하는 것은 종종 과감한 수단을 취하는 것을 의미한다. 어떤 여성에게는 그것이 자신이 치료를 받으러 다니던 병원의 멋지고 당당한 35세의 의사를 뚱뚱하고 늙은 의사로 바꾸는 것을 의미했다. 또 다른 여성에게는 자기가 좋아하던 일을 포기하는 것을 의미했다. 다른 한 여성은 매력을 느끼던 한 남자와의 우정을 잃는 것을 의미한다고 말했다. 셜리에게는 지하실 수리 프로젝트를 남편에게 맡기고, 댄이 약속을 잡고 집에 올 때마다 집 밖으로 나가는 것을 의미했다.

2. 친구에게 말하기

"여러분은 서로 죄를 고백하고, 서로를 위하여 기도하십시오. 그러면 여러분은 낫게 될 것입니다."(야고보서 5:16) 어떤 것이 감추어져 있으면 위력을 갖게 되지만 비밀을 공개하고 나면 그 위력은 깨어진다. 당신이 느끼는 욕망을 신뢰할 만한 친구에게 고백하는 것은 성난 개에게서 이빨을 제거하는 것과 같다. 유혹은 여전히 당신을 괴롭히겠지만 물어뜯지는 못한다.

셜리는 우리에게 비밀을 이야기하고 난 후, 자신을 짓누르던 엄청난 짐이 벗겨지는 것을 느꼈다. 우리는 그녀와 함께 기도했고 다음 몇 달 동안 일주일에 한 번씩 그녀에게 전화를 걸기로 약속했다. 그녀가 말했다.

"저를 돌봐주고 격려해주셔서 옳은 일을 하는 게 훨씬 더 쉬워졌어요."

당신이 편안하게 느끼는 사람, 당신에게 경건한 지혜를 나누어주리라고 믿을 수 있는 누군가가 있는가? 그 사람에게 당신을 붙잡아달라고 부탁하라. 당신이 지금 어떤 고민을 하고 있는지 이야기하라. 당신이 속한 교회의 목회자나 성경공부 리더에게 말하고 싶을지도 모르겠다. 하지만 절대, 절대, 절대로 '그'에게는 말하지 말라. '그'에게 당신의 마음을 털어놓는 것은 불구덩이에 기름을 붓는 것과 같다.

3. 경계 정하기

당신이 할 일과 하지 않을 일을 미리 정해놓으라. 그 경계에 영향을 미치는 요인은 여러 가지가 있다. 문화적 상황, 나이, 개성 그리고 개인적 신념. 그 경계선은 개인에 따라 다양하겠지만 성경이 말하는 다음의 명령들을 확실히 보강할 수 있는 경계선을 정해야 한다.

* 갖가지 모양의 악을 멀리하라.(데살로니가전서 5:22)
* 당신이 하는 일이 다른 사람들에게 거리낌을 주지 않게 하라.(고린도후서 6:3)
* 신중하고 순결하라.(디도서 2:5)
* 당신의 행동에 어떤 음행의 기색도 없게 하라. 더러운 말이나 어리석은 말이나 상스러운 농담은 절대 하지 말라.(에베소서 5:3~4)

우리와 대화를 나눈 여성들이 이야기해준 경계선들을 소개한다.

"남편이 아닌 다른 남자와 점심이나 저녁을 먹으러 갈 일이 있으면 나는 항상 다른 여자와 함께 가려고 노력해요. 물론 우리 아버지나 여든아홉 살 되신 아저씨는 예외죠!"

"부도덕한 성관계를 부추기는 영화는 보지 않고 그런 책을 읽지도 않아요. 그래서 나는 잘못된 방식으로 다른 남자를 보려는 유혹을 덜 받죠."

"나는 하나님을 기쁘게 하기 위해 옷을 입어요. 집을 나서기 전에 자신에게 물어봐요. '내가 이런 모습으로 보이는 걸 하나님이 승인하실까?'"

"다른 남자에 대한 불순한 생각이 떠오르면 나는 즉시 그걸 끄집어내고 하나님께 용서를 구하죠."

"나는 이제 더 이상 성적인 농담을 하지도 듣지도 않아요. 그 자리를 벗어나거나 주제를 다른 데로 돌려서 그런 대화는 싹을 잘라버려요."

내가 아는 전업주부 한 사람은 자신에게 이런 경계를 정해놓았다.

"나는 남편이 아닌 다른 남자를 연속해서 5일 동안 보는 일이 없도록 할 거예요."(하루 24시간을 아장아장 걷는 아이와 함께 지내는 형편이라면 몸에서 냄새가 나고 이빨이 빠진 남자조차도 매력적으로 보일 수 있다!)

한 유명한 강사는 이런 경계선을 정했다.

"나는 다른 남자와 포옹하지 않을 거예요. 그 남자가 나를 포옹하려는 기미가 느껴지면 얼른 손을 내밀어 악수를 하죠."

직업이 판매대리인이라서 남자들과 출장을 다닐 수밖에 없는 진은 이런 경계선을 가지고 있다.

"출장을 갈 때면 나는 꼭 남편 사진을 두 장 가지고 가서 하나는 지갑에 넣고 하나는 호텔방의 스탠드에 붙여놓아요. 눈앞에 있는 남편 얼굴을 보면 다른 남자에 대한 잘못된 생각을 피할 수 있어요. 나는 남자동료들에게 여러 사람이 함께 가거나 사업상의 모임이 아니라면 저녁식사를 함께 할 수 없다는 걸 미리 알려두죠."

인생의 어떤 '계절'에는 다른 때보다 더 엄격한 경계가 필요하다. 남편과의 관계가 차갑고 죽은 듯이 느껴지는 '겨울'을 보내고 있는 여성은 특별한 예방조치를 취할 필요가 있다. 유혹에 넘어가기 쉬운 상태에 있기 때문이다. 인생에서 '가을'(40대나 그 이상)에 접어드는 여성은 종종 그녀가 이미 '고개를 넘었지만' 여전히 매력적이라는 것을 남자로부터 확인받고 싶어한다. 그런 상황에서는 더 엄한 경계선이 필요하다.

'옛 사랑'과 마주친 경우에는 또 다른 이유에서 경계를 보강해야 한다. 우리가 아는 어느 여성은 고등학교 졸업 50주년 기념동창회에 가서 첫사랑과 춤을 추었다. 그녀는 "그와 춤을 추고 나서 나는 말 그대로 곧장 도망쳐야 했어요. 예전의 감정이 아직도 그대로 남아 있었기 때문이죠."라고 말했다. 이 이야기를 들려준 여성은 68세이며 행복한 결혼생활을 하고 있는 사람이었다.

우리가 누군가에게 매력을 느낀다면 그 문제를 처리하는 데 아무리 조심해도 지나치지 않다. 일단 다른 남자와 감정적인 흐름을 경험하게 되면 전기가 통할 가능성은 항상 존재한다. 경계는 개인의 성품이나 환경에 따라 다양하겠지만 우리 모두 경계선이 필요하고, 그것은 유혹의 순간만이 아니라 일생 동안 유효하다.

4. 눈 버리기

"뭐라고요? 린다, 로레인, 지금 농담해요? 다른 남자를 쳐다보기 좋아한다는 이유만으로 눈을 버리라고요?"

경우에 따라서는 그렇다. 얼마나 오랫동안 바라보고 있느냐, 본 것이 얼마 동안 마음에 남아 있느냐에 따라. 예수의 경고에 귀를 기울여보자.

> 네 오른 눈이 너로 하여금 죄를 짓게 하거든 빼서 내버려라. 신체의 한 부분을 잃는 것이, 온몸이 지옥에 던져지는 것보다 더 낫다. 또 네 오른손이 너로 하여금 죄를 짓게 하거든 찍어서 내버려라. 신체의 한 부분을 잃는 것이, 온몸이 지옥에 던져지는 것보다 더 낫다.(마태복음 5:29~30)

왜 예수께서는 이렇게 과격한 말씀을 하셨을까? 첫째, 그분은 우리에게 죄를 짓게 만드는 원인을 잘라버려야 한다는 점을 분명히 말씀하고자 하신다. 이 남자와의 관계를 잘라버려라. 당신의 마음속에 순간 끼어드는 그의 형상과 생각을 베어버려라. 둘째, 예수께서는 성적인 죄가 결국 죽음으로 이어진다는 것을 강조하고자 하셨다. 육체적인 죽음, 영적인 죽음 그리고 결혼관계의 죽음. 당신이 다른 남자를 갈망할 때, 그것은 결혼의 신뢰를 죽이는 것이고 하나님의 심판을 각오하는 것이다.

5. 영적 훈련

사탄은 '유혹하는 자'로 불린다. 그는 예수를 유혹한 것처럼 당신을 유혹할 것이다. 유혹하는 자를 물리치는 가장 좋은 방법은 성경을 암송하고 기도하고 금식하는 것이다.

예수께서는 40일 동안 사탄의 혹독한 시험에 자신을 내어주셨다.(마태복음 4:1~11) 그분은 모든 면에서 시험을 받으셨다. 그분은 한 여성으로부터 성적인 유혹을 받으셨다. 그러나 죄를 짓지 않으셨다.(히브리서 4:15) 놀라운 일이다. 어떻게 그러실 수 있었을까?

예수께서는 시험을 당할 때마다 그분의 검 곧 하나님의 말씀을 휘두르셨다. "하나님의 말씀은 살아 있고 힘이 있어서, 어떤 양날 칼보다도 더 날카롭습니다."(히브리서 4:1) 예수께서는 "성경에 기록되었으되……"라고 선포하심으로써 사탄의 유혹을 잘라버리셨고, 그분이 하나님의 말씀을 선포하시자 "악마는 떠나갔다".(마태복음 4:11)

하나님의 말씀에 더해 예수께서는 시험을 당하는 동안 기도와 금식이라는 두 가지 영적 훈련을 사용하셨다. 로니 플로이드는 그의 저서 《기도와 금식의 능력》에서 기도와 금식은 하나님이 초자연적으로 개입해 들어오시는 대문이라고 말한다._01 하나님이 의도하신 대로 행했을 때, 기도와 금식은 어떤 수단으로도 깨뜨릴 수 없던 속박을 깨뜨리는 능력을 가지게 된다. 제자들이 귀신을 쫓아내지 못하고 왜 자신들은 그 일을 할 수 없느냐고 불평할 때, 예수께서는 "이런 부류는 기도(와 금식)로 쫓아내지 않고는 어떤 수로도 쫓아낼 수 없다."(마가복음 9:29)고 말씀하셨다.

기도와 금식에 능력이 있는가? 물론이다. 우리는 한 여성으로부터 비행기에서 옆자리에 앉았던 남자가 '맛있는 기내식'을 거절하더라는 이야기를 들었다.

"배고프지 않으세요?" 그녀가 남자에게 물었다.

"아니요, 제가 금식 중이라서요." 그가 대답했다.

"아, 크리스천이신가 봐요?" 그녀가 다시 물었다.

"아뇨, 저는 사탄주의자입니다. 우리 사탄주의자들은 기독교 지도자들의 결혼이 깨어지라고 금식하고 기도합니다."

얼마나 많은 기독교 지도자들이 성적인 유혹에 굴복했는지 생각해보라. 그리고 그들의 금식과 기도가 성공을 거두고 있는지 아닌지 자문해보라. 친구들이여, 속지 말자. 사탄과 그를 따르는 자들은 크리스천의 결혼이 파괴되는 것을 보는 것을 무엇보다 좋아한다. 사탄이 사용하는 가장 효과적인 무기 중 하나는 성적인 유혹이다.

〈야고보서〉 4:7절은 "악마를 물리치십시오. 그리하면 악마는 달아날 것입니다."라고 말한다. 다음에 다른 남자를 원하는 자신을 보게 되거든 "예수 그리스도의 이름으로 명령한다. 사탄아 물러가라."고 큰소리로 기도하여 담대히 그 대적을 꾸짖으라. 예수께 그랬던 것처럼 악마가 다시 당신을 유혹하러 돌아올 수도 있지만 계속해서 그를 꾸짖으면 결국 떠나갈 것이다.(마태복음 4:11)

6. 열정의 방향 전환하기

셜리는 열정의 방향이 심각하게 잘못 설정된 경우였다. 우리는 그녀에게 댄에게로 향하는 마음을 거두어 남편에게로 돌려야 한다고 격려했다. (신의 없는 세상에서 신실함을 지키는 방법에 대한 더 많은 정보를 얻고자 한다면 10장을 참고하라.) 이 과정에서 그녀에게 도움을 준 몇 가지가 있었다. 첫째, 그녀는 결혼사진과 남편이 보낸 몇 통의 오래된 연애편지를 보면서 추억의 오솔길로 여행을 떠났다. 그리고 나서 자신이 남편과 결혼한 이유를 다시 되짚어보고, 그의 단점이 아니라 장점을 보는 데에 초점을 맞추기로 결심했다. 그녀는 하나님께 남편을 바라보는 새로운 눈을 달라고 기도하는 데 많은 시간을 보냈다. 그녀의 결혼생활은 여전히 완벽하지는 않지만 계속해서 좋아지고 있다.

아무것도 소용이 없을 때

무슨 수를 써도 유혹을 끊을 수 없을 것 같을 때는 어떻게 해야 할까? 한 친구는 이런 말을 했다.

"나는 수년 동안 정서적인 불륜을 저지르며 고민해왔어요. 자기 훈련,

기도, 성경 암송도 해보고 목사님께 상담도 해봤어요. 뭐든 말만 해보세요, 내가 이미 다 해보았으니까. 그러나 무엇을 해도 그때뿐이었죠. 최선을 다해 노력했지만 그를 향한 갈망은 다시 찾아왔어요. 이젠 너무 지쳤어요. 내가 얼마나 더 이 싸움을 계속할 수 있을지 모르겠어요.”

작가인 찰스 미란다는 여러 해 동안 성적 유혹과 싸웠다. 저서 《빨간 불에 달리기: 성적 유혹에 브레이크 걸기》에서 그는 이렇게 썼다.

> 내 삶의 전쟁터에서 승리하기 위해 필요한 것이 무엇이었던가? 내가 가능한 한 움켜잡을 수 있는 하나님의 은혜 전부가 필요했다. 일찍이 해보지 않던 그리스도와 그분의 능력에 대한 의지가 필요했다. 그리고 어떻게든 내가 끌어낼 수 있는 모든 자기 훈련들이 필요했다. 무엇보다 우선 지치지 않는 근면함과 매일매일 끊임없는 결심이 필요했다._02

싸움에 지친 또 한 사람, 제니는 이렇게 덧붙인다.

“어느 날엔가 나는 바닥에 머리를 박고 예수님께 울부짖었어요. ‘주님, 성경을 보면 주님이 모든 면에서 시험받으셨다고 하니까 주님도 성적인 유혹에 직면하셨다는 것을 압니다. 하지만 당신은 죄를 짓지 않으셨죠. 당신은 유혹에 지지 않으셨어요. 저도 같은 말을 할 수 있었으면 좋겠습니다. 하지만 저는 할 수 없어요. 도와주세요! 주님의 성령이 새롭게 일해 주셔야 합니다. 제발 주 예수님, 저의 승리자가 되어주세요.”

모든 노력을 기울이고도 여전히 실패하고 있다면 예수께서 당신의 승리자가 되시게 하라. 하나님의 성령으로만 성취할 수 있는 일을 당신의 육신으로 성취하려고 노력하지 말라.

“힘으로도 되지 않고, 권력으로도 되지 않으며, 오직 나의 영으로만 될 것이다.” (스가랴서 4:6)

마지막 경고

〈마태복음〉 25:41절에 기록된 예수님의 경고는 깊이 생각할 가치가 있다. "시험에 빠지지 않도록 깨어서 기도하라." 우리는 성적인 유혹이 다가올 때마다 기도하면서 우리 마음을 지켜야 한다. 우리의 마음은 시계추와 마찬가지로 종종 이쪽 극단에서 저쪽 극단으로 흔들리기 때문이다. 심각한 유혹이 있을 때는 무력감이 우리를 엄습하고 또 유혹을 뿌리치는 데 실패할 것이라는 확신이 들기 쉽다. 유혹이 없을 때는 '든든한 결혼관계'나 '고귀한 성품'이 성적 죄악에 빠지지 않도록 막아줄 것이라고 자만한다. 두 가지 자세 모두 잘못된 것이다. 두 자세 모두 재앙을 불러온다.

그동안 성적인 죄악으로 야기되는 만연한 참상들을 무시해왔다면 우리는 추를 가운데로 돌려서 하나님 앞에 스스로 겸손해야 한다. 마음의 속임수를 깨닫고, 우리의 육신을 신뢰하는 것이 아니라 우리를 절망의 나락에서 건질 수 있는 하나님께 모든 신뢰를 두어야만 한다.

1. 〈창세기〉 3:1~8절을 읽자. 이 장에서 제시한 유혹의 점진적 단계에 비추어 하와가 받았던 유혹을 생각해보자.

   첫째, 사탄은 하와에게 그것을 먹으면 하나님처럼 지혜로워질 것이라고 말하면서(유혹) 하나님이 금지하신 열매를 쳐다보게 했다. 하와는 그 생각을 마음에 담았고, 그 열매를 땄고, 자신이 그것을 먹어야 할 이유를 합리화했다.(깊은 생각) 마지막으로 그녀는 하나님께 대한 직접적인 불순종으로 그 열매를 먹었다.(활성화)

2. 하와가 받은 유혹의 뿌리는 하나님이 그녀가 마땅히 받을 만한 어떤 것을 주지 않는다고 믿었다는 것이다. 그녀는 하나님의 선하심을 의심했다. 이것이 설리가 가진 문제의 근원일 수도 있지 않겠는가? 이것이 모든 유혹의 뿌리일 수도 있지 않은가?

3. 하와가 지은 죄의 결과는 죄책감과 수치심(창세기 3:7) 그리고 하나님과의 관계가 깨어진 것(창세기 3:8)이었다. 유혹에 졌을 때 언제나 일어나는 결과가 이것이지 않은가? 순간의 즐거움을 위해 이런 결과를 기꺼이 감수할 마음이 있는가?

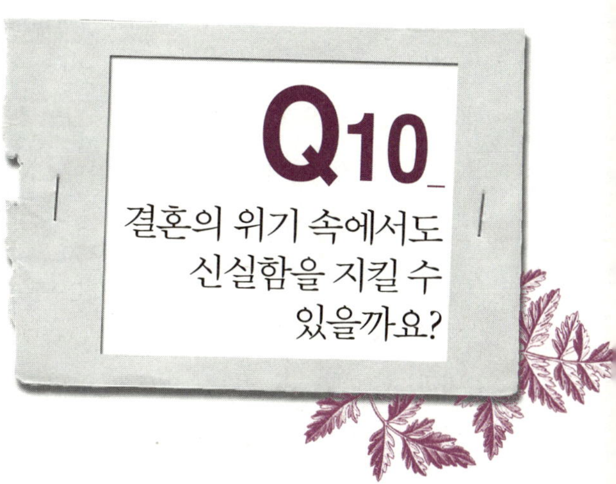

엠마는 토요일 신문을 대충 훑어보다가 결혼기념일 광고에 눈이 멎었다. 익숙한 부부의 이름이 그녀의 눈을 사로잡았다. 브루어 씨 부부는 그녀가 교회에서 알게 된 사람들이었다. 결혼 50주년. 놀라워라. 은발의 다른 부부들 사진이 그녀를 향해 밝게 미소 짓고 있었는데, 모두들 금혼식을 축하하고 있었다. 한 가지 분명한 사실은 '50주년' 광고란에서 그레첸의 사진은 절대 볼 수 없을 거라는 점이었다. 그녀의 고등학교 친구인 그레첸은 어제 전화를 걸어서 결국 자신이 이혼하게 되었다는 소식을 알려왔다. 결혼 18년 만에 그녀는 '그녀를 이해하는' 한 남자 때문에 남편을 떠났다.

엠마가 알고 있는 다른 사람들 중에도 그 광고란에서 절대로 볼 수 없을 사람들이 여럿 있다. 그녀의 이웃, 딸아이의 수학 선생님, 심지어는 어머니까지. 모두들 결혼생활에서 한쪽 배우자가 신실함을 지키지 않은 것 때문에 이혼했다.

그녀 자신의 사진은 과연 '50주년' 광고란에 등장할 것인가? 남편 미첼과 그녀의 결혼생활은 좋아졌다 나빠졌다 부침이 있었다. 그녀는 몇 번인가 유혹을 받은 적은 있지만 남편 몰래 바람을 피운 적은 없었다. 내년이면 그들은 결혼 25주년을 기념할 것이다. 이미 알래스카로 크루즈 여행을 계획해놓았다. 은혼식을 하는 것은 거의 확실하다. 하지만 금혼식은? 그녀는 이혼을 한 몇몇 부부들, 그녀가 완벽한 부부라고 생각했던 크리스천 부부들을 알고 있다. 그런 부부들도 금혼식을 하지 못했다면 그녀와 미첼이 금혼식을 맞이할 확률은 얼마나 될까?

그녀는 신문을 내려놓고 생각에 빠졌다. '우리의 결혼을 훼방놓는 온갖 압력과 유혹에도 불구하고 어떻게 하면 나는 이 한 남자를 50년이나 그 이상 동안 신실하게 사랑하고 돌볼 수 있을까?'

결혼식 날, 우리는 하나님과 가족과 친구들 앞에서 '죽음이 우리를 갈라놓을 때까지' 남편에게 신의를 지키겠노라고 서약했다. 우리 모두 이와 비슷한 서약을 하고는 결국 이혼에 이른 부부들을 알고 있다. 50년 전에는 이혼이 드물었다. 오늘날에는 미국에서만 이혼으로 결혼이 해체되는 경우가 매년 10만 쌍이 넘는다. 갤럽의 조사 연구에 따르면 실제로 간통 때문에 결혼관계가 끝나는 경우는 단 17퍼센트에 불과하다고 한다. 놀랍게도 47퍼센트는 '두 사람이 같이 살 수 없어서' 이혼한다.[01] 무슨 일이 일어나고 있는 것일까? 왜 부부들은 결혼서약을 그토록 가볍게 취급하는 것일까? 왜 그들은 한때 열정적인 확신을 가지고 한 서약을 부인하는 것일까?

크리스천 부부의 이혼율이 증가하고 있는 첫번째 원인은 그들이 결혼서약에 관해서 하나님의 사고방식이 아니라 세상의 사고방식을 받아들이고 있기 때문이라고 확신한다. 이것이 무엇을 의미하는 것인지 좀더 자세히 살펴보기로 하자.

세상의 사고방식

우리는 편리성을 영구성보다 가치 있게 여기는 세상에 살고 있다. 1950년대 텔레비전 프로그램 〈왈가닥 루시〉의 시대와 오늘날의 사회적 태도는 엄청나게 다르다. 우리는 임시면허증, 임시비자 그리고 임시주소를 가지고 있다. 즉각적인 현금 지급, 패스트푸드, 빠른 수리 그리고 멋진 인스턴트 섹스를 기대한다. 일회용 상품과 환불 가능한 물건들을 구입한다. 우리는 곧장 판매대로 가서 주문을 하고, 차에서 내리지도 않은 채 먹을 것을 구입하며, 오른쪽 문으로 들어왔다가 왼쪽 문으로 나간다. 우리는 고통을 혐오하는데, 이유는 그것이 가져오는 아픔 때문만이 아니라 불편함 때문이기도 하다. 병든 것보다 더 나쁜 것은 처방을 받기 위해 병원에서 기다려야 한다는 것이다.

우리는 약속을 가볍게 여기는 세상에 살고 있다. "더 이상 새로운 세금은 없다." 정치가들은 공약한다. "만족을 보장해드립니다." 광고들이 선전한다. 전단지의 문구들은 그 상품이 '내구성이 좋고 오래 간다' 고 약속한다. 우리는 수없이 많이 수없이 다양한 방식으로 깨어진 약속에 실망해 왔고, 그래서 이제 더 이상 약속이 존중되리라고 기대조차 하지 않는다. 결과적으로 우리는 주어진 약속에 회의적이고 신뢰하지 않으며, 우리가 다른 사람들에게 한 약속에도 충실하지 않다.

우리는 행복을 '권리'로 보는 세상에 살고 있다. 사람들은 오래 참고 인내하는 자세로 대공황을 빠져나왔다. 그들은 최악의 시대를 경험했고 행복을 갈망했지만, 행복이 당연한 것이라고 여기지는 않았다. 사회경제적으로 빠르게 상승 이동하고 있는 오늘날의 사회는 즉각적인 만족을 요구하는 참을성 없는 사람들을 양산하고 있다. 우리는 헌법이 보장하는 행복추구권을 행복소유권으로 잘못 해석하고 있다. 매일매일 전달되는 광고 문안들이 이러한 개념을 강화시킨다.

"당신은 오늘 휴식을 취할 권리가 있다."

"마음 내키는 대로 하라."

"욕망을 채워라. ……당신은 그럴 만한 가치가 있다."

영속성을 무시하고 약속을 신뢰하지 않으며 행복을 요구하는 사회에서, 물건에 대한 지배적인 사고방식은 오래된 것은 던져버리라는 것이다. 편리하지 않다면 깨끗이 잊으라. 약속했더라도 기대하지는 말라. 행복하게 해준다면 그것을 이용하라. 불행히도 이러한 사고는 관계를 향한 우리의 자세에도 영향을 미친다. 결혼생활이 식상해졌다는 이유로 남편이 언약을 저버린다. 아내는 남편을 사랑하는 것이 불편해졌기 때문에 "좋아, 잊어버려."라고 말한다. 우리는 '나는 행복해질 권리가 있어. 나는 이해받고 내 필요를 채울 권리가 있어.'라는 식의 생각을 가지고, 약속을 깨고 이혼과 불륜을 정당화한다.

이러한 생각은 결국 어디에 이르게 되는가? 한 아내가 앤 랜더스(전세계에서 가장 많은 독자를 가진 칼럼니스트 중 하나로 평가되는 미국의 인생상담가—옮긴이)에게 보낸 편지에 그 점이 잘 요약되어 있다.

앤 랜더스 씨께

결혼한 지 23년이나 되었는데도 때로 우리는 결혼관계에서 사랑받지 못하고 있고 외롭다는 느낌이 듭니다. 인생에는 다른 무언가가 더 있을 것 같은 생각이 들고, 그래서 자신을 행복하게 만들어줄 누군가를 찾기 시작합니다. 우리는 바로 그 누군가를 찾았다고 믿고 그가 바로 우리가 원하던 사람이라고 판단합니다. 그래서 우리는 짐을 싸서, 23년간의 결혼생활과 부부로서 사귀었던 모든 친구들에게 안녕을 고합니다. 아이들에게는 자신을 따라나서든지 아빠와 머물든지, 선택할 수 있는 권한을 줍니다.

몇 년은 더할 나위 없이 행복한 나날을 보냅니다. 그러다가 우리의 텅 빈 머릿속에 전구 하나가 들어옵니다. 우리는 자신이 이전과 똑같은 생활을 하고 있다는 것을 깨닫게 됩니다. 달라진 것이라고는 친구들, 자녀들의 존경 그리고 우리가 사랑했고 23년 동안 모든 것을 함께 나눈 최고의 친구를 잃었다는 것뿐입니다. 우리는 그를 그리워합니다. 사랑은 그냥 생겨나는 것이 아니라 세월을 두고 키워가야 하는 것임을 비로소 깨닫습니다. 지금까지 해놓은 일들을 원상태로 돌릴 수는 없고, 그래서 우리는 마음에 공허함을 안은 채 사랑 없는 외로운 삶을 받아들입니다.

앤, 부디 제 편지를 기사에 실어서 다른 사람들이 진정 소중한 것을 포기하지 않게 해주세요. 그리고 잃어보기 전까지는 그것이 얼마나 소중한지 알지 못할 거라는 걸 그들에게 알려주세요.

무거운 마음으로 필라델피아에서._02

이 아내처럼 되지 않기 위해 할 수 있는 일이 있을까? 있다. 우리는 일회용 관계, 공허한 약속, 자기중심적인 사고라는 세상의 사고방식을 거부하고 영속성, 신실함, 그리스도 중심의 삶이라는 하나님의 사고방식을 받아들일 수 있다.

처음 사랑으로 돌아가라

하나님께 '영원토록'은 '결혼생활이 평탄하게 진행되는 한'이라는 의미가 아니다. '영원토록'은 우리 삶의 나머지 전부를 의미한다. 하나님은 우리의 서약을 생명이 붙어 있는 한, 영구적인 것으로 보신다.

이것은 주님께서 명령하신 것입니다. 남자가 주에게 서원하였거나 맹세하여 스스로를 자제하기로 서약하였으면, 그는 자기가 한 말을

어겨서는 안 된다. 그는 입으로 한 말을 다 지켜야 한다.(민수기 30:1~2)

예수께서는 "너는 거짓 맹세를 하지 말아야 하고, 네가 맹세한 것은 그대로 주님께 지켜야 한다. ……너희는 '예' 할 때에는 '예'라는 말만 하고, '아니오' 할 때에는 '아니오'라는 말만 하라."(마태복음 5:33, 37)고 명하셨다. 하나님은 "나는 이혼하는 것을 미워한다."고 말씀하신다. 그분은 자기 언약을 저버리는 자들은 심각한 결과를 예상해야 할 것이라고 경고하신다.(말라기 2:13~16)

아마도 이 지점에서 책을 그만 읽고 싶어질지도 모르겠다. 당신은 하나님이 맹세를 얼마나 심각하게 취급하시는지 듣고 싶지 않을 것이다. 당신 자신이 거기에서 벗어나고 싶은 심정이기 때문에. 당신의 결혼은 빈껍데기일 뿐이며, 마치 연극을 하고 있는 것 같다. 달라질 건 아무것도 없기에 이 결혼을 지속시키는 것은 아무런 의미도 없는 일이다.

친구들이여, 남편과 아내가 서로를 희생적으로 사랑하는 결혼관계는 하루아침에 이루어지지 않는다. 하나됨에서 성장하는 것은 하나의 과정이다. 성적 친밀감에서 성장하는 것도 과정이다. 결혼관계에서 하나님을 영화롭게 하고 서로를 섬기는 법을 배우는 것은 손가락 하나 까닥하면 이루어지는 일이 아니다. 많은 부부들이 "좋을 때나 나쁠 때나, 부유할 때나 가난할 때나, 병들 때나 건강할 때에도" 사랑하겠노라고 서약한다. 그러나 '나쁠 때'나 '가난할 때'나 '병들 때'가 찾아오면 그들은 떠나버린다. 하지만 이런 시련은 그들이 갈망했던 풍성한 관계를 가져다주시기 위해 하나님이 의도한 바로 그것일 수도 있다.

결혼은 절대 머물러 있지 않는다. 항상 어디론가 흘러간다. 결혼을 무시하면 모든 것(우리의 몸, 집 그리고 물론 결혼관계까지)이 쇠락하는 경향을 가지고 있다고 말하는 '악화의 원리'를 따르게 될 것이다. 그러나 결혼을 매일매일 보살피고 가꾸어주면 무성하게 자랄 것이다. 결혼관계를 위해 노력할 의지가 있는가? 당신의 내면에서 그렇게 하고 싶지 않다고 아우성을 치는 순간에도 결혼서약을 지킬 결심이 있는가?

참고 견뎌라. 하나님이 말씀하신다. 인내하는 중에 첫사랑의 소망이 다시 회복될 수 있다. 하나님은 인내하고 고난을 견뎌낸 에베소 교회를 칭찬하셨지만, 그들이 '처음 사랑(그리스도)'을 버렸다고 나무라신다. 다음 말씀은 처음 사랑으로 돌아가는 데 도움이 되는 3R을 알려준다.

기억하라(**R**emember), 회개하라(**R**epent), 돌아가라(**R**eturn).

너는 참고, 내 이름을 위하여 고난을 견뎌냈으며, 낙심한 적이 없다. 그러나 너에게 나무랄 것이 있다. 그것은 네가 처음 사랑을 버린 것이다. 그러므로 네가 어디에서 떨어졌는지를 생각해내어(remember) 회개하고(repent), 처음에 하던 일을 하여라(return). (요한계시록 2:3~5)

이 성경 말씀은 결혼생활에도 적용된다. 크리스천이기에 참고 견디는 사람들이 있다.(어쨌든 결혼관계를 유지하고 있는 것이다.) 하나님은 이것을 칭찬하신다. 그러나 에베소 교회처럼 우리는 처음 사랑을 잃었고 그저 진부한 관계를 이어가고 있을 뿐이다. 처음에 가졌던 열정적인 갈망은 미적지근한 애정으로 대체되었다. 어떻게 하면 처음 사랑의 불꽃을 되살릴 수 있을까? 기억하고, 회개하고, 돌아가야 한다.

어디에서 실패했는지 기억하라

처음 사랑의 불길이 계속 타오르게 하기 위해서는 사랑이 시작된 지점, '예'라고 대답했던 바로 그 순간으로 돌아가야 한다. 우리는 결혼한 지 각각 19년(로레인), 35년(린다)이 되었다. 우리에게 기억한다는 것은 오래된 거미줄을 쓸어내는 것을 뜻한다.

| 로 레 인 의   기 억 |

교회에 하객이 꽉 들어찼다. 나는 하얀 드레스를 입고 마치 공주가 된 기분으로 예배당 입구에 서 있었다. 얇은 베일이 내 뒤로 작은 폭포처럼 흘러내려 바닥에 넘실거렸다. '웨딩마치'가 시작되었다. 사람들이 모두 일어섰다. 익숙한 얼굴들을 찾으며 가슴이 벅차올랐다. 오랜 고등학교 친구, 직장에서 사귄 새로운 친구, 대학교 때 여학생 클럽의 친구들, 지금까지 그리고 앞으로도 함께 할 가족들과 이제 곧 알게 될 가족들. 그것은 마치 과거, 현재, 미래가 이 영광스러운 순간, 내가 피터 핀투스 부인이 되는 그 순간의 증인이 되기 위해 하나로 합쳐진 것 같았다.

피터는 복도 저 끝에서 나를 애타게 기다리고 있었다. 우리의 눈이 마주쳤다. 우리 사이에 깊은 사랑의 강이 흘렀다. 피터는 내 영혼의 빈 공간을 채웠다. 그는 나를 온전하게 느끼게 해주었다. 어떤 면에서는 마치 내가 일생 동안 그를 알아온 것 같은 느낌이었다.(우리가 서로를 안 지 채 일 년도 되지 않았는데 이런 일이 가능하다니!)

나는 뒤에 있는 하객들 속으로 키득거리는 웃음이 번져나갈 정도로 씩씩하게 서약을 했다. 개의치 않았다. 그들이 내 말을 들을 수 있기를 원했다. 나는 내가 이 남자를 얼마나 사랑하는지 온 세상이 알기를 원했다. 내 남은 평생을 그와 함께 지내는 것보다 더 큰 기쁨은 상상할 수도 없었다.

| 린 다 의   기 억 |

내가 신부 입장을 하고 있는 동안 조디는 채셔 고양이처럼 싱긋거리며 웃고 있었다. "와, 그녀는 내 거야!"라고 말하는 미소였다. 그의 팔에 팔짱을 끼었다. 나는 정말 사랑받고 있고 그가 정말로 나를 원하고 있다는 느낌이 들었다.

나는 결혼서약문을 직접 쓰고 외웠다. 내 열정과 헌신을 나타내기 위해 한 마디 한 마디를 신중하게 선택했다. 증인들 앞에서 하나님과 조디에게 신실할 것을 약속하는데 경외감이 나를 덮쳤다. 거룩한 순간이었다. 내가 알고 있는 결혼관계가 점점 시들해져가는 부부들과는 달리 우리는 절대 그러지 않을 것이라고 믿었다. 우리의 사랑은 언제나 가슴 설레고 생기 넘칠 것이라고 단정했다. 우리는 절대 우리의 결혼이 진부해지게 내버려두지 않을 것이다. 우리의 숨구멍에서 열정이 스며나올 것이고 그렇지 않은 일은 절대 없을 것이라고 맹세했다.

피로연을 하는데 조디가 내게 몸을 밀착시켜왔다. 그는 "언제쯤이면 여기서 나가 우리 둘만 있을 수 있을까?"라고 속삭였다. 우리 사이의 성적인 에너지가 도시를 비추고도 남을 지경이었다. 내 느낌으로는 그의 팔에 영원히 안겨 있다고 해도 충분하지 않을 것 같았다.

이제 당신 차례다

당신의 결혼식 날로 돌아가보라. 결혼식은 어디에서 했는가? 언제였나? 무슨 옷을 입었는가? 예민해져 있었는가? 아니면 흥분해 있었는가? 신랑은 무슨 옷을 입고 있었는가? 그의 기분은 어떠했는가? 당신들 두 사람은 무슨 소망과 꿈을 나누었는가?

당신의 결혼식에는 어떤 하객들이 증인으로 참석했나? 결혼서약을 할 때 기분이 어떠했는가? 신랑이 당신의 손가락에 반지를 끼워주고 많은 사람들 앞에서 키스할 때 어떤 감정이 밀려왔는가? 남편과 아내로 소개되었을 때 어떤 느낌이 들었는가?

기억이 잘 나지 않는다면 결혼식 사진을 펼쳐놓고 하나하나 자세히 들여다보라. 결혼식 비디오가 있다면 다시 돌려보라. 하나님께 당신 마음의 눈과 귀를 열어 그때 두 사람이 나누었던 열정을 기억하게 도와달라고 기도하라. 당신이 신랑의 눈을 바라보며 결혼서약을 하던 그 순간으로 돌아가게 해달라고 주님께 간구하라. 이 사람을 사랑한다고, 그를 행복하게 해주겠다고, 그가 필요로 하는 아내가 되겠다고 결심했던 순간을 다시 생각해내기 위해 노력해보라. 잠시 그 기억 속에 잠겨보자. 그 작업이 끝나면 두번째 단계인 회개로 넘어가자.

현재의 태도와 행동을 회개하기

회개는 뒤로 완전히 돌아서는 것, 현재의 방향을 돌이키는 것을 의미한다. '우리가 어디에서 떨어졌는지'를 기억하는 시간을 갖지 않으면 회개할 것이 아무것도 없다고 생각하기 쉽다. 우리는 '나는 회개할 필요가 없어. 이혼 소송을 제기한 것도 아니잖아. 성적으로 남편을 배신한 적도 없어. 나는 남편과 하나님에 대한 서약을 지켰어.'라고 생각한다. 그러나 이것이 사실일까?

서약에 신실하다는 것은 불륜을 저지르지 않았다거나 이혼 소송을 제기하지 않았다는 것 이상의 일이다. 신실함은 사랑하고, 헌신하고, 존중하고, 충성하고, 격려하는 것이다. 신실함은 긍정적이고 역동적인 것이다. 그것은 적극적으로 배우자의 복지를 추구하는 것을 의미한다. 간통을 범하지 않았다는 이유로 "나는 신의를 지켰다."고 말하는 것은 하나님이 신실함을 말씀하실 때 의미하신 온전한 뜻을 놓치는 것이다.

풀러신학교의 신학 교수인 루이스 스미즈는 이렇게 썼다.

한 남자나 한 여자가 너무 바빠서, 너무 피곤해서, 너무 수줍어서, 너무 신중해서 또는 너무 두려워서 불륜을 저지르려는 유혹을 심각하게 받지 않을 수는 있다. 그러나 바로 그 사람이 집에 지루하게 있으면서 배우자의 섬세한 필요에 무감각할 수 있다. 너무 점잖 빼는 사람이어서 모험적인 연인이 되지 못할지도 모른다. 너무 겁이 많아서 정직한 대화를 하지 못할 수도 있고, 너무 바빠서 인격적 헌신이라는 측면에서 반복적인 의식 이외에는 아무것도 자신을 내어주지 못할 수도 있다._03

다른 남자 때문에 남편을 기만하지 않을지는 모르지만 성적으로나 정서적으로 자신을 내어주지 않음으로써 그를 기만하고 있지는 않은가? 불륜을 저질러서 배우자에게 강도짓을 하지 않을지는 모르지만 당신의 결혼생활이나 성생활이 진부하고 판에 박힌 일이 되게 함으로써 남편에게 강도짓을 하지는 않는가?

신실함을 이런 맥락에서 정의할 때, 우리 두 사람 다 이렇게 고백할 수밖에 없다. 우리는 신실하지 못했다.

| 로 레 인 의   회 개 |

피터가 사랑을 나누고 싶어할 때, 때로 나는 시선을 돌리며 조용히 신음했다. 또야! 나는 지금은 적당한 때가 아니라는 이유를 언제든 최소한 열 가지는 가지고 있었다. 하지만 진실을 말하자면 내가 대는 이유들은 "내가 원하는 것이 당신이 원하는 것보다 중요해요."라는 말을 다른 방식으로 하는 것에 불과했다. 이 태도는 잘못된 것이다. 하나님께(그리고 남편에게) 용서를 구하고, 나를 원하고 나와 사랑을 나누는 것을 기뻐하는 남자와 결혼한 것에 대해 감사하기로 마음먹어야 한다.

| 린 다 의   회 개 |

나는 남편을 하나님 다음으로 우선순위에 두기로 서약했다. 그러나 때로 해야 할 일과 압박감에 시달리면서 조디의 눈을 통해 삶을 바라보지 못했다. 그의 관점을 이해하는 데는 시간과 감정적인 노력이 필요하다.

그런데 굳이 그런 노력을 기울이고 싶지 않은 날들이 있다. 이럴 때에 내가 조디의 생각과 감정에 민감해지도록 도와달라고 하나님께 간구한다.

신혼여행을 가서는 우리 모두 배우자의 눈을 통해 삶을 보려고 하고 간절히 그를 사랑하고자 열망한다. 침대에서 내려와(또는 상황에 따라 침대에 누워서) 우리의 사랑을 보여주기 위해 안달한다. "어떻게 하면 당신을 기쁘게 할 수 있을까?"와 "사랑을 나누자고 나를 귀찮게 하지 마세요." 사이의 거리는 실로 엄청나다.

우리 모두 하나님의 영광에 이르지 못한다.(로마서 3:23) 우리 모두 결혼식 날에 맹세했던 그 고귀한 사랑에 미치지 못한다. 우리 모두 회개할 필요가, 곧 생각과 행동에서 완전히 방향을 바꿀 필요가 있다.

세일라는 남편을 정신적으로 '포기'한 것에 대해 회개해야 했다. 데비는 남편과의 성생활이 시들해지도록 내버려둔 것에 대해 회개할 필요가 있었다. 몰리는 불륜을 저지른 것에 대해 회개해야 했다. 당신은 어떠한가? 하나님이 당신에게 방향을 바꾸기를 원하시는 어떤 사고나 행동이 있는가? 이것은 우리가 여러 번 드렸던 기도문이다. 아마 당신도 지금 이 기도를 드리고 싶을지 모르겠다.

> 하나님, 제가 태만했던 것, 결혼식 날 맹세한 그 열정으로 남편을 사랑하지 않았던 것을 용서해주세요. 부디 제 안에 처음 사랑의 열정을 회복시켜주시고, 남편에게 그 사랑을 표현할 힘을 주세요.

돌아가서 처음에 했던 대로 하라

우리가 처음에 했던 행동을 하면 '처음 사랑'이 회복된다. 작가이자 심리학자인 제임스 돕슨 박사가 제안하는 상투적인 수단들을 기억하라. "침대에서 아침을 먹는 것은 어떠한가? 비를 맞으며 하는 키스는? 옛날에 보냈던 연애편지를 함께 읽어보면? 가까운 호텔에서 하룻밤을? 불을 피워 놓고 마시멜로를 구워 먹으면? 한낮에 전화를 걸면? 길게 자른 붉은 장미와 사랑한다는 메모를 보내보면?"_04

꿈꾸던 결혼생활을 위해 기꺼이 노력할 마음이 있는가? 그렇다면 다음 한 달 동안 매일매일 남편에게 당신의 사랑을 보여주기 위해 구체적인 무언가를 해보라. 어느 날은 욕실거울에 립스틱으로 '사랑해요'라고 쓸 수도 있다. 다른 날에는 저녁식사 후에 남편의 어깨를 5분 정도 마사지해줄 수도 있다. 매일 작은 일을 하면 되지만 가끔은 15장과 19장에 소개한 실제적인 제안들처럼 조금 더 큰일을 시도해보라. 한 달이라는 시간은 이런 일을 하기에 짧지만 당신의 관계에 엄청난 변화를 가져올 수 있다.

매일매일 무언가를 해야 하는 것이 힘들게 느껴진다면 이 도전을 조금 수정해서 '주간 스페셜'을 계획하라. '연간 정기점검' 또는 '결혼연합선언'과 같은 이벤트를 해볼 것도 권한다. 우리가 매년 하는 일 몇 가지를 소개한다.

| 로 레 인 과   피 터 의   결 혼 기 념 일   여 행 |

우리의 결혼기념일은 최우선순위에 있다. 우리가 결혼을 하고 살아온 날의 대부분은 생계를 꾸려나가는 것만으로도 모험이었다. 우리는 쿠폰을 오려 모으고, 창고세일을 이용하고, 머리는 집에서 깎았지만 결혼기념일을 축하하는 일에는 절대 돈을 아끼지 않았다. 결혼기념일 여행은 거의 언제나 그해의 가장 중요한 행사인데, 우리가 따르고 있는 단순한 규칙이 있기 때문이다.

＊ 최소한 이틀 밤은 외박을 한다.

* 함께 새로운 것을 경험한다.
* 친밀함을 위한 시간을 마련해둔다.

결혼 7주년 기념일에는 꿈에 그리던 여행을 위해 평소와는 달리 돈을 펑펑 쓰면서 하와이 해변에서 손을 잡고 걸었다.(우리는 이 여행에서 첫아이를 임신했다.) 10주년 기념일에는 한적한 해변숙소에 머물렀다. 14주년 기념일에는 콜로라도 여행자협회에서 '가장 아름다운 곳' 등급을 받은 15킬로미터나 되는 산길을 도보로 여행하며 보냈다. 결혼기념일마다 우리 두 사람 모두 이전에는 한 번도 해보지 않은 무언가를 하거나 보기 때문에, 결혼기념일은 우리에게 일종의 모험과 같다. 이런 새로운 기억들은 원래 우리 결혼의 토대 위에 시멘트를 붓는 것과 같다. 그 기억은 우리가 계속해서 발을 단단히 딛고 서 있게 해준다.

우리는 성적인 영역에서도 창조적이 되려고 노력한다. 우리는 함께할 시간에 대한 기대감을 극대화하기 위해 여행을 떠나기 전 일주일 동안 관계를 하지 않고 지내기도 한다. 또 로맨스를 더하기 위해 항상 서로에게 작은 선물을 준다. 작년에 피터는 내게 로맨틱한 피아노 음악이 담긴 CD를 선물했다. 나는 그에게 실크로 된 보라색 사각팬티를 선물했다. 우리는 저녁을 먹으면서든, 하이킹을 하면서든, 아니면 난로 앞에서 서로의 팔을 베고 누워서든, 항상 대화하는 시간을 갖는다. 가장 좋았던 기념일에 대한 추억을 함께 회상하고, 목표와 꿈을 나누고, 내년에는 우리의 사랑을 기념하기 위해 어디로 가고 싶은지에 대해 이야기한다. 우리는 항상 서로가 배우자를 고르는 데 놀랄만한 통찰력이 있었다는 것을 재확인하면서 여행을 마무리한다.

| 린 다 의   결 혼 성 명 서 |

최소한 일 년에 한 번, 내가 개인적으로 작성했던 결혼성명서를 다시 살

펴본다. 내 결혼성명서는 결혼식 때 내가 했던 서약을 부연한 것이다. 매년 결혼기념일 무렵이면 그것을 재검토한다. 현재 그 내용은 다음과 같다.(나는 내 '결심'이 계속 성장함에 따라 이따금씩 그것을 수정한다.)

나는 조디를 내 두번째 우선순위에(하나님 다음에) 두기로 결심한다.

나는 내 결혼생활을 진부하게 만들지 않기로 결심한다.

나는 내 배우자의 눈을 통해 삶을 바라보기로 결심한다.

나는 감각적인 연인으로 성장하기로 결심한다.

나는 받기보다 주기에 더 힘쓰기로 결심한다.

나는 말로만이 아니라 의도까지도 결혼서약에 신실하기로 결심한다.

네번째 R

멋진 결혼생활은 그저 되는 일이 아니다. 우리 두 사람 모두 결혼생활을 위해 애쓰고 있다. 정기적으로 기억하고(**Remember**), 회개하고(**Repent**), 돌아가야(**Return**) 한다.(특히 회개해야 한다.) 우리가 이 세 가지 R을 실천할 때, 하나님은 우리를 또 다른 하나의 R로 축복하신다. 그것은 이런 노력을 투자하는 것이 그럴만한 가치가 있는 일로 만들어준다.

네번째 R은 보상(**Reward**)이다. 기억하고, 회개하고, 돌아가라는 하나님의 훈계를 따를 때, 하나님은 신실한 사람들이 보상을 받을 것이라고 약속하신다. "하나님의 낙원에 있는 생명 나무의 열매를 주어서 먹게 하겠다."(요한계시록 2:7) 하나님은 "나는 그들의 수고를 성실히 보상하여주고 그들과 영원한 언약을 세우겠다."(이사야서 61:8)고 말씀하신다. 우리가 성실하게 우리의 서약을 지키면 하나님은 성실하게 보상해주신다. 그분은 세상의 보상으로 우리를 축복하시고(더 강한 성품과 더 풍성한 결혼) 또한 천국의 보상을 약속하신다.(마태복음 16:27, 에베소서 6:8) 삶의 끝에 섰을 때 주님께서 "잘했다! 착하고 신실한 종아, 와서 보상을 받아라."(마태복음 25:21, 23)라고 말씀하시는 것을 듣는 것보다 더 큰 기쁨을 바랄 수 있겠는가.

그러나 신실함을 지키는 것은 어려운 일이다. 때때로 당신은 이런 생각을 하고 있는 자신을 발견하게 될 것이다.

'결혼관계를 더 좋게 만드는 사람이 왜 언제나 나여야 하지? 왜 언제나 주고 용서하는 사람은 나여야 하지? 이 남자는 함께 살 수 없는 사람이야. 그가 최악의 것을 내게 보여주기로 작정한 것처럼 보일 때 어떻게 내가 그를 성실하게 사랑하고 소중히 여기며 최선의 것을 줄 수 있겠어?'

인간적인 관점에서 보면 계속해서 신실하기는 불가능하다. "사람은 이 일을 할 수 없으나 하나님은 무슨 일이나 다 하실 수 있다."(마태복음 19:26)

하나님은 당신이 계속해서 신실함을 지키게 하실 수 있다. 하나님은 신실하게 당신을 사랑하시고 헌신하신다. 그분은 당신 안에 그리고 당신을 통하여 그분의 신적 사랑과 그분의 신적 성품을 부으시길 바라신다. 당신이 그분을 구하고 그분께 굴복하면, 그분이 당신 안에서 일하셔서 당신이 남편을 사랑할 수 있게 하실 것이다.

신실함은 하나님과 함께 시작한다. 그분의 이름은 신실하다. 하나님은 그분의 신부 곧 교회로 돌아오실 때 흰 말을 타고 오실 것이며, 그분은 "'신실하신 분' '참되신 분'이라는 이름을 가지신"(요한계시록 19:11) 분이다. 당신이 더 이상 신실하지 않다고 느낄 때면 그분이 당신 안에서 신실함을 성취하실 것이다.

"여러분을 부르시는 분은 신실하시니, 이 일을 또한 이루실 것입니다." (데살로니가전서 5:24)

신실함의 노래

우리가 제기했던 원래 질문으로 되돌아가보자. 이 신의 없는 세상에서 신실함을 지키는 것이 가능한가? 그렇다. 당신이 하나님을 신뢰하고 그분이 당신의 삶에서 그분의 목적을 성취하시도록 한다면, 당신이 기억하고 회개하고 돌아간다면, 그러면 당신은 루이스 숙모와 같은 태도로 보상을 받을 것이다. 숙모의 50번째 결혼기념일날 나는 숙모에게 똑같은 남자와 50년을 함께 살면서 지루하지 않았느냐고 물어보았다. 루이스 숙모는 미소를 지으며 이렇게 말했다.

"우리 조지는 피아노와 같지. 너는 피아노로 베토벤 5번도 연주할 수 있고 '생일 축하합니다'를 연주할 수도 있어. 블루스든 가스펠이든 발라드든 아니면 미친 듯이 빠른 재즈곡이든 어떤 음악이든 연주할 수 있지. 사람을 편안하게 하는 멜로디도 연주할 수 있고 웃음을 주는 연주를 할 수도 있고. 지루하니? 아니지. 나와 조지에게는 새로운 노래들이 항상 만들어지고 있단다."

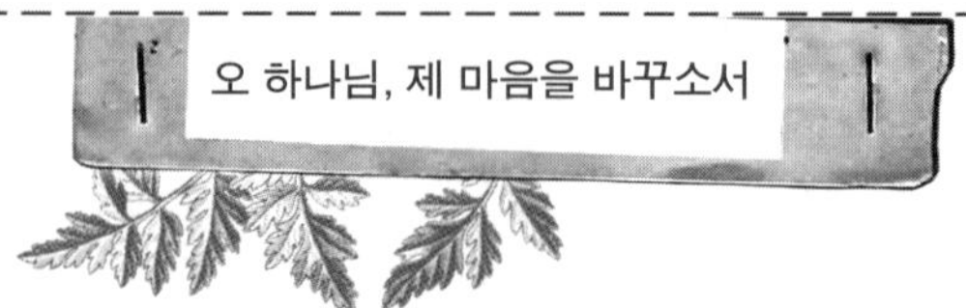

1. 기 억 하 기 : 시간을 내어 결혼식 앨범이나 결혼식 비디오를
   다시 보라. 그러고 나서 데이트를 할 때 당신이 배우자에게 했던
   사랑의 행동을 시작하라.

2. 회 개 : 당신은 결혼생활을 하면서 어떤 점에서 하나님이 의도
   하셨던 신실함에 미치지 못하였는가? 기도하고 하나님께 용서를
   구하라. 당신이 그를 최우선순위에 두지 않은 것에 대해 남편에게
   도 용서를 구하는 편지를 쓰라. 그에게 사랑한다고, 당신들 두 사
   람이 모두 살아 있는 한 그를 존중하기를 원한다고 말하라.

3. 돌 아 가 기 : 당신만의 결혼성명서를 작성하라. 린다의 성명서
   를 모델로 삼을 수도 있고, 성경 구절이나 당신이 했던 결혼서약
   을 중심으로 작성할 수도 있다. 그것을 액자에 넣어서 당신이 볼
   수 있는 곳에 두라.

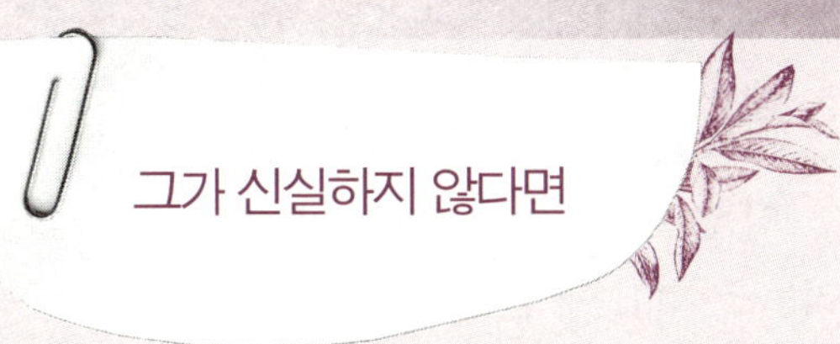

당신의 남편이 다른 여자와 바람을 피워서 결정적으로 신실하지 못
한 행동을 한다면 어떻게 해야 할까?

함 께   나 누 기 : 많은 여성들이 부끄럽고 당황해서 또는 남편의
명성에 흠을 내고 싶지 않아서 남편의 외도에 대해 침묵한다. 만일
당신의 남편이 불륜을 저지르고 있다면 이야기할 만한 사람(신뢰할
만한 친구, 목사, 전문 카운슬러 또는 가족 중에 경건한 사람)이 주변에 있
다는 것이 매우 중요하다. 그들은 당신의 정서적인 짐을 덜어주고 상
황에 바르게 반응할 수 있도록 도움을 줄 수 있다. 당신의 남편은 자
신의 죄에 직면할 필요가 있다.(마태복음 18:15~17, 고린도전서 5:1~2,
갈라디아서 6:1, 야고보서 5:19~20) 가족이나 크리스천 공동체가 주는
긍정적인 의견들은 당신을 강하게 하고 남편이 책임 있는 행동을 하
도록 영향을 줄 수 있다. 외도를 극복하고 결혼관계를 회복한 한 사
람이 이런 말을 했다.

"지금까지 내가 가장 잘한 일은 그 일을 친구에게 이야기한 것이에
요. 내 친구는 그 끔찍한 시간 동안 나와 함께 기도해주었어요. 그리
고 목사님께 말씀드렸는데, 목사님은 남편과 대화를 나누고 그가 불
륜관계를 정리하기로 결심하는 데 도움을 주셨죠."

읽 기 : 우선 무엇보다도 하나님의 말씀을 읽는 데 시간을 보낸다.
"물에 빠져 죽어가고 있는 것 같았을 때, 성경은 내 생명을 구해주었
어요." 코니가 말했다. 이스라엘의 음행으로 하나님이 얼마나 고통
스러워 하셨는지를 은유적으로 보여주는 〈호세아서〉를 묵상하라.
〈예레미야서〉 29:11절과 같은 구절들을 읽어라.

"너희를 두고 계획하고 있는 일들은 오직 나만이 알고 있다. 내가 너희를 두고 계획하고 있는 일들은 재앙이 아니라 번영이다. 너희에게 미래에 대한 희망을 주려는 것이다. 나 주의 말이다."

〈시편〉의 격려를 받으라.

"하나님은 우리의 피난처이시며, 우리의 힘이시며, 어려운 고비마다 우리 곁에 계시는 구원자이시니."(46:1)

성경뿐만 아니라 훌륭한 책을 읽는 것도 도움이 된다. 제임스 돕슨 박사의 《사랑은 강인해야 한다》, J. 앨런 피터슨이 쓴 《더 푸른 잔디의 신화》 같은 책들을 추천한다.

기 도 : 분노, 수치감, 두려움과 후회 같은 격한 감정이 당신을 무너뜨리려 엄습해온다. 당신은 아마 곧바로 격렬하게 덤벼들고 싶을 것이다. 그러는 대신 무릎을 꿇고 기도하며 하나님의 지혜를 구해보자. 그분이 당신의 감정을 부드럽게 만지시고 적절하게 반응하도록 도와주실 것이다.

선 긋 기 : "남편의 간통에 직면한 아내들은 남편이 다른 여자와의 모든 관계를 끊고 그들의 결혼생활을 회복하는 데 집중해야 한다고 주장해야 한다."_05 경계선은 매우 중요하다. 한 아내는 남편에게 "만약 당신이 그 여자를 다시 만나면 나와 아이들은 당신을 떠날 거예요."라고 말했다. 다른 아내는 이렇게 말했다. "당신이 성병에 걸리지 않았다는 의학적인 증거를 보여줄 때까지 함께 잘 수 없어요." 이런 것들은 정당한 경계선이다. 하지만 당신의 경계는 이와 다를 수 있다. 기도하고, 성경이나 책을 읽고, 신뢰할 만한 친구들과 이야기를 나누면서 어떤 경계를 설정하는 것이 당신에게 맞을지 지혜를 구하라.

굴 복 하 기 : 남편의 불륜에 직면한 아내의 마음은 부드러워지든

지 딱딱해지든지 어떤 식으로든 영향을 받게 된다. 그녀가 자신의 노여움과 분노에 굴복하면, 비통함이 그녀의 마음을 굳게 할 것이다. 하나님께 굴복하고 그분이 자신을 가르치고 인도하도록 한다면, 지혜가 그녀를 부드럽게 하고 그녀는 더욱 그리스도를 닮은 모습으로 성장할 것이다. 당신이라면 어느 쪽을 선택하겠는가?

치유하시는 하나님의 손길이 만지지 못할 결혼은 없다. 간통의 고통이 죽음같이 느껴질 수도 있지만 하나님의 부활 능력은 죽음에서 생명을 가져오실 수 있다. 가정사역기관인 '포커스 온 더 패밀리'의 창립자 제임스 돕슨 박사는 불륜이라는 비극에 대해 이렇게 이야기한다.

"적절하게 다루어진다면 그것은 불안정한 관계를 가슴 설레고 건강한 결혼으로 전환시키는 수단이 될 수도 있다."_06

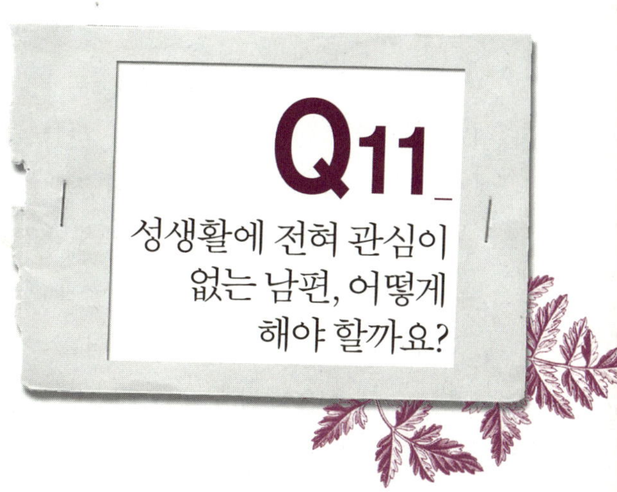

"어젯밤에 난 너무 피곤했는데 우리 남편은 도무지 지칠 줄을 모르니 너무 힘들어요!"

에리카가 투덜거렸다. 카렌은 공감한다는 듯 고개를 끄덕였다.

"정말이에요, 백번 이해해요. 밤마다 눈을 반짝이며 나를 바라볼 때면 남편한테 얼음을 한 그릇 부어주고 싶은 심정이라니까요."

케이티는 두 친구와 함께 웃으며 이야기를 듣고 있었지만 마음속으로 그녀는 죽어가고 있었다. 부부생활에 적극적인 남편을 둔 두 여자에게 자신의 처지를 고백할 수는 없는 노릇이었다. 남편이 그녀를 원하지 않는다는 사실을. 케이티는 고개를 돌려 눈물을 감추었다.

'오, 하나님.' 그녀는 조용히 울부짖었다. '제게 무슨 문제가 있나요? 왜 제 남편은 저와 사랑을 나누고 싶어하지 않을까요?'

이것이 일반적인 문제일까? 이런 경우는 당신이 생각하는 것보다 훨씬 많다.

아무도 이 문제에 대해 이야기하지 않지만

나(린다)는 수련회장의 중앙집회실로 들어가고 있었다. 그때 내 나이 또래의 한 여성이 내 눈길을 끌었다. 그녀는 정말 우아하고 아름다웠다. 깜짝 놀랄 만큼 매력적이었다. 나는 속으로 이런 생각을 했다.

'나도 저렇게 품위 있게 생겼으면 좋았을 텐데.'

그런데 바로 그녀 마티가 나를 찾아왔다.

"린다, 당신하고 이야기할 게 있어요. 어느 누구한테도 쉽게 털어놓을 수 없는 문제예요. 제게 시간 좀 내주실래요?"

나는 좀처럼 충격을 받지 않는 사람인데, 마티가 내게 한 이야기는 내 마음을 휘젓고 머리를 아프게 했다.

"남편은 나를 사랑한다지만 더 이상은 화학작용도 없고 부부관계도 없어요. 다른 여자들은 남편에게 가끔은 두통이 있었으면 좋겠다고 바라겠지만 내 남편은 항상 머리가 아프다는 거예요."

많은 여자들이 마티 같은 여자를 아내로 맞은 남자라면 단 하루도 자기 아내를 그냥 놔두지 않을 것이라고 생각한다. 그러나 이 경우는 달랐다. 주말수련회를 하는 동안 나는 남편이 부부관계에 관심이 없다고 말하는 다른 두 명의 여자와 대화를 나누었다. 한 주에 세 명씩이나? 일반적으로 생각하는 것보다 '돌부처' 같은 남편들이 더 많은 것 같다. 이런 문제를 가진 여자들은 너무 당황스러워서 그 문제를 꺼내놓지도 못한다. 특히 다른 여자들이 남편이 좀 덜 밝혔으면 좋겠다고 투덜거리고 있을 때는 더욱 그렇다.

《그가 두통이 있을 때는 어떻게 할까》의 저자 자넷 울프 박사에 따르면, 자신의 배우자가 성적으로 부실하다는 불평을 하는 사람들 중 50~60퍼센트가 여성이라고 한다. 울프 박사는 잡지 『레드북』에서 10만 명이 넘는 기혼여성을 대상으로 조사한 결과를 책에 인용했다. 그 조사에 따르면 10

명 중에 거의 4명, 38퍼센트 정도의 여자들이 성관계 횟수가 충분하지 않다고 느낀다고 한다. 이 통계는 오늘날 점차 늘어나고 있는 결혼의 딜레마가 '성에 무관심한 남편'이라는 것을 보여준다.[01]

이런 상황은 여성들의 내면에 불안과 의심의 감정을 깊이 심어놓는다.

"남편한테 성적으로 어필할 수 있는 그런 여자들이 부러워요."

"이유가 뭔지는 잘 모르지만 어쨌든 수치스러워요."

"나는 내가 여자로서 매력적이라고 생각했는데, 이젠 옷 입는 거 하나하나까지 신경이 쓰이고 자꾸 외모에 집착하게 되는 것 같아요."

"잠자리에 들기 전에 일부러 남편한테 싸움을 걸어요. 그러고 나서 남편이 관계를 원하지 않으면 다투었기 때문이라고 나 자신에게 말하죠."

"나는 유혹에 넘어가기 아주 쉬운 상태인 것 같아요. 무슨 일인가가 일어나기를 기다리고 있어요."

"그는 어디서 성적 욕구를 채우고 있는지 궁금해요. 포르노를 보는 걸까요? 다른 여자가 있는 걸까요?"

한 여성은 이런 글을 썼다.

살을 에는 듯한 고통이다. 내 여성성의 핵심이 무너져버렸다. 나는 남편에게 매력적인 여자가 되기 위해 노력해왔는데, 도대체 얻은 게 무엇인가? 그에게 무슨 문제가 있는 걸까? 아니면 내게 문제가 있는 걸까? 신디 크로퍼드까지는 아닐지라도 그래도 모두들 내가 매력적이라고 말한다. 내가 원하는 것은 그저 '정상적인' 부부생활일 뿐인데 남편은 내가 지나치게 그것을 밝히는 것처럼 느끼게 만든다. 또다시 무시당하면 나를 주체할 수 없을 것 같아서 그에게 다가가기 싫다. 하나님은 내가 이 문제에 어떻게 대처하기를 원하시는 걸까? 내 마음은 하나님과 남편에게 신실하기를 갈망하지만, 요즘 나는 도망치고 싶은 기분이다. 이런 생각이 나를 두렵게 한다. 남편이 아닌 다른 남자들은 여자로서의 내 매력을 알아줄 거라는 생각도 든다.

하나님, 제가 이런 생각을 하지 않게 해주세요. 제가 다른 남자의 유혹에 무너지기 쉬운 상태라는 걸 압니다. 두려워요.

아무도 이 문제에 대해 이야기하지 않지만 이것은 정말 심각한 문제다. 원인이 무엇일까?

문제 파악하기

성 문제에 관한 전문가가 이런 말을 했다.

"성 문제의 90퍼센트는 실제로 전혀 성적인 문제가 아니다. 그 원인은 두 사람 사이에 놓인 정서적, 심리적 장벽에 뿌리를 두고 있다. 우리는 이런 문제들을 저녁식탁이나 사무실, 과거의 경험으로부터 침실로 끌어들인다."[02]

남자가 성적인 관심을 보이지 않는 이유에는 다음과 같은 것들이 있다. 바뀐 성역할, 친밀함에 대한 두려움, 과로와 과도한 스트레스, 시간적 압박, 권태, 결혼의 갈등, 분노 그리고 성기능 장애에 대한 두려움.[03]

하나님은 이 문제에 대해 어떻게 말씀하시는가? 〈고린도전서〉 7:3~5절을 보자.

성적 충동은 강하지만, 결혼은 그것을 끌어안아 성적으로 무질서한 세상에서 균형 잡히고 만족스러운 성생활을 제공해줄 수 있을 만큼 충분히 강하다. 결혼의 침실은 상호관계의 자리가 되어야만 한다. 남편은 아내를 만족시키려고 노력하고, 아내는 남편을 만족시키려고 노력한다. 결혼은 '자신의 권리를 주장하는' 자리가 아니다. 결혼은 침실 안에서든 밖에서든, 상대방을 섬기려는 결정이다. 두 사람이 모두 동의한다면 그리고 그것이 기도와 금식을 목적으로 하는 것이라면 한동안 부부생활을 하지 않고 지내는 것도 무방하다. 하지만 그때만이다. 그러고 나서는 다시 합쳐야 한다. 사탄은 우리가 전혀 예상하지 않을 때 아주 독창적인 방식으로 우리를 유혹한다. 금욕하는 기간에 대해 말하는 것은 명령이 아니라 그것을 선택해야 한다면 그렇게 해도 좋다는 내 최선의 조언일 뿐이다.

이 구절들을 좀더 명확히 풀어보자.

* 결혼한 부부가 금욕하는 것은 잘못이다. 당신의 남편이 반독신 상태를 추구하고 있다면, 당신이 정당하게 누려야 할 권리를 보류하는 것이기 때문에 죄를 짓는 것이다.
* 남편과 아내 사이에 성적인 표현은 선택사항이 아니다. 그것은 하나님이 부여하신 서로에 대한 책임의 일부다.
* 당신의 남편은 자신의 몸에 대한 권한이 없다. 당신도 마찬가지다!
* 부부관계를 절제할 유일한 이유는 기도와 금식이다.

이제 이런 지식을 갖고 있는 당신은 어떻게 할 것인가? 남편의 머리 위로 곤봉을 휘두르며 "하나님의 말씀이, 당신이 잘못이래요."라고 말할 텐가? 그건 분명 최선의 행동은 아니다.

하나님께 정직하게 말씀드리고, 남편과 정직한 대화를 나누는 것이 당신이 할 수 있는 최선의 행동이다.

하나님과의 정직한 대화

> 하나님, 나를 샅샅이 살펴보시고 내 마음을 알아주십시오. 나를 철저
> 히 시험해보시고 내가 걱정하는 바를 알아주십시오. 내가 나쁜 길을
> 가지나 않는지 나를 살펴보시고 영원한 길로 나를 인도하여주십시
> 오.(시편 139:23~24)

왜 다윗은 하나님께 자신의 마음을 살펴달라고 간구했을까? 다윗은 부지런히 자기를 성찰하는 사람이었지만 자신 속에서 어떤 사악한 길도 찾을 수 없었다. 그는 하나님이 자신보다 더 나은 성찰자라는 것을 알고 있었고, 그래서 하나님께 자신의 마음을 철저히 시험해달라고 부탁했다. C. H. 스펄전은《다윗의 보화》에서 이 과정을 "잘못과 결점을 알아내기 위한 신성한 정밀조사"_04라고 부른다. 당신은 기꺼이 하나님이 당신의 마음을 살피시게 하려는가? 기도하려는가?

> 하나님, 제 마음을 살펴보았습니다. 저는 제게 어떤 잘못된 태도나
> 행동(악함)이 있는지 잘 모르겠습니다. 그러나 당신은 분명히 아십니
> 다. 주님이 제 존재의 가장 내밀한 곳을 살피시고 제 생각과 방식에
> 어떤 잘못이 있는지 드러내주세요. 제가 남편을 조종하려고 했습니
> 까? 그를 비난했습니까? 그의 기를 꺾어놓았습니까? 그가 성적인 면
> 에서 저로부터 등을 돌리게 만든 어떤 '잘못된 방식'이 있다면 제게
> 보여주세요. 그리고 주님, 제가 당신이나 제 남편에게 잘못한 것을
> 보여주시려면 그것을 고치기 위해 올바른 일을 할 수 있는 용기도 제
> 게 주세요.

하나님께 정직하게 말씀드리고 당신의 마음을 살피고 어떤 죄든지 드

러내달라고 부탁드리고 난 후에는, 이제 남편에게 말할 차례다.

남편과의 정직한 대화

남편으로부터 그렇게 상처를 받은 상태에서 어떻게 남편에게 성에 대해 정직하게 말할 수 있을까? 무엇보다 우선 〈고린도전서〉 16:14절의 말씀을 따르라. "모든 일을 사랑으로 하십시오."(이 한 구절만이라도 지속적으로 삶에 적용한다면 우리의 결혼이 얼마나 달라지겠는가!) 〈에베소서〉 4:15절은 "사랑으로 진리를 말하고" 살라고 명령한다. 여기에서 핵심단어는 '사랑'이다. 때로 우리는 진리를 말하기는 하지만 사랑이 아니라 분노에 차서 말하는 경우가 있다. 남편에게 당신이 어떤 느낌을 받고 있는지, 얼마나 고민하고 있는지를 정확하게 이야기하라. 그러나 의사전달은 반드시 사랑으로 하라. 그가 성적으로 관심이 없어진 데에 당신이 무언가 원인을 제공하지는 않았는지(통제하려 했다든지, 비난했다든지, 그의 기를 꺾어놓았다든지) 그에게 물어보라.

이런 정직한 대화를 나누는 것은 정말 어렵다. 당신 자신이 심하게 상처받고 있는 상태에서 어떻게 사랑으로 진실을 말할 수 있을까? 한 여성이 선택한 해결책은 편지를 통해 대화하는 것이었다.

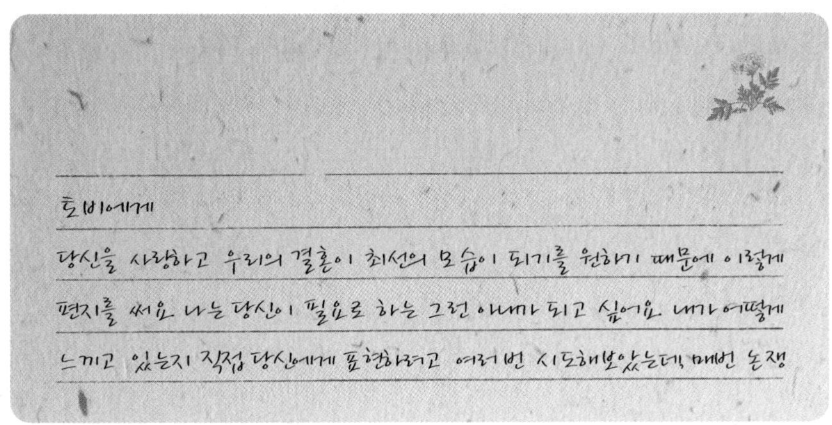

으로 끝나고 말았던 것 같아요. 그래서 이 편지를 쓰고 있어요.

우리 두 사람 모두 이 문제에 대해 이야기하는 것이 어렵다는 것을 실감해요. 당신이 왜 나에게 성적으로 흥미를 잃었는지 정말 모르겠지만 나는 이해하고 싶어요. 완벽하진 않지만 그렇다고 내가 아주 매력이 없는 여자는 아니잖아요.

여보, 나는 우리가 정상적인 부부생활을 하지 않고 있다는 것이 우리 두 사람의 관계를 변화시키고 있는 것 같아서 두려워요.

나는 내 자신이 사랑받지 못하고 매력없고 탐탁지 않은 여자인 것 같이 느껴져요. 여보, 나와 대화하고 우리 함께 도움을 구하지 않을래요? 우리의 결혼생활이 순조로웠으면 좋겠어요.

당신이 남편에게 편지를 쓰든 또는 솔직하게 그와 대화를 시도하든, 그것은 하나님과 당신 사이의 문제다. 하나님은 당신의 결혼에서 성적인 문제에 깊은 관심을 가지고 계신다. 그분은 당신이 남편과 사랑 안에서 관계를 맺는 방법을 보여주실 수 있는 바로 그 한 분이시다. 당신은 유일하고 독특하다. 당신의 성관계도 유일하고 독특하다. 당신의 결혼도 유일하고 독특하다. 모든 여성은 하나님의 인도하심을 받아, 자신의 결혼에 최선이 무엇인지를 스스로 판단해야만 한다.

크리스티가 상황을 풀어간 방법

크리스티는 결혼한 지 12년이 된 두 아이의 어머니다. 그녀가 이런 말을 했다.

"우리는 일 년 동안 부부생활을 하지 않았어요. 그는 매번 핑계가 있었는데, 나름 정당하게 들렸죠. 그에게 다가가려는 시도를 해보았지만 번번

이 거절당했어요. 계속 요구하기가 어려웠어요. 하지만 육체적 친밀함이 없다는 사실이 우리의 결혼생활을 심각하게 손상시키고 있다는 걸 깨달았어요. 나는 '내가 어떻게 해야 하지? 어떻게 하면 이 상황에서 벗어날 수 있을까?' 고민했어요. 결국 나는 '내가 다시 주도권을 쥐고 시작해야겠다.'고 생각했죠. 남편에게 '내가 어떻게 하면 당신 마음이 동할 수 있을까요?'라고 물었어요. 그의 대답이 내 가슴을 저몄죠. '아무것도.' 거절을 당해본 여자만이 그 모멸감, 분노, 무력감을 알 거예요."

크리스티는 자신이 어떤 느낌이 드는지 남편에게 말로도 이야기하고 편지로도 이야기했다. 그러나 그는 그 문제에 대해 아내와 대화하려 하지 않았다. 그들은 기독교 카운슬러를 찾아가기도 했지만 그 역시 별 효과가 없었다.

크리스티가 그 문제를 푸는 마법과도 같은 공식을 발견했고 이제 그들은 일주일에 세 번씩 열정적인 사랑을 즐기고 있다고 말할 수 있었으면 참 좋겠다. 그러나 그렇지 못했다. 크리스티는 문제를 해결하지 못했다. 그러나 그녀는 자신의 상황을 새로운 방식으로 바라보게 되었고 그것은 남편의 거절이 주는 고통을 처리하는 데 도움이 되었다.

"그건 그의 문제이지 내 문제가 아니라는 걸 깨달았어요. 내가 남편을 위해 대신 선택해줄 수는 없지만 내 행동에 책임을 질 수는 있다는 결론에 이르렀죠. 나는 주님께 매달리기로, 끊임없이 염려하는 대신에 우리 부부를 위해 기도하기로 하나님께 약속했어요. '상황이 절대 변하지 않으면 어떻게 할 건데?'라고 나에게 자문해보았죠. 영원의 관점을 가지고, 내 상처에 초점을 맞추기보다는 그리스도께 시선을 집중하고 살기로 결심했어요. 상황은 변하지 않았지만 나는 이전보다 훨씬 평화로워요."

크리스티는 〈베드로전서〉 2:18~3:12절에서 위로를 받았다. 그녀는 이 구절을 자신의 말로 풀어쓰고는, 하나님께서 그분의 관점을 주시기를 간구하며 그것을 그분께 기도로 올려드렸다.

오 하나님, 제가 저를 사랑해주지 않는 남편을 사랑할 때, 그것을 주
님이 인정해주셔서 감사합니다. 저를 사랑하는 사람을 사랑하는 것
이 더 쉽긴 하지만 제가 거절당할 때에도 사랑함으로써 그리스도의
발자취를 따르려고 합니다. 하나님, 이 일은 너무나 어렵습니다. 오
직 당신이 저의 힘이실 때, 제가 모욕을 당해도 모욕으로 갚지 않을
수 있습니다. 때로는 남편을 향해 욕이라도 하고 싶은 심정이지만 주
님, 당신은 제게 정의롭게 심판하시는 당신께 모든 것을, 제가 받는
거절감, 분노, 미래까지도 맡기라고 말씀하셨습니다. 하나님, 제가
어떻게 하면 남편 앞에서 믿음의 삶을 살 수 있는지, 어떻게 하면 그
앞에서 '내가 말한 대로 살 수' 있는지 보여주세요. 저는 모욕을 받
고 복을 빌어주는 것이 어떤 것인지 잘 알지 못합니다. 거룩하신 하
나님, 저를 인도해주세요. 악을 말하지 않도록 제 입을 삼가고, 남편
과 평화롭게 지내기로 다짐합니다. 당신이 저의 기도를 듣겠다고 약
속해주셔서 감사합니다.

남편으로부터 외면당하는 여성들은 엄청난 고통과 좌절감을 경험한다.
한편에선 또 다른 이유로 이와 동일한 고통을 경험하는 여성들이 있다.

자신감을 잃은 남편, 어떻게 도와줄 수 있을까요

생각은 있어도 몸이 따라주지 않는 남편으로 인해 고민하는 경우이다.
남편의 발기를 방해하는 요인은 무엇일까? 약은 그 주범 중 하나이다. 당
신의 남편이 복용하고 있는 약을 체크하고 일반의약품이나 처방을 받아
복용하는 약들이 성에 대한 흥미를 현격히 감소시킬 수 있는지 의사나 약
사에게 물어보라. 흔히 성적 욕망을 방해하는 약물에는 항히스타민제, 항
우울제, 항불안제, 혈압강하제, 베타 차단제, 소염제, 신경안정제가 포함

된다._05

남편이 갑자기 성적 충동이 없어지거나 발기부전을 느끼게 되면, 그것이 약 때문이건 다른 이유 때문이건 그를 망연자실하게 만들 수 있다.

라나의 남편이 우울증 치료제를 복용하고 성감이 둔해지기 시작한 것은 50세 때였다. 그는 자신이 늙고 남성다움을 상실했다는 생각이 들었다. 그는 괴로웠다. 라나도 마찬가지였다. 그녀의 여성성이 위협받았고, 두려웠다. '그가 어떤 유혹에 굴복하지는 않을까? 포르노를 보지는 않을까?' 그녀의 남편은 불안했다. 라나도 불안했다. 두 사람 모두 부부관계를 갖는 게 두려워 그것을 피했다. 그러나 라나는 이렇게 기도했다.

'주님, 제가 어떻게 하면 그를 격려할 수 있는지, 어떻게 하면 그가 자신감을 갖도록 도와줄 수 있는지 알려주세요. 하나님, 남편이 저를 외면한다고 생각하고 그것에 상처받는 덫에 걸리지 않게 해주세요. 회복을 위해 간구합니다. 저에게 인내심을 주시고, 이 남자를 어떻게 사랑해야 할지 보여주세요. 제가 그를 회복시켜줄 수 있는 방법을 알 수 있도록 지혜를 주세요.'

라나가 하나님을 섬길 때에, 그분은 그들에게 이 어려운 시기를 헤쳐나갈 수 있는 관점과 지혜를 주셨다. 그녀는 남편과의 관계를 향상시키기 위해 다섯 가지 일을 했다.

1. 그녀는 남편의 성불능이 그에게 어떤 영향을 미치는지 파악했다

라나는 하나님이 계속해서 자신의 여성성과 섹슈얼리티를 확인시켜주는 방식으로 여자의 몸을 창조하셨다는 것을 이해하기 시작했다. 매달 월경증후군을 통해서 그리고 월경을 하면서, 그녀는 자신이 여자이고 아이를 낳도록 창조되었다는 것을 상기했다. 그녀는 자궁에 아기를 가졌고 첫 번째 태동을 느꼈으며 출산의 기적에 경탄했던 기억을 상기했다. 그녀는 아이에게 젖을 먹였다. 거듭거듭, 무수히 여러 번, 그녀의 몸은 "너는 여자야. 너는 여성이야."라고 외쳤다.

그녀는 하나님이 남자로 하여금 남성성을 확인하도록 만드신 방법에 대해 깊이 생각했다. 남자의 근육, 육체적인 힘, 체격, 그 모든 것이 남성성에 기여한다. 하지만 남성성이 일차적으로 확인되는 가장 확실한 방법은 한 남자가 연인으로서 자신의 능력을 드러내는 것이다. 그의 성적 충동은 발기를 불러오고 아내에게 구애하고자 하는 욕망을 느끼게 한다.

2. 그녀는 문제를 회피하지 않고 남편과 대화했다

문제를 무시한 채 저절로 해결되기를 바라는 대신에, 라나는 담대하게 남편에게 다가가서 다음과 같은 따뜻한 말로 그를 지지했다.

"여보, 당신은 언제든지 나를 안을 수 있어요. 당신을 사랑해요. 당신을 원해요. 우리의 부부생활이 순조롭든 그렇지 않든 나는 여전히 당신을 사랑해요."

3. 그녀는 그의 남성성을 세워주었다

라나는 우리에게 이렇게 말했다.

"나는 이전보다 훨씬 더 의도적으로 남편의 리더로서의 자질을 인정해주었어요. 그의 영적 능력, 부지런함, 나를 보호해주고 가족을 부양하려는 노력에 대해 찬사를 보냈죠. 남편에게 아이들이 아버지를 얼마나 존경하는지 이야기해주었어요."

4. 그녀는 남편이 복용하고 있는 약을 대체해보도록 권했다

라나는 로맨틱한 시간을 마련하기 위해 캘리포니아로 두번째 신혼여행을 떠났다. 그녀와 남편은 그곳에서 영양전문가를 만났다.

"우리는 남편이 먹고 있는 약을 끊을 수 있도록 새로운 식단을 짜고 그것을 실천했어요. 서서히 그의 성기능이 회복되고 있어요."

5. 그녀는 하나님이 그녀의 필요를 채워주실 것이라고 신뢰했다

라나는 자신이 필요를 채우는 데 지나치게 남편에게 의지하고 있다는 것을 깨달았다. 그래서 남편에게 부당한 기대를 걸었고, 스스로 실망할 수밖에 없었다는 것을 깨달았다.

"오직 하나님만이 내 필요를 채우실 수 있어요. 내 필요를 그분께 내어드릴 때, 그분은 종종 예상치 못했던 방식으로 그것을 채우세요. 이 시련이 나로 하여금 하나님께 더 강하게 의지하게 해주었기 때문에 우리 결혼생활에 이런 시련이 있었던 것을 감사해요. 그분은 나의 반석, 나의 피난처, 나의 소망, 나의 도우심이 되셨어요."

라나는 하나님을 찾았고 남편에게 다가가는 데 더 적극적이 되었다.

어쩌면 당신의 남편이 성에 무관심해진 이유는 하나님만 아실 수도 있다. 아니면 약으로 인한 부작용이나 질병으로 고생하고 있을 수도 있다. 또는 심각한 전립선 수술을 받고 성기능을 영구적으로 상실했을 수도 있다. 남편이 어떤 상황에 처했든, 아마도 당신은 "내가 무엇을 할 수 있나요?"라고 묻고 있을 것이다.

당신을 위한 제언

남편이 성에 대해 무관심하거나 성기능이 제대로 발휘되지 않을 때, 아내로서 어떻게 대처해야 하는가라는 물음에 나는 무엇보다 먼저, 하나님께 꼭 붙어 있으면서 그분의 관점을 구하라고 말하고 싶다. 하나님이 당신의 삶 속에서 이 일을 허락하셨다. 그러므로 당신이 그분께로 향할 때, 그분은 당신의 삶 속에서 인내와 단련된 인격과 희망을 낳게 하시겠다고 약속하신다. (로마서 5:3~5)

두번째, 자신에 대해서가 아니라 다른 사람들에 대해 생각하며 바쁘게 지낼 것을 권한다. 달리기, 걷기, 수영 등 육체적으로 활동적인 생활을 하

라. 이런 활동은 케이틀린에게 아주 도움이 되었다.

"결혼생활에 어떤 변화가 일어날 때까지는 내가 수녀처럼 살아야 한다는 것을 하나님은 분명히 하셨어요. 나는 종종 차가운 물로 샤워를 하고 열심히 걷기운동을 함으로써 성 에너지를 조절해요.(지금쯤은 지구를 두 바퀴 정도 돌 만큼 걷지 않았나 싶어요.) 나는 하나님이 계속해서 나를 지탱해주실 수 있다는 걸 알아요. 이렇게 지내는 요즘은 평화롭죠."

단도직입적으로 이렇게 묻는 여성들도 있다.

"남편이 나를 성적으로 만족시켜주지 못한다면 또는 그럴 마음이 없다면 나 스스로 만족을 찾아도 괜찮은 것 아닌가요?"

서문에서 언급한 대로 우리는 이 책을 쓰기 위해 〈창세기〉부터 〈요한계시록〉까지 성경을 쭉 읽으면서 성문제와 관련 있는 모든 구절을 적었다. 성경은 자위에 관해서 그런 행동이 옳다 그르다를 말하지 않고 침묵한다. 일부 크리스천들은 마스터베이션이 〈창세기〉 38장에 나오는 오난의 이야기에 기초한 것이라고 비난하지만 신학자이자 성 치료사인 더글라스 로즈나우 박사는 그렇게 보는 것이 오해라고 말한다._06

어떤 여성들은 "내가 주 예수 안에서 알고 또 확신하는 것은 이것입니다. 무엇이든지 그 자체로 부정한 것은 없고, 다만 부정하다고 여기는 그 사람에게는 부정한 것입니다."(로마서 14:14)와 같은 구절에 기초해서 볼 때 특별한 상황에서는 자위가 허락된다고 생각한다. 이에 대해 로즈나우 박사는 〈고린도전서〉 6:12절을 인용해 답한다.

"모든 것이 나에게 허용되어 있습니다. 그러나 모든 것이 유익한 것은 아닙니다. 모든 것이 나에게 허용되어 있습니다. 그러나 나는 아무것에도 제재를 받지 않겠습니다."

로즈나우 박사는 특별한 상황에서 자위는 '허용된 것'이라고 말한다. 그러나 여기에 경고를 덧붙인다. 어떤 성행위가 하나의 습관이 되면 그것은 성생활의 폭을 좁히고 해를 끼칠 수 있다. 특별히 자위와 같은 성행위에서는 환상과 생각을 보호해야 하는데, 다른 사람을 상상함으로써 남편에게 간음을 행하지 말아야 한다. 당신이 성적 긴장을 해소하기 위해 혼자만의 행위로 자위를 사용한다면 이 지적은 매우 중요하다._07

클리포드와 조이스 펜너 부부는 저서 《성의 선물》에서 남자나 여자나 자위가 과연 사랑을 담은 행위인지 자문해보라고 말한다.

"만일 한쪽 배우자가 부부관계를 더 많이 원하고 다른 쪽 배우자는 관심이 훨씬 덜할 때, 성적 관심이 높은 쪽이 할 수 있는 가장 애정 어린 행동은 마스터베이션이라는 판단을 내릴 수 있다."_08

로즈나우의 책이나 펜너 부부의 책처럼 많은 기독교 서적들이 이 예민한 문제에 유익한 정보를 주고 있다. 하지만 이미 말한 대로 궁극적으로는 개개인이 하나님께 나아가 그분을 구해야 한다. 성경이 침묵하고 있을 때 오직 하나님만이 이 문제를 분명히 하실 수 있다. 이것은 매우 개인적인 문제이고, 당신에게 필요한 것은 그분의 인도하심이다. 당신이 처한 상황에서 당신에게 옳고 적당한 것이 무엇인지 그분께 여쭤보라.

마음을 지키라

남편이 부부생활에 무관심하거나 관심을 가질 수 없는 형편에 있다면 당신은 마음과 눈과 행동을 지켜야 한다. 포르노 문학이나 성인 등급의 비디오는 절대로 보지 않을 크리스천 여성들이 로맨스 소설에 빠져서 시간을 보내기도 한다. 그들은 영화를 보며 꿈에 그리던 연인인 다른 남자와 '로맨스'를 즐기는 상상을 한다.

여자가 에로틱 소설로 도피하는 것은 남자가 포르노그래피로 도피하는 것과 비슷한 일이다. 둘 다 환상의 세계에서 살려고 하는 것이다.

어떤 여자들은 자신의 여성성을 재확인하기 위해 관심을 보이는 남자에게 성적인 신호를 보낸다. 그들은 자신의 행동이 아무 해도 되지 않는 장난일 뿐이라고 치부해버리지만 실은 자기 자신을 불확실한 상황 가운데 처하게 하는 일이다. 당신이 이 범주에 든다면 성적 유혹을 처리하는 방법을 다루고 있는 9장을 읽어보라. 당신의 마음과 눈과 행동에 보초를 세워라.

남편을 위한 제언

1. **심리학적 도움** : 비아그라가 등장했을 때 『USA투데이』의 표지기사는 "의사들은 이 작은 알약이 가져올 놀라운 결과를 칭송한다. 삽입하기 한 시간 전에 비아그라를 복용하면, 이 약은 정상적인 몸의 화학반응에 작용해서 남자가 성적으로 자극받았을 때 성기로 피가 몰리게 해준다."[09]고 썼다. 비아그라가 남성의 성능력을 되찾아줄 약으로 주목받고는 있지만 아직은 좀더 지켜보아야 한다.[10](비아그라의 잠재적인 부작용과 다른 약과 함께 복용하는 것에 대한 염려가 있다.) 많은 사람들이 이 약에 흥분하고 있지만 한편으론 자연적인 방법의 치료제를 찾는 사람들도 있다.

사과처럼 평범한 것에서부터 하마의 주둥이처럼 이상한 것까지 온갖 종류의 음식, 약 또는 음료가 한때는 성욕을 자극하는 것으로 알려졌다. 식품의약청은 일반적으로 판매되는 음식이나 로션, 음료, 정제, 일반의약품 가운데 최음제의 목록에 넣을 수 있는 것은 없다고 말하지만 반대의 주장도 있다.[11]

고대 중국인들은 생강이 약한 성적 자극제가 된다고 믿었고, 실제로 허브 회사들은 생강을 차, 캡슐, 정제, 술 등의 형태로 판매한다.(생강을 즐기는 방법 가운데 하나는 신선한 차로 마시는 것이다. 끓는 물에 한 컵 당 1/2 티스푼의 생강가루를 넣고 10분 정도 더 끓인 다음 뜨겁거나 차게 해서 마신다. 맛을 더하고 싶으면 꿀이나 레몬 또는 좋아하는 차를 섞는다.[12]) 《에로틱 식물학》의 저자이며 허브 연구가인 다이아나 드 루카에 따르면 귀리나 오트밀도 성욕을 불러일으키는 데 도움이 된다고 한다.

또 하나의 자연 치료제는 바로 운동이다. 심폐지구력 운동은 남자의 성 기능에 직접적인 영향을 미치는 것으로 여겨지는데, 이는 발기 유지를 위한 혈액 순환을 돕기 때문이다. 규칙적으로 운동을 했을 때 일어나는 몸의 반응 중 하나는 몸 전체를 도는 피의 양이 증가하는 것이다. 몇몇 연구에 따르면 짧은 시간 적당히 활발한 운동을 하고 나면 테스토스테론 수치가 올라가는 것을 알 수 있다.[13]

당신이 운동을 통해 남편을 도울 수 있는 두 가지 방법 중 하나는 그에게 매일 저녁 함께 산책을 하자고 청하는 것이고, 다른 하나는 두 사람이 함께 체육관에 가서 운동을 시작하는 것이다. 물론 운동을 하고 나서 차가운 생강차 한잔을 마신다면 금상첨화다.

2. 영적인 도움 : 운동과 더불어 긍정적인 자세는 당신과 남편 두 사람 모두에게 도움이 될 것이다. 그러나 가장 위대한 도움은 당신의 무릎에서 찾을 수 있다. 질문을 하나 해보자. 문제라고 생각하는 부부생활에 대해 마지막으로 기도한 것이 언제인가? 당신은 좌절하고 상처받고 분노했지만 과연 기도했는가? 하나님은 성생활을 포함해서 당신의 결혼에 관심이 아주 많으시다. 그분 앞에 무릎을 꿇고, 당신의 마음과 상처를 그분께 쏟아놓으라. 당신이 남편을 어떻게 사랑해야 하는지, 어떻게 그에게 확신을 주어야 하는지, 어떻게 그의 남성성을 격려해야 하는지 보여달라고 그분께 간구하라. 당신의 남자에게 욕망이 생겨나게 하기 위해 당신이 할 수 있는 일이 무엇인지 하나님께 구체적으로 물어보라.

하나님은 당신과 함께 탄식하며 우신다. 낙망하여 걸을 수조차 없을 때 하나님께 당신을 지탱해달라고 간구하라. 그리고 그분 안에 희망이 있음을 감사하라.

선지자 예레미야는 주님 앞에서 울었다.

"내게서 평안을 빼앗으시니, 나는 행복을 잊고 말았다. 나오느니 탄식뿐이다. 이제 내게서는 찬란함도 사라지고 주님께 두었던 마지막 희망마저 사라졌다."(예레미야 애가 3:17~18)

그러나 예레미야는 절망 상태에 머물지 않았다. 그는 자신의 고통과 불행에서 주의를 돌려 영원하고 사랑이 넘치는 하나님께로 시선을 향했다. 당신도 그렇게 하고 희망을 되찾기를 기원한다.

이것을 마음속으로 생각하고 희망을 갖게 되었다. 주님의 한결같은 사랑은 절대 다함이 없고, 그분의 자비는 매일 아침마다 새롭다. 주님의 신실하심이 크다. "주님은 나의 운명, 그래서 내가 그분 안에 희망을 갖는다."고 내 영혼이 말한다.(예레미야 애가 3:21~24, 저자가 풀어씀)

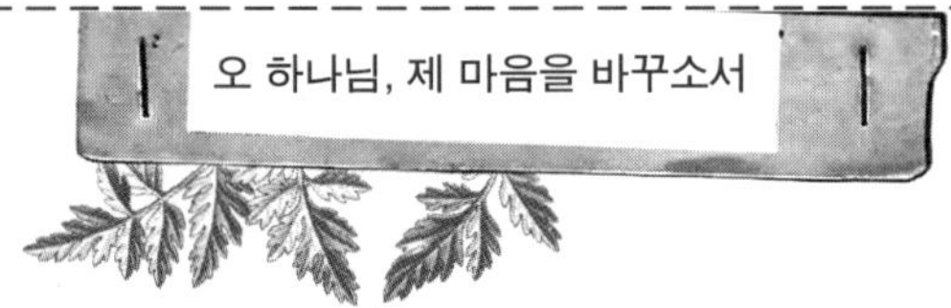

1. 라나는 남편과의 관계를 회복하기 위해 5단계의 프로그램을 시작했다. 당신 자신만의 행동계획을 세워보라. 라나가 밟은 단계들을 그대로 활용하거나 나름대로 당신의 상황에 맞게 수정해서 사용할 수 있다.

2. 〈예레미야 애가〉 3:21~24절을 암송하고, 그것을 주님께 기도로 돌려드리라.

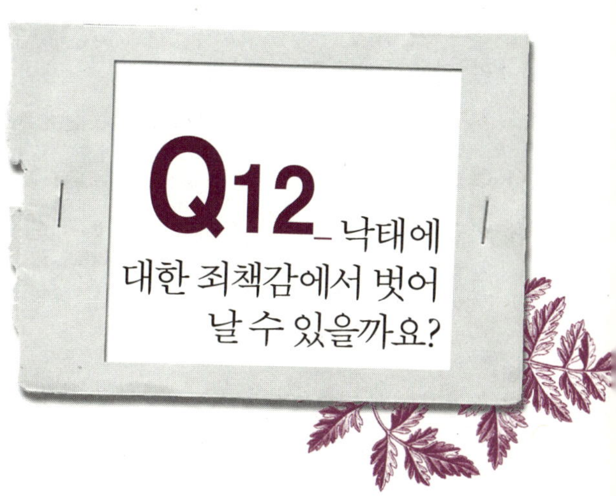

치과의사가 드릴을 켜는 순간부터 매리앤은 울음을 멈출 수가 없었다.

'뭐가 문제지?'

그녀는 생각했다.

'전혀 아프지도 않잖아. 무소도 잠재울 수 있을 만큼 진통제를 맞았는걸.'

치료가 끝나고 그녀는 의사에게 사과했다.

"왜 드릴 소리만 들으면 울게 되는지 저도 정말 모르겠어요."

의사도 그녀도 어색하게 웃었다. 두 사람 모두 드릴이 그녀의 내면 깊은 곳에 숨겨진 무언가를 자극한 것이 분명하다고 확신했지만 그것이 무엇인지 알지 못했다.

이런 식으로 울게 되는 일이 수년 동안 반복해서 매리앤에게 일어났다. 그러던 어느 날, 그녀는 낙태후증후군(PAS)으로 고통당하는 여자들이 치과의 드릴 소리를 들으면 종종 눈물을 흘린다는 기사를 읽게 되었다. 그 소리가 병원에서 사용하는 진공기의 윙윙거리는 고음을 생각나게 하기 때문이라는 것이었다.

그녀는 아직 미혼이던 19세 때 임신 사실을 알게 되었다. 상황을 분석할 여유가 없었다. 그녀에게 임신은 문젯거리였고, 해결방법은 문젯거리를 제거하는 것뿐이었다. 그 시절에는 낙태된 태아의 사진을 흔들며 시위하는 낙태반대운동가들도 없었고, 아기를 구하기 위해 낙태시술을 하는 병원 밖에서 인쇄물을 나누어주는 사람도 없었다. 매리앤이 자신의 자궁에서 낙태시킨 것은 다름 아니라 살아 있는 아기였다는 사실을 깨달은 것은 나중, 10년이나 나중의 일이었다.

그녀는 하나님께 용서를 구했지만 용서받았다는 느낌이 들기는커녕 죄책감에 시달렸다. 목사님이 교인들에게 생존권을 위한 시위행렬에 동참하라고 독려하실 때면 그녀는 좌불안석이었다. 강력한 낙태반대운동가인 가장 친한 친구가 아직 태어나지도 않은 아기에게 고통을 주는 행동에 대해 비난할 때마다 그녀는 칼로 저미는 듯한 마음의 고통을 느꼈다. 이웃집의 도요타 자동차에 붙은 낙태반대 범퍼 스티커는 그녀의 얼굴을 향해 비난의 손가락질을 했다.

"당신은 살인자다."

심지어는 그녀의 아이들조차 죄책감을 불러일으켰다. 성장하는 아이들을 지켜보면서, 그녀는 자신이 낙태시킨 아기는 어떤 모습이었을까 생각하지 않을 수 없었다. 매년 '그 일'을 한 날이 돌아오면, 마음속으로 아이의 나이를 세고 그 아이가 살아 있다면 지금의 이 가정에서 어떤 모습으로 지내고 있을지 생각했다.

당시 그녀를 병원에서 집까지 데려다준 친구를 제외하고 그 일을 아는 사람은 아무도 없었다. 물론 남편에게도 그 일을 말하지 않았는데, 무엇보다도 그것은 과거였기 때문이다. 그러나 낙태가 지나간 과거의 일이라면, 왜 현재가 살아 있는 지옥이 되었을까?

잊을 수만 있다면

미국 대법원이 낙태를 합법화한 이후 지난 25년 동안 대략 370만 건의 낙태가 이루어졌다._01 어떤 사람들은 계획에 없던 아기가 생겼기 때문에 낙태를 한다. 또 어떤 사람들은 얽매이기 싫어하는 남자친구나 미혼모를 수치라 여기는 부모님의 압력 때문에 낙태를 한다. 소수의 사람들은 폭력적인 행위에 의해 임신이 이루어졌기 때문에, 그리고 그 일과 관련된 모든 것을 그들의 삶에서 제거하고 싶기 때문에 낙태를 한다.

이유는 서로 다르지만 낙태시술병원에서 걸어나올 때면 거의 모든 여성이 똑같은 감정을 느낀다.

"이 일은 완전히 잊어버리고 내 삶을 다시 시작하고 싶어."

처음에는 이 목적이 성공했다고 생각할지도 모른다. 그러나 시간이 흘러가면서 낙태와 관련된 감정들이 자꾸만 수면 위로 떠오른다. 이러한 감정을 인정하는 대신에 그 감정들을 아래로 밀어 넣고 '잊어야 할 일'이라는 딱지를 붙여 뚜껑을 덮어버린다. 그러나 낙태를 한 여성들은 절대 그 일을 잊을 수가 없다. 망각은 일시적으로 고통을 무디게 해줄 뿐이다. 치유하기 위해서는 기억해야만 한다.

폴 레이서 박사와 그의 아내 테리는 낙태후증후군을 가진 수백 명의 여성을 상담했다. 그들은 이렇게 말한다.

"치유의 첫번째 과제는 여성들이 낙태경험을 둘러싼 부정적인 감정에 접근하는 것이다. 대부분의 여성은 너무나 오랫동안 대처전략으로서 억압기제를 사용하여 낙태와 관련된 두려움, 분노, 죄책감과 슬픔을 잊고 지낸다. 이런 강력한 감정들이 그녀의 마음속에서 다시 새롭게 일어나기 전까지는 사실 할 수 있는 일은 많지 않다."_02

낙태를 경험한 대부분의 여성은 다음의 세 차원 중 하나로 그 경험을 부정한다.

1. **행 위 부 정 하 기** : 어떤 여성들은 "낙태해도 좋다." 그리고 "이건 내 몸이고 내가 원하는 대로 할 수 있다."는 식으로 낙태행위를 변명함으로써 죄책감을 달랜다.

2. **사 실 부 정 하 기** : 낙태를 한 어느 크리스천은 하나님의 말씀의 진리―생명은 수태에서 시작된다―와 자신의 결정 사이에서 영혼의 갈등을 느끼고 있다. 하나님의 말씀은 그녀에게 이렇게 상기시킨다.

"주님께서 내 장기를 창조하시고, 내 모태에서 나를 짜 맞추셨습니다. ……나의 형질이 갖추어지기도 전부터 주님께서는 나를 보고 계셨으며, 나에게 정해진 날들이 아직 시작되기도 전에 이미 주님의 책에 다 기록되었습니다."(시편 139:13, 16)

하지만 이 여성은 스스로 "그것은 그저 조직 덩어리에 불과할 뿐 아직 진짜 아기가 아니야."라고 믿도록 속임으로써 내면의 갈등을 잠재운다.

3. **영 향 부 정 하 기** : 낙태를 한 많은 사람들이 스스로에게 "그건 이미 수년 전의 일이야. 오늘 그걸 가지고 문제 삼지 말아야 해."라고 설득하면서 죄책감을 회피하려 한다. 우리가 낙태의 죄책감을 덮고, 숨기고, 변명하고, 합리화하는 한 그것은 늘 우리를 따라다닐 것이다. 치유받기를 원한다면 무슨 일이 있었는지 기억해야만 한다. 그렇다, 기억하는 것은 아픈 일이다. 하지만 치유하기 위해서는 필수적인 과정이다.

당신은 꼭꼭 봉해놓은 감정의 뚜껑을 제거할 용기가 있는가? 그 일이 두렵다는 것을 안다. 그러나 치유하기 위해서 당신은 자신의 상처를 인정하고, 감염을 제거하고, 상처를 깨끗한 물로 씻어야만 한다.

당신이 그 기억을 되살려내는 일을 주저하는 심정을 이해한다. 그러나 오래 방치하면 방치할수록 그 일은 점점 더 고통스러워질 것이다. 더 진행되기 전에, 왜 멈춰서 기도하지 않는가? 하나님께 당신과 함께해달라고 초청하면 이 중요한 단계를 밟기 위해 필요한 힘을 주실 것이다.

하나님 아버지, 저는 그 일을 기억하고 싶지 않습니다. '그 일은 문제가 아니다, 내가 한 일은 그리 중대한 일이 아니다.' 라고 스스로를 설득하는 편이 더 쉽습니다. 하지만 하나님, 제 마음은 그것이 거짓이라는 것을 압니다. 제가 했던 일은 하나님을 몹시 슬프게 했습니다. 그 일은 다른 사람들을 슬프게 했고, 저 자신을 몹시 슬프게 했습니다. 내 영혼의 아픔은 제가 낙태를 한 사실과 태어나지 못한 제 아기를 주님 앞에 완전히 내려놓을 때까지 사라지지 않을 것입니다. 두렵습니다. 하지만 주님이 저와 함께 하심을 알기에 이 일을 할 수 있습니다. 앞으로 나아가기 위해 '뒤로 돌아가야' 한다면 그렇게 할 것입니다.

이 기도가 당신 마음의 외침이 될 때까지는 더 이상 읽지 말라. 나중에 준비가 되면, 하나님의 임재를 느끼고 당신과 함께 하시는 그분의 힘이 느껴지면, 그때 치유를 위해 앞으로 나아가라.

치유를 위한 네 단계

낙태로부터의 치유는 일반적으로 네 단계를 수반한다. 기억하기, 용서 구하기, 용서 받아들이기 그리고 태어나지 못한 아기를 하나님의 손에 맡기기.

매리앤은 이 단계들을 따랐고 하나님은 그녀를 치유하셨다. 이 과정이 어떻게 이루어지는지 더 잘 이해하기 위해 매리앤의 사례를 들어 각 단계를 살펴보기로 하자. 다음 내용을 읽으면서 하나님이 당신의 마음에서 일하시고 상처를 치유하시기를 간구하라.

1 . **기 억 하 기** : "자기의 죄를 숨기는 사람은 잘되지 못하지만 죄를 자백하고 그것을 끊어버리는 사람은 불쌍히 여김을 받는다."(잠언 28:13)

매리앤은 낙태한 사실을 자신을 가장 사랑하는 사람들 곧 남편, 가족, 가까운 친구들에게 숨겼다. 비밀을 숨긴 블랙홀이 밝던 그녀의 표정을 침식시켰고, 그녀는 우울하고 무기력해졌다. 남편과의 부부생활이 아무 감정도 없이 기계적으로 이루어진 것도 한편으로는 자기가 한 일을 남편이 알게 될까 두려운 나머지 그녀가 남편으로부터 정서적인 거리를 두었기 때문이고, 또 한편으로는 결혼 전의 성관계가 그녀에게 엄청난 고통을 가져다준 경험 때문이었다.

치과의사의 드릴에 대해 자기가 보였던 반응을 설명해주는 기사를 읽은 이후로, 매리앤은 자신이 낙태후증후군으로 고통받고 있다는 것을 깨달았다. 그 기사는 치유는 기억하는 것에서 시작한다고 말했다. 그렇게 하지 말라고 외치는 온갖 감정들이 떠올랐음에도 불구하고 그녀는 자신을 위해서 그리고 그녀가 사랑하는 사람들을 위해서 억지로 기억해내려고 노력했다.

매리앤은 의사가 임신이라고 알려주었을 때 받았던 충격을 기억했다. 그녀와 남자친구는 딱 세 번 성관계를 했을 뿐이었다. 그녀가 미혼임을 알고 있던 의사는 매리앤에게 그 지역 '여성센터(낙태시술소)'에서 일하는 카운슬러의 이름이 적힌 종이를 건네주었다. 그녀는 자동적으로 그 종이를 받았고 전화를 걸어서 약속을 잡았다.

토요일에 그녀는 낙태시술소에서 차례를 기다리고 있는 여자들 사이에 끼어 있었다. 그녀는 누구와도 눈을 마주치지 않으려고 고개를 숙이고 있었다. 거기 있는 여자들 중 아는 사람은 한 명도 없었지만 그녀는 자기와 운명을 같이하고 있는 이 낯선 사람들에게 피붙이와 같은 이상한 감정이 들었다.

무표정한 간호사가 내 번호를 불렀다. 그녀는 나를 방으로 안내하더니 통처럼 만들어진 가운을 입으라고 했다. 몇 분 후에 그녀는 나를 다른 방으로 안내했고, 수술대를 가리키며 거기 누우라고 했다. 간호사가 마취주사를 놓는 동안 오른편에 있는 탁자 위에 정리된, 살균된 수술도구들을 바라보았다. 의사가 내 몸 속에서 사용할 도구들이었다. 방이 빙빙 돌았다. 사물이 흐려졌다. 나는 도망칠 수 없는 악몽을 꾸고 있었다. 진공기가 돌아가는 소리를 들었고, 내 자궁에서 당기는 느낌을 느꼈고, 간호사의 손이 내 아랫배를 누르는 것을 감지했다. 그러고는 의식을 잃었다.

다음 기억은 내가 세 명의 여자들과 함께 작은 방에서 딱딱하고 평평한 침대에 누워 있었던 것이다. 우리는 "주스를 마시고 크래커를 드세요. 그리고 30분 동안 휴식을 취하세요."라는 말을 들었다. 내 옆 침대에 누워 있는 어린 소녀를 흘긋 보았다. 무슨 생각을 하고 있을까? 악한 죄를 지었다는 생각을 하고 있을까 아니면 자신의 '상황'이 해결되었다고 안도하고 있을까? 상실감을 느끼고 있을까? 내 상실감은 깊었지만 나는 그것을 상실감이라고 부를 수가 없었고, 내게서 무엇이 제거되었는지 정확히 말할 수도 없었다.

매리앤은 이 기억을 되살리고 난 후 몇 시간 동안 울었다. 하지만 그녀는 울면서 진실에 직면했다. 10년이 지났지만 이제야 비로소 그녀는 자기에게서 제거된 것이 아기였다는 사실을 인정했다. 그녀의 아기.

2 . 용 서 구 하 기 : "주님, 주님의 이름을 생각하셔서라도 제가 저지른 큰 죄악을 용서하여 주십시오."(시편 25:11)

매리앤이 기억하기라는 첫번째 단계를 거치고 나서 한 달쯤 뒤에 '위기의 임신' 프로그램 디렉터가 그녀가 참여하는 주일학교 모임에서 영화를 보여주었다. 그 영화는 8주된 태아의 모습을 담고 있었다. 아기의 손과 발과 눈이 분명하게 보였다. 그 영상은 그녀의 마음을 뒤흔들어놓았다. 그녀가 낙태를 할 때 아기가 딱 8주였기 때문이다. 아기의 작은 손이 마치 "안녕, 엄마."라고 말하듯이 위아래로 움직였다.

집으로 돌아온 매리앤은 침실로 들어가 문을 걸고 기도했다.

오 주님, 저는 죄인입니다. 저는 결혼할 때까지 순결하게 지내라는 주님의 명령을 무시했습니다. 그러다가는 임신 사실을 알았을 때, 저는 제 아기를 낙태 의사가 죽이도록 넘겨주어서 죄에 죄를 더하였습니다. 오 하나님! 제가 어떻게 그렇게 냉정하게 제 아기를 죽일 수 있었을까요? 제가 상처를 입힌 것은 제 아기만이 아니었습니다. 저는 남자친구, 부모님, 제가 한 일을 알게 되면 저를 미워할까 두려워서 밀어냈던 친구들 그리고 제 남편에게 상처를 주었습니다. 저는 남편을 신뢰하지 않았고, 왜 부부관계가 나에게 전혀 재미있는 일이 아닌지 그에게 비밀로 숨겨둠으로써 그에게 상처를 주었습니다. 무엇보다도 하나님, 제가 당신께 상처를 드렸습니다. 저는 당신께 불순종하고, 당신을 실망시키고, 당신으로부터 거리를 두었습니다. 주님께서 저를 떠나셨다고 원망했지만 실은 제가 주님과 가까이 하지 않았습니다. 너무 부끄러워서 주님의 임재로 나아갈 수가 없었습니다. 저를 용서해주세요. 제 손에 묻힌 피와 제 마음의 죄를 용서해주세요.

우리의 죄가 아무리 크더라도, 하나님은 용서할 준비를 하고 계신다. 그분의 말씀은 분명하다.

"우리가 우리 죄를 자백하면, 하나님은 신실하시고 의로우신 분이셔서 우리 죄를 용서하시고 모든 불의에서 우리를 깨끗하게 해주실 것입니다." (요한일서 1:9)

그러나 고백은 용서를 받는 첫번째 단계일 뿐이다. 우리가 치유되기를 원한다면 한 단계 더 나아가 하나님이 주시는 용서를 받아들여야 한다.

3. 용 서 받 아 들 이 기 : "주님, 주님께서 죄를 지켜보고 계시면 주님 앞에 누가 감히 맞설 수 있겠습니까? 용서는 주님만이 하실 수 있는 것이므로 우리가 주님만을 경외합니다."(시편 130:3~4)

흔히 용서를 받아들이는 것보다 용서를 구하는 것이 더 쉽다고 한다. 수치심은 우리가 무가치한 죄인임을 상기시킨다. 죄책감은 우리의 사악함을 깨닫게 한다. 사탄은 "거룩하신 하나님이 너 같은 자들과 함께하기를 원하실까?"라는 식의 생각을 주어서 우리를 조롱한다.

매리앤은 자신이 용서받을 가치가 없는 존재라는 것을 알았지만 죄책감과 수치심에 굴복하여 치유를 막아버리고 싶은 유혹에 저항했다. 그녀는 믿음으로 손을 내밀어 하나님이 주시는 선물을 받았다.

> 다음에 일어난 일은 내가 전에 한 번도 경험해보지 못한 것이었다. 그 이후로도 마찬가지였다. 내가 그때 느낀 것은 하얀 폭포가 내 위로 쏟아지는 것 같았다고밖에 설명할 수가 없다. 물과 빛이 하나로 섞인 것 같고 따뜻했다. 그 근원이 어디인지 볼 수는 없었지만 나는 그것이 하나님의 보좌에서 흘러나오는 것임을 알았다. 나는 자유를 느꼈다. 깨끗해지고 용서를 받았다. 웃고, 춤추고, 노래하고 싶었다. 나는 일어서서 하늘을 향해 손을 높이 들고, 그분의 은혜를 내게 부으시는 거룩하신 분의 임재에 기쁘게 젖어들었다.

8장에서 우리는 간통하고 살인을 저지른 죄를 고백한 후에 다윗이 경험한 하나님의 용서를 이야기했다. 매리앤과 마찬가지로 다윗도 그가 용서받았다는 것을 알고 크게 기뻐했다. 〈시편〉 42:7~8절에서 그는 이렇게 말한다.

"주님께서 일으키시는 저 큰 폭포 소리를 따라 깊음은 깊음을 부르며, 주님께서 일으키시는 저 파도의 물결은 모두 한 덩이 되어 이 몸을 휩쓸고 지나갑니다. 낮에는 주님께서 사랑을 베푸시고, 밤에는 찬송으로 나를 채우시니, 나는 다만 살아 계시는 내 하나님께 기도합니다."

하나님의 용서를 받아들인 후에, 매리앤은 자기가 경험한 것과 동일한 용서가 다른 사람들에게도 미치도록 많은 시간을 기도했다. 그녀는 자기를 버렸던 남자친구를 용서했고, 그녀의 고통을 모른 척했던 부모님을 용서했고, 교회에서 사람들이 '아기 살인자'에 대해 했던 무신경한 말들을 용서했다. 그리고 그녀는 남편에게 그를 신뢰하지 않고 비밀을 숨겼던 것에 대해 용서를 구했다.

용서는 쏟아지는 폭포처럼 용기에 담을 수 있는 것이 아니다. 그것은 우리 삶의 모든 틈 사이로 흘러들어가고 다른 사람들에게 치유와 사랑을 흘려보낸다.

4. 아기를 하나님께 맡기기 : "어린이들이 내게 오는 것을 허락하고, 막지 말라. 하나님의 나라는 이런 사람들의 것이다."(마가복음 10:14)

하나님은 그리스도께서 그녀의 죄를 대신 갚으신 것에 근거해서, 매리앤이 깨끗하고 흠이 없다고 선언하셨다. 그러나 그녀가 완벽하게 치유되기 위해서는 마지막 단계를 거쳐야 했다. 그녀는 그녀의 아기를 하나님의 돌보심에 맡겨야 했다.

아기를 하나님께 맡기는 것은 미리 정해진 어떤 행동 단계를 따라가는 것이 아니라 그녀의 마음에서 아기가 실제로 있었으며, 하나님이 그 아이에게 마음을 쓰시고 지키실 것임을 인정하는 것이다. 어떤 경우에는 아기를 하나님의 손에 맡기는 것이 단순히 그 아기를 인정하고 그 아기가 하늘 아버지의 보호 아래 있음을 아는 기도를 드리는 것일 수 있다. 다른 경우에는 〈내가 안아보지도 못한 아기〉라는 시에 나오는 아름다운 이미지에 정신적으로 동의하는 것일 수도 있다.

매리앤은 아기의 이름을 짓고 추도예배를 갖는 식으로, 구체적인 행동이 도움이 된다는 것을 알게 되었다.

매리앤은 그 아이가 딸이었다고 믿었다. 그녀는 아기의 이름을 티나라고 지었다. 그녀는 남편과 목사님과 몇 명의 친한 친구들에게 티나를 기리는 짧은 예배에 참석해줄 수 있느냐고 청했다. 그 예배는 매리앤에게 아주 감동적인 경험이었다. 그녀는 우리에게 이렇게 말했다.

그 예배는 우리 집 뒷마당에서 드려졌어요. 목사님은 〈시편〉 23편을 읽으셨죠. "여호와는 나의 목자시니, 내게 부족함이 없어라. ……진실로 주님의 선하심과 인자하심이 내가 사는 날 동안 나를 따르리니 내가 주님의 집으로 돌아가 영원히 그곳에서 살겠습니다." 목사님이 말씀을 읽는 동안, 티나가 내 품에 안겨 있는 모습이 떠올랐어요. 우리는 시냇가의 푸른 풀밭을 걸었어요. 티나의 얼굴 생김새를 살피고 있는데 아이가 즐거운 듯 옹알거렸어요. 하나님이 그녀의 이름을 불렀어요. 아기를 보내야 할 시간이었죠. 나는 팔을 위로 들었어요. 하나님이 팔을 뻗으셔서 내 딸을 받아 안으셨어요. 허전해진 빈 팔이 아팠지만 나는 모든 일이 잘되리라는 걸 알았어요. 내가 본 티나의 마지막 모습은 그 아이가 하나님의 팔에 안겨 있는 모습이었어요. 아이의 자그마한 손이 "엄마, 안녕." 하며 흔들고 있었어요. 나도 손을 흔들며 속삭였어요. "안녕, 티나. 우리는 언젠가 다시 함께 있을 거야." 우리는 티나를 기리는 의미로 마당에 작은 참나무 한 그루를 심었어요. 그러고 나서 성찬을 나누었답니다. 그 다음에는 사람들마다 성찬 컵에 물을 채워서 나무에 부었어요. 나는 부엌 창문을 통해 그 나무

를 볼 때마다 티나가 죽지 않았다는 것, 그 아이가 살아서 주님의 품
안에 안전하게 있다는 생각을 해요.

당신의 아기를 하나님의 보호 아래 맡기는 것은 용서를 받아들이는 행위
의 한 부분이 아니다. 처음 두 단계를 따랐다면 당신은 완전히 용서 받은
것이다. 그러나 치유는 완성되지 않을 수도 있다. 아기를 하나님께 맡기는
것은 치유를 촉진하고 정신적으로나 감정적으로나 상처를 아물게 한다.
당신이 이 단계를 거치며 기도하고 울 때에 하나님이 치유하실 것이다.

"네가 기도하는 소리를 내가 들었고, 네가 흘리는 눈물도 내가 보았다.
내가 너를 고쳐 주겠다."(열왕기하 20:5)

잿더미에서 나온 아름다움

이제 매리앤은 낙태의 죄책감으로부터 치유되었다. 그녀는 종종 교회
에서 강연을 하며, 그들의 죄가 아무리 클지라도 하나님은 용서하시고 치
유하실 수 있다는 희망을 다른 사람들과 나누고 있다.

하나님은 또 하나의 영역을 치유하셨는데, 그것은 매리앤과 남편 에드
와의 부부관계이다. 수년 동안 그녀가 수치스러워 감추고 있던 비밀은 그
두 사람 사이에서 보이지 않는 벽이 되었다. 일단 비밀이 드러나자 벽은
무너졌고 그들의 부부관계는 상상 이상으로 좋아졌다. 성행위를 통해 나
누는 친밀감으로 에드는 매리앤에게 다정한 위로를 주었다.

매리앤의 삶 속에서, 하나님은 잿더미로부터 아름다운 것을 끄집어내셨
다. 그분은 저주라고 생각할 수도 있는 것을 바꾸어 축복이 되게 하셨
다.(신명기 23:5) 그분은 그녀의 죄를 취하셔서 그분의 이름을 영화롭게 하
는 데 사용하셨다. 매리앤에게 일어난 일이 당신에게도 일어날 수 있다.

이것을 믿는가? 어쩌면 당신은 이런 생각을 할 것이다. '나도 그러고 싶

내가 지금 알고 있는 것을

그때 알았더라면

너는 절대 죽지 않았을 텐데.

너를 꼭 끌어안고

너를 기르고

너를 내 곁에 둘 수 있었을 텐데.

너에게 노래를 불러주고

너를 소중히 여겼을 텐데

은보다 더 귀하게

금보다 더 귀하게.

하지만 이 노래는 내가 줄 수 있는 전부,

안아보지도 못한 아기에게.

지금까지 전혀 시를 쓴 적이 없습니다.

저와 함께 우시고

그 세월 동안 내내 저를 안고 계셨던

주님께 드리는 찬양이 아니었던 것은.

예수님, 이제 제가 간구합니다.

당신이 제 탄원을 들으시는 줄을 제가 압니다.

제 아기를 당신의 손에 취하시고

저를 위해 제 아기를 안아주세요._03

- 작가 미상 -

어요. 정말이에요! 하지만 당신은 치유의 첫 단계가 기억하기라고 말했어요. 내 과거를 되살린다는 생각만 해도 숨이 막혀요.'

그런 생각에 대해 하나님이 어떻게 말씀하시는지 들어보자.

사랑하는 자야, 네가 강을 건널 때에도 그것이 너를 휩쓸어가지 않을 것이다. 네가 불 속을 걸어가도 불꽃이 너를 태우지 못할 것이다. 왜냐하면 나, 너의 하나님이 너와 함께 있을 것이기 때문이다.(이사야 43:2~5)

하나님은 그 과정의 모든 단계마다 기꺼이 당신과 함께 하시겠다고 약속하셨다.

내가 네 앞에 가며 네 뒤에 갈 것이다. 내가 절대 너를 떠나지도 않고 버리지도 않을 것이다.(신명기 31:8, 이사야 30:21)

얼마나 걸릴지 걱정하지 말고, 그분의 약속을 굳게 믿으라. 하나님은 선언하신다.

때와 절기를 정하는 것은 나다. 나는 아침마다 새로운 자비를 네게 베풀 것이다. 네가 약할 때에는 내가 너의 힘이 될 것이다. 나는 네가 감당할 수 없는 것을 주는 일이 절대 없을 것이다. 나를 신뢰하라.(전도서 3:1, 예레미야 애가 3:22~24, 고린도전서 10:13)

너는 나의 소중한 자녀다. 나는 너를 위한 위대하고 놀라운 계획을 가지고 있다. 그 계획을 지금 네게 말해준다 해도 너는 상상할 수도 없을 것이다.(예레미야 29:11)

사랑하는 자여, 앞으로 나아가라. 앞으로 나아가 고침을 받으라.(시편 30:2)

낙태반대운동은 낙태가 매우 잘못된 행동임을 세상에 알리는 훌륭한 임무를 수행해왔다. 크리스천 미디어와 낙태반대시위는 아기를 끔찍하게 살해하는 일에 대한 인식을 증대시켜왔다.

매년 수천 곳의 교회에서 특별한 주일을 정하여 교인들에게 낙태의 비극에 대해 교육하고 있다. 죽은 아기들을 기념하여 장미를 나누어주기도 한다.

그런 노력들은 칭찬받아 마땅하다. 낙태는 비극이다. 그러나 우리가 그리스도의 몸으로서, 죄의 메시지와 함께 용서의 희망을 제시하지 않는다면 그것 역시 비극이다.

우리 교회에 앉아 있는 여성들 가운데 여섯 명 중 한 명이 낙태를 경험한 것으로 추정된다.[04] 이 중 한 여성과 입장을 바꿔서, 매우 감동적인 낙태반대 강연을 들을 때에 어떤 심정일지 상상해보라. 생명의 메시지가 은혜로 완화되지 않았을 때는 죽음의 메시지가 될 수 있다. 당신의 교회에 속한 상처받고 침묵하는 사람들을 치유하는 도구로 당신이 어떻게 사용될 수 있는지 보여달라고 하나님께 기도하라.

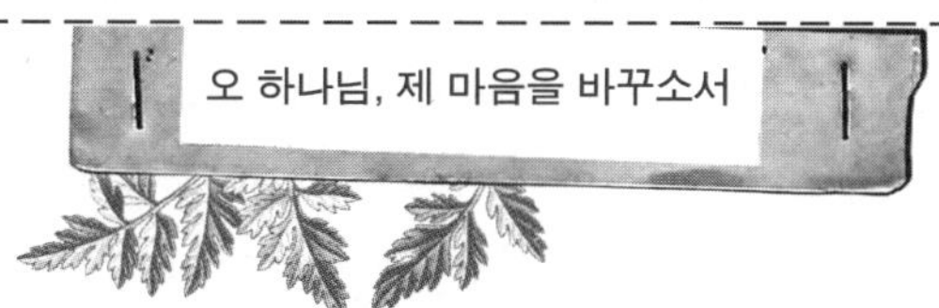

1. 낙태를 한 경험이 있고 죄책감을 느끼고 있다면, 이 장의 처음에 나오는 기도문을 가지고 기도하고, 치유의 네 단계를 잘 검토해보라. 당신이 다음 질문에 대해 '예' 라고 대답할 수 있다면 치유되었음을 알게 될 것이다.

* 내가 했던 일이 죄라는 것을 알고 있으며 내 행동에 대한 책임을 인정한다.

* 나 자신을 포함해서 그 낙태와 관련 있는 모든 사람을 용서한다.

* 내가 낙태한 것이 단순히 조직 덩어리가 아니라 살아 있는 나의 아기였음을 알고 있다.

* 내 죄에 대한 하나님의 용서를 받아들인다.

* 나는 내 아기와 다시 만나게 될 것을 고대한다.

* 그렇게 하기에 적절한 때라면 낙태에 대해 이야기할 수 있다.

2. 네번째 단계인 태어나지 못한 아기를 하나님께 맡기는 것은, 일을 마무리하고 치유하는 단계이다. 어떤 여성들의 경우에는 단순히 맡기는 기도를 드리는 것으로 충분하다. 다른 경우에는 추도예배처럼 의미 있는 어떤 행동이나 이벤트가 도움이 되기도 한다. 당신에게 필요한 것이 무엇인지 하나님께 여쭤보라. 그분이 당신에게 어떤 구체적인 일을 하도록 인도하신다고 느껴진다면 태어나지 못한 당신의 아기에게 편지를 쓸 수도 있다. 아기에게 왜 당신이 그렇게 했는지, 얼마나 미안하게 생각하는지 이야기하라. 아기가 태어났다면 지어주었을 이름을 말해주라. 아기와 함께 했을 일들을 말해주라. 당신의 사랑과 언젠가 아기를 만나게 될 그날을 당신이 얼마나 기대하고 있는지 표현하라. 그러나 지금은 그 아이가 예수님의 품에 안전하게 있다는 것을 아는 것이 기쁨이 될 것이다.

3. 〈예레미야서〉 29:11절을 암송하라. "너희를 두고 계획하고 있는 일들은 오직 나만이 알고 있다. 내가 너희를 두고 계획하고 있는 일들은 재앙이 아니라 번영이다. 너희에게 미래에 대한 희망을 주려는 것이다. 나 주의 말이다." 이 구절을 암송하면서 그분이 당신을 두고 계획하신 것을 찬양하라.

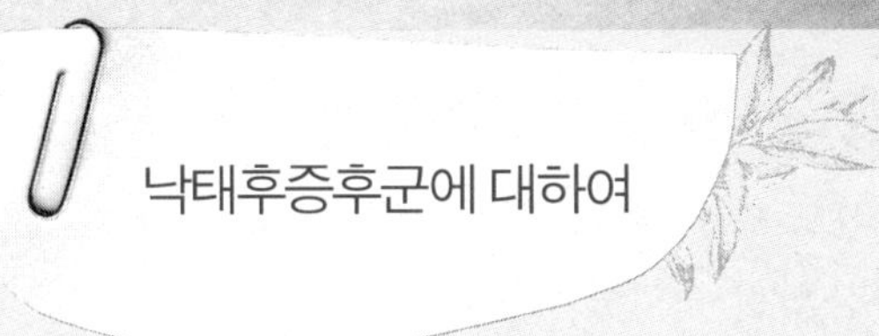

낙태를 한 여성들 중 94퍼센트가 그에 따르는 부정적인 심리학적 영향을 경험하고 있다고 인정한다._05 낙태후증후군(PAS)은 ①낙태 경험을 둘러싼 두려움, 분노, 슬픔과 죄책감을 처리하지 못하고 ②아기의 상실을 슬퍼하지 못하고 ③낙태를 결정하는 데 관여한 다른 사람들, 자기 자신 그리고 하나님과 화평하지 못하는 상태를 묘사하는 용어이다._06 다음에 설명한 것들은 낙태후증후군으로 고통받고 있는 여성과 관련된 행동이나 감정들이다.

죄 책 감 : 낙태를 하고 극심한 죄책감에 괴로워하는 여성들은 자책하고, 스스로를 벌하거나, 부당하게 자신을 비난하는 경향이 있다. 그들은 나쁜 일이 일어나면 자신이 그럴 만하기 때문이라고 생각한다. 그런 죄책감은 종종 비정상적인 행동을 하게 만든다.

자 기 파 괴 적 행 위 : 자기 파괴적 행위는 폭력적인 관계, 난잡한 성행위, 마약이나 알코올 남용, 자살 시도, 식이 장애, 일중독과 같은 행위에 관여하게 되는 것을 포함한다.

불 안 : 이것은 과민성, 긴장감, 현기증, 두근거림, 메스꺼움, 두통, 변덕스러운 수면 패턴, 집중력 장애 그리고 미래에 대한 지나친 강박 등을 포함한다. 장기간 계속되는 불안은 공황발작이나 비합리적인 공포를 유발할 수도 있다. 낙태후증후군을 앓고 있는 여성들은 흔히 그들이 느끼는 불안을 낙태와 관련지어 생각하지 않겠지만, 그럼에도 불구하고 그녀는 무의식적으로 마트에서 아기용품 진열대를 회피하는 등 아기와 관련된 것들을 피하기 시작할 것이다._07

정 서   불 감 증 : 아기를 낙태하는 정서적 고통에 직면하지 않기 위해서, 여성들은 의식적으로 다시는 자신을 그런 위험한 상황에 처하게 하지 않겠다는 결정을 할 수도 있다. 그런 여성들은 다른 사람들과의 거리를 유지하면서 친밀한 관계를 피한다.

우 울 증 : 이것은 슬픔과 불행감과 절망이 밀려와 종종 느닷없이 억제할 수 없는 울음을 터뜨리기도 하는 감정들을 포함한다. 정서적인 상태는 극단적인 분노에서부터 자살을 생각하는 정도까지 다양하다. 흔히 그런 생각들은 낙태와 관련된 어떤 기념일이 다가오면 더 심해진다.

식 이   장 애 : 낙태를 한 여성들은 자신에 대한 통제를 잃어서 임신을 하게 되었다고 생각하는 경향이 있기 때문에 때로는 다른 영역, 예를 들어 음식 같은 것에서 자신의 삶을 통제하는 데 강박적으로 집착하게 된다. 어떤 경우에는 체중을 늘려서 매력이 없어지면 남자를 사귈 일도 없고 다시 낙태를 경험할 가능성도 적어질 것이라는 생각을 하기도 한다.

의 욕   상 실 : 일상적인 삶에 대한 열의가 사라지고 의미 있는 관계를 추구하려는 관심도 줄어드는 현상이 낙태후증후군을 앓고 있는 여성들 사이에 일반적으로 나타난다.

생 생 한   회 상 : 낙태후증후군을 앓고 있는 여성들은 낙태 경험이 생생하게 떠오를 때면 때로 평범한 일에 유난스러운 반응을 보이기도 한다. 예를 들어 치과의사의 드릴 소리나 진공청소기 소리는 낙태병원에서 사용하는 진공기를 생각나게 할 수 있다. 어떤 특정한 광경이나 소리나 냄새로 인해 엄청난 정신적 혼란에 빠질 수도 있다. 때로는 아이들이 울며 소리치는 장면 같은 악몽에 시달리기도 한다.

성 에   대 한   관 심   저 하 : 낙태후증후군을 앓고 있는 여성들은 종종 자신에게 성생활을 허용하지 않음으로써 스스로를 벌한다. 그들은 잠재의식적으로 성관계는 낙태의 전주곡이기에 그것을 피해야 한다고 느낀다.

임 신 에   대 한   집 착 : 낙태후증후군을 앓고 있는 많은 여자들이 잃어버린 아기를 대체하는 '속죄아기' 를 간절히 원하고, 그래서 임신을 하기 위해 집착하게 된다.

전화를 건 사람은 자신이 누구인지 밝히기를 거부했다.

"로레인, 내 이름을 밝힐 수는 없지만 당신이 린다 딜로우와 함께 쓰고 있는 책을 위한 조사에 참여했던 사람이에요."

"아, 예……."

나는 그녀가 말을 계속하기를 기대하며 반응을 보여주었다. 그런데 수화기 너머로 숨죽여 우는 소리가 들려왔다.

"무슨 문제가 있으세요?"

"차고에 있는 벽장 안에서 포르노 잡지랑 비디오가 한 더미나 쌓여 있는 걸 발견했어요. 남편이 지난 5년 동안 이 쓰레기 같은 것들에 빠져 있었다는 걸 이제야 알게 되었어요."

"이 문제에 대해 또 아는 사람이 있나요?"

"아니요, 남편은 우리 교회 리더예요. 누가 이 문제를 알게 된다면 아마도 그는 죽고 말 거예요."

"이 일을 알고 나서 어떤 느낌이 들었나요?"

"처음에는 너무 역겨워서 토할 뻔했어요. 다음 순간, 그를 목 졸라 죽이고 싶은 심정이 들더군요. 대체 그는 무슨 생각으로 이런 걸 보고 있었던 걸까요? 어떻게 이럴 수가 있죠?"

그녀는 잠시 말을 멈추었다. 그녀의 마음에서 휘몰아치는 분노가 한데 몰려와 마음을 후벼 파는 듯한 울부짖음으로 터져 나왔다.

"내가 뭘 잘못했기에 남편이 이런 짓까지 하게 되었을까요?"

나는 그녀의 눈물이 속에서 피어오르는 독한 감정들을 씻어주기를 기도하면서 실컷 울게 내버려두었다.

남편이 포르노에 빠져 있다는 사실을 알게 되는 것은 과거에 경험한 모든 부정적인 감정들이 난무하는 복싱 링에 들어서는 것과 같다. 분노, 당혹감, 충격, 수치심, 역겨움, 이와 비슷한 온갖 불쾌한 감정들이 당신이 바닥에 엉덩방아를 찧고 쓰러질 때까지 돌아가면서 펀치를 날린다. 심지어는 이미 다운이 되었는데도 계속 주먹질을 하기도 한다. 고통이 시야를 흐리게 한다. 어떤 감정이 드는지 알 수도 없고 상관하지도 않는다. 그저 그만 맞았으면 좋겠다는 생각이 들 뿐이다. 포르노그래피는 마음을 차지하려는 전쟁이고 따라서 마음에서 이겨야만 한다. 아마도 당신은 우리가 지금 남편의 마음에 대해 이야기하고 있다고 생각할 것이다. 맞다. 하지만 또한 당신의 마음에 대해서도 말하고 있다. 당신의 남편이 포르노를 본다는 사실은 당신에게도 중대한 영향을 미친다. 그를 도우려면 먼저 당신 자신의 생각이 올바른지 확인해야만 한다.

포르노그래피: 마음을 지키기 위한 전쟁

남편이 이름도 모르는 다른 여자의 벌거벗은 몸에 탐닉하고 있다는 것을 알게 되었을 때 당신 자신에 대해 어떤 생각을 하게 될까? 당신의 여성성, 섹슈얼리티에 대해 의문을 품게 되지 않을까? 마음속으로 이렇게 외치지 않을까? '나한테 무슨 문제가 있나? 내 외모가 그렇게 끔찍한 거야?' 이런 생각을 하지는 않을까? '내가 잡지에 나오는 모델들처럼 40인치 가슴에 길고 가는 다리를 가지고 있다면 이런 일이 안 일어났을까?'

미국가족협회 대외협력부의 책임자인 닐 클레멘트는 이렇게 말한다.

"누군가에게 '아내는 남편을 위해 성적으로 능숙해야 한다.'는 말을 들었다는 여성들을 얼마나 자주 만나게 되는지 모른다. 이런 충고는 학대에 가까운 말이다. 이런 말을 들으면 여성들은 성과 관련된 남편의 문제에 대한 해답이 오로지 그를 성적으로 만족시켜줄 수 있는 그녀의 능력에 달려 있는 것처럼 생각하게 된다. 이것은 그녀에게 훨씬 더 많은 상처를 주고 더 큰 수치심과 죄책감을 남겨줄 뿐이다."_01

한 여성은 또 이런 말을 했다.

"나쁜 의도가 아니라는 건 알지만 목사님들의 충고가 나를 괴롭게 만들어요. 그분들은 내가 남편을 만족시켜주지 못하고 있는 것이 문제인 것 같다며 남편에게 순종하라고 하시더군요."_02

명심하라. 포르노와 관련된 감정들은 정정당당하게 싸움을 걸지 않는다. 마음속에서 그런 감정과 싸워 끝장을 보려고 한다면, 이길 수 있는 유일한 방법은 두 가지 '복싱' 규칙을 확실히 하는 것이다.

규 칙 1 : 자신을 다른 여자들과 비교하지 말라

성경은 자신을 다른 사람들과 비교하는 것은 어리석은 일이라고 말한다.(고린도후서 10:12) 우리 자신을 스타들과 비교할 순 없다. 누구도 그 모델들 같을 수 없을 뿐더러 클릭 한 번으로 허벅지에서 기름 덩어리를 사라지게 하고 가슴을 크게 키우는 컴퓨터 기술이 없었다면 이 모델들 역시 마찬가지일 것이다.

하지만 우리는 절대 그렇게 될 수 없으니까 우리 자신을 가꿀 필요조차 없다는 뜻은 아니다. 6장에서 논의한 대로 우리 몸은 성령이 거하시는 성전이다. 우리는 하나님이 위탁하신 것을 지키는 선한 청지기가 되어야 할 책임이 있다. 올바른 식사를 하고, 운동을 하고, 하나님을 영화롭게 하고 남편을 기쁘게 할 옷과 화장법과 머리모양을 찾아내야 한다. 그러나 『플레이보이』 같은 잡지에 등장하는 모델들을 미의 기준으로 치켜세워서는 절대 안 된다. 그렇게 하는 것은 여성성을 규정하신 하나님을 조롱하는 것이다.

규 칙　2 : 자기 자신을 비난하지 말라

《마음의 정사》에서 로리 홀은 "남편은 자기가 포르노그래피에 중독된 것이 그녀의 잘못이라고 생각하도록 모든 사람들을 설득하기 위해 열심히 노력할 것이다."라고 말한다._03 그는 자신의 죄책감을 누그러뜨리기 위해 그렇게 하겠지만 당신 자신은 절대 그런 생각에 동의하지 말라. 당신 자신을 비난하는 것은 적절하지도 않고 생산적이지도 않다. 또한 그러한 생각은 자기 연민을 불러오는 것으로서 죄다.

"그러므로 그리스도 예수 안에 있는 사람들은 정죄를 받지 않습니다." (로마서 8:1)

하나님은 우리가 스스로 정죄하는 것을 원치 않으신다. 그분은 또한 우리가 스스로를 기만하고 자신은 완벽하다고 생각하는 것도 원치 않으신다. 우리는 언제나 교정을 받고 변화하려는 열린 마음을 가지고 있어야 한다. 하지만 그런 변화를 성취하시는 하나님의 방법은 잔인한 비난이 아니라 사랑이 넘치는 가르침을 통한 것이다.

그러면 마음속에서 일어나는 싸움에서 어떻게 해야 하는가? 당신은 '비교'와 '정죄'를 거부하고 있는가? 올바르게 사고하고 있는가? 그렇다면 이제 자유롭게 무언가를 '하기' 시작해도 좋다. 할 일 목록의 첫번째 항목은 포르노그래피와 그 위험에 대한 이해를 키우는 것이다.

포르노그래피라는 대규모 사업

성적 부도덕을 의미하는 '포르니아(pornea)'에서 파생된 '포르노그래피'는 음란하고 탐욕스럽고 호색적인 감정을 자극하려는 의도를 가진 말이나 그래픽 이미지를 뜻한다. 1954년 『플레이보이』 잡지가 출간되기 전 포르노그래피는 뒷골목에서 개인업자들이 만들어내는 작은 사업에 불과했다. 오늘날 포르노그래피는 1년에 80억에서 130억 달러에 달하는 수익을 올리는, 급속히 발전하고 있는 산업이다. 그 금액은 코카콜라와 맥도날드사의 연간 수입을 합한 것보다 많다.[04] 포르노그래피 판매점은 버거킹 매장보다 더 많다. 특히 비디오, 인터넷 그리고 폰 섹스는 가장 빠르게 성장하고 있는 시장이다.

1990년에 3억 개가 넘는 성인등급 비디오가 출시되었다. 그 숫자는 미국에 살고 있는 모든 남자와 여자와 아이들에게 노골적인 포르노 비디오가 하나 이상 배포될 수 있을 정도의 규모임을 가리킨다.[05] 미국은 '한 주에 대략 150개 이상의 새로운 하드코어 비디오가 쏟아져 나오는' 세계에서 가장 큰 성인영화 생산국이다.[06]

컴퓨터 사용자들은 대략 7만 2,000개의 웹사이트를 통해 성적으로 노골적인 내용을 담고 있는 포르노그래피 뷔페에서 마음에 드는 것을 골라 볼 수 있다.[07] 이 사이트들은 오럴 섹스를 하는 커플의 사진에서부터 디지털 스트리핑에 이르기까지 온갖 것을 제공한다. 가장 유명한 웹사이트 중 하나는 회원이 5만 5,000명이나 되며, 매일 25만 명이 1만 개 이상의 노골적인 이미지를 접한다.[08]

저녁 9시부터 새벽 1시 사이에 거의 25만 명이나 되는 사람들이 전화를 들고 폰 섹스를 하기 위해 버튼을 누른다. 그런 전화는 평균 6분에서 8분 정도 이어지는데 그 비용은 1분에 89센트에서 4달러 정도이다. 폰 섹스 회사들은 대략 1년에 7억 5,000만 달러에서 10억 달러 정도의 수입을 올리고 있다.

하지만 크리스천 남자들은 포르노그래피에 빠지지 않는다. 과연 그럴까? 외관상으로는 그렇다. 몇 주 전에 우리는 10명의 여성이 참석하는 성경공부 그룹에서 이 문제를 던졌다. 10명 중 3명이 포르노그래피가 현재 그들의 결혼에 하나의 문젯거리라고 말했다. 기독교 단체인 프라미스 키퍼스(Promise Keepers)의 조사에 따르면 포르노그래피는 점점 성장하고 있고 이제 광범위하게 퍼져 있는 문제이다. 그 업계의 실태도 매우 충격적이지만 더욱 심란한 것은 포르노그래피가 사용자들에게 미칠 수 있는 유해한 영향력이다.

포르노그래피의 위험

포르노그래피의 위험은 수없이 많고 다양하다. 포르노그래피는 사람들을 비인간화한다. 한 여성이 이 점을 잘 표현해주었다.

"포르노그래피는 여자들은 이용되고 있고 남자들은 조종당한다는 느낌을 갖게 한다."

《크리스천 여성의 성 가이드》의 저자 데브라 에반스도 이 말에 동의한다.

"성애 문학과 포르노는 섹스를 원래 창조된 목적과 분리시킴으로써, 사람들을 성적 대상으로 취급함으로써 그리고 그 사람의 내재적인 가치와 중요성보다 몸의 일부분을 더 강조함으로써 섹스를 비인격화한다."[09]

포르노그래피는 중독성이 있다. 로리 홀은 그녀의 책 《마음의 정사》에서 이렇게 말한다.

"포르노는 코카인이나 알코올보다 더 중독성이 강하다. 포르노는 촉수를 깊이 내린다. 그것은 기본적인 육체적 필요(성관계)를 휘감고, 기본적인 정서적 필요(통제되고 있다는)를 혼란시키고, 기본적인 영적 필요(친밀

감을 향한)를 손상시킨다."_10

《거짓 친밀감: 성중독의 몸부림 이해하기》의 저자 해리 샴버그는 이렇게 덧붙인다.

"성적으로 중독된 사람은 완전히 섹스에만 몰두하게 된다. 왜냐하면 그것이 가장 큰 필요—가장 큰 욕구가 아니라—가 되어버리기 때문이다. 어떤 값을 치루더라도 성관계를 원하고, 요구하고, 추구하려 할 것이다."_11

포르노그래피는 전진한다. 대부분의 남자들은 처음에 상호작용이 없는 포르노그래피—잡지, 비디오, 인터넷을 통해 사진 보기—와 관계를 맺기 시작하지만 점차 상호작용이 있는 포르노로 전진해간다. 결국 이런 경험은 불륜이나 매춘을 부르고, 심각한 중독자들은 한 걸음 더 나아가 폭력적인 범죄에 가담한다. UCLA대학의 한 연구는 폭력적인 포르노그래피에 노출된 남학생의 51퍼센트가 들키지 않을 수만 있다면 여자를 강간할 수도 있다는 가능성을 드러냈다._12

포르노그래피는 그것을 접하는 사람들을 파괴적인 환상의 세계로 끌어들인다. '포커스 온 더 패밀리'의 창립자이며 포르노그래피에 관한 법무장관위원회의 전 위원이었던 제임스 돕슨은 우리에게 보낸 1997년 8월 26일자 편지에서 포르노그래피와 관련된 환상은 결혼에 심각하게 부정적인 영향을 미칠 수 있음을 강조했다.

"현실의 자극은 환상 속의 흥분과 경쟁할 수 있는 능력을 상실하고 결국 부부의 성관계는 손상을 입게 됩니다."

로리 홀은 자신의 가정에서 직접 목격한 바를 이야기한다.

시간이 흐르면서 환상과 현실의 경계가 흐려지게 되고 그에 영향을 받은 사람은 일종의 광기를 드러내게 된다. 그의 생각이 오로지 한 길만을 따라가게 되면서 그의 정신은 소멸의 과정을 시작한다. 그의 정신에서 사용되지 않은 부분은 시들고 죽어가기 시작하고, 그는 점

차 삶의 여러 문제에 대해 깊이 생각하는 능력을 상실하게 된다. 결
국 그는 빈 껍질만 남은 남자가 된다. 속이 텅 빈 허깨비가 되어버린
그는 오직 한 가지, 그를 완전히 휘어잡고 조종하고 있는 정욕을 만
족시키는 일만을 추구하며 인생을 아무 목적 없이 헤맨다.[13]

포르노그래피는 그를 죽음으로 이끈다. "포르노그래피는 영혼을 죽이
고, 마음을 훔치고, 정신을 파괴한다."[14] 포르노그래피는 결혼의 친밀감
에 종지부를 찍고 가정을 파괴한다. 매춘이나 불륜을 저지르는 사람들은
치명적인 성병에 걸릴 가능성을 통해 그들 자신과 배우자를 육체적 죽음
에 노출시킨다. 무엇보다 포르노그래피는 하나님과의 관계를 단절시키고
도덕적 양심을 죽이는 것으로, 그들은 영혼의 죽음에 직면하게 된다.
포르노그래피는 음행하는 여자이다. 그녀의 목적은 당신 남편의 영혼
을 강탈하고 그를 무덤으로 이끄는 것이다.

> 음행하는 여자의 입술에서는 꿀이 떨어지고 그 말은 기름보다 매끄
> 럽지만, 그것이 나중에는 쑥처럼 쓰고 두 날을 가진 칼처럼 날카롭
> 다. 그 여자의 발은 죽을 곳으로 내려가고, 그 여자의 걸음은 스올
> ('무덤' 또는 '죽음')로 치닫는다. (잠언 5:3~5)

당신의 남편이 죽음의 감옥에 이르는 문 앞에 서 있는 순간을 상상해보
라. 사탄이 그에게 '포르노그래피'라고 써 있는 열쇠를 주며 말한다.
"그 감옥으로 들어가라. 그곳에는 네가 절대 놓치고 싶지 않을 흥미진
진한 일이 벌어지고 있다."
당신 남편은 열쇠를 사용해서 문을 열고 어둠 속으로 한 발을 내딛어 나
선형의 계단에 내려선다. 그가 난잡한 영화를 관람한다. 두 발자국. 그가
컴퓨터 모니터로 벌거벗은 여자들에 탐닉한다. 세 발자국. 그가 폰 섹스

를 하기 위해 전화를 건다. 네 발자국. 아래로, 아래로, 그가 칠흑 같은 어둠 속으로 점점 더 깊이 내려가면서 당신으로부터 멀어지고 하나님과 그를 사랑하는 사람들로부터 멀어진다. 죽음에 더 가까이. 당신은 그의 이름을 부르며 계단 꼭대기에 서 있다. 도와주고 싶은데 어떻게 해야 하나? 그를 따라서 아래로 내려갈 수는 없다. 그러면 무엇을 할 수 있을까?

불을 켤 수 있다.

불을 켜라

불은 당신이 어둠을 몰아낼 수 있는 유일한 희망의 광선이다. 당신이 켤 수 있는 여섯 개의 다른 불을 소개하려고 한다. 당신은 이 '불'들이 당신 남편이 아니라 바로 당신을 향하고 있다는 것을 알게 될 것이다. 왜? 당신이 변화시킬 수 있는 유일한 사람은 바로 당신이기 때문이다. 당신은 남편을 위해 기도할 수 있다. 남편이 도움을 구하도록 격려할 수도 있다. 그러나 당신이 그를 위해 결정을 내려줄 수는 없다.

우리의 일차적 관심은 당신을 격려하고 당신이 이 어두운 시간을 지나는 동안 '하나님 중심의' 관점을 유지하도록 돕는 것이다. 이 글을 읽으면서 지금 당신이 처한 특별한 상황에서 필요한 것이 무엇인지 말씀하시고 보여달라고 하나님께 간구하라.

1. 적을 드러내기

어둠 속에서는 적이 누구인지 파악하기가 어렵다. 남편이 적인가? 잡지의 한가운데 접혀진 페이지에 길게 누워 있는 벌거벗은 금발의 미녀가 적인가? 아니면 그런 이미지들을 유포하는 업계인가?

아니다. 실제 적은 사탄이다.

"우리의 싸움은 인간을 적대자로 상대하는 것이 아니라 통치자들과 권

세자들과 이 어두운 세계의 지배자들과 하늘에 있는 악한 영들을 상대로 하는 것입니다."(에베소서 6:12)

론 밀러 박사는 저서《육신에 속한 생각의 인격 특성》에서 "고의로 포르노그래피를 찾는 사람은 그의 영을 악마의 영향력에 열어놓고 더러운 영의 조종에 맡기는 것이다."라고 말한다.[15]

사탄의 본성은 거짓말하고, 기만하고, 죽이고, 파괴하는 것이다.(요한복음 8:44, 베드로전서 5:8) 그는 당신 남편의 영을 죽이고 당신의 가정을 파괴하고 싶어한다. 그는 당신을 속여서 남편이 적이라고 믿게 하려 들 것이다. 그 말을 믿지 말라! 이 싸움에서 이기려 한다면 당신과 남편은 서로 꼭 붙어 있어야 한다. 당신이 계속해서 하나님의 힘에 의지한다면 사탄을 물리치고 포르노그래피와의 싸움에서 반드시 승리할 수 있다. 하나님은 사람을 변화시키는 데 전문가이시다. 그분은 원수의 발톱에서 그분의 자녀들을 가까스로 구해내시는 분이 아니다. 그보다 훨씬 더 큰 능력을 가지고 계신다.

"하나님께서 우리와 함께 계시면, 우리는 승리를 얻을 것이다. 그가 우리의 원수들을 짓밟을 것이다."(시편 60:12)

2. 남편을 위한 기도

두려움에 떨며 앉아 있지 말고 무릎을 꿇고 기도하라. 어떻게 기도해야 할까?《영적 훈련과 성장》에서 저자이자 신학 교수인 리처드 포스터는 이렇게 말한다.

"우리는 실제적이고 지속적인 변화가 일어날 수 있다는 진정한 확신을 가지고 성적 일탈을 위해 기도할 수 있다. 성은 강과 같다. 그것이 적절한 경로를 따라 흐를 때에는 선하고 놀라운 축복이다. 그러나 둑을 넘쳐흐르는 강물은 위험하다. 왜곡된 성충동도 마찬가지다. 성을 위해 하나님이 만드신 둑은 무엇인가? 일생 동안 한 남자와 한 여자가 결혼관계에 있는 것이다. 성문제를 가진 사람들을 위해 기도할 때에, 강둑을 흘러넘치는 강물을 주님이 개입하셔서 원래의 자연적인 경로로 되돌리시는 장면을 상상하는 것은 기쁜 일이다.”_16

남편의 성적 취향을 다시 돌이켜 원래의 둑 안으로 한정시켜달라고 하나님께 기도하라. 또한 남편의 비밀스러운 죄가 알려질 수 있도록 드러내달라고 기도하라.

“가려놓은 것이라고 해도 벗겨지지 않을 것이 없고, 숨겨놓은 것이라 해도 알려지지 않을 것이 없다.”(누가복음 12:2)

'하나님, 당신은 제 남편이 비밀로 하고 있는 것이 무엇인지, 그 비밀이 우리의 결혼생활을 어떻게 해치고 있는지 아십니다. 주님의 성령의 능력으로 이 죄들이 드러나서 그가 도움을 얻을 수 있게 해주십시오.' 라고 기도하라.

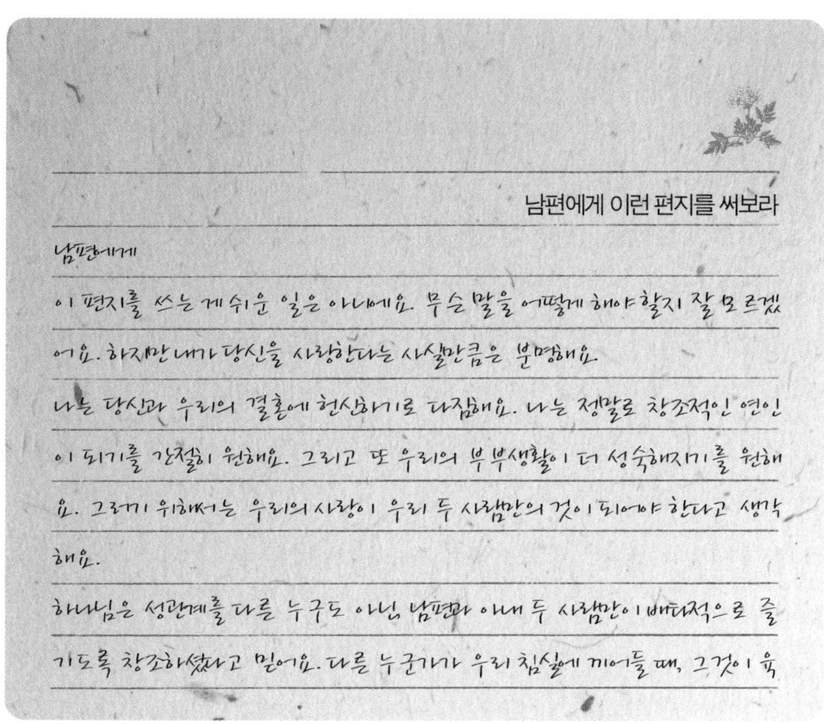

신을 가진 사람이든 아니면 당신의 마음속이나 비디오에 등장하는 이미지이든
우리의 친밀한 사귐은 더 이상 친밀하지 않게 되죠.
우리가 (당신이 말하고자 하는 것을 구체적으로 언급한다) 할 때, 나는 상처를
받고 수치심을 느껴요. 내가 당신으로부터 정서적으로나 육체적으로 멀어진 것
은 내가 그렇게 하기를 원해서가 아니라 우리의 친밀한 하나됨이 파괴되었기
때문이에요.
나는 당신을 거리낌 없이 사랑하기를 원해요. 하지만 그러기 위해서는 우리의
사랑에서 (   )을 제거해야 하지요. 이런 내 바람을 존중해주서 고마
워요. 다시 말하지만 나는 당신을 사랑하고, 우리의 사랑을 성장시키기 위해 노
력하고 싶어요.

당신의 아내가

3. 하나님의 말씀 읽기

"주님의 말씀을 열면, 거기에서 빛이 비치어 우둔한 사람도 깨닫게 합
니다."(시편 119:130)

한 여성은 포르노그래피에 탐닉하는 남편의 습관을 해결해가던 그 어
두운 날들 동안, 자신에게 가장 위로가 된 것은 하나님의 말씀을 읽는 것
이었다고 말했다. 그런 느낌이 들지 않을 수도 있지만 하나님은 당신과
가까이 계시고 함께 우신다.

"주님은 마음 상한 사람에게 가까이 계시고 낙심한 사람을 구원해주신
다."(시편 34:18)

"하나님은 우리의 피난처이시며, 우리의 힘이시며, 어려운 고비마다 우
리 곁에 계시는 구원자이시니."(시편 46:1)

시간을 내어 그분의 발치에 앉아 있으라. 할 수 있으면 하루 종일 시간

을 내어 혼자 나가 그분께 당신의 마음을 쏟아놓으라. 〈시편〉의 볕을 쬐고, 〈잠언〉에서 지혜를 구하라. 하나님께 그분의 말씀을 통해 당신에게 말씀하시고 당신이 무엇을 해야 할지 보여달라고 기도하라.(시편 32:8, 잠언 3:5~6절을 보라.)

4. 친구에게 말하기

결혼과 가정 상담치료사인 제임스 그로스벡은 포르노그래피로 고통 받는 사람들을 위해 일하고 있는데, 1997년 12월에 했던 인터뷰에서 우리에게 이런 말을 했다.

"포르노그래피에 빠져 있는 남편으로 인해 고민하는 여성들의 경우 기꺼이 위로해주고 확실한 조언을 해주는 튼튼한 네트워크—분별력 있는 여성 지인들, 신뢰할 수 있는 친구들로 구성된 소그룹, 유능한 치료사들을 포함한—를 갖는 것이 매우 중요합니다."

당신을 정서적으로 지지해주고 영적으로, 관계적으로 그리고 심리학적으로 조언해줄 수 있는 사람이 절실히 필요하다.

하지만 그로스벡은 '이너 써클'이 될 사람을 선택할 때 기도하고 지혜롭게 할 것을 권고한다. 어리석은 선택은 문제를 더 악화시킬 수 있다. 바람직하지 못한 조언에 달갑지 않은 고통과 배반이 따르고 신뢰는 깨어지고 말 것이기 때문이다.

5. 경계를 선명히 하기

우리가 알고 있는 여성들 중에는 남편과 함께 성인 등급의 영화를 보고 함께 토플리스 바(웃옷을 입지 않은 반라의 여자들이 춤을 추는 바—옮긴이)에 가보았던 아내들이 몇 명 있다. 그들은 경계선을 어떻게 설정해야 하는지 몰랐기 때문이다. 데브라 에반스는 저서 《크리스천 여성의 성 가이드》에서 말한다.

"당신은 어떤 방식으로든 포르노그래피가 살찌우는 환상의 세계에서 비롯된 성적 상황을 남편과 함께 실행에 옮겨서는 안 된다."[17]

경계를 확립하는 것은 매우 중요하다. 왜냐하면 헨리 클라우드와 존 타운센드가 그들의 책 《경계》에서 권고한 대로 우리를 가르치고 자라게 하는 것들은 울타리(경계) 안쪽에 두고, 우리에게 해악을 끼칠 것들은 밖에 두어야 한다. 경계의 개념은 무엇이 선한 것이고 무엇이 그렇지 않은지를 규정하신 "하나님의 속성에서 나온 것"이기 때문이다.[18] 성행위와 관련해서 하나님이 정하신 경계가 분명하지 않다면 17장에서 도움을 얻을 수 있을 것이다.

남편에게 성적으로 적극적인 아내가 되길 원하지만 일정한 선을 넘지는 않을 것이라는 점을 분명히 알게 하라. 질병이 만연하는 오늘날의 사회에서 반드시 필요한 또 하나의 경계는 성병으로부터 자신을 보호하는 것이다. 그가 다른 여자와 관계를 갖고 있다면, 그가 뉘우치고 의학적으로 안전하다는 증명을 하기 전까지는 모든 성적 접촉을 끊어야 할 수도 있다.

6. 당신의 마음을 시험하기

"하나님, 나를 샅샅이 살펴보시고 내 마음을 알아주십시오. 나를 철저히 시험해보시고 내가 걱정하는 바를 알아주십시오. 내가 나쁜 길을 가지나 않는지 나를 살펴보시고 영원한 길로 나를 인도하여 주십시오."(시편 139:23~24)

자신을 시험하는 것은 종종 남편이 포르노그래피와 싸우도록 돕는 일 중 가장 어려운 부분이기도 하다. 또한 다음과 같은 어려운 질문들에 기도하면서 정직하게 대답하는 것을 의미한다.

＊ 내가 성이나 남편에 대해 가지고 있는 어떤 태도나 행위가 우리의

결혼관계에 해를 끼치지는 않았는가? 〈욥기〉 34:32절을 기도하라.

"제가 무엇을 보지 못하고 있는지 가르쳐주십시오. 제게 잘못이 있다면 다시는 그 일을 저지르지 않겠습니다."

* 이 죄에 대해 남편을 판단하고 경멸하지는 않았는가? 〈마태복음〉 7:1절을 묵상하라.

"너희가 심판을 받지 않으려거든 남을 심판하지 말라."

* 용서를 유보하고 있지는 않은가? 〈마태복음〉 6:14~15절은 이렇게 말한다.

"너희가 남의 잘못을 용서해주면 너희 하늘 아버지께서도 너희를 용서해주실 것이다. 그러나 너희가 남을 용서해주지 않으면 너희 아버지께서도 너희의 잘못을 용서해주지 않으실 것이다."

* 남편의 중독에 집중하면서 자신의 중독에는 대책을 세우지 않고 있는 것은 아닌가? 〈마태복음〉 7:3~4절은 말한다.

"어찌하여 너는 남의 눈 속에 있는 티는 보면서 네 눈 속에 있는 들보는 깨닫지 못하느냐? 네 눈 속에는 들보가 있는데 어떻게 남에게 말하기를 '네 눈에서 티를 빼내줄 테니 가만히 있거라.' 할 수 있겠느냐?"

* 하나님은 내가 이 상황을 처리하고 있는 방식을 기뻐하시는가? 〈시편〉 19:14절을 기도하라.

"나의 반석이시요 구원자이신 주님, 내 입의 말과 내 마음의 생각이 언제나 주님의 마음에 들기를 원합니다."

그리스도 예수 안에 있는 사람들에게는 결코 정죄함이 없다는 것을 기억하라. 당신이 이 상황을 헤쳐나갈 때에 하나님께서 사랑으로 교정하시고 가르치실 것을 신뢰하라.

그곳에 빛을 비추라

너희 가운데 누가 주님을 경외하며 누가 그의 종에게 순종하느냐?
어둠 속을 걷는 빛을 모르는 사람이라도 주님의 이름을 신뢰하며 하
나님께 의지하라.(이사야 50:10)

심오한 것과 비밀을 드러내시고 어둠 속에 감추어진 것도 아신다. 그
분은 빛으로 둘러싸인 분이시다.(다니엘 2:22)

어둠 속에서는 하나님이 일하신다는 것을 의심하기 쉽다. 이스라엘 백
성들이 그랬다. 두툼한 모포처럼 어둠이 이스라엘을 덮었다. 흑암 속에서
그들의 귀가 긴장했다. 한쪽에서는 우레 같은 말 울음소리가 이집트 군대
가 가까이 왔음을 알려주었다. 다른 한쪽에서는 홍해 바다의 출렁임이
"너희는 덫에 갇혔다……덫에 갇혔다."고 속삭이는 듯했다. 어머니들은
아기를 품에 안았다. 남자들은 매순간이 그들의 마지막이 될 수도 있다는
것을 알고 시간을 셌다. 모든 사람들이 죽음 또는 최소한 노예가 되는 것
이 불가피한 일이라 생각했다.

그러는 동안 하나님은 일하고 계셨다. 그분은 이스라엘 진영의 앞에 있
던 구름을 뒤로 옮기셔서 두 군대 사이에 두셨다. 〈출애굽기〉 14:20절은
진 사이를 가로막고 선 "그 구름이 이집트 사람들이 있는 쪽은 어둡게 하
고, 이스라엘 사람들이 있는 쪽은 환하게 밝혀주었"다고 말한다. 밤이 찾
아왔음에도 불구하고 하나님은 초자연적으로 이스라엘에 빛을 주셔서 홍
해 바닥이 갈라져 말라 있는 길을 볼 수 있게 해주셨다. 그들이 도망칠 길
을 보았을 때 희망이 솟아나기 시작했다.

이스라엘 백성들이 그랬던 것처럼 함정에 빠진 듯한 느낌이 드는가? 아
이를 품에 안고서 결혼의 종말을 두려워하고 있는가? 수많은 감정이 물밀

듯 밀려와 당신을 노예로 삼으려고 하는 것 같은가? 하나님이 이스라엘을 위해 일하셨던 것이 분명한 것처럼 그분은 지금 이 순간 당신을 위해 일하고 계신다. 당신의 마음속에서, 남편의 마음속에서 그리고 당신의 결혼 가운데 계속 일하여 달라고 하나님께 간구하라.

"주 나의 하나님은 나의 어둠을 밝히십니다."(시편 18:28)

기도하지 않겠는가?

오, 하나님. 당신은 제 마음이 부서지고 있는 것을 아십니다. 저의 모든 부분이 부서지고 있습니다. 주님께로 돌아서서, 주님을 신뢰하는 것이 이 문제에 대한 답이라는 것을 알고 있습니다. 하지만 저는 너무 연약합니다. 깜깜한 밤중에도 주님을 신뢰할 수 있도록 주님의 성령으로 제게 힘을 주세요. 제 피난처와 힘이 되시고 환란 가운데 저의 도우심이 되어주세요. 주님이 정말 필요합니다.

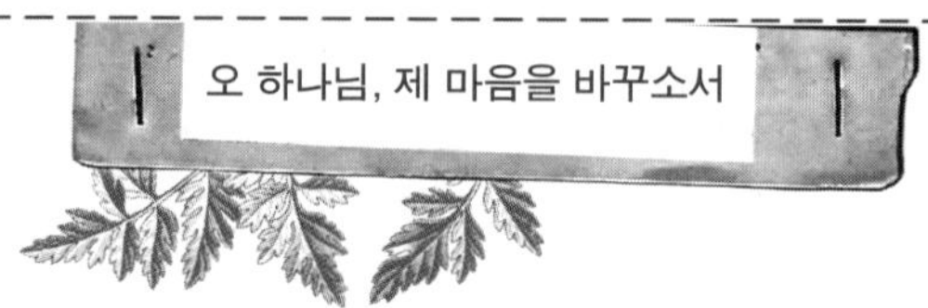

1. '하나님과의 하루'를 계획하라. 성경책, 공책, 펜, 다른 도움이 되는 자료들을 챙기고 주님과 함께 있기 위해 혼자 떠나라. 그 시간에 〈시편〉 32:8절을 암송하라.
   "네가 가야 할 길을 내가 너에게 지시하고 가르쳐주마. 너를 눈여겨보며 너의 조언자가 되어주겠다."

2. 주님과 단 둘이서만 있으면서, 당신과 함께 짐을 나눠질 수 있는 목사나 믿을 수 있는 친구 또는 카운슬러를 지시해달라고 구체적으로 하나님께 기도하라.

3. 여섯 개의 빛을 다시 읽으면서 이것들을 당신의 상황에 어떻게 적용할 수 있을지 하나님께 여쭤보라.

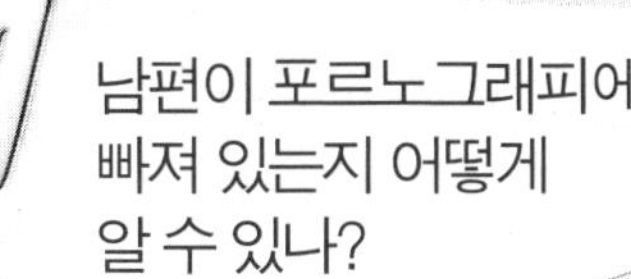

마약 중독이나 알코올 중독과는 달리 포르노그래피는 그 중독 여부를 알 수 있는 구체적인 증상이 없다. 그러면 포르노그래피에 중독되었는지를 판단할 수 있는 방법이 있을까?

다음 몇 가지 행동지표들은 포르노그래피 중독 가능성을 알려준다.

정 서 적   고 립 : 포르노그래피를 보지 않고는 견딜 수 없는 사람들은 물리적으로나 정서적으로 고립된다. 그들은 사람들과 거리를 유지하고 친밀한 관계를 거부한다.

거 짓 말 : 그들은 자신의 습관을 감추기 위해 거짓말을 한다. 이런 습관은 종종 삶의 다른 영역에서도 나타난다.

강 박   행 위 : 그들은 물건을 사들이거나 운동을 하거나 다이어트를 하는 일에도 강박적인 행동을 한다. 삶의 모든 영역에서 흔히 극단적인 행동을 드러내는 경우가 많다.

요 구 가   많 고   이 기 적 인   태 도 : 포르노그래피는 사랑이 아니라 탐욕과 관계가 있다. 그것을 이용하는 사람들의 목적은 자기 자신과 자신의 필요를 만족시키는 것이다. 포르노그래피에 오랫동안 노출되면 될수록 이기적인 성향을 더 많이 보인다.

방 어 와   분 노 의   증 대 : 많은 중독자들이 성공적으로 그들의 '비밀'을 숨기고 있기 때문에, 그들은 어떤 행위에 대해서든 다른 사람들에게 책임을 질 필요가 없다고 느낀다. 그래서 그들은 어떤 문제에 직면했을 때 비정상적인 분노를 표출하거나 방어적이 된다.

여자에 대한 존중심의 결여 : 심각한 포르노그래피 중독자는 여자보다 우월하다는 태도를 점점 심하게 드러내고, 여자들을 매너 없이 대하는 경우가 많다. 여자의 일차적 기능은 남자에게 봉사하는 것으로 여기며, 눈으로 여자들의 '옷을 벗기는' 경향이 있다.[19]

남편이 이런 행동을 하는 것을 발견하면 아내는 심한 상처를 받겠지만, 그 역시 아내에게 의도적으로 상처를 주기 위해 이런 일을 시작한 것이 아니다. 그의 행동은 흔히 자신의 정서적 고통에 뿌리를 두고 있다. 해리 샴버그 박사는 저서 《거짓 친밀감: 성중독의 몸부림 이해하기》에서 이렇게 말한다.

"그것은 단순히 성적 문제이거나 외적인 행위의 문제가 아니다. 그것은 고독, 고통, 사랑받고 싶고 결과와 상관없이 받아들여지고 싶은 자기중심적인 필요 그리고 하나님과의 생생한 관계의 상실이 낳은 부산물이다."[20]

당신의 남편이 포르노그래피에 빠져 있는 것이 아닌지 의심될 때 증거를 찾으려 애쓰지 말라. 그런 행동은 결혼의 신뢰를 파괴하고 프라이버시의 경계를 침범한다. 그것이 두려운 일이라는 것은 알지만, 하나님이 감추어진 것을 빛 가운데로 끌어오실 것을 신뢰하라.

"가려놓은 것이라고 해도 벗겨지지 않을 것이 없고, 숨겨놓은 것이라 해도 알려지지 않을 것이 없다." (누가복음 12:2)

그분의 시간과 그분의 방법이 최선이다.

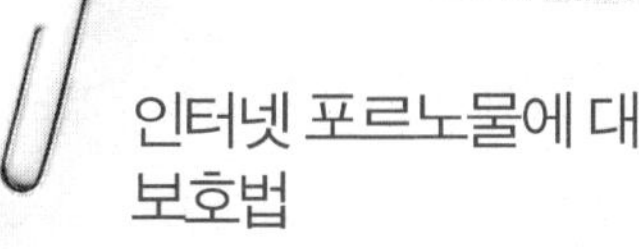

인터넷 포르노물에 대한 보호법

인터넷에서 볼 수 있는 포르노물은 요청하지 않은 것과 요청한 것의 두 가지 방식으로 우리 가정에 침투해 들어온다.

우리는 종종 스팸 메일 같은 방식을 통해 요청하지 않은 포르노물을 접한다. 매일 이메일을 떠돌아다니는 300만 개 정도의 스팸 메일 중 약 30퍼센트가 포르노이거나 인종차별적인 내용을 담고 있다.[21] 컴퓨터 사용자들은 그런 메일을 열어볼 것인지 아니면 휴지통에 버릴 것인지를 매일매일 결정해야만 한다.

한편 요청한 포르노물이란 컴퓨터 사용자가 포르노물을 제공하는 7만 개 이상의 웹사이트를 통해 직접 찾아낸 것을 말한다.

어떻게 하면 당신의 가정을 포르노그래피로부터 보호할 수 있을까?

* **미리 기본적인 규칙을 정해놓자**   남편(그리고 아이들)과 이야기를 나누고 컴퓨터를 볼 수 있는 시간과 내용을 제한하는 '가족 컴퓨터 사용 규칙'을 정한다. 내용 제한은 이런 식으로 정할 수 있다. "우리 가족은 포르노 스팸 메일은 받은 즉시 휴지통에 버리고, 성적인 주제를 다루는 채팅 룸이나 웹사이트는 절대 방문하지 않는다는 데 동의한다." 시간 제한은 "우리는 오후 10시 이후에는 컴퓨터를 사용하지 않는 데 동의한다."는 식이다.(혼자 있으면 유혹은 커진다. 통계에 의하면 늦은 밤과 이른 아침에 포르노를 보는 일이 늘어난다.)

* **유해 사이트 차단 장치를 설치하자**   유해 사이트 차단 장치에는 몇 가지 형태가 있다. 컴퓨터에 설치해서 컴퓨터 사용을 모니터하거나 특정한 영역에 접근하는 것을 제한하는 소프트웨어, 특정한 활동을 모니터하거나 제한하는 웹사이트 그리고 컴퓨터의 '브라우저'

에 설치해서 유해 사이트를 차단하는 장치. 이 세 가지 도구들을 결합해서 사용하면 포르노그래피에 접근하는 것이 더 어려워지기는 하겠지만 100퍼센트 확실한 방법은 없다는 것을 유념하라. 대부분의 잠금장치는 푸는 방법이 있다. 그리고 특정한 웹사이트를 차단하는 소프트웨어는 정기적으로 업데이트를 해야 하는데 인터넷에는 매일매일 새로운 사이트들이 추가되기 때문이다. 전문가를 통해 최신의 차단 소프트웨어를 추천받는 것도 좋다.

* **활동을 모니터하자**　이메일 프로그램은 받은 메일의 목록을 전부 보관하고 있다. 컴퓨터 브라우저의 '북마크' 기능은 이전에 방문한 모든 웹사이트들을 보여주고, 컴퓨터 하드 드라이브에 있는 '기록' 파일은 어떤 파일을 누가 언제 접속했는지를 모두 말해준다. 궁극적으로 컴퓨터를 포르노물을 보는 데 사용하느냐 아니냐는 사용자의 진정성에 달린 문제이다. 현명한 아내는 피해망상증 환자처럼 컴퓨터 경찰 노릇을 하지 않는다. 하지만 그녀는 가족들과 그 위험성에 대해 대화를 나누고 분명한 방지책을 마련한다.

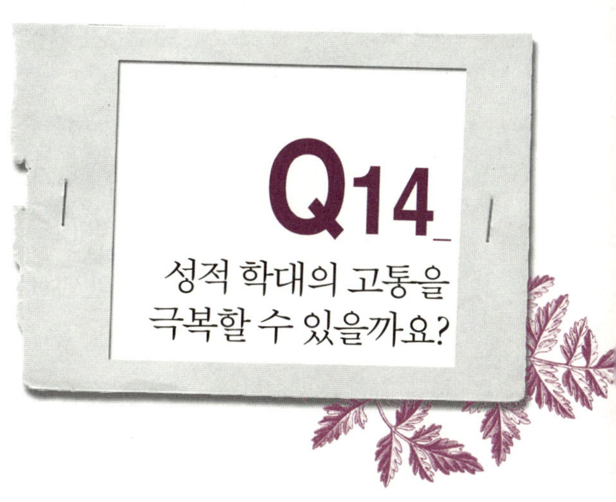

만일 당신이 성적 학대의 피해자이기 때문에 이 장을 펼쳤다면, 이 사실을 미리 알려주고 싶다. 우리는 당신을 위해 많은 시간 기도했다. 기도하면 할수록 우리는 당신에게 가장 필요한 것은 인간의 지혜가 아니라 하나님의 치유라는 것을 확신하게 되었다. 당신이 과거의 굴레에서 벗어나 현재의 남편과 건강한 성생활을 즐기는 것을 볼 수 있기를 간절히 원하기에, 우리가 할 수 있는 최선은 '옆으로 비켜서서' 하나님의 성령이 당신에게 직접 말씀하시도록 하는 것이라는 생각이 든다. 그분은 당신의 필요를 알고 계신다. 그분은 당신의 상처와 어떻게 하면 그것을 치유할 수 있는지를 알고 계신다. 우리는 여기에 쓴 한 마디 한 마디가 하나님께서 당신에게 그분의 진리와 사랑을 보여주시는 통로가 되기를 기도한다. 다음의 기도를 드리지 않겠는가?

하나님, 당신은 도움을 구하는 제 기도를 들으시고 이유가 있으셔서 이 책의 이 장을 제게 보여주셨습니다. 당신은 제가 얼마나 간절히 과거로부터 자유롭고 싶어하는지 알고 계십니다. 제가 이미 일어난 일을 극복하기 위해 아무리 힘겹게 노력해도 그 고통은 좀처럼 사라지지 않습니다. 때로는 너무 힘들어서 죽을 것 같습니다. 때로는 이미 죽은 사람처럼 무감각해지기도 합니다. 저는 치유받기를 원하지만 일어난 일에 대해서는 생각조차 하기 싫습니다. 도와주세요, 하나님! 당신이 저의 유일한 희망입니다. 당신은 제가 누군가를, 심지어 주님마저도 신뢰하는 것이 얼마나 어려운지 아십니다. 하지만 제가 주님 말고 달리 어디로 갈 수 있습니까? 당신만이 저를 치유하실 능력을 가지고 계십니다. 제가 이 장을 읽을 때에 제게 말씀해주십시오. 무엇을 해야 할지 보여주십시오. 제가 정말로 이 고통에서 해방될 수 있고, 주님이 원래 의도하셨던 방식으로 남편과 사랑을 나눌 수 있다는 희망을 주십시오.

치유의 희망

슬프게도 우리 사회에서 성적 학대는 점점 늘어나고 있다. 피해자의 정확한 수를 파악하는 것은 어렵지만 그 수가 매우 많다는 것만은 확실하다. 사라는 회계사이자 두 아이의 어머니인데, 어린 나이에 성적 학대의 피해자가 되었다. 그녀는 우리에게 이런 말을 했다.

열세 살 된 오빠의 친구가 나를 두 번 강간했을 때, 내 나이는 여덟 살이었어요. 어느 날 저녁을 먹으면서 나는 부모님께 그 오빠가 내 앞에서 바지를 내렸다고 말하자 부모님은 미친 듯이 펄쩍 뛰셨죠. 부모님이 너무 화를 내서서 실제로 무슨 일이 있었는지는 말할 수 없었어요. 나는 너무 혼란스러웠어요. 그 일이 잘못이라는 것을 알고 있었기 때문에 나는 수치심을 느꼈지요.

강간을 당하면서 내가 잃은 것은 처녀성만이 아니었어요. 내 유년시절을 잃어버렸고 바로 그 순간부터 나는 또래의 아이들과 다르다고 느꼈어요. 친구들이 성에 대해 낄낄거리고 남자아이와 키스를 하면 어떤 기분일지 상상하던 것을 기억해요. 나는 그보다 훨씬 더 많은 것을 알고 있었어요. 겨우 열 살짜리 아이가 남자들이 하는 성적인 농담을 알아들을 수 있었죠.

오빠는 사건에 대해 알고 있었어요. 하지만 오빠는 나를 보호하거나 복수를 하는 대신에 나를 놀려댔어요. 그 때문에 오빠를 증오했죠. 나는 모든 남자들을 의심하고 신뢰하지 않아요.

사라의 이야기는 너무 안타깝지만 드문 이야기가 아니다. 당신이 성적으로 학대를 당하지 않았다 하더라도 그런 일을 겪은 여성을 한 명 정도는 알고 있을 것이다. 성적 학대는 그 형태도 정도도 다양하다. 그러나 모든 성적 학대는 희생자에게 수많은 고통스러운 문제를 남긴다. 이 한 장에서 그 모든 문제를 다룰 수는 없다. 우리는 이 장에서 오직 한 가지 문제, 당신이 대답해야만 하는 가장 중요한 한 가지 질문에만 집중하려고 한다. 하나님이 성적으로 학대당한 당신을 치유하실 수 있고, 당신에게 남편과의 만족스럽고 친밀한 관계를 가져다주실 수 있다는 것을 믿는가?

아마 당신은 하나님이 당신을 치유하실 수 있다고 믿고 싶을 것이다. 하지만 무언가가 당신을 뒤로 잡아당긴다. 아마도 당신은 치유를 받기 위해 자기 아들을 예수께 데려왔던 그 남자와 비슷할 것이다. 예수께서 말씀하셨다.

"믿는 사람에게는 모든 일이 가능하다."

그러자 아이의 아버지가 대답한다.

"내가 믿습니다. 믿음이 부족한 나를 도와주십시오!"(마가복음 9:23~24)

오늘 당신이 불신을 극복하게 되기를 바란다. 어떻게 이것이 가능한가? 어떻게 우리가 불신에서 신뢰로 넘어갈 수 있는가? 우리 마음에서 거짓을 제거하고, 거짓을 하나님의 진리로 바꾸고, 그럴 만한 가치가 있는 유일한 분께 우리 자신을 의탁할 때 그런 일이 일어난다. 부디 이것을 이해할 수 있기를 바란다. 우리는 지금 복잡한 과정을 과도하게 단순화하려고 시도하고 있는 것이 아니다. 완전한 치유가 이루어지는 데는 흔히 수년이 걸리는데, 거미줄처럼 얽힌 감정과 생각들을 정리해야 하기 때문이다. 그러나 수천 명의 학대 희생자들이 치유는 가능하다고 말할 것이다. 치유는 하나님을 신뢰하는 데서 시작한다.

가장 큰 거짓말

아마 당신은 하나님을 신뢰하고 싶을 것이다. 하지만 당신이 지금까지 고통스러워하는 그 사건 때문에 하나님을 신뢰하기가 쉽지 않을 것이다. 설상가상으로 사탄 곧 당신 영혼의 원수는 당신이 치유받기를 원치 않기 때문에 당신이 하나님을 신뢰하는 것도 원치 않는다. 그는 당신이 계속해서 고통의 굴레에 얽매여 있게 하기 위해 싸우고, 당신이 계속 과거의 덫에 걸려 있게 하기 위해 능력이 되는 한 모든 일을 한다. 왜 그런가? 상처받은 다른 여자들이 당신의 증언을 듣고 하나님께로 돌아갈지도 모르기 때문이다.

성경은 우리에게 사탄의 계획에 무지해서는 안 되며, 그에게 확실하게 저항하고, 그의 거짓말을 거부하라고 경고한다.(고린도후서 2:11, 에베소서 4:27, 6:11) 거짓말은 사탄이 사용하는 가장 효율적인 무기다. 그는 첫번째 여자 하와에게 거짓말을 했다. 사탄은 하와에게 에덴동산에서 금지된 과일을 먹더라도 죽지 않을 것이라고 거짓말을 했고, 그 이후로도 쭉 거짓말을 하고 있다. 그는 당신을 속인다. 그는 우리를 속인다. 그는 사라를 속이고 그녀를 파괴하려 했다.

사라는 대학 시절 자신이 점점 화를 잘 내고 침울해져가는 것을 알게 되었다고 말했다. 그녀의 내면에서 무언가, 무언가 나쁜 일이 일어나고 있었다. 하지만 그녀는 그것이 무엇인지 정확히 짚어낼 수가 없었다. 그녀는 이렇게 말했다.

"나는 누군가 나를 사랑해주기를 간절히 원했지만 아무도 그럴 수 없을 거라는 걸 알았어요. 나 자신이 무가치하게 여겨졌죠. 줄곧 울었어요. 공부에 집중할 수도 없었지요. 내가 점점 더 깊이 블랙홀 속으로 미끄러져 들어가고 있다는 걸 알았지만 거기서 기어나올 수가 없었어요. 몇 차례나 자살을 시도했지요."

사라는 그녀를 파괴하려고 전념하고 있는 대적이 있다는 것, 그가 그녀에게 누구도 그녀를 사랑하지 않을 것이며 그녀는 무가치한 존재라고 이야기하고 있다는 것을 깨닫지 못했다. 사탄은 사라가 자신의 생명을 포기했다면 아마도 스릴을 느꼈을 것이다.

당신이 크리스천이라면 사라와 마찬가지로 사탄이 당신을 파괴하기 위해 전력을 기울이고 있다는 것을 깨달아야 한다. 성경은 그가 당신을 삼키려고 찾아다니는 우는 사자와 같다고 말한다.(베드로전서 5:8) 그는 끊임없이 당신을 고소한다.(요한계시록 12:10) 그는 당신에게 그리고 당신에 관해 거짓말을 한다. 그것이 그의 본성이기 때문이다. 예수께서는 당신의 원수를 이렇게 묘사하신다.

"그는 처음부터 살인자였다. 또 그는 진리 편에 있지 않다. 그것은 그 속에 진리가 없기 때문이다. 그가 거짓말을 할 때에는 본성에서 그렇게 하는 것이다. 그는 거짓말쟁이이며, 거짓의 아비이기 때문이다."(요한복음 8:44)

놓치지 말라. 거짓말은 당신을 굴레에 묶어두기 위해 사용하는 사탄이 제일 좋아하는 도구다. 사탄이 당신에게 믿으라고 던지는 모든 거짓말은 그가 당신 주변에 쳐놓은 사슬에 연결되어 있다. 당신이 거기서 벗어나기 위해 몸부림칠 때, 사탄은 사슬을 잡아당긴다. 고리가 더 꼭 끼이게 되고, 당신은 고통과 두려움으로 숨이 막힌다. 그 사슬의 길이와 고리 모양은 성적 학대를 당한 희생자마다 다 다르다. 그러나 그 길이와 힘이 어떠하든지 예수님은 당신을 자유케 하실 수 있다. 그분은 이렇게 선언하신다.

> 도둑은 다만 훔치고 죽이고 파괴하려고 오는 것뿐이다. 나는 양들이 생명을 얻고 또 더 넘치게 하려고 왔다.(요한복음 10:10)

> 너희는 진리를 알게 될 것이며, 진리가 너희를 자유롭게 할 것이다.(요한복음 8:32)

> 나는 길이요, 진리요, 생명이다.(요한복음 14:6)

예수님은 당신이 고통을 벗어나는 길이다. 그분은 진리이다. 우리가 사탄의 거짓을 버리고 그분의 진리를 취할 때, 사슬이 끊어지고 우리는 생명을 얻는다.

내면이 힘들어서 죽을 것 같은가? 사슬에 묶여 넌더리가 나는가? 자유로워지고 싶은가? 그렇다면 꾸물거리며 시간을 허비하지 말라. 거짓말, 온통 새빨간 그 거짓말—사탄이 자기가 사용하는 사슬에서 가장 강한 고리라고 생각하고 있는 거짓말—이 무엇인지 살펴보자. 그것을 제거하고 진리로 대신하자.

| 거 짓 말 |

사 탄 : "하나님은 성적 학대에 아무 관심이 없어. 그리고 그는 분명히 너한테도 관심이 없어. 그렇지 않다면 네가 학대를 당하던 그 순간에 개

입해서 못하게 했겠지."

예 수 님 : "하나님은 너를 사랑하신단다. 그분은 성적 학대를 미워하시고 그 사람이 너에게 했던 학대에 대해 몹시 슬퍼하고 계신단다. 하나님은 네게 범죄한 자를 벌하실 것이고 그분의 벌은 공정할 것이야. 하나님은 너를 치유하고 자유롭게 하기를 간절히 바라신단다."

가장 위대한 진리

당신은 이미 사탄의 거짓말에 익숙하니까 그것에 골몰하느라 시간을 허비하지 말자. 그 대신 하나님의 진리와 그것이 내포하고 있는 네 가지 사실에 초점을 맞추자.

1. 하나님은 당신을 사랑하신다

당신이 지금까지 경험한 가장 순수하고 부드러운 사랑의 표현을 떠올리고, 그것을 1,000배쯤 곱해보라. 그렇게 한다고 해도 당신을 향한 하나님의 무조건적이고 한이 없는 사랑과 비교할 수 없을 것이다. 그리스도를 믿는 신자라면 당신은 하나님의 소중한 자녀이다. 당신이 저지를 수 있는 어떤 일도 당신을 향한 하나님의 사랑을 멈추게 할 수 없다. 당신이 숨을 수 있는 어떤 곳도 그분의 사랑의 울타리 밖으로 당신을 벗어나게 하지 못한다. 하나님의 사랑스럽고 소중한 자녀, 이 사실이 당신의 영혼에 깊이 스며들어서 발끝까지 내려가게 하자. 하나님은 당신을 사랑하신다. 우리는 사도 바울의 말에 동의한다.

"모든 성도와 함께 여러분이 그리스도의 사랑의 너비와 길이와 높이와 깊이가 어떠한지를 깨달을 수 있게 되고, 지식을 초월하는 그리스도의 사

랑을 알게 되기를 빕니다."(에베소서 3:18~19)

어쩌면 당신은 하나님의 사랑을 느끼지 못할지도 모른다. 그러나 아이가 느끼지 못한다 할지라도 자녀를 깊이 사랑하는 어머니의 사랑처럼, 사랑은 거기에 있다. 하나님은 당신에게 관심이 없다고 말하는 사탄을 믿을 것인가, 아니면 "나는 영원한 사랑으로 너를 사랑하였고 한결같은 사랑을 너에게 베푼다."(예레미야서 31:3)고 말씀하시는 하나님을 믿을 것인가?

2. 하나님은 성적 학대를 미워하신다

하나님은 성적인 사랑을 오직 남편과 아내 사이에서만 즐기도록 창조하셨다. 《구약성경》을 보면 심각한 성범죄는 사형의 벌을 받았다.(신명기 22:22) 하나님은 근친상간을 금하셨다. 사실 하나님은 그러한 일을 생각하는 것만으로도 죄라고 말씀하셨다.

"너희 가운데 어느 누구도 가까운 살붙이에게 접근하여 그 몸을 범하면 안 된다."(레위기 18:6)

"누구든지 위에서 말한 역겨운 짓 가운데 어느 하나라도 범하면, 백성은 그런 짓을 한 그 사람과는 관계를 끊어야 한다."(레위기 18:29)

어떤 범죄자의 경우에는 실제 문자 그대로 '끊어' 버리기도 했다. 〈신명기〉 25:11~12절을 보면 남편이 아닌 남자의 성기를 잡는 여자는 손을 끊어버려야 했다.

이 구절들은 하나님이 성에 관해 명확한 경계와 그것을 위반하는 사람들이 어떤 치명적인 결과를 당할 것인지 정하셨다는 것을 보여준다. 당신을 학대한 사람이 친구이든, 친척이든, 이웃이든 또는 낯선 사람이든 하나님은 그 사람이 당신에게 한 일을 몹시 미워하신다. 어쩌면 당신은 이런 생각을 할지도 모르겠다.

'하나님이 성적 학대에 대해 이렇게 강한 생각을 가지고 계신다면, 어째서 그가 내게 그렇게 할 때 멈추게 하지 않으신 거지?'

우리는 이러한 질문에 대해 정서적으로 만족스러운 대답은 없다는 것을 알고 있다. 하지만 대답은 있다. 하나님은 우리를 창조하실 때 우리에게 자유의지라는 선물을 주셨기 때문에 그 학대자를 멈추게 하지 않으셨다.

당신을 학대한 사람은 이 선물을 악한 방식으로 사용했다. 하나님은 그의 행동에 대해 몹시 슬퍼하신다. 그러나 하나님은 자기가 하신 말씀에 진실하시기에, 그분이 주신 선물을 도로 거둬가지 않으신다. 그러나 그분은 당신을 치유하실 것이고(당신이 그렇게 하시도록 허용한다면), 당신을 학대한 사람을 벌하실 것이다. 우리 사회는 성범죄자를 하나님이 원래 선포하셨던 만큼 엄하게 처벌하지 않는다. 그러나 비록 우리가 세상의 처벌을 규정하지는 못한다 하더라도 하나님은 반드시 천국의 정의를 실현하실 것이다.

"하나님은 반석, 하시는 일마다 완전하고 그의 모든 길은 올곧다."(신명기 32:4)

3. 당신에게 범죄한 자는 벌을 받을 것이다

사실 하나님이 보시기에 당신을 학대한 자는 이미 벌을 받았다. 인간인 우리들은 시간의 경계 밖에서 사시는 하나님을 이해할 수 없다. 하나님에게 과거와 현재와 미래는 하나다. 당신이 당한 학대, 그 극심한 고통, 당신의 치유 그리고 당신을 학대한 사람에 대한 처벌은 하나님의 틀 안에서는 완성된 한 장의 그림이다. 당신은 시간에 매여 있기 때문에 하나님이 보시는 것을 볼 수 없다. 당신은 주변에서 움직이는 붓놀림을 보지만 이해가 되지 않는다. 까치발로 서서 할 수 있는 한 멀리 미래를 내다보아도 당신은 정의를 발견할 수 없고 그래서 그 그림 안에 정의는 없다고 결론짓는다. 하지만 이것은 사탄의 거짓말이다. 하나님의 진리는 무엇인가?

원수 갚는 것은 내가 하는 일이니, 내가 갚는다. 원수들이 넘어질 때

가 곧 온다. 재난의 날이 가깝고, 멸망의 때가 그들에게 곧 덮친
다.(신명기 32:35)

오히려 하나님은 사람에게 사람이 한 일을 따라서 갚아주시고, 사람
이 걸어온 길에 따라서 거두게 하시는 분입니다. 전능하신 하나님은
악한 일이나 정의를 그르치는 일은 하지 않으십니다.(욥기 34:11~
12)

악인은 틀림없이 벌을 받지만 의인의 자손은 반드시 구원을 받는
다.(잠언 11:21)

원수 갚는 것은 내가 할 일이니……주님께서 말씀하신다.(로마서
12:19)

사랑하는 자여, 확신하라. 당신에게 범죄한 자가 당할 처벌은 당신이 기
대하는 것보다 훨씬 심각할 것이다. 하나님의 기준이 우리의 기준보다 훨
씬 높기 때문이다. 하나님은 당신이 이 생을 사는 동안에 그가 처벌받는
것을 보게 하실 수도 있고 아닐 수도 있다. 어느 쪽이든 언젠가 우리는 모
두 심판대 앞에 서야 하고, 하나님은 정의를 선포하실 것이다.

4. 하나님은 당신을 치유하길 바라신다

〈히브리서〉에 나오는 하나님의 이름 중 하나는 '여호와 라파'인데, 그
것은 '치유하시는 하나님'을 뜻한다. 하나님의 본성은 치유하시는 것이
고, 그것은 치유하고 구원하러 오셨던 그리스도의 삶을 통해 볼 수 있다.
하나님은 당신을 치유하기를 원하신다. 그러나 치유는 당신이 팔을 뻗어
그분을 만지고 그분이 당신을 만지도록 허용해야만 가능하다.

"그리고 손을 댄 사람은 모두 나았다."(마태복음 14:36)

우리는 지금 신체적인 접촉을 이야기하는 것이 아니라 영적인 접촉, 당신의 강한 열정과 감정이 자리 잡고 있는 영혼의 가장 깊은 곳에서 이루어지는 접촉을 말하고 있는 것이다. 당신을 학대했던 자가 이 부드럽고 연약한 곳에 상처를 입혔기 때문에 당신은 다른 사람들이 이곳에 들어오지 못하도록 방어벽을 세워놓았다. 그 벽은 당신에게 상처를 입힐 가능성이 있는 사람들을 들어오지 못하게 하는 데 성공했지만 동시에 당신을 치유하고자 간절히 원하시는 하나님도 들어오지 못하게 하고 있다.

하나님은 당신을 학대했던 자와 같지 않다. 그분은 당신에게 무언가를 원하시는 것이 아니라 주기를 원하신다. 그분은 당신을 위한 선물, 기쁨과 자유의 선물, 사랑과 용납과 목적의 선물을 가지고 계신다. 그분은 당신을 안고 위로하기를 원하시지만 당신을 학대했던 자와는 달리 당신의 의지에 반해서 당신을 만지지 않으실 것이다. 그분은 당신에게 그분 자신을 강요하거나 사랑하라고 요구하지 않으실 것이다.

그래서 그분은 기다리신다. 그분은 당신이 그분께로 돌아서기를 기다리시고, 당신이 손을 내밀어 그분이 간절히 주고 싶어하시는 선물을 받기를 기다리신다.

당신을 학대했던 자가 한 일 때문에 하나님의 마음이 무너진다. 그러나 그보다 더 그분을 슬프게 하는 것은 당신이 그분을 신뢰하기를 두려워한다는 것이다. 당신은 마음과 영혼과 힘을 다해 그분을 사랑하지 않는다. 자신의 고통에만 집중한 나머지 당신을 사랑하고 치유하기를 원하시는 한 분을 신뢰하기보다는 다시 상처받지 않기 위해 할 수 있는 모든 일을 한다.

선택은 당신의 몫이다. 당신이 자신의 감정과 에너지를 하나님이 아닌 다른 무언가에 쏟기로 선택한다면, 하나님은 당신의 바람을 존중하실 것이다. 그러나 당신이 그분을 선택한다면 그분은 아무것도 감추려 하지 않으신다. 그분을 신뢰하라! 그럴만한 분이시다.

하나님을 신뢰하기로 결정할 때

사라는 하나님을 신뢰하고 싶었지만 내심 그분이 자신을 도울 능력이 있으신지 의심했다. 무엇보다도 그분은 그녀가 강간당하던 그 순간에 도와주지 않으셨는데 지금, 일이 벌어지고 난 후에는 도우실 수 있단 말인가? 대학시절 몇몇 친구들이 우울증으로 괴로워하는 그녀에게 관심을 가지고 함께 모여 기도하자고 했을 때, 전환점이 찾아왔다. 그들은 세 시간 반 동안 기도했다. 그 시간 동안 하나님은 많은 것을 치유하셨다. 사라는 무슨 일이 일어났는지 이야기해주었다.

나는 그때까지 내가 자살을 시도한 일과 강간당한 일을 연결해서 생각해보지 않았어요. 그런데 친구들이 내 우울증을 하나님께 올려드리며 기도하고 있는데, 갑자기 내가 강간당하던 그 주차장, 그때로 돌아가 있는 거예요. 나는 주체할 수 없이 울었어요. 거기 있고 싶지 않았는데, 하나님이 속삭이셨어요.

"도망치지 마라. 나를 믿으렴."

그러고 나서 이상한 일이 일어났어요. 내 앞에서 강간이 일어나고 있는데, 그게 내가 아니라 마치 다른 누군가에게 일어나고 있는 일 같았어요. 나는 방관자였어요. 시멘트 바닥에 누워 있는 여덟 살짜리 여자아이를 보았어요. 좀더 나이든 남자아이가 그 위에 있었죠. 그들의 손목이 하나의 사슬에 함께 묶여 있었어요. 두 개의 구름이 그들의 벌거벗은 몸 위로 떠돌고 있었는데, 하나는 정욕으로 다른 하나는 분노로 가득 차 있었죠.

갑자기 예수님이 거기 계셨어요. 그분이 무지무지 화를 내셨어요! 구름에게 사라지라고 명령하셨죠. 그러고 나서 남자아이와 여자아이를 한데 묶고 있는 사슬에 손을 뻗으시더니 그것을 확 잡아당기셨어요. 구름이 사라지고 사슬이 끊어지고 나자, 순진하고 두려움에 떠는 두 아이가 남아 있을 뿐이었어요.

성적 학대의 또 다른 피해자인 파울라는 하나님을 신뢰하기로 한 자신의 결정이 엄청난 '믿음의 도약'이었다고 말한다.

어렸을 적에 수영장에 있는 높은 다이빙대 위에서 점프를 하려고 기다리고 있던 때가 기억이 나요. 나는 너무 무서웠어요. 다이빙대의 끝까지 걸어가서 물을 내려다보고는 꼼짝도 할 수 없을 정도로 얼어붙곤 했죠. 나는 꽁무니를 빼고 뒤로 돌아 계단을 내려와버리곤 했어요. 어느 날 어찌 되든 오늘은 꼭 뛰어내리겠다는 결심을 했어요. 내가 해냈어요, 세상에! 죽지 않더라고요. 사실 수영장에서 올라오면서 그런 생각을 했어요. '내가 왜 그렇게 무서워했지?' 하나님을 신뢰하는 것은 다이빙대에서 뛰어내리는 것과 같았어요.
내가 십대였을 때 아버지가 나를 성폭행했어요. 내 사전에서 '아버지'라는 단어는 나쁜 말이었어요. 그러니 자신을 '아버지'라고 부르는 하나님을 어떻게 신뢰할 수 있었겠어요? 여러 해 동안 이 정신적인 갈등을 해결하려고 노력했지만 절대 할 수 없었죠. 내가 하나님을 신뢰할 수 있는 유일한 길은 수영장에서 그랬던 것처럼 눈을 질끈 감고 두 발을 떼고 뛰어내리는 것뿐이라는 걸 알고 있었어요. 그렇게 했죠. 그건 지금까지 내가 한 결정 중 최고의 결정이었어요. 하나님은 내 아버지랑 조금도 닮지 않으셨어요. 내가 유일하게 후회하는 것은 좀더 일찍 그분께로 돌아서지 않았다는 것이에요.

사라와 파울라는 그들의 과거를 하나님께 맡겼다. 두 사람 모두 즉시 치유된 것은 아니지만, 두 사람 모두 하나님을 신뢰하는 거대한 발걸음을 떼어놓음으로써 치유가 시작되었다. 이제 그들은 또 다른 걸음을 옮겨야 한다. 하나님을 신뢰하고 성생활을 하는 것, 과거에 그들에게 고통을 안겨주었던 그 근원을 현재에 기쁨을 가져오기 위해 사용하는 것이다.

성이 멋진 것일 수도 있을까

성학대 상담자이자 《상처받은 마음》의 저자인 댄 알렌더는 "내가 함께 일한 학대받은 남자와 여자들 중에 친밀함에 대한 갈망을 혐오하지 않거나 의심을 품지 않는 사람은 없었다."라고 썼다.[01]

친밀함에 대한 갈망은 절대 경멸할 일이 아니다. 그것은 하나님이 채워주려고 의도하셨던, 부분적으로는 남편과의 애정 어린 부부생활을 통해 채워주려고 의도하셨던 그분이 주신 열정이며 욕망이다. 이 갈망에 대한 당신의 의심을 어떻게 극복할 수 있을까? 많은 희생자들의 경우, 일단 과거 그들이 받았던 학대와 연결되어 있는 그 역겨운 광경과 소리를 배우자와의 사랑스러운 광경과 소리로 바꿀 수 있으면 그런 의심을 극복하게 된다. 파울라와 사라는 이렇게 설명한다.

파 울 라 : 성행위를 즐길 수 있느냐 없느냐는 내 머릿속에서 본 사진들에 달려 있었어요. 그 사진들이 즐거운 것이었을 때, 그것은 좋았어요. 그러나 그 사진들이 역겨울 때는 남편 스티브가 내 몸에 손을 대는 것도 견딜 수가 없었죠. 나는 기억이 떠올라 견딜 수 없어지는 것이 두려워서, 아예 성관계를 하고 싶지 않은 지경에 이르렀어요. 어느 날엔가 〈고린도후서〉 5:17절을 읽었어요.

"누구든지 그리스도 안에 있으면 그는 새로운 피조물입니다. 옛것은 지나갔습니다. 보십시오, 새것이 되었습니다."

내가 '새것'이 들어오는 것을 허용하지 않았기 때문에 '옛것'이 지나가지 않았다는 것을 알게 되었죠. 그것은 마치 앨범 가득히 끔찍한 사진들을 넣어놓고 있는 것과 같았어요. 나쁜 사진들을 뽑아내는 것으로는 충분치 않았죠. 새로운 사진들을 그 자리에 끼워넣어야 했어요.

스티브와 나는 함께 〈아가서〉를 읽고, 그 중 몇 구절을 암송했어요. 사랑을 나눌 때면 우리는 서로에게 그 구절들을 말해주고, 우리가 만들어내고 있는 아름다운 그림에 대해 이야기했어요. 아이러니하게도 학대를 당한 내 경험이 우리에게 더 깊은 친밀감을 갖게 했어요. 왜냐하면 우리는 서로를 만질 때마다 그 순간을 더 아름답고 의미 있게 만들기 위해 노력했으니까요.

사 라 : 강간의 경험에서 나를 가장 괴롭힌 것은 소리였어요. 내 위에 올라탄 남자아이가 그르렁거리던 소리, 미처 벗겨내지 않은 내 신발이 시멘트 바닥에 미끄러지면서 내던 소리, 오빠의 조롱하던 웃음소리, 부모님이 놀라서 내뱉던 거친 숨소리. 무엇보다 최악은 내 머릿속에서 외치던 소리였어요.

'너는 더러워. 너는 순결하지 않아. 아무도 너를 원하지 않아.'

언제든 내가 치유되려면 그 소리를 잠재워야 한다는 것을 알고 있었어요. 도움이 된 것들이 몇 가지 있었죠. 남편과 사랑을 나눌 때, 우리는 부드러운 피아노 음악을 틀어놓았어요.

또 나는 〈골로새서〉 3:12절과 같은 몇 개의 성경 구절을 암송했는데, 그렇게 해서 내 머릿속에서 '너는 무가치한 존재야.' 라는 소리가 들려오면 '아니야, 나는 하나님의 사랑을 받은 거룩한 사람이야.' 라고 말할 수 있었어요.

우리의 부부관계는 아직도 완벽하진 않아요. 하지만 내가 감히 바랐던 것보다 훨씬 더 좋은 상태이고, 하나님의 도우심으로 계속 더 좋아질 거라고 믿어요.

치유하시는 하나님의 말씀

파울라와 사라 두 사람 모두 과거에 대한 치유를 위해 하나님의 말씀을 읽고 암송했다고 말한다. 다른 학대 피해자들도 이 방법이 효과가 있다고 확인해준다. 한 여성은 이런 말을 했다.

"학대당한 경험을 생각하면 마음이 어지럽고 악해지지만 하나님의 말씀을 생각하면 위로가 되고 선해져요."

사람이 도둑맞은 것을 회복시키시는, 악한 것을 선한 것으로 바꾸시는 하나님의 능력을 언급하고 있는 성경 구절들은 많다.

> 형님들은 나를 해치려고 하였지만 하나님은 오히려 그것을 선하게 바꾸셔서, 오늘과 같이 수많은 사람의 생명을 구원하셨습니다.(창세기 50:20)

> 모든 은혜를 주시는 하나님 곧 그리스도 안에서 여러분을 자기의 영원한 영광에 불러들이신 분께서, 잠시 동안 고난을 받은 여러분을 친히 온전하게 하시고, 굳게 세워주시고, 강하게 하시고, 기초를 튼튼하게 하여 주실 것입니다.(베드로전서 5:10)

> 메뚜기와 누리가 썰어 먹고 황충과 풀무치가 삼켜버린 그 여러 해의 손해를 내가 너희에게 보상해주겠다.(요엘 2:25)

> 이 세상에 머무는 내 한 생애에, 내가 주님의 은덕을 입을 것을 나는 확실히 믿는다.(시편 27:13)

> 너희를 두고 계획하고 있는 일들은 오직 나만이 알고 있다. 내가 너희

를 두고 계획하고 있는 일들은 재앙이 아니라 번영이다. 너희에게 미래에 대한 희망을 주려는 것이다. 나 주의 말이다.(예레미야서 29:11)

치유는 당신을 위한 것

하나님은 인류가 작정하고 행한 악을 취하셔서 선을 위해 그것을 사용하신다. 그분은 말할 수 없이 악한 행위를 영광스러운 것으로 변화시키신다. 그분의 아들이 경험한 십자가의 죽음과 부활보다 더 좋은 예가 어디 있겠는가?

오늘날 하나님은 당신의 과거를 십자가에 못 박고 당신을 새로운 생명으로 부활시키기를 원하신다. 새로운 생명은 당신이 하나님을 신뢰할 때 시작된다. 당신이 당한 학대와 관련된 문제들이 많이 있겠지만, 지금 당장 그것들에 대해 생각할 필요는 없다. 대답해야 할 유일한 질문은 이것이다.

'하나님이 당신을 치유하길 원하신다는 것을 믿는가? 그렇다면 당신은 그분이 오늘 그 치유의 과정을 시작하시게 하려는 마음이 있는가?'

그리스도 안에서 사랑하는 친구들이여, 더 이상 주저하지 말라! 그분의 발 아래 엎드려서 당신의 절망을 그분께 털어놓으라. 거짓과 고통과 분노는 놓아버리라. 그분을 신뢰하라. 미래에 당신이 오늘을 돌아보면서 희망을 발견한 날, 주님을 신뢰한 날로 기억하기를 간절히 기도한다. 지금 그분께 기도하지 않겠는가?

사랑하는 하나님, 오늘 제가 당신께 제 과거의 고통, 현재의 혼란 그리고 미래의 희망을 내어드립니다. 제 존재 전부, 제 소유 전부, 제 괴로움 전부를 주님께 바칩니다.

1. '치유하시는 하나님의 말씀'에 나오는 희망을 주는 구절들 중 하나를 선택해 암송하라.

2. 당신이 괴로워하고 있는 문제에 대해 아무에게도 이야기한 적이 없다면, 전문가의 도움을 받는 것을 생각해보라. 목사님께 사람을 추천해달라고 부탁할 수도 있다.

3. 치유는 하나의 과정이고 흔히 어려운 작업과 집중적인 상담을 수반하는 것임을 기억하라. 일시적으로는 역행하는 듯이 보일지라도 포기하지 말라. 〈디모데전서〉 4:15절을 묵상하라.
   "이 일들을 명심하고 힘써 행하십시오. 그리하여 그대가 발전하는 모습을 모든 사람에게 나타나게 하십시오."

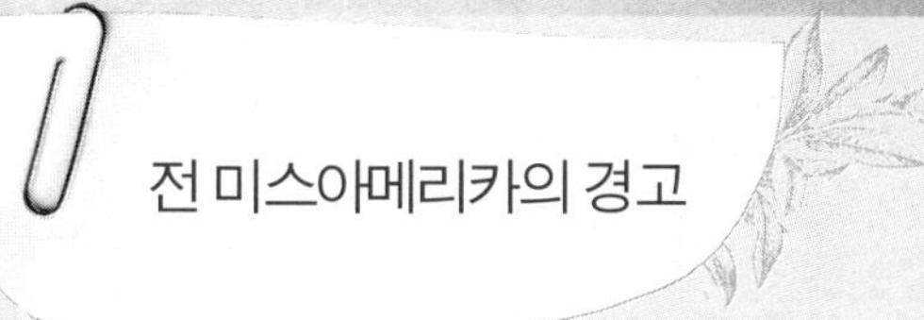

1958년도 미스아메리카인 마릴린 밴 더버 아틀러는 근친상간의 피해자였다. 그녀의 어머니는 4세부터 18세까지 그녀가 아버지의 학대를 당하는 동안 침묵했다. 그녀는 어머니들에게 경고한다.

"우리는 몇 가지 적나라한 진실을 기꺼이 다루어야만 합니다. 강간을 범하는 사람은 흔히 가까운 사람인 경우가 많습니다. 우리는 딸들에게 공원에서 만나는 낯선 사람을 경계하라고 가르칩니다. 그러나 대부분의 어린이들은 가정에서 또는 그들이 신뢰하는 누군가(가족, 친척, 가족의 친구)로부터 성적인 공격을 당합니다."_02

우리는 자녀들이 어린 나이일 때부터 성교육을 시켜야만 한다.

＊적절한 접촉과 적절치 못한 접촉의 차이를 설명하라.

많은 부모들이 난처하다는 이유로 이 문제를 다루지 않으려 한다. 그러나 불편한 감정 때문에 이 중요한 문제를 다루지 않고 넘어가서는 안 된다. 인형을 이용해서 '출입 금지 영역'을 설명하면 불편한 감정을 줄일 수 있을 것이다. 인형의 성기 부분을 반드시 구체적으로 지목해서 이야기하고, 만져서는 안 되는 부분의 이름을 알려주어야 한다. 그리고 나서 아이들에게 인형을 주고 배운 것을 엄마에게 설명해 보라고 한다.

＊아이들에게 그들이 원하지 않거나 불쾌하게 느껴지는 일이라면 어느 것도 할 필요가 없다고 말하라.

때로는 삼촌이 "이리 와서 뽀뽀해줘."라고 말한다. 또는 할아버지가 어린아이에게 억지로 "이리 와서 내 무릎에 앉아라."라고 시킨다. 물론 이런 행동은 가족 사이에서 충분히 있을 수 있는 일이지만, 아이

들이 이것을 불편하게 여긴다는 것이 감지되면 절대 강요하지 말아야 한다._03

＊ 자녀들이 부모와 이야기할 수 있는 통로를 열어놓으라.

아이에게 만일 누군가―보모, 선생님, 친척, 다른 아이나 어른―가 부적절한 접촉을 시도한다면, '안 돼' 라고 말하고 즉시 당신에게 와서 말하기를 바란다는 것을 분명히 알게 하라. 아이에게 이렇게 말해 주도록 하자.

"엄마는 널 사랑해. 너는 엄마에게 무슨 이야기든 할 수 있어. 누군가 네가 원하지 않는데도 네 몸을 만진다면 엄마는 그 사실을 알고 싶어. 왜냐하면 엄마는 너를 보호하고 싶거든. 엄마는 언제나 너를 위해 여기 있단다."

자녀를 다른 누군가와 홀로 남겨둘 경우에는 아무리 주의를 기울여도 지나치지 않다. 우리는 믿을 만하고 훌륭하다고 생각한 사람에게 아이를 맡겼다가 나중에서야 아이가 성적 학대를 당했다는 사실을 알게 된 부모들의 안타까운 이야기를 너무 많이 들었다. 당신이 자녀에게 줄 수 있는 최선의 보호는 그들을 교육하고, 성적인 주제에 대해 정직하고 개방적으로 대화할 수 있는 관계를 맺는 것이다.

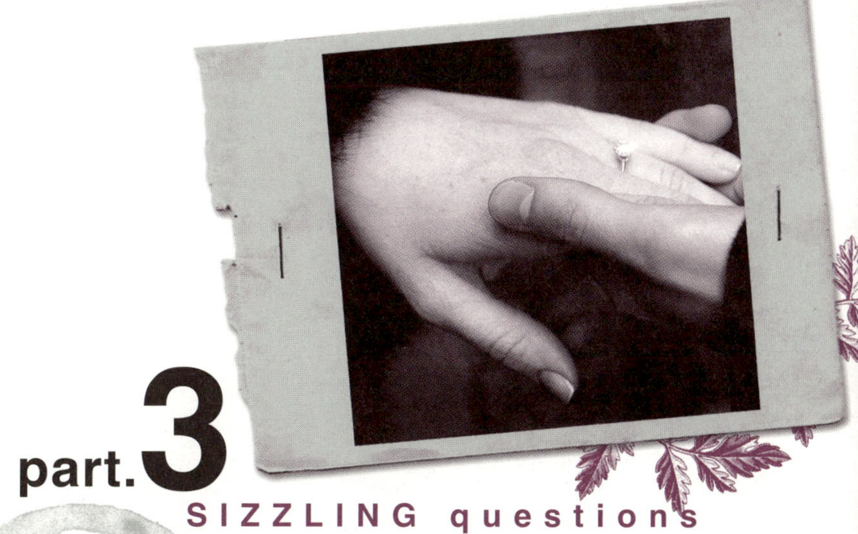

part.3

SIZZLING questions

뜨겁게 끓고 있는 질문들

하나님이 당신에게 허락하신 것을 발견하는 유일한 길은 그분께 직접 여쭈어보는 것이다. 당신의 부부생활에 대해 하나님께 말씀드린 적이 한 번도 없다면, 지금이 바로 시작할 적기이다. 그것은 하나님께 충격을 드리는 일이 아니다. 기억하라, 성은 하나님의 아이디어다. 하나님은 지혜의 하나님이시다.

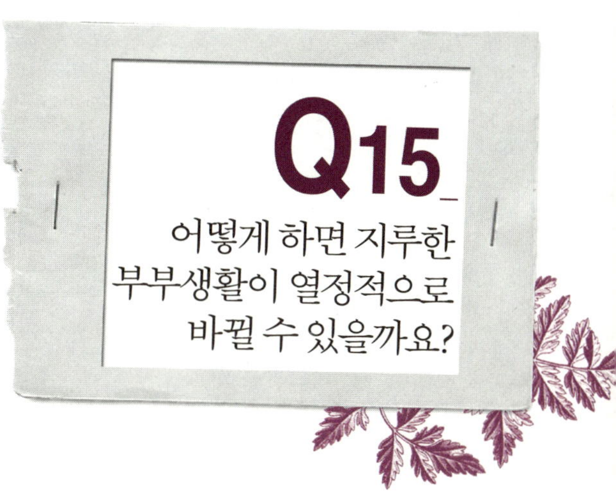

성경공부를 끝내고 나(린다)는 조롱당하고 경멸당한 기분을 느끼며 걸어 나왔다. 당시 결혼 5년차였던 나는 여성의 삶에서 우선순위에 대해 가르치고 있었다. 그날 아침, 나는 남편과 아내의 관계는 성적인 영역을 포함해서 모든 영역에서 계속 성장해야만 한다는 말을 했다. 그런데 나이든 여성 한 명이 소리 내어 웃더니 짐짓 겸손한 체하며 비아냥거렸다.

"린다, 당신은 아직 젊어서 순진한 거예요. 결혼하고 한 20년 정도만 지나 봐요. 그것도 지겨워질 테니. 두고 보세요."

나는 지금 그녀를 다시 만나봤으면 좋겠다. 결혼한 지 35년이 지난 지금, 나는 그녀의 말이 틀렸다는 것을 알려주고 싶다. 부부생활은 세월이 흐를수록 더 좋아질 수도 있고 또 그녀의 말대로 지루해질 수도 있다. 그것은 우리가 무엇을 선택하느냐에 달려 있다.

이 책을 쓰기 위해 자료를 조사하던 중, 우리는 재미있는 이야깃거리 하나를 알게 되었다. 어느 젊은 여자가 계속해서 다섯 주 동안 하품을 했다.[01] 그녀의 입은 다섯 주 동안 닫힐 줄을 몰랐다! 이것은 대단한 기록이다. 하지만 우리가 대화를 나눈 많은 여성들은 그들의 부부생활이 한 번의 긴 하품과 같다고 말했다. 지~겨~워!

따분한 부부관계는 누구라도 지루하게 느낄 것이다. 그렇다면 따분한 부부관계란 어떤 것인가?

* 언제나 똑같은 방식으로 사랑을 나눈다. 내가 당신을 만지고 당신이 나를 만지고. 이렇게 세 번 하고 그 다음에는 움직이고 등등.
* 언제나 똑같은 시간에 사랑을 나눈다. 매주 화요일, 밤 10시 뉴스가 끝난 후에.
* 언제나 똑같은 장소에서 사랑을 나눈다. 깜깜하게 하고 침대에서 이불을 덮고.

하품이 나오려고 하는가? 이 똑같은 일을 계속 반복한다고 생각만 해도 정말 지겹지 않은가? 슬프게도 세상의 많은 침실이 지루함으로 가득 차 있다. 그러면 당신의 침실은 어떤가?

무슨 일이든 지루해질 수 있다. 생각해보라. 당신이 우리가 알고 있는 여느 주부들과 같다면 아마도 당신은 요리하고, 빨래하고, 아이들을 위해 운전하고 또 사랑을 나누는 데 지겨워졌을 것이다. 그렇다면 우리는 지루함에서 탈출하기 위해 무엇을 할 수 있는가? 우리 각자에게는 선택권이 있다. 그저 평범한 스파게티를 매일 똑같이 만들든지 아니면 한 단계 올려 알프레도 파스타를 만들든지.

부엌에 적용되는 진리는 침실에도 적용된다. 지혜로운 어느 여성이 이런 말을 했다.

"내가 처음 결혼했을 때 할 줄 알았던 다섯 가지 요리를 지금도 똑같이 만들고 있다면 우린 아마도 먹는 게 두려워졌을 거예요. 세월이 흐르면서 내가 할 줄 아는 요리도 늘어났고 요리법도 훨씬 훌륭해졌어요."

'성'이라는 음식에도 양념을 치고 다양한 조리법을 쓸 필요가 있다. 결혼하고 첫 해에 했던 것과 똑같은 성적 메뉴를 지금도 여전히 내놓고 있지는 않은가? 아니면 향신료를 치고 맛을 더하였는가?

부부생활에 맛을 더하는 최선의 방법은 아낌없이 창조성의 도움을 받는 것이다. 그렇다면 창조적인 아이디어를 얻기 위해 어떻게 해야 하는가? 우리는 당신의 부부관계를 다시 뜨겁게 해줄 것이라고 보장할 수 있는 한 권의 책을 알고 있다. 에로틱하고 거룩한 부부관계를 만드는 그 책의 조리법은 당신의 창조성을 자극하고 열정을 불러일으킬 것이다. 좋은 소식은, 아마도 당신이 이미 그 책을 몇 권 가지고 있을 것이라는 점이다. 그렇지 않다면 바로 한 권 구입하라. 그 속에서 당신은 성에 관하여 태초부터 주어진 가장 창조적인 조언을 얻을 수 있을 것이다.

그 책은 바로 성경이다.

성경에서 이전에는 한 번도 보지 못했을 어떤 것을 당신에게 보여주기 전에, 먼저 한 가지 사실을 분명히 해두자. 성경은 크리스천 여성들이 삶의 모든 문제에 대해, 특히 성에 대해 조언을 얻기 위해 읽어야만 하는 책이다. 그 책의 저자가 성을 창조하셨다. 그분은 우리 몸과 마음이 어떻게 작용하는지를 알고 계신다. 우리는 세상이 섹시하고 로맨틱하다고 말하는 것에 귀를 기울일 필요가 없다. 잡지나 텔레비전에서 보여주는 많은 것들이 부도덕하고 하나님이 원래 의도하셨던 것을 어둡고 흐리게 한다. 그러므로 그분의 책, 당신의 성경을 연구하라.

성적 창조성에 대한 하나님의 관점

성적 창조성에 대한 하나님의 관점을 고찰하면서 〈아가서〉에 나오는 몇 장면들을 함께 살펴보기로 하자. 향, 시적 언어, 춤 그리고 '데이트'가 얼마나 창조적으로 사용되는지를 보고 깜짝 놀랄 것이다.

1. 향을 창조적으로 사용하기

첫 부분에서 술람미 여인은 "임에게서 풍기는 향긋한 내음, 사람들은 임을 쏟아지는 향기름이라고 부릅니다."(아가서 1:3)라고 말한다. 그녀는 자기 연인을 엔게디 포도원의 고벨 꽃송이 같은 존재라고 묘사한다.(1:14) 분명 그 왕은 기원전 10세기판 아라미스나 불가리 남성 향수를 사용했을 것이다.

술람미 여인은 향을 사용하는 데도 전문가였다. 그녀는 "임금님이 침대에 누우셨을 때에, 나의 나도 기름이 향기를 내뿜었어요."(1:12)라고 말한다. 그녀는 자기 손에서 몰약이 뚝뚝 떨어진다고 말하고, 솔로몬은 그녀의 가슴 사이에 품은 달콤한 향기 나는 몰약 주머니와 같다고 덧붙인다.(1:13, 5:5)

그들은 사랑을 나누면서 오감 전부를 창조적으로 사용하지만 그 중에서도 특히 향기를 강조했다. 그들의 침실에 들어가면 곧바로 타고 있는 아로마 향의 인사를 받게 될 것이다. 침대 이불과 아마도 벽지에까지 향기 나는 파우더가 뿌려져 있을 것이다. 그들의 몸과 사랑을 나누는 은밀한 곳은 즐거운 감각을 주도록 특별히 준비되어 있었다.

오늘날의 여성들은 이것을 어떻게 적용할 수 있을까? 21세기의 부부가 벽에 향기 나는 파우더를 뿌리는 경우는 거의 없다. 나(린다)는 대부분의 향에 알레르기가 있어서 만일 구석구석에 향이 피워져 있거나 강한 향수가 뿌려져 있다면 바로 그 침실을 빠져나와야 할 것이다. 하지만 우리는 모두 향기로운 감각을 통해 분위기를 좋게 하는 창조적인 방법을 찾을 수 있다. 몇 가지를 소개한다.

* 프렌치 바닐라, 애플 사이더, 와일드 베리 또는 에버그린 미스트 향이 나는 초.
* 남성용과 여성용의 향수와 오데 코롱. 한 가지 향을 정해서 사랑을

나눌 때만 사용하기. 남편에게 "당신을 사랑해요."라는 말을 전하
는 특별한 마사지해주기.

* 에로틱한 향의 로션을 사용할 수도 있다. 페퍼민트 로션으로 온몸
을 마사지해주면 그 향과 접촉이 감각을 자극한다.

* 침실 곳곳에 포푸리를 놓아두면 신선하고 생기 있는 향을 맡을 수
있다.

2. 창조적으로 말하기

그 연인들은 달콤한 향을 들이마시면서, 사랑의 향으로 그들을 감싸는
말을 한다. 말을 창조적으로 사용하면 창조적인 사랑을 나눌 분위기를 조
성할 수 있다.

솔로몬은 "아름다워라, 나의 사랑. 아름다워라, 비둘기 같은 그 눈동
자."(아가서 1:15)라고 말한다. 이에 술람미 여인은 "나의 사랑, 멋있어라.
나를 이렇게 황홀하게 하시는 그대! 우리의 침실은 풀밭이라오."(1:16)라
고 답한다. 그 연인들은 부드럽고 따뜻한 말로 서로에게 찬사를 보낸다.
서로의 몸을 탐하면서 그들의 말은 점차 뜨거워진다. 솔로몬이 "가시덤불
속에 핀 나리꽃, 아가씨들 가운데서도 나의 사랑 그대가 바로 그렇소."
(2:2)라고 하자 술람미 여인은 "숲 속 잡목 사이에 사과나무 한 그루, 남자
들 가운데서도 나의 사랑 임이 바로 그렇다오."(2:3)라고 답한다.

왕은 자신의 연인을 가시덤불 속에 핀 나리꽃과 같다고 칭찬한다. 그 말
은 그녀에 비하면 다른 여인들은 모두 가시와 같다는 말이다. 그녀는 솔
로몬을 사과나무에 비유하는데, 사과나무는 근동에서 성애의 상징이었
다. 본질적으로 술람미 여인은 남편에게 그가 얼마나 솜씨 있는 연인인지
를 말하고 있는 것이다. 그녀의 말을 들은 솔로몬은 서둘러서 그녀를 성
적으로 기쁘게 하고 싶어진다.

이제 그들의 말은 촉촉하고 열정에 가득한 속삭임으로 녹아든다. 솔로

몬은 "그대의 늘씬한 몸매는 종려나무 같고, 그대의 가슴은 그 열매송이 같구나. '이 종려나무에 올라가 가지들을 휘어잡아야지.' 그대의 가슴은 포도송이. 그대의 코에서 풍기는 향내는 능금 냄새, 그대의 입은 가장 맛 좋은 포도주."(7:7~9)라고 말한다. 술람미 여인은 "건포도 과자를 주세요. 힘을 좀 내게요. 사과 좀 주세요. 기운 좀 차리게요. 사랑하다가, 나는 그만 병들었다오. 임께서는 왼팔로는 나의 머리를 고이시고, 오른팔로는 나를 안아주시네."(2:5~6)라고 속삭인다.

술람미 여인은 지금 솔로몬에게 이렇게 말하고 있는 것이다.

"나는 당신이 나를 이렇게 만져주었으면 좋겠어요."

많은 아내들이 직접적으로 자신을 어떤 방법으로 사랑해 달라고 말하기 힘들어한다. 술람미 여인은 성적인 욕구를 시를 통해 전달했다. 그녀가 "사랑하다가, 나는 그만 병들었다오."라고 말할 때, 그녀는 사실 "나는 사랑 때문에 아프고, 당신과 사랑을 나누고 싶은 마음으로 가득 찼어요."라고 말하고 있는 것이었다. '사랑으로 병이 들었다'는 것을 더 강하게 표현하기 위해 그녀는 남편에게 건포도 과자와 사과(에로틱한 사랑의 상징들)를 달라고 한다. 현대적으로 표현하면 "여보, 난 준비가 됐어요. 내게 와서 날 만족시켜 주세요." 정도가 될 것이다.

그러고 나서 술람미 여인은 남편에게 정확히 그가 어떻게 그녀의 성적 열망을 만족시켜주어야 하는지 이야기한다. 그녀는 그에게 왼팔로는 그녀의 머리를 고이고 오른팔로는 그녀를 안거나 애무해달라고 말한다.[02] 시적인 표현을 수단으로, 이 창조적인 아내는 그가 그녀를 애무하고 자극해주기를 원한다는 마음을 전한다.

어쩌면 당신은 이런 생각을 하고 있을 것이다.

'내가 만약 "건포도 과자를 주세요."라고 말하면 아마도 남편은 배꼽을 잡고 웃어댈걸.'

당신 생각이 맞다. 그러나 표현이 우리에게 맞지 않는다고 해서 그 행동을 그냥 접어버리지는 말아야 한다. 하나님은 이 연인들의 은밀한 순간을 그분의 말씀 속에 포함시켜서, 우리가 부부생활을 하면서 어떻게 하면 에로틱하고 감각적인 언어를 적절하게 사용할 수 있는지 모범으로 삼게 하는 것이 온당하다고 보셨다.

3. 사랑의 언어 만들기

솔로몬과 술람미 여인은 직접적인 단어를 사용하기 어려울 때, 시적인 표현들을 궁리해내어 의사소통의 수단으로 사용했다. 솔로몬의 성기는 〈아가서〉 2:3절에서 열매로 불리고 그녀의 성기는 4:12~16절에서 동산으로 불린다.[03] 이런 시적 은유는 그 연인들이 열정에 들떠 있는 중에도 아무런 불편함을 느끼지 않고 자유롭게 의사를 전달할 수 있게 해주었다.

이것은 표현의 자유를 가져왔다. 술람미 여인은 연인에게 "그녀의 동산에서 풍겨오는 향기"를 말할 수 있었다. 남편에게 "그녀의 동산에서 열매를 먹으라."고 요구할 수 있었다.

술람미 여인은 이렇게 초청한다.

나의 동산으로 불어오너라. 그 향기 풍겨라.
사랑하는 나의 임이 이 동산으로 와서 맛있는 과일을 즐기게 하여라.(아가서 4:16)

솔로몬이 이에 응답한다.

나의 누이, 나의 신부야! 나의 동산으로 내가 찾아왔다. 몰약과 향료를 거두고 꿀과 꿀송이를 따먹고. 포도주와 젖도 마셨다.(아가서 5:1)

남편과 좀더 편안하게 성에 관한 대화를 나눌 수 있도록 두 사람만이 사용할 암호를 만들어보라. 〈아가서〉처럼 동산과 열매라는 표현을 빌려도 좋고 또는 당신만의 새로운 단어를 찾아봐도 좋다. 사랑을 나누기 전에 시간을 들여서 부부만이 아는 특별한 단어를 생각해보라. 이 비밀스러운 단어들은 침실과 부엌에서, 사적인 자리뿐 아니라 공적인 자리에서도 두 사람의 의사소통을 가능하게 해준다.

만약 〈아가서〉의 '동산'이라는 표현 대신에 '꽃'이라는 단어를 사용한다면, 당신은 일하고 있는 남편에게 전화를 걸어서 "오늘밤 당신을 위한 꽃다발을 준비해두었어요."라고 말하거나 부엌에서 그를 안고 "여보, 오늘밤에 꽃이 필 거예요."라고 말할 수 있을 것이다.

당신이 선택하는 단어들은 당신과 남편 두 사람 모두에게 호소력이 있는 것이어야 한다. 처음에는 그런 식의 표현이 어색하게 느껴질 수도 있을 것이다. 하지만 포기하지 말라. 자기들만의 비밀스러운 사랑의 언어를 사용하는 부부들은, 그것이 그들의 성생활을 풍성하게 해줄 뿐만 아니라 서로를 더 친근하게 느끼게 해준다고 말한다. 다른 사람들은 아무도 모르는 그들만의 비밀을 공유하고 있기 때문이다.

4. 창조적으로 춤추기

성경에 등장하는 이 부부가 창조적인 단어를 사용하는 데 놀랐다면, 한 번 더 놀랄 준비를 하시라. 6장에서 우리는 솔로몬과 술람미 여인이 둘이서만 궁전에 있을 때 술람미 여인이 남편과 사랑을 나누고 싶어했던 것을 읽었다. 그녀는 아주 적극적으로 남편 앞에서 도발적인 춤을 추어 그의 관심을 불러일으킨다. 그녀는 수줍게 말한다.

> 그대들은 어찌하여 마하나임 춤마당에서 춤추는 술람미의 아가씨를
> 보려 하는가?(아가서 6:13)

마하나임은 거룩한 땅, 야곱이 약속된 땅으로 돌아가는 길에 천사장이 그에게 나타난 장소였다. 술람미 여인은 그녀의 춤이 솔로몬 앞에서 춤추는 '천사'처럼 멋진 무언가를 담고 있다는 말을 하고 있는 것으로 보인다._04 솔로몬이 이런 말로 반응한 것을 보면 이 천사는 분명 아주 유혹적이었을 것이다.

> 귀한 집 딸아, 신을 신은 너의 발이 어쩌면 그리도 예쁘냐? 너의 다리(NASB(뉴아메리칸스탠다드성경)를 직역하면 '너의 엉덩이의 곡선' —옮긴이)는 숙련공이 공들여 만든 패물 같구나. 너의 배꼽은 섞은 술이 고여 있는 둥근 잔 같구나. 너의 허리는 나리꽃을 두른 밀단 같구나.(7:1~2)

주석가들은 여기에서 '너의 엉덩이의 곡선'은 그녀가 솔로몬 앞에서 춤출 때 엉덩이를 흔드는 움직임을 의미한다는 데 의견을 같이한다. 현대적으로 번역하면 '허벅지의 떨림'_05이라고 할 수 있을 것이다. 배꼽이라는 단어는 명백히 잘못된 번역이다. 아마도 번역자의 수줍음을 반영하고 있는 표현일 것이다. 그 분명한 의미는 그의 아내가 솔로몬 앞에서 누드로 —또는 속이 들여다보이는 옷을 입고— 춤을 추고 있고, 그는 그녀의 '동산'을 보고 있다는 것이다. 솔로몬은 아내의 동산이 섞은 술이 고여 있는(NASB를 직역하면 '섞은 포도주가 절대 부족하지 않은' —옮긴이) 둥근 잔과 같다고 말한다. 이 책 전체에서 포도주는 성적 쾌락의 상징으로 사용된다. 솔로몬은 그녀의 정원이 그에게 성적 기쁨을 주기에 절대 부족하지 않은 근원이라고 말하고 있는 것처럼 보인다._06

남편 앞에서 춤을 춘다는 생각에 당황하지 말라. 하나님이 그 일에 승인 도장을 찍으셨다는 것을 기억하라. 이것은 성경이 부부의 사랑을 묘사하고 있는 부분이다. 메시지는 분명하다. 성적인 면에서 아내가 적극적이고 시각적으로 남편을 자극하는 것은, 하나님이 보시기에 받아들여질 수 있을 뿐만 아니라 선한 것이다. 하나님은 남자의 마음이(그리고 그의 몸의 다른 부분들이) 시각적 이미지에 반응하도록 디자인하셨다. 술람미 여인은 남편을 황홀경에 빠지게 하는 이미지로 그의 눈을 채웠다. 당신도 남편에게 동일한 일을 할 준비가 되었는가?

5. 창조적으로 데이트하기

그 다음 구절들에서 우리는 술람미 여인이 사랑하는 임과 함께 레바논 산으로 주말 도피를 계획하고 있는 모습을 본다. 거기, 그 사랑스러운 봄날의 아름다움 가운데 그녀는 그에게 자신을 줄 것이다.

> 임이여, 가요. 우리 함께 들로 나가요. 나무 숲속에서 함께 밤을 보내요. 이른 아침에 포도원으로 함께 가요. 포도 움이 돋았는지, 꽃이 피었는지, 석류꽃이 피었는지, 함께 보러 가요. 거기서 나의 사랑을 임에게 드리겠어요.(아가서 7:11~13)

이 창조적인 아내는 지금 남편에게 숲속에서 함께 사랑을 나누자고 청하고 있는 것으로 보인다. 그녀는 야외에서 사랑을 나누자고 제안할 뿐만 아니라 자귀나무(고대에는 최음제로 여겨졌다)가 향기를 품고 있다고 말하면서 연인을 유혹한다.

"오, 솔로몬. 봄날의 시골 정취가 사랑을 나누기에 더없이 좋아요. 놀라지 마세요, 나의 사랑. 당신에게 익숙한 성적 기쁨을 예비해두었을 뿐 아니라 새로운 성적 기쁨도 당신을 기다리고 있답니다."

얼마나 창조적인 아내인지. 술람미 여인은 남편의 성적 상상력에 호소함으로써 그의 기대감을 한껏 불러일으킨다. 이 운 좋은 남편은 분명 마음속으로 여러 번 시골 풍경을 떠올리며 어떤 새로운 성적 기쁨이 기다리고 있을지 궁금해했을 것이다.

그러면 이 솜씨 좋은 아내에게서 무엇을 배울 수 있을까? 당신과 남편의 '성적 도피'를 적극적으로 계획하라. 깜짝 놀랄 일이 있다는 사실을 은근히 알려서 기대감을 갖게 하라. 당신의 연인을 위해 익숙한 성적 기쁨만이 아니라 신선하고 새로운 기쁨을 혁신적으로 마련하라.

새로운 것 창조하기

당신은 무엇을 원하는가? 지겹고 따분한 분위기에 그냥 머물러 있을 수도 있고 아니면 신선하고 새로운 창조성의 세계로 들어갈 수도 있다. 그것은 당신이 정신적으로 성관계를 바라보는 방식에서 시작한다. 스티븐 코비는 《성공하는 사람들의 7가지 습관》에서 모든 것이 두 번 창조된다고 말한다. 처음에는 정신적으로 그 다음에는 물리적으로. 창조성의 열쇠는 바라보는 최종 목표, 바라는 결과의 청사진과 비전에서 시작된다._07

당신이 바라는 결과는 무엇인가? 어떤 아내가 되기를 원하는가? 지금부터 5년 후에는 어떤 모습이기를 원하는가? 10년 후에는?

이 말은 당신이 성이라는 예술에서 렘브란트가 될 수도 있고 색칠공부 수준에 머물러 있을 수도 있다는 말이다. 어떤 사람에게는 이것이 편안한 도시를 떠나 시골로 가는 것과 같은 일이다. 술람미 여인이 솔로몬 앞에서 도발적인 춤을 추었을 때, 그것은 분명 '광야 경험'이었을 테지만 그녀의 창조성이 남편을 흥분시키고 열광하게 했으며 그들의 성생활에 맛을 더해주었다.

아마도 당신은 당신의 성생활에 창조성의 불꽃이 그저 '일어나기'를 기다리고 있을지도 모르겠다. 아니면 남편이 불꽃을 일으키기를 기다리고 있을 수도 있다. 그저 기다리고만 있다면 지겨운 일이 일어날 뿐이다. 그러나 앞으로 나아가기로, 창조적인 활동을 끌어들여 사랑을 나누기로 작정한다면 활기가 찾아올 것이다.

성생활을 창조적으로 해나갈 용기가 있는가? 술람미 여인처럼 남편에게 익숙한 성적 기쁨과 함께 새로운 기쁨까지 선사해줄 작정인가? 당신은 매일매일, 올해도 내년에도 똑같은 것을 줄 수도 있고, 무언가 새롭고 신나는 것을 창조할 수도 있다!

주님, 우리의 부부관계가 지루해졌다는 것과 제가 그 영역에서 창조적인 일을 거의 하지 않았다는 것을 알고 있습니다. 저를 용서해주시고 거기서 벗어나 창조적이 될 수 있는 용기를 주옵소서. 우리의 사랑에 맛을 더하기 위해서 제가 할 수 있는 일이 무엇인지 구체적으로 보여주세요. 〈아가서〉에 나오는 아내와 같아지기를 간절히 원합니다. 저 혼자서는 할 수 없습니다. 주님의 도움이 간절히 필요합니다.

1. 당신은 사랑을 나누는 데 오감 전부를 창조적으로 동원하고 있는 가? 촉각, 후각, 미각, 시각, 청각 중 앞으로 더 개발하고 싶은 감각을 하나 고르고 당신이 어떻게 할 수 있을지 보여달라고 하나님께 간구하라.(334쪽에서 유용한 예들을 볼 수 있을 것이다.)

2. 남편에게 〈아가서〉를 함께 읽고 부부로서 더 창조적으로 성장할 수 있는 방법을 이야기해보자고 청하라.

3. 솔로몬과 술람미 여인이 어떻게 향, 말, 시, 춤 그리고 '데이트'를 사용했는지 다시 읽어보라. 이 중 하나를 이번주 동안 창조적으로 시도해보라.

4. 남편에게 당신과 '뜨거운 밤'을 함께하자고 초대장을 보내라. 그에게 미리 메뉴를 알려주어서 기대감을 높이라. 거기에는 메인 요리(당신), 감질나게 하는 디저트(무언가 새로운 것) 그리고 엔터테인먼트(피아노 음악, 술람미 여인의 춤 같은 것들—상상력을 발휘하라)가 포함되어 있다. 입장료는 무료이고 옷을 입을지 말지는 선택사항이라는 말을 포함시킬 수도 있을 것이다.

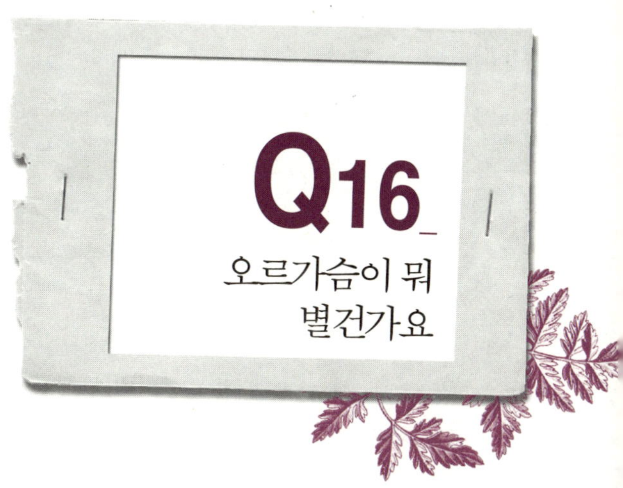

잡지나 인터넷 등을 통해 오르가슴에 관한 정보를 접하는 것은 어려운 일이 아니다. 하지만 문제는 그 모든 정보가 판타지를 양산한다는 데 있다.

오르가슴이 너무 강렬해서 램프를 걷어찼다거나, 절정의 순간이 수차례나 찾아오는 멀티플 오르가슴을 경험했다는 등 오르가슴에 대한 온갖 경험담들이 난무하지만 다 판타지 같은 소리이고, 실제로 많은 여성들에게는 환상일 뿐이다.

1994년 시카고대학에 있는 국립여론조사센터가 시행한 미국의 성 실태 조사에 따르면, 미국 여성의 거의 4분의 1이 오르가슴을 경험해본 적이 없고 다른 절반도 그다지 만족스러운 상태는 아니었다. 이것은 거의 4분의 3, 즉 5,000만 명 이상의 여성들이 오르가슴 없이 성생활을 하고 있다는 것을 의미한다._01

미디어들은 오르가슴을 외치고 수많은 여성들이 이 문제로 어려움을 겪고 있는 상황에서 여성들이 가장 고민하는 성문제 가운데 하나가 오르가슴 불안이라는 전문가들의 보고는 놀라운 일도 아니다._02

당신은 오르가슴을 경험해본 적이 없을 수도 있고, 있을 수도 있다. 이
장에서 우리는 오르가슴이란 무엇인가, 그것은 어떻게 일어나는가를 설
명하고 당신의 몸이 오르가슴을 향해 움직이도록 하기 위해 할 수 있는
몇 가지 일을 제안하려고 한다. 그러나 먼저 이 주제에 대해 올바른 관점
을 갖는 것이 중요하다.

'오르가슴'이 아니라 '소울가슴'을 목표로 삼아라

우리는 이 책 전반에서 성을 바라보는 두 가지 관점—세상의 관점과 하
나님의 관점—이 있으며, 이 두 관점은 종종 완전히 반대의 입장에 있다
는 말을 했다. 일반적으로 말해서 세상은 성교의 목적을 오르가슴이라고
본다. 지난 25년 동안 오르가슴은 뜨거운 화젯거리로 부상했다. 여성들은
빅토리아시대의 껍질을 벗고 나와서 '멋진 오르가슴'을 경험하라는 격려
를 받고, 수많은 책과 기사들이 어떻게 하면 오르가슴에 도달할 수 있는
지 이야기한다.

1950년대 초반 앨프레드 킨제이는 사람들이 오르가슴의 육체적 측면을
이해할 수 있도록 도와주었다. 1970년대에는 매스터스와 존슨이 오르가
슴의 육체적 차원을 강화하고 이에 임상적 강조점들을 덧붙였다. 이런 전
문가들의 말이 일정 부분 도움이 되는 것은 분명하다. 하지만 정보가 전
달되는 데 있어 무시된 것들이 있다.

《결혼한 부부의 슈퍼 섹스》의 저자 폴 피어설 박사는 거기서 빠뜨린 것
이 정서적인 요소라고 생각했다. 그는 '오르가슴'이라는 단어가 오로지
육체적인 반응만을 의미하는 것이 되었기 때문에 그 단어를 폐기해야 한
다고 주장했다. 그리고 '사이카슴(psychasm)'이라는 새로운 단어를 만들
어냈는데, 육체적 측면과 정서적 측면을 한데 융합시켜보려는 것이었다.
그는 "성행위와 모든 성적 접촉은 한쪽이 다른 쪽으로 침투하는 것이라기

보다는 둘의 융합이다."라고 말했다._03

피어설 박사가 오르가슴의 육체적 측면과 정서적 측면을 결합시킨 것은 올바른 궤도에 선 것이지만 그 역시도 놓친 것이 있었다. 바로 영적인 측면이다.

오르가슴은 한 남자와 한 여자가 육체적, 정서적 그리고 영적으로 가장 깊은 친밀감을 경험하며 하나가 되는 강력한 힘이다. 우리는 이 놀라운 결합을 설명하기 위해 우리 나름의 조어를 새로 만들어내려고 한다. 바로 '소울가슴(Soulgasm)' 이다.

소울가슴은 남편과 아내가 육체적, 정서적, 영적으로 서로 얽히고 영혼의 하나됨으로 융합되는 그런 성적 즐거움을 말한다. 이 하나됨은 너무 완전해서 하나님이 보시기에 그 남자와 여자는 더 이상 구별되는 두 사람이 아니라 하나다.(창세기 2:24)

세상은 오르가슴 그리고 그에 수반되는 육체적 해소를 성행위의 목적으로 본다. 그러나 하나님은 성행위의 목적을 그보다 훨씬 더 위엄 있는 무언가로 보신다. 성행위는 그저 일련의 황홀한 느낌이 아니라 진정으로 서로를 사랑하는 것이다.

성경은 성행위를 하는 동안 일어나는 육체적 해소에 대해 말하지 않는다. 하지만 성경은 배우자와의 친밀한 정서적 교감과 영적인 하나됨 곧 소울가슴에 대해 이야기한다.(에베소서 5:31을 보라.) 신학자이자 기독교 성 치료사인 더글라스 로즈나우 박사는 그것을 잘 표현했다.

"성행위는 오르가슴에 도달하는 것이 목적이 아니다. 사랑을 나누는 과정의 목적은 하나님이 계획하신 대로 기대, 따스함, 흥분, 서로 주고받는 즐거움, 친밀한 유대감으로 배우자와 결합하는 것이다."_04

오르가슴이 갖는 육체적 측면의 중요성을 무시하는 것은 아니다. 사실 우리는 육체적 오르가슴과 우리 몸이 오르가슴에 이르도록 하기 위해 어떻게 해야 하는지에 대해 이 장의 많은 부분을 할애할 것이다. 하지만 정서적이고 영적인 측면의 중요성을 고양하여서 그 세 영역이 같은 비중을 차지하게 되기를 원한다. 오르가슴은 케이크에 얹는 장식이지 주된 성분이 아니다. 그럼에도 불구하고 그 장식이 너무 맛있기 때문에 더 깊이 연구해볼 가치가 있는 것이다.

오르가슴이란 무엇인가

'오르가슴' 이란 단어의 어원이 갖는 의미는 '팽창하다' 또는 '흥분되다' 라는 것이다. 웹스터 사전은 오르가슴을 "성행위에서 정서적이고 육체적인 최고의 흥분 상태"라고 정의한다.

로즈나우 박사는 오르가슴을 "반사적인 반응. 그것은 의지를 가지고 하는 의도적인 행동이 아니다. 의식적으로 오르가슴을 느끼게 할 수는 없다. 오르가슴은 점점 증가하는 성적 긴장에 마음이 집중되면서 육체적, 정신적, 정서적 자극이 충분히 증강되었을 때의 산물이다."[05]라고 말한다.

오르가슴을 경험한 아내들은 그보다는 덜 임상적인 정의를 내린다.

"쾌감의 물결이 나를 덮쳤어요. 그건 마치 산에서 떨어지는 폭포를 타고 미끄러지는 것 같아요."

"오르가슴은 내 삶에서 가장 긴장이 풀리는 순간이에요. 스트레스가 다 증발해버리죠. 엄청난 쾌감이 나를 감싸요. 완전히 긴장이 풀리고, 평화롭고, 사랑스런 느낌이 들어요."

"내 안에서 100만 개의 작은 쾌감 풍선들이 한꺼번에 터지는 것 같아요. 그 쾌감 폭발은 약 20초 정도 계속되었다가 잠잠해지는데, 내 몸에는 머리에서부터 발끝까지 얼얼한 느낌이 남아요. 그런 흥분이 멈추고 나면 한숨을 내쉬죠. 그 느낌이 영원히 지속될 수 있으면 좋을 것 같아요."

오르가슴은 놀랍고 멋지지만 성행위의 한 요소에 불과하다. 성 연구가 매스터스와 존슨은 오르가슴을 성반응의 네 단계 중 하나로 본다. 네 단계 순환이라고 하니까 무슨 연소를 설명하는 공학용어처럼 들릴 수도 있을 것이다. 하지만 그것은 실제로 우리 몸이 사랑을 나누는 과정에서 거쳐가는 즐거운 과정이다. 각 단계들을 살펴보자.

1. 흥 분 기 : 충동이 일어나는 첫번째 단계를 흥분기라고 부른다. 남자들의 경우 이 단계는 성기가 팽창되는 것으로 나타난다. 여자들의 경우에는 질에서 애액이 분비되어 촉촉하게 젖는 것(이것은 사람에 따라 그리고 연령층에 따라 다양하게 나타난다. 어떤 여성들은 이런 경험을 하지 못한다)으로 나타난다. 이 단계에서 여성의 젖꼭지가 빳빳하게 일어서고 젖가슴이 팽창한다. 피가 몰려 외음순이 충혈되고, 클리토리스는 이완되었을 때보다 두세 배 정도 커진다.

2. 고 조 기 : 두번째 단계인 고조기에는 적절한 자극을 통해 흥분이 고조되고 친밀감이 쌓아올려지게 된다. 많은 부부들이 이 단계에서는 좀더 배우자 중심으로 행동하는 경향이 있고, 흔히 네 단계 중에서 가장 길고 가장 즐겁다. 남편은 아내를 기쁘게 하는 데 초점을 맞추고 아내는 그에 보답한다. 그들은 앞서거니 뒤서거니 서로의 몸에 열정의 불꽃을 지핀다. 스테파니는 이렇게 말한다.

"부부관계에서 내가 제일 좋아하는 부분은 오르가슴이 아니라 거기까지 올라가는 즐거운 느낌이에요. 성적 긴장을 쌓고, 잠시 쉬었다가 다시 쌓고 하는 과정에서 친밀감과 즐거움이 넘쳐요. 오르가슴의 극치가 굉장하긴 하지만, 더 좋은 건 아마도 긴장이 해소되기 전에 계속해서 열정의 감각이 커져가는 단계일 거예요."

3. 오 르 가 슴 : 세번째 단계에서는 근육 경련이 일어나 최고의 쾌감을 선사한다. 남자는 오르가슴이 다가오고 있다는 것을 감지할 수 있는 반면 일부 여성들은 언제 절정에 도달할지 인식하지 못한다. 남편과 아내가 오르가슴에 가까이 다가갈 때, 그들은 각자 자신의 성감에 집중해야만 한다. 오르가슴은 반사적인 행동이며, 여자는 절정에 도달하기 위해 그녀의 몸과 쌓여가는 긴장에 집중해야 한다. 갑자기 근육이 수축되면서 긴장이 해소되고 굉장히 민감한 감각이 느껴진다.

4. 해 소 기 : 오르가슴 후에는 긴장이 해소되고, 근육이 이완되고, 몸이 성적 흥분 이전의 원래 상태로 돌아간다. 남편과 아내가 해소기의 쾌감을 길게 즐길 줄 알게 되면 이 단계에서 엄청난 만족감을 얻을 수 있다. 한 여성은 두 사람이 함께 이완될 때의 기쁨을 이렇게 묘사한다.

"내가 부부관계에서 가장 좋아하는 부분은 '여운' 인 것 같아요. 우리는 실컷 쾌감을 즐기고 축 늘어져 있죠. 남편은 내 팔과 젖가슴에 걸쳐서 누워 있고 나는 그의 머리를 만져주거나 또는 내가 그의 가슴에 누워 있고 그가 나를 부드럽게 애무해줘요. 때로는 다정한 이야기를 나누며 서로에게 감사하기도 해요. 어떤 때에는 그냥 조용히 함께 누워 있기도 하고요. 정말 아름다운 순간이에요."

어쩌면 당신은 이 네 단계를 모두 경험해보고 싶은 마음이 간절하지만 실제로는 처음 두 단계를 넘어보지 못한 여성들 중 하나일지도 모르겠다. 당신에게 있어서 오르가슴은 몸 안에 숨겨진 헛된 꿈 같은 것이어서 그것을 찾고자 헤매고 있을 수도 있다. 도움이 될 만한 몇 가지 아이디어를 제안하려고 한다. 절정의 반응을 끌어낼 수 있는 가장 효과적인 방법 중 하나를 살펴보자.

사랑근육을 훈련하라

PC근육(치골미골근)은 사랑근육이다. 호기심을 자극하는 이 근육에 대해 들어본 적이 없는 여성도 있을 것이다. 반대로 "나는 PC근육에 대해 모든 것을 알고 있다."고 말하는 여성도 있을 것이다. 아마도 출산 교실에서 PC근육에 대해 배우기는 했는데, 그 이후에 까맣게 잊어버렸을 가능성이 많다. 하지만 물어보자. 운동을 통해서 그 근육을 강화하려고 노력해본 적은 있는가?

PC근육 운동 프로그램을 시작해야 할 충분한 이유가 있다. PC근육 또는 '오르가슴 근육'은 절정의 강도와 빈도를 조절한다.[06]

성의학자인 비벌리 위플 박사는 강한 PC근육이 어떻게 오르가슴의 가능성을 증대시키고 오르가슴을 더욱 강하게 느끼게 하는지 설명한다.

"치골미골근도 다른 근육과 마찬가지다. 강하면 강할수록 반응—이 경우에는 오르가슴—도 더 강해진다."[07]

PC근육 운동이 오르가슴에 도달할 가능성을 증대시키는 한 가지 이유는, 그 운동을 할 때 오르가슴 동안 일어나는 자연적인 근육수축과 유사한 수축운동을 한다는 점이다. 그리고 이 운동에서 가장 좋은 점은 조깅복이 필요하지 않다는 것이다. 책상에 앉아서, 싱크대에 서서 감자 껍질을 벗기며 또는 욕조에서 편히 누워 다른 사람 누구도 모르게 이 운동을 할 수 있다.

그렇다면 '오르가슴 근육' 운동은 어떻게 하는 것일까? 다음에 화장실에 가면 PC근육을 조여서 소변을 멈춰보라. 이 운동에서 수축시켜야 할 근육이 바로 그것이다. PC근육을 강화시키기 위해 3초간 이 근육을 수축시키고 3초간 이완하기를 반복한다. 이렇게 10번씩 반복하기를 하루 세 번 한다. 하루에 세 번 5초간 수축을 유지할 때까지 강도를 높인다. "궁극적으로는 일주일에 5일에서 6일 동안, 한 번에 50번씩 하루 세 번을 목표

로 해야 한다. 근육이 형성되면 일주일에 세 번 정도로 줄여도 좋다."_08

'오르가슴 근육' 강화는 오르가슴 반응을 증대시키기 위한 유일한 방법이 아니다. 여섯 가지 비밀을 더 공개한다.

오르가슴을 즐기는 아내들의 여섯 가지 비밀

여성들에게는 개개인마다 각각 다른 기술이 효력을 발휘한다. 다음의 제안을 시도해보고 어떤 것이 당신에게 맞는지 찾아보라.

1. 당신에게 맞는 방법을 파악하라

성 치료사 린다 드빌러스 박사의 연구에 따르면 여성의 28퍼센트가 한 가지 운동을 시작한 후에 절정을 경험하는 능력이 향상되었다고 한다.

"몸이 유산소운동에 적응하면 심폐기능이 더 효과적으로 움직이고, 이것은 성기 주위로 흘러가는 피의 양을 증대시켜서 오르가슴을 더 강하게 만들 수 있다."_09

에베레스트 산을 등반하는 것이 아니라 일주일에 세 번, 20분 정도 파워 워킹을 하거나 고정된 자전거를 타는 정도 또는 다른 유산소운동을 목표로 삼는다.

어떤 여성들에게는 운동이 도움이 되지만 정반대의 접근방법이 도움이 되는 경우도 있다.

"남편은 사랑을 나누자고 다가오는데 나는 몹시 지쳐 있을 때에는 먼저 함께 욕조에 몸을 담그고 긴장을 풀자고 말해요."

결혼 25년차인 메들린이 해준 이야기다.

"욕조에 몸을 푹 담그고, 라즈베리 차를 홀짝홀짝 마시면서 남편하고 조용히 이야기하고 있노라면 피곤함이 싹 사라지죠. 먼저 긴장을 풀면 나중에 절정에 오를 수도 있어요."

2. 입을 크게 벌리라

결혼하고 처음 3년 동안 모나는 '그런 척했다.' 결국 그녀는 용기를 내어 남편에게 사랑을 나누면서 흥분을 즐기기는 하지만 오르가슴을 경험해본 적은 한 번도 없다는 말을 했다. 그리고 그것을 배우고 싶다고 말했다. 그들은 함께 책을 읽고, 기도하고, 보물찾기에 나섰다. 모나는 사랑하는 남자와의 정직한 대화가 얼마나 중요한지 알게 되었다.

오르가슴을 경험하는 아내들의 비밀 중 하나는 커뮤니케이션을 사용하는 능력에 있다.

"남편에게 어떻게 해주면 좋은지를 전달하는 능력은 오르가슴을 느낄 가능성과 직접적인 관련이 있어요. 감정적으로 개방적인 여성들은 오르가슴을 경험하는 데도 매우 자유롭죠."_10

한 여성은 이렇게 표현했다.

"남편이 나를 기쁘게 해주고 싶어한다는 걸 알고 있기 때문에 정확히 어떻게 하면 좋은지를 그에게 말하는 것이 두렵지 않아요. 침실에서 나는 육체적으로만 벌거벗는 것이 아니라 정서적으로도 남편 앞에서 벌거벗죠."

당신은 특별하다. 당신의 몸도 특별하다. 어떻게 하면 당신이 좋은지를 남편에게 전달해야만 하는 이유가 바로 이것이다. 남편의 손을 잡고, 당신의 어디를, 어느 정도의 압력으로 만지면 좋은지 보여주라. 원을 그리듯 문지르는 것이 좋은지, 위아래로 쓰다듬는 것이 좋은지 아니면 깃털처럼 부드럽게 간질이는 것이 좋은지 그가 알게 하라.

3. 스스로 느끼도록 하라

육체적인 오르가슴을 경험하기 위해서는 쾌감에, 긴장을 높여가는 데, 욕구를 증대시키는 데 집중해야만 한다. 크리스천인 우리들은 자신에게 초점을 맞추는 것은 잘못이고, 받는 것이 아니라 주는 것에 집중해야 한

다는 생각을 종종 한다. 그러나 육체적인 오르가슴에 도달하기 위해서는
자신의 육체적 반응과 감정에 주의를 기울이는 것을 스스로에게 허용해
야만 한다. 그것은 이기적인 것이 아니다.

로즈나우 박사는 근사한 성관계는 좋은 결혼과 마찬가지로 한 개인이
배우자의 기쁨만이 아니라 전략적으로 자신의 기쁨에도 초점을 맞추는
것을 허용한다고 말한다. 오르가슴을 향한 당신의 이기적이고 은밀한 여
정과 강렬한 흥분이 상호 경험이 되고, 또한 배우자를 흥분시키는 놀라운
자극제가 된다는 것은 정말 매혹적인 역설이다._11

4. 아름다운 이름을 붙이라

하나님은 우리가 오묘하고 놀랍게 만들어졌다고 말씀하신다.(시편
139:14) 성기를 포함해서 여성의 몸을 만드신 하나님의 복잡한 디자인은
정말 놀랍다. 그러나 여성들은 '질' 이나 '외음부' 라는 말을 거의 하지 않
는다. 사람들은 성기 부분을 '저기 아래쪽' 이라고 말하거나 언급을 회피
하고 전혀 거론하지 않는다.

이와 반대로 중국 사람들은 성기에 아름다운 이름을 붙여 사용한다. 질
은 '옥문', 클리토리스는 '옥문의 진주' 라고 부른다._12 이런 중국식 이름
을 사용하면 우리의 성기가 놀랍고도 아름답게 만들어졌다는 점을 알게
하는 데 도움이 될 것이다. 이런 사랑스러운 구절을 사용하는 두번째 유
익은 성교를 하는 동안 대화를 촉진시켜줄 수 있다는 것이다. "여보, 내
진주를 만져줘요. 옥문이 준비될 수 있게."라는 말은 "여보, 내 클리토리
스를 만져줘요. 질이 준비될 수 있게."라는 말보다 훨씬 쉽다.

5. 감사하라

멜린다는 절대로 오르가슴을 경험할 수 없을 것이라고 생각했다. 그녀
는 자신의 몸이 성적으로 죽은 것 같다고 느꼈고, 어떻게 해야 감각을 부

활시킬 수 있는지 몰랐다. 멜린다는 낙담했고 남편도 마찬가지였다. 그녀는 자신이 오르가슴에 오르지 못한다는 것에 대해 불평을 늘어놓는 대신 모든 작은 일에 대해 하나님께 감사하기로 결심했다.

"남편이 내 뺨을 쓰다듬어서 기분이 좋아지면 나는 하나님께 감사했어요. 그가 내게 키스하는 것이 좋아도 하나님께 감사했죠. 그가 가슴을 만져서 아주 조금이라도 흥분이 되면 하나님께 감사했어요. 그 일이 성에 대한 내 태도를 변화시켰으니까 놀라운 일이죠. 이제 남편과 사랑을 나누는 시간은 더 이상 '내가 뭔가를 느낄 수나 있을까?' 하고 비관하는 시간이 아니라 '뭔가 하나님께 감사할 일이 있을 거야.' 라고 기대하는 시간이 되었어요. 서서히 나는 내 성감에 귀를 기울이기 시작했어요. 그것은 긴 과정이었지만 이제 나는 오르가슴을 경험해요. 하나님께 감사드린 행동이 오르가슴을 느끼게 된 것과 밀접한 관계가 있다고 믿어요."

6. 자신을 교육하라

성적인 농담이 난무하고 있는 시대이기는 하지만 우리는 여전히 몸이 작용하는 방식을 제대로 이해하지 못하고 있다. 여성의 오르가슴에 대해 자세한 정보를 제공해주는 두 권의 기독교 서적을 추천한다. 에드와 게이 휘트 부부의 《즐거움을 위한 성》은 남편과 아내가 함께 훈련 프로그램에 들어가 아내가 오르가슴에 이르도록 노력하라고 권한다.[13] 로즈나우는 그의 저서 《성의 경배》에, 아내가 좀더 쉽게 오르가슴을 경험하도록 돕기 위해 부부가 함께 노력할 수 있는 세 가지 구체적인 계획을 포함시켜놓았다.[14]

아무것도 소용이 없을 때

어쩌면 당신은 이 모든 비결을 시도해보고도 여전히 오르가슴을 경험하지 못했을 수 있다. 희망을 포기해야 하는가?

매기는 성적으로 반응하지 못하는 문제를 해결하기 위해 기독교 상담자를 찾아갔다. 그녀는 자기 몸과 PC근육을 훈련했고, 책을 읽고, 기도했다. 그러나 그녀는 결코 오르가슴을 느낄 수 없었다.

매기가 14세 때 성적으로 자유분방했던 그녀의 언니가 에이즈로 사망했다. 슬픔과 분노에 찬 매기의 엄마는 그녀에게 결혼 전에는 어떤 남자와도 절대 친밀한 관계를 갖지 말라고 애원했다. 어머니를 존중하고 싶었던 매기는 내면에서 일어나는 모든 성적 욕구를 깊숙이 밀어 넣었다. 멋진 남자와 결혼한 그녀는 성감을 다시 불러오려고 노력했지만, 그것은 영원히 사라져버린 것 같았다. 매기는 울면서 내게(린다) 왔다.

"남편 짐은 반응을 보이는 아내를 원하는데 나는 아무것도 느낄 수가 없어요. 나는 무슨 나무토막처럼 가만히 누워 있어요. 오르가슴을 경험하고 싶은데 그게 어떤 느낌인지 상상조차 할 수가 없어요. 내가 실패자처럼 느껴져요."

나는 그녀의 고뇌를 느끼고 함께 울었다. 그러고는 이렇게 말했다.

"왜 하나님이 응답하시지 않는지, 왜 당신과 짐에게 함께 오르가슴의 아름다움을 느끼는 기쁨을 주시지 않는지 나는 몰라요. 하나님이 최선의 것을 알고 계신다고 믿지만 내가 언제나 그분을 이해할 수 있는 것은 아니에요. 당신이 할 수 있는 일이 무엇이냐고 물었죠. 매기, 오르가슴이 중요하긴 하지만 성관계는 단순히 폭발하는 해소의 감정이 아니라 그 이상의 것이에요. 그것은 몸과 영과 혼이 친밀하게 결합하는 것이죠. 하나님이 육체적 오르가슴을 원하는 당신의 요구를 결코 들어주시지 않는다 할지라도 당신은 짐에게 경건하고 감각적인 아내가 될 수 있어요. 당신은 정서적 기쁨을 주고받는 것을 즐길 수 있어요. 남편에게 쾌감을 안겨주는 전문가가 될 수도 있죠. 당신은 그의 '술람미 여인'이 될 수 있어요."

당신이 오늘 어떤 상황에 있든 오르가슴—'멀티플'을 경험하든지 또는 한 번만이라도 느껴보고 싶어 고심하고 있든지—이 성관계에서 단 하나의 목적이 되어서는 안 된다. 성관계의 목적은 오르가슴이 아니라 소울가슴, 당신과 남편이 심원하고 아름다운 영혼의 하나됨을 경험하는 것이다. 모든 여성들이 소울가슴을 경험할 수 있다. 하나님이 그 방법을 당신에게 보여주시도록 하려는가?

1. '소울가슴'이라는 단어를 스스로의 말로 설명해보라.

2. 필요하다면 남편에게 이 장을 함께 읽고 그것이 각자에게 그리고 두 사람에게 어떤 의미가 있는지 이야기를 나누자고 청하라.

3. 이번주에 PC근육 운동 프로그램을 시작해보면 어떻겠는가?

4. 오르가슴을 느끼는 여성들의 여섯 가지 비밀에서 하나를 골라 이번주에 적용해보라.

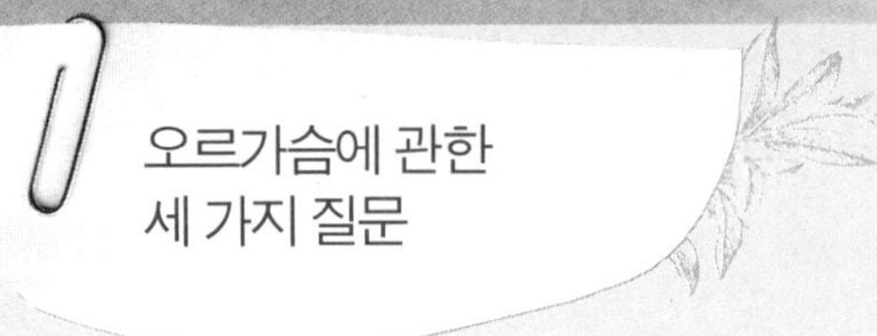

*** 오르가슴이 클리토리스를 중심으로 일어난다는 것이 정말인가?**

라틴어로 클리토리스는 '작은 열쇠' 다. 대다수 여성들의 경우, 오르가슴을 경험하는 열쇠는 클리토리스를 자극하는 것이다. 많은 의사와 전문가들이 이 점에 동의한다. 하지만 오르가슴이 클리토리스보다는 질을 중심으로 일어난다고 말하는 여성도 있다. 여성들마다 각기 독특한 방식으로 몸이 반응한다.

*** 여자들은 멀티플 오르가슴을 경험할 수 있는가?**

그렇다. 여자는 몇 분 간격으로 또는 사랑을 나누면서 흥분이 점점 빠르게 고조되는 격렬한 기간 동안 몇 번의 오르가슴을 경험할 수 있다. 많게는 그 순간 10에서 12회 정도의 경련이 일어나기도 한다. 어떤 여성들은 나이가 든 다음 젊었을 때는 경험해보지 못한 멀티플 오르가슴을 경험하고 깜짝 놀라기도 한다. 자신이 한 번 이상 오르가슴을 경험할 수 있다는 생각을 한 번도 해보지 않았기 때문이다.

*** 배우자와 동시에 오르가슴에 도달하는 것은 얼마나 중요한가?**

어떤 사람들은 부부관계의 진수는 부부가 동시에 오르가슴에 도달하는 것이라고 주장한다. 하지만 오르가슴은 의지에 의한 행위가 아니라 반사적인 반응이기 때문에, 동시 오르가슴을 경험한다는 것이 쉬운 일은 아니다. 함께 오르가슴에 도달하기 위해 노력하는 것은 함께 재채기를 하려고 노력하는 것과 똑같다. 그런 일은 좀처럼 쉽게 일어나지 않는다.

사랑을 나누는 데 '올바른 방식' 이란 없다. 중요한 것은 당신과 남편에게 즐거운 일이 무엇이냐는 것이다. 그 후 두 사람 모두에게 가장 잘 맞는 패턴을 찾아야만 한다.

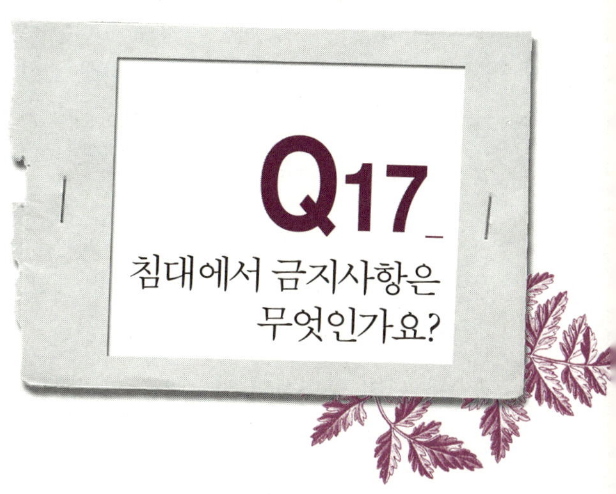

부부의 성문제에 대해 크리스천 여성들이 어떤 궁금증을 가지고 있는지 조사했을 때, 우리가 받은 질문은 무척 다양했다. 그 중 오럴 섹스에 대한 질문도 많았는데, 이 질문을 하는 각 사람의 마음에는 두 가지 관심사가 자리 잡고 있었다. 남편과 아내 사이의 성관계에서 하나님이 금지하시는 것은 무엇인가? 또 하나님이 허용하시는 것은 무엇인가?

서론에서 언급한 대로 이 책의 저술을 준비할 때 우리는 성경을 〈창세기〉에서부터 〈요한계시록〉까지 통독하면서 성과 관련된 모든 성경 구절의 목록을 수집했다. 우리가 만든 목록을 살펴볼 때에, 하나님이 결혼관계 안에서 엄청난 성적 자유를 허락하셨다는 것이 분명해졌다. 그러나 하나님은 또한 우리가 존중해야 할 몇 가지 금지사항을 정하셨다.

하나님의 열 가지 금지사항

이것은 하나님이 금지하신 열 가지 일들이다.

1 . 음 행 : 부도덕한 성행위인 음행(fornication)은 '더러운'을 의미하는 헬라어 '포르네이아(porneia)'에서 온 말이다. 광범위한 의미를 지닌 이 용어는 결혼관계 밖에서의 성교(고린도전서 7:2, 데살로니가전서 4:3), 계모와의 동침(고린도전서 5:1), 매춘부와의 성교(고린도전서 6:13, 15~16) 그리고 간음(마태복음 5:32)을 포함한다.

2 . 간 음 : 간음 또는 배우자가 아닌 사람과의 성관계는 죄다. 구약시대에는 사형에 처해지는 죄였다.(레위기 20:10) 신약시대에 예수께서는 간음을 단지 육체적인 행동만을 의미하는 것이 아니라 마음과 생각으로 하는 정서적인 행동까지 의미하는 것으로 확장하셨다.(마태복음 5:28)

3 . 동 성 애 : 성경은 남자가 남자와 성행위를 하고 여자가 여자와 관계를 하는 것이 하나님의 눈에 혐오스러운 것이라고 매우 분명히 말한다.(레위기 18:22, 20:13, 로마서 1:27, 고린도전서 6:9)

4 . 불 결 : 헬라어에는 '불결'로 번역되는 단어가 몇 개 있다. '더러워(헬라어로 molvno)'진다는 것은 한 사람이 동정을 상실하는 것(요한계시록 14:4)[01] 또는 세속적이고 근본적으로는 이교적인 생활방식으로 살아가는 것 때문에 더럽혀지는 것(고린도전서 6:9, 고린도후서 7:1)을 의미할 수도 있다. 헬라어로 '루포스(rupos)'는 일반적으로 도덕적인 불결을 의미한다.(요한계시록 22:11)

5 . 난 교 파 티 : 결혼한 부부가 다른 커플과 함께 난교 파티에 참여하는 것은 1, 2, 4번에 대한 명백한 위반이고 논의의 여지도 없는 일이다.

6 . 매 춘 : 성행위를 위해 돈을 지불하는 매춘은 도덕적으로 잘못된

것이며 성경 전반에서 비난받는다.(레위기 19:29, 신명기 23:17, 잠언
7:4~27)

7. 정욕 : 먼저 이 단어가 의미하는 바가 아닌 것을 이야기하자. 정
욕은 남편과 아내가 서로에게 갖는 강력한 성적 욕구를 의미하지 않는다.
그것은 하나님이 주신 욕망이다. 정욕은 남자와 여자가 자신의 배우자가
아닌 다른 사람에게 갖는 억제되지 않고 무분별한 성적 욕망을 의미한
다.(마가복음 7:21~22, 에베소서 4:19)

8. 소도미 : 《구약성경》에서 '소도미(sodomy)'는 남자와 자는 남
자를 의미한다.[02] 이 영어 단어는 "부자연스러운 성교, 특히 한 남자와 다
른 남자 또는 인간과 동물의 성교"를 의미한다.[03] 불행히도 몇몇 기독교
교사들은 소도미를 오럴 섹스와 동일시하는 실수를 범한다. 성경에서 남
색하는 자(sodomite)는 남자동성애자나[04] 성전에서 매춘하는 자(남자나 여
자)를 의미한다.[05] 현대에 와서 '소도미'는 때때로 남자와 여자 사이의 항
문 섹스를 의미하는 용어로 사용된다. 그러나 이는 성경에서 이 단어가
사용되는 의미는 아니다.

9. 음담이나 추잡한 농담 : 〈에베소서〉 4:29절에서 바울
은 "나쁜 말은 입 밖에 내지 말고"라고 말한다. 여기서 '나쁜'에 사용된
헬라어는 아주 기술적인 용어인데, 문자적으로 '썩은' 또는 '부식한'을
의미한다. 〈에베소서〉 5:4절에서 성경은 우리에게 '상스러운 농담'을 하
지 말라고 경고한다. 우리 주변에는 언제나 음담패설을 일삼는 사람들이
있다. 이것은 잘못이다. 결혼이라는 사적 영역에서 적절한 성적 유머를
배제하는 것은 아니지만 성을 웃음거리로 삼고 비하하는 것은 안 된다는
말이다.

10. **근친상간** : 가족이나 친척과의 성관계는 성경에서 특별히 금지되어 있다.(레위기 18:7~18, 20:11~21)

이제 이 목록을 읽었으니 당신이 가진 질문은 전부 대답이 되었다고 확신해도 좋은가? 그런 것 같지 않다. 하나님은 우리가 부부생활에서 많은 부분을 자유롭게 분별해서 행동하도록 남겨두셨다. 아마도 십중팔구 당신의 목에 걸려 넘어가지 않는 질문이 남아 있을 것이다. 쉘비는 이 목록을 읽고 이런 말을 했다.

"이 목록을 보니까 하나님이 잘못이라고 말씀하신 것이 무엇인지를 아는 데는 도움이 되네요. 하지만 나는 여전히 남편과 내가 옳은 일을 하고 있는지 잘 모를 때가 있어요. 우리 둘은 침대에서 멋진 시간을 갖는데, 이 따금씩 이게 하나님이 승인하시는 일일까라는 성가신 의문이 들곤 해요."

쉘비와 같은 사람들을 돕기 위해서 우리가 계속해서 받아온 질문들을 좀더 구체적으로 다루려고 한다.

오럴 섹스는 허용되는 것인가?

클리포드와 조이스 펜너 부부는 그들의 저서 《성의 선물》에서 오럴 섹스를 이렇게 정의한다.

"오럴 섹스는 파트너의 성기를 당신의 입, 입술, 혀로 자극하는 것이다. 남자는 여자의 클리토리스와 질 입구를 혀로 자극할 수 있고, 여자는 입으로 남자의 페니스를 자극하여 기쁨을 줄 수 있다."[06]

이 성적 자극은 남편과 아내를 오르가슴에 이르게 할 수도 있고 아닐 수도 있다. 성경은 이런 성행위에 대해 무엇이라고 말하는가? 대부분의 신학자들은 성경이 오럴 섹스에 대해 침묵하고 있다고 말한다. 어떤 사람들은 〈아가서〉의 두 구절이 분명하지는 않지만 오럴 섹스를 의미할 수도 있다고 생각한다.

그 첫번째는 〈아가서〉 2:3절이다.

> 숲속 잡목 사이에 사과나무 한 그루, 남자들 가운데서도 나의 사랑
> 임이 바로 그렇다오. 그 그늘 아래 앉아서 달콤한 그 열매를 맛보았
> 어요.

〈아가서〉 전체에서 '열매'라는 단어는 남성의 성기를 의미한다. 성경
외의 문헌에서도 열매는 때로 남성 성기나 정액과 동일시되므로 여기서
열매가 어렴풋하고 미미하게 오럴 섹스를 의미하는 것이라고 보는 것도
가능하다.[07]

두번째 가능성은 4:16절에서 찾을 수 있다.

> 북풍아, 일어라. 남풍아, 불어라. 나의 동산으로 불어오너라. 그 향기
> 풍겨라. 사랑하는 나의 임이 이 동산으로 와서 맛있는 과일을 즐기게
> 하여라.

이 에로틱한 말들은 솔로몬의 신부가 매우 감각적인 사랑의 정점에서
쏟아낸 말들이다. 술람미 여인은 남편에게 그녀의 동산(〈아가서〉 전체에서
여성의 성기를 의미하는 시적 표현으로 사용되었다)으로 불어와서 그 향기를
풍기게 하라고 청한다. 물론 확신할 수는 없지만 술람미 여인이 남편에게
입으로 자신을 애무해달라고 청하고 있다고 보는 것도 가능하다. 그러고
나서 그녀는 그에게, 그녀에게 들어와 그녀의 '동산'에 준비되어 있는 기
쁨의 향연을 즐기라고 초청한다.

더글라스 로즈나우 박사는 성경은 오럴 섹스라는 주제에 대해 침묵하
고 있다고 믿는다. "그렇기 때문에 그것은 옳은 것도 아니고 잘못도 아니

다."_08 《신약성경》은 크리스천의 자유를 핵심적으로 강조한다. 무엇이든지 그 자체로 부정한 것은 없다고 바울은 말한다.(로마서 14:14) 이 말은 아마도 성적 다양성을 포함하고 있을 것이다. 풀러신학교의 신학 교수인 루이스 스미즈는 그 자체로 부정한 것은 없다는 바울의 주장을 더 상세히 설명한다.

> 크리스천의 자유는 문화적으로 만들어진 '도덕적' 금기로부터 우리를 자유롭게 한다. 하늘에서 정해주신 규칙이 없기 때문에 유일한 제약은 다른 사람의 감정인 것 같다. 예를 들어 한쪽 파트너가 오럴 섹스에 죄책감을 느낀다면, 크리스천다운 반응은 그들이 서로의 감정을 조정할 때까지 상대편을 존중해주는 것이다. 반면에 그 파트너가 오직 미적인 이유에서 의혹을 품고 있고 그것이 성행위는 필요악에 지나지 않는다는 고정관념에 뿌리를 두고 있는 것이라면, 그들은 그리스도의 자유 안에서 성적 기쁨에 대해 부드럽고 다정하게 가르침을 받아야 할 의무가 있다._09

에드 휘트 박사 부부는 《즐거움을 위한 성》에서 오럴 섹스는 오직 남편과 아내에게 달려 있는 문제라고 말한다. 두 사람 모두 그것이 재미있고 즐거운 일이라고 생각한다면, 그것은 부부의 성관계에서 아무 문제가 없는 적절한 행위라고 볼 수 있다.

성생활의 목적 중 한 가지는 즐거운 사랑의 경험으로 기억의 보물창고를 채우는 것이다. 그런 기억은 앞으로 두 사람이 함께할 때 당신의 반응을 좀더 빠르게 불러올 것이다._10

한 목사의 아내는 남편이 긴급한 '약속'에 응해달라고 그녀에게 보낸 메모를 떠올리며 행복에 겨워 얼굴을 붉혔다.

남편과 아내 사이에서 이런 장난을 주고받는 것이 어떤 여성에게는 소름 끼치는 일일 수도 있다. 그녀에게 오럴 섹스란 혐오스러운 것이다. 그러나 다른 여성은 그 목사와 아내가 멋지고, 자유롭고, 창조적이고, 재미있는 부부생활을 하고 있다고 생각할 것이다. 그녀는 오럴 섹스가 이 부부의 성생활에 아름다운 차원을 더해줄 것이라고 본다.

더 나아가기 전에 이 장에서 우리가 의도한 것이 무엇인지 명확히 하자. 우리는 지금 당신의 부부생활에 오럴 섹스를 포함시키라고 제안하고 있는 것인가? 아니다. 우리는 지금 무언가를 권고하고 있는 것이 아니다. 우리의 목적은 하나님이 당신에게 금지하신 것이 무엇인지 설명하고, 당신의 결혼을 위해 하나님이 개별적으로 추천하시는 것이 무엇인지 그분의 지혜를 구하라고 격려하는 것이다.

부부마다 각기 다르다. 각각의 남편과 아내는 독특하다. 성경이 이 행위에 대해 침묵하고 또는 숨기고 있기 때문에, 하나님이 당신에게 허락하신 것을 발견하는 유일한 길은 그분께 직접 여쭈어보는 것이다. 당신의 성관계에 대해 하나님께 말씀드린 적이 한 번도 없다면, 지금이 바로 시작할 적기이다. 그것은 하나님께 충격을 드리는 일이 아니다. 기억하라, 성은 하나님의 아이디어다. 하나님은 지혜의 하나님이시다.(다니엘 2:20) 그분

은 우리가 지혜가 부족할 때 그분께 간구하면, 그것을 우리에게 주실 것
이라고 약속하신다.(야고보서 1:5)

하나님의 지혜를 구할 때 당신과 남편이 시도하고자 하는 일에 관해 다
음 세 가지 질문을 하면 도움이 될 것이다.

* 그것은 성경에서 금지된 것인가? 그렇지 않다면 그것이 허용된 것
  이라고 가정할 수 있다. "모든 것이 나에게 허용되어 있습니다."(고
  린도전서 6:12)

* 그것은 유익한가? 그 행위가 어떤 식으로든 남편이나 아내에게 해
  를 끼치거나 성관계를 방해하는가? 그렇다면 그것을 거부해야만
  한다. "모든 것이 나에게 허용되어 있습니다. 그러나 모든 것이 유
  익한 것은 아닙니다."(고린도전서 6:12)

* 거기에 다른 누군가가 관여하는가? 성행위는 하나님이 남편과 아
  내에게만 인가하신 것이다. 성행위가 다른 누군가를 끌어들인다거
  나 공적인 것이 된다면, 그것은 〈히브리서〉 13:4절에 비추어볼 때
  잘못이다. 그 구절은 우리에게 모든 혼인을 귀하게 여기고 잠자리
  를 더럽히지 말라고 경고한다.

성경에 구체적으로 언급되어 있지 않은 어떤 성행위에 대해 결정을 내
릴 때 이런 질문들이 어떻게 도움이 될 수 있는지 살펴보자.

바이브레이터는 허용되는 것인가?

어떤 부부들은 성교를 하면서 바이브레이터와 같은 도구를 사용하는
것을 좋아한다. 바이브레이터를 사용하는 것이 옳은지 그른지를 알기 위
해서, 위에서 말한 세 가지 질문을 적용해보자. 바이브레이터의 사용이

성경에 금지되어 있는가? 바이브레이터가 성관계에 유익한가? 바이브레이터의 사용은 다른 누군가를 끌어들이는가?

열 가지 금지사항을 살펴보건대, 바이브레이터의 사용을 금지하는 성경의 언급은 없다는 것을 알게 된다. 그러므로 바이브레이터가 부부의 성관계를 풍성하게 하고 부부의 사적인 즐거움을 위해 배타적으로 사용된다면, 그것은 허용된다. 그렇다고 해서 바로 달려나가 바이브레이터를 사라는 말은 아니다. 다시 말하지만 우리는 어떤 성행위를 권고하는 것이 아니다. 단지 당신이 하나님의 지혜를 구하면서 당신의 결혼에 최선의 것이 무엇인지 분별하는 데 도움을 주려고 애쓰고 있을 뿐이다.

성인 등급의 비디오는 어떠한가?

말할 필요도 없는 일이지만 성경시대에는 비디오가 없었고, 따라서 우리는 성경에서 "너희는 성인 등급의 비디오를 보지 말지어다."와 같은 구절을 찾아볼 수 없다.(이는 바이브레이터에 대해서도 마찬가지다.) 그러나 우리가 열 가지 금지사항의 목록을 읽을 때에, 붉은 기가 올라간다. 목록 2번에서 '간음'은 '한 여자를 정욕의 눈으로 바라보는 것'으로 정의된다. 비디오에 나오는 여성이든, 그림에 나오는 여성이든 또는 살아 있는 육체의 모습이든. 둘째로, 목록 4번은 '불결'을 '도덕적으로 더러운'으로 설명한다. 성인 등급은 '도덕적으로 더러운' 것을 특징으로 하는 것으로써, 하나님은 그런 것들을 경멸하신다.

이제 이 질문들을 적용해보자.

성인 등급 비디오는 성경에 금지되어 있는가? 2번과 4번에 기초해서 그렇다.

성인 등급 비디오는 유익한가? '도덕적 더러움'을 촉진하는 어떤 것도 유익하지 않다.

성인 등급 비디오는 다른 누군가를 끌어들이는가? 그렇다. 당신은 비디오에 등장하는 남자나 여자를 당신의 섹스에 관여하게 만든다.

우리는 세 개의 '회색지대' 곧 오럴 섹스, 바이브레이터 그리고 성인 등급 비디오를 살펴보았다. 다른 것들도 많이 있다. 당신과 남편이 기도하면서 하나님의 지혜를 구하고, 열 가지 금지목록들을 연구하고, 당신이 처한 구체적인 상황에서 무엇을 해야 하는지 분별하는 데 도움이 되는 세 가지 질문을 사용해보라.

크리스천인 우리들은 자유로운 동시에 책임이 있다. 우리는 우리가 사랑하는 사람에게 최선의 것을 추구해야 하고, 그와 그의 욕구를 나의 것보다 더 크게 생각할(빌립보서 2:3~4) 책임이 있다. 그러나 우리는 또한 자유롭게 성적 기쁨의 새로운 영토를 개척할 수 있다.

미국의 법률이 금지하는 것들

혼히 있는 일이지만 인간의 법은 종종 하나님의 법과 아주 다르다. 우리의 법제자들이 금지한 것들을 몇 가지 소개하자면 다음과 같다

* 남편과 아내 사이의 오럴 섹스는 23개 주에서 불법이다.
* 네브래스카 주 헤이스팅스에서는 부부가 벌거벗고 호텔에서 함께 잠을 자는 것이 법에 어긋난다.
* 몬태나 주 보즈먼에서는 부부가 벌거벗었다면 해가 지고 나서 그들의 앞마당에서 어떤 성행위를 하든 그것을 금지한다.
* 미네소타 주 알렉산드리아에서는 남자의 입에서 마늘, 양파나 정어리 냄새가 난다면 아내와 성관계하는 것을 금한다.
* 조지아 주의 한 변호사는 이런 말을 했다. "조지아 주에서 유일하게 합법적인 성행위는 결혼한 부부가 정상체위로 하는 것이다. 그것도 문을 닫고 해야만 한다."_11

루이스 스미즈 박사는 다음과 같이 말한다.

"성경에 금지되지 않은 성행위를 시도하는 것에 대해 기독교적으로 할 수 있는 말은 이것이다. '시도하라. 당신이 좋아한다면 그것은 당신에게 도덕적으로 선한 것이다. 그리고 서로에게 새로운 기쁨을 제공해주는 가운데, 더 깊은 사랑의 경험으로 모험을 떠나게 될 것은 당연한 일이다.'"_12

하나님은 당신에게 남편과의 성관계에서 엄청난 자유를 주셨다. 솔로몬과 술람미 여인에게 하신 그분의 말씀을 기억하라.

"먹어라, 마셔라, 친구들아! 사랑에 흠뻑 취하여라."(아가서 5:1)

1. 남편이 동의한다면 이 장을 그와 함께 읽도록 하자(그렇지 않다면 당신 혼자서 해도 좋다). 당신이 현재 하고 있는 성행위나 또는 두 사람 중 어느 쪽인가가 망설이고 있는 성행위에 대해 이야기를 나누어보자. 그러고 나서 다음 물음에 답해보자.

* 열 가지 금지사항을 읽자. 당신의 상황에 적용되는 것이 있는가?
* 세 가지 질문을 해보라. 생각이 명확해지는가?

2. 다음 질문들에 정직하게 답하라.

* 나는 하나님이 금지하는 어떤 것을 내 성관계에 허용하고 있지는 않은가?
* 나는 하나님이 허락하신 어떤 성행위를 금하고 있는가? (하나님은 이 문제에서 개별적인 지혜를 주신다는 것을 기억하라.)

3. 남편과의 성관계에 무슨 문제가 있는가? 〈야고보서〉 1:5절은 "여러분 가운데 누구든지 지혜가 부족하거든, 모든 사람에게 아낌없이 주시고 나무라지 않으시는 하나님께 구하십시오. 그리하면 받을 것입니다."라고 말한다. 하나님은 당신의 고민을 이해하신다. 그분은 당신에게 지혜를 주기를 원하신다. 지금 당장 시간을 내어 그 문제를 하나님께 말씀드리지 않겠는가?

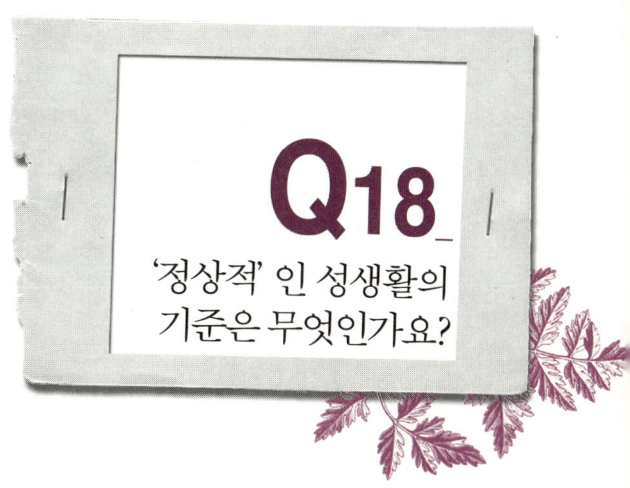

우리와 대화를 나누는 많은 여성들이 그들의 성생활이 정상이라는 확인을 받고 싶어한다. 그들은 이런 질문을 제기한다. '정상적인' 성생활이란 어떤 건가요?

이 장에서 우리는 성생활과 관련된 네 가지의 질문을 살펴보려고 한다.

* 얼마나 자주 하면 충분한가?
* 오로지 삽입 성교만이 '적절한' 성행위 방법인가?
* 계획을 잡아서 부부생활을 하는 것은 로맨틱하지 못한 일인가?
* 하나님이 보시기에 스피드 섹스도 괜찮은가?

얼마나 자주 하면 충분한가?

많은 사람들이 현재 자신들이 하고 있는 성생활이 정상적인지 어떤지를 알고 싶어서 여론조사를 살펴본다. 에드 휘트 박사는 5,000쌍의 부부에게 일주일에 몇 번이나 성관계를 하는지 물었다. 평균은 일주일에 두세 번이었다._01 다른 조사는 100쌍의 부부 중 33퍼센트가 한 달에 두세 번이나 그 이하로 성관계를 하고 있다는 것을 보여주었다. 1989년 시카고대학에 소재한 국립여론조사센터가 시행한 조사에서는 40세 이하의 기혼자들이 한 달 평균 겨우 6.5회의 성관계를 하고 있는 것으로 보고되었다. 모든 연령층의 응답자들은 한 달에 평균 4.75회의 성관계를 하고 있었다._02 이것은 휘트 박사가 보고한 일주일에 두세 번보다 훨씬 못 미치는 수치이다.

우리는 여러 조사결과를 읽으면서, 고학력층일수록 부부관계를 덜 하고 일주일에 60시간 이상 일하는 사람들이 그보다 짧은 시간 일을 하는 사람들보다 약 10퍼센트 정도 성적으로 더 활동적이라는 것을 알게 되었다._03 미국의 경우 북동부에 사는 사람들은 다른 지역에 사는 사람들보다 부부관계를 덜 하고 북서부에 사는 사람들이 가장 많이 한다._04

모든 여론조사 결과를 복음의 진리로 받아들인다면 우리 두 사람은 분명 일중독자에, 교육을 많이 받지 못했고, 아이다호 주 보이즈에 살고 있을 것이다. "얼마나 자주 하면 충분한가?"라는 질문은 올바른 질문이 아닐지도 모른다. 아마도 "당신 부부에게는 어떤 것이 성공적인 성적 만남인가?"라는 질문이 더 나을 것이다. 여기서 '성공'은 당신 부부를 만족시키고 필요를 채워주는 것이다. 그렇다. '평균적인' 미국인들은 일주일에 2.2회 정도 사랑을 나눈다. 그러나 문제는 얼마나 자주 하느냐가 아니라 얼마나 만족스러운가 하는 점이다.

메리 앤 메이요는 《기독교 성상담 가이드》에서 이렇게 말한다.

> 확실히 정상적인 경험에 관해 말하는 것보다는 성공적인 경험에 관해 말하는 것이 더 정확하다. 성능은 성공과는 거의 상관이 없다. 그렇다면 왜 그토록 많은 작가, 전문가, 저명인사들이 온통 멀티오르가슴에 이르는 마라톤의 미덕을 찬양하는지 의아할 것이다. 고성능은

경주용 자동차에는 미덕일지 모르지만 성공적인 성관계에서는 핵심
적인 요인이 아니다._05

그러면 과연 무엇이 '성공적인 부부관계'인가? 우리가 좋아하는 정의
는 이렇다. 그것은 자유롭고, 성숙하고, 창조적이고, 통합적이다._06 이 단
어들이 의미하는 바가 무엇인가? 우리는 이렇게 정의한다.

* 자유로운 – 하나님이 의도하신 대로 성적 기쁨을 주고받는.
* 성숙한 – 파트너를 우선적으로 생각하고 사랑하는 이에게 기쁨을 줄 수
  있기를 간절히 원하는 아가페의 사랑으로 감싸인.
* 창조적인 – 전통이나 선입견에 얽매이지 않고 새로운 방식으로 사랑을
  표현하는 데 열려 있는.
* 통합적인 – 성생활은 애정관계라는 케이크의 장식품이다. 그것은 서로
  얽혀서 부부의 삶이라는 조직을 짜간다.

한 여성은 성에 대해 이렇게 말한다.
"때로 부부관계는 내가 너무 피곤해서 성적으로 반응할 수 없음에도 불
구하고 남편의 등을 마사지해주거나 그에게 쾌감과 성적 해소를 가져다
주는 것(내 남편은 이것을 '자비 섹스'라고 부른다)이다."
다른 경우에 그것은 거칠고 자유분방한 행위이며, 폭발하는 오르가슴
이다. 일반적으로 성관계란 삽입 성교를 의미하지만 때로는 다른 방식으
로 쾌감을 주는 것을 의미한다. 아름다운 성적 만남은 화요일에는 이랬다
가 금요일에는 또 전혀 다를 수도 있다. 성공적인 부부관계는 실제로 무
엇이 두 배우자에게 즐거운 일이냐에 달려 있다.
이제 성적 해소를 경험하는 여러 방법들을 다루면서 두번째 질문으로
넘어가보자.

오로지 삽입 성교만이 '적절한' 방법인가?

부부가 결혼을 하고 살다보면 부부생활을 피해야 할 때가 생기게 마련이다. 예를 들어 출산 후, 몸을 쓸 수 없게 만드는 사고나 수술 이후, 심각한 질병을 앓고 있을 때 등이 그렇다.

부부는 이럴 때 모든 성적 행위를 삼가야만 할까? 아니면 조금 다른 방식으로 서로를 사랑하는 것은 어떨까? 삽입만이 유일한 '진짜'일까? 다른 형태의 성적 해소는 모두 비품인 것일까?

전문가들은 우리 몸이 삽입 성교가 아니고도 오르가슴에 이를 수 있도록 만들어졌다고 말한다. 성경은 정기적인 성적 해소의 가치를 분명하게 장려하고 있다.(고린도전서 7:1~5) 따라서 굳이 삽입 성교가 아니어도 부부의 성적 필요를 만족시켜주는 다른 방법이 있는지 시험해보는 것은 중요하다._07

삽입은 인간의 다양한 성적 경험에서 단 하나의 형태에 불과하다. 하지만 많은 크리스천 부부들은 삽입 성교만이 그들이 할 수 있는 '적절한' 성 행위라는 막연한 생각을 가지고 있다. 격렬한 열정의 순간만큼은 금기라고 생각했던 선을 넘어서기도 하지만 밝은 아침이 되면 지난밤의 일들이 잘못은 아니었나 의심을 품기도 한다._08

"어젯밤에 한 일을 생각하면 얼굴이 화끈거려요. 엄마가 어떻게 생각하실까, 우리 목사님은 또 어떻게 생각하실까, 내가 무슨 짓을 한 거지?"

삽입 성교가 사랑을 하는 여러 방법 중 하나일 뿐이라는 것이 맞는 말이라면, 왜 어떤 부부들은 삽입이 아닌 다른 방식으로 서로를 사랑하고 만족시키고 난 다음날 아침에 마음에 가책을 느끼는 것일까? 아마 그것은 우리가 전통적인 삽입 성교 이외의 방법으로 성을 표현하는 것은 잘못이라고 배워왔기 때문일 것이다.

메리 앤 메이요는 이렇게 말한다.

전통적인 삽입 성교가 아닌 다른 어떤 방식으로 성을 표현하는 것이 잘못이라면 이것은 하나님이 〈아가서〉에서 성을 묘사하신 것과 모순을 일으킨다. 그리고 이치에 맞지도 않는다. 입이나 혀나 손은 성적 목적으로 만들어진 것이 아니라고 말하는 것은, 사람들이 몸의 각 부분을 여러 다양한 목적으로 사용하고 있다는 사실과 창조성을 부인하는 것이다.

예수께서는 문제가 되는 것은 사람에게 들어가는 것이 아니라 사람에게서 나오는 것이라고 분명히 말씀하셨다. 이 진리를 성문제에 확장한다면, 죄는 몸의 지체들과 그 용도의 문제라기보다는 내적인 마음과 영혼의 상태에 관한 문제이다._09

물론 이것은 성경에서 구체적으로 금지하고 있는 성행위를 해도 좋다고 허용하는 것은 아니다.(17장을 보라.)

사도 바울은 "모든 것이 그 자체로는 거룩하다. 물론 우리는 그것을 다루거나 또는 그것에 대해 말하는 방식을 통해, 그것을 오염시킬 수 있다."(로마서 14:14, 메시지)고 말한다. 우리의 마음이 오염되지 않도록 지키고 거룩함에 마음을 기울일 때, 하나님은 우리에게 엄청난 자유를 주신다.

"그리스도께서 우리를 해방시켜주셔서 자유를 누리게 하셨습니다."(갈라디아서 5:1)

그리스도 안에서 우리는 우리를 노예로 삼는 성적 행동으로부터 해방되었으므로, 아무 거리낌 없이 자유롭게 배우자와의 성적인 즐거움을, 다양성을 누릴 수 있다.

성행위는 놀이의 한 형태이다. 루이스 스미즈는 이런 말을 한다.

하나님은 우리를 몸을 가진 사람으로 만드셨다. 몸은 놀도록—우리가 덧붙이자면—누군가와 함께 놀도록 되어 있다. 몸으로 노는 것보다 더 자연스러운 것은 없다. 몸 놀이가 오직 성행위에서만 제한된다면 그것은 심히 이상한 일이다.

크리스천의 자유는 문화적으로 만들어진 도덕적 금기들로부터 우리를 해방시킨다. 하늘로부터 주어진 규칙이 없기 때문에, 유일한 제한은 상대방의 감정이다._[10]

그러므로 질문에 대한 답은 삽입 성교만이 유일하고 '적절한' 방법은 아니라는 것이다.

계획을 잡아서 부부생활을 하는 것은 로맨틱하지 못한 일인가?

남녀가 사귈 때는 대부분 약속 날짜를 잡고 데이트를 한다. 그날을 기다리며 재미있는 일, 긴 대화와 산책을 기대할 뿐만 아니라 신체적인 접촉도 예상한다. 한 여성이 말했다.

"나는 주말에만 약혼자를 볼 수 있었는데, 한 주일 내내 그의 포옹과 그의 팔이 나를 안던 순간을 회상하면서 다시 만나는 꿈을 꾸곤 했어요."

이 여성이 연인과 함께 보낼 시간을 '계획'하는 것이 로맨틱하지 않게 생각되는가? 물론 아니다. 정신없이 돌아가는 그들의 스케줄 때문에 그건 어쩔 수 없는 일이었다. 그런데 왜 결혼을 하면 성적 만남을 계획하는 것이 로맨틱하지 못한 일이라고 생각할까? 두 사람이 서로를 바라보기만 해도 열정에 사로잡히는 영화와 다르기 때문인가?

남편과 저녁식사를 하다가 서로 눈이 마주치면 두 사람 사이에 열정이 휘몰아쳐야 한다고 생각하는가? 부부가 둘이서만 주말여행을 간다든지 아니면 둘이서만 저녁 외식을 할 때에는 이런 드라마가 일어나기도 하지만, 일상생활의 식탁 풍경은 그것과는 거리가 멀다. 아이들은 매달리고, 설거지를 기다리는 더러운 그릇들이 쌓여 있고, 전화를 해야 하고, 참석해야 할 모임이 있고, 지불해야 할 고지서들이 쌓여 있다. 아니면 하루 종일 해야 할 일들을 버겁게 감당한 후에 당신을 사로잡는 유일한 일은 잠자고 싶다는 것뿐이다!

대부분의 결혼한 부부에게 즉흥적인 열정은 잘 일어나지 않는다. 그러면 해결책은 무엇인가? 시간 정하기다. 시간을 정한다는 것은 계획하는 것을 의미한다. 그렇다, 계획.

"어쩜 그렇게 부자연스럽게! 로맨틱함과는 거리가 멀잖아!"라고 생각하는 대신 "시간을 정할 만큼 그렇게 마음을 쓰다니 정말 멋지네!"라고 반응하는 태도를 가져보라.

성 치료사 자넷 울프 박사는 부부관계를 계획해야 할 필요를 이렇게 이야기한다.

> 아주 자연스럽게 파트너와 사랑을 하게 된다면 좋은 일이다. 그러나 일반적으로 바쁜 생활을 하는 중에 그런 일은 잘 일어나지 않는다. 두 사람이 동시에 흥분하는 일은 두 사람이 동시에 오르가슴에 이르는 것만큼이나 거의 가망 없는 일이다. 할 만한 가치가 있는 일은 계획할 가치도 있는 일이다. 특히 그것이 방해받지 않는 일정한 시간과 공간과 자유를 필요로 하는 일이면 더욱 그렇다. 우리는 테니스 경기에서부터 차에 기름을 넣는 일에 이르기까지 항상 일을 계획한다. 성관계가 이런 다른 활동만큼 당신의 육체적, 정신적 안녕—우리의 관계에 대해서는 말할 것도 없다—에 중요하다는 것은 분명하다._11

사랑을 나눌 시간을 계획하는 것은 어쩔 수 없이 사랑을 하도록 만든다는 의미가 아니라 그것을 할 수 있는 기회를 만들어낸다는 의미이다. 성생활을 계획한다는 것은 축구경기를 관람하고, 운동을 하러 체육관에 가고, 친구들과 만나는 시간만큼 부부생활이 중요하다는 것을 인정하는 것이다. 사랑을 나눌 시간을 계획하는 것이 두 명의 아내에게 어떤 효과를 가져왔는지 살펴보자.

재닌의 말이다.

"금요일마다 쳐놓은 빨간 동그라미는 마치 최음제 같았어요. 정오쯤 되면 '오늘이 그날이네. 밤까지 어떻게 기다리지.' 라는 생각을 하면서 '성적 기어'를 넣게 돼요. 심지어는 수년 동안 하지 않던 일들을 하기 시작했어요. 남편 피터의 사무실로 아슬아슬한 이메일을 보낸다든지 아니면 그에게 전화를 걸어서 내가 오늘밤을 염두에 두고 있다는 것을 알려주죠. 사랑할 날을 정해놓고 하면 그것이 너무 건조하고 지겨운 일이 되지 않을까 걱정했어요. 그런데 오히려 신선함과 기대감이 넘쳐서 놀랐다니까요."

애나 역시 남편과 약속을 함으로써 부부생활을 더 재미있고 흥미진진한 일로 만들었다. 그녀에게 약속의 정의는 "서로를 사랑하며 충분히 시간을 가지고 친밀한 하나됨을 즐기기 위해 따로 떼어놓은 특별한 시간"이다. 같은 사무실에서 일하는 애나와 남편 닉은 며칠 전에 서로에게 그들의 약속을 상기시켜 주기도 하고 직장동료들이 있는 앞에서도 "닉, 우리수요일 정오에 중요한 미팅 있는 거 잊지 말아요!"라고 알려주기도 한다. 애나는 남편과 성적 만남을 위한 약속시간을 잡으면서부터 신혼이 되돌아온 것 같다고 말한다. 애나와 재닌처럼 우리도 이렇게 해야만 한다.

* 여유로운 시간이 있으면 그 시간을 잡는다.
* 시간이 없으면 시간을 만든다.
* 그 시간을 계획한다.

지금까지 성적 만남을 위한 시간을 정하는 것이 실제로 부부관계를 향상시켜 줄 수 있다는 것을 보았다. 하지만 아직도 질문이 남아 있다. 크리스천 부부에게 스피드 섹스도 받아들여질 수 있는 것인가?

하나님이 보시기에 스피드 섹스도 괜찮은가?

여자들은 사랑을 할 때 로맨틱한 분위기와 함께 길고 느린 사랑을 하기를 좋아한다. 물론 남자들도 이런 사랑을 좋아하지만 그러나 남자들은 모든 로맨틱한 의식을 빼버린 즉흥적인 성관계가 주는 강렬한 기쁨도 좋아한다. 이런 부부관계는 사랑과 배려가 빠진 것인가? 아니다. 한 남편의 말에 귀를 기울여보자.

> 나는 아내가 샤워를 하고 있을 때 뛰어 들어가서 우리가 하나로 맞물린 채 떨어지는 물을 맞는 것이 좋아요. 몇 분 이내로 목욕 수건 위에서 사랑을 하는데, 그건 정말 순수하고 가공되지 않은 기쁨이죠. 그렇게 하면 아내가 너무 사랑스럽고 그녀와 더 가까워진 것 같은 느낌이 들어요.

한 결혼상담자는 그것을 이렇게 표현한다.

"남자들이 별 준비 없이 그냥 아내와 사랑을 나눌 때면 특별한 종류의 자연스러움, 투항한다는 느낌, 열정을 경험하게 되죠. 그런데 좀더 의식적이고, 느리고, 단계를 밟아서 하는 사랑에서는 종종 이런 느낌이 사라져버려요. 사실 남자들은 여자들이 안정감 있고 부드러운 성관계를 원하는 것만큼이나 이렇게 순간적인 욕망에 몸을 내맡기는 섹스를 열망하죠."[12]

이런 스피드 섹스는 일부 여성들에게는 호소력이 없다. 그러나 이를 좋아하는 여성도 있다. 일부 크리스천 여성들은 그것이 잘못된 것이라고 생각한다. 불과 몇 분 동안 몸이 하나가 되는 것이 사랑의 표현일 수 있을까? 그것은 당신의 태도에 달려 있다. 단 몇 분 동안에도 많은 사랑과 배려가 표현될 수 있다.

사랑을 하는 데는 전혀 다른 세 가지 방법이 있다. 그 세 가지는 오르되브르 섹스, 가정식 요리 섹스, 미식가 섹스이다.

오 르 되 브 르 섹 스 : 이것은 방금 우리가 이야기한 스피드 섹스이다. 존 그레이 박사는 《화성남자 금성여자의 침실 가꾸기》에서 이렇게 말한다.

"여자에게 즐거운 경험을 선사하려면 시간을 들여야 한다고 말하는 책은 많이 있지만, 많은 시간을 들이지 않고 쾌감을 얻고 싶은 남자들의 정당한 필요에 대해서 말하는 책은 없는 것 같다. 여자들이 필요로 하는 섹스를 위해 인내심을 가지고 시간을 들이려면 남자는 이따금씩 스피드 섹스를 즐길 필요가 있다."[13]

우리가 말하는 '스피드 섹스'는 3분에서 5분 정도 사이에 하는 성교다. 그렇다, 그것은 속성이다. 하지만 감자 껍질이나 튀긴 서양호박으로 만든 오르되브르처럼, 그것은 훌륭한 식사를 위해 입맛을 돋우고 만족시킨다.

가 정 식 요 리 섹 스 : 오르되브르 섹스는 이따금 한번씩은 좋지만, 대부분의 부부가 즐기는 성 메뉴는 가정식 요리 섹스이다. 15분에서 30분 정도의 흥분, 전희 그리고 삽입. 존 그레이 박사는 이런 형태의 성관계는 오르가슴에 이르기까지 30분 정도가 걸린다고 말한다. 그를 위한 5분, 그녀를 위한 20분 그리고 두 사람이 함께 누워 사랑의 여운을 즐기는 5분 더.[14]

미 식 가 섹 스 : 이것은 여자들이 꿈꾸는 사랑의 형태이다. 사랑 이외에는 아무런 의무감도 없는 길고, 나른하고, 사치스러운 로맨스. 이런 사랑을 계속할 수 있으면 좋겠지만 실제 생활에서 그런 바람은 현실적이지 않다. 수요일 밤 아이들이 잠들고 난 후에 두 시간 동안 사랑을 나누는 일은 좀처럼 일어나지 않는다. 당신은 너무 피곤하고, 두 시간은 너무 길다. 그래서 당신은 오르되브르 섹스나 가정식 요리 섹스를 선택한다. 하지만 미식가 섹스는 결혼생활에 반드시 필요하다. 이런 특별한 경험은 부부가 다음번에 또다시 이런 성적 만남을 갖기까지 유지할 수 있는 불꽃을 일으켜준다.

오르되브르 섹스, 가정식 요리 섹스 그리고 미식가 섹스. 서로 다른 유형의 이 세 가지 성적 표현은 부부가 즐기는 성 요리책을 구성한다. 그러나 오늘 밤에 당신이 즐기고 싶은 성적 표현이 무엇인지를 배우자에게 어떻게 알게 할까?

단순하게 "우리 스피드로 해요."라고 말할 수도 있고, 그들만의 사랑의 언어로 오르되브르인지, 가정식 요리인지, 미식가 코스인지를 분명하게 전달할 수 있는 문구를 만들어낼 수도 있다. 예를 들어 '항해'라는 단어를 비밀코드로 사용한다면, 아내가 사랑을 나누기 원할 때 "오늘 날씨가 맑네요. 배 타러 가고 싶지 않아요?"라고 말하는 식이다. 배를 탄다는 것은 "우리 가정식 요리 섹스를 해요."라는 의미로, 두 사람 중 하나가 스피드 섹스를 하고 싶어지면 "쾌속정을 타러 가요."라고 말할 수 있을 것이다. 또 미식가 섹스로 호화로운 시간을 보내고 싶으면 "긴 크루즈 여행은 어때요?"라고 말할 수 있다._15 이런 식으로 하루저녁 남편과 함께 머리를 짜내서 당신들만의 사랑의 언어를 만들어보라.

즐거움은 하나님의 선물

성은 결혼한 부부에게 주시는 하나님의 선물이다. 그분은 당신이 남편과 거침없고 기쁨이 넘치고 성장하는 부부생활을 경험하기를 원하신다. 또 당신의 남편이 "(당신의) 사랑을 언제나 사모"(잠언 5:19)하기를 원하신다. 이 장에서 우리가 논의한 것들을 실행에 옮기라고 권하는 것이 아니다. 당신과 남편, 오직 두 사람만이 두 사람에게 맞는 것이 무엇인지 결정할 수 있다. 우리의 소망은 당신이 〈아가서〉에서 볼 수 있는 자유로움 가운데 진정으로 서로를 즐기게 되는 것이다.

우리가 이 장에서 다룬 네 가지 질문들은 성경에 구체적으로 답이 나와 있지 않다. 물론 당신이 직면하는 모든 상황에 대해 하나님이 직접 말씀해주시면 좋을 것이다. 하지만 이미 앞 장에서 언급한 대로 성경이 직접적으로 말하지 않을 때에는 하나님의 말씀에 표현된 성에 관한 전반적인 관점을 살펴보아야 한다. 하나님은 출산, 친밀한 하나됨, 지식, 위로, 유혹을 이기게 하기 위해 그리고 즐거움을 위해 성적 사랑을 선물로 주셨다. 하나님은 다른 모든 이유를 합한 것보다 즐거움에 대해 더 많이 말씀하셨다. 당신 부부에게 무엇이 '정상'인지를 결정할 때에 "어떻게 하면 우리가 즐겁지?" "어떻게 하면 우리가 성공적인 사랑을 경험할 수 있지?"를 물어보라.

한 여성은 남편과의 육체적인 관계를 다음과 같이 묘사했다.

> 우리의 성생활을 그림으로 그린다면 생각나는 단어는 '흐르는'이라는 것이에요. 우리는 서로에 대해 그렇게 자유로워요. 수줍음도 없고 장벽도 없어요. 그저 상대방에게 즐거움을 주고 싶은 바람이 있을 뿐이죠. 우리의 사랑은 때로 몇 시간씩 이어지기도 하고 때로는 몇 분만에 끝나기도 해요. 하지만 어떻게 하든 모두 아름다워요. 때로는 사랑을 나눌 시간을 계획하기도 하고 때로는 자연스럽게 하게 되기도 하죠. 보통은 삽입으로 우리의 사랑이 절정에 이르지만 때로는 다른 방식으로 상대방을 만족시키기도 해요. 우리의 사랑을 물이 흐르는 것 같다고 말한 대로, 어느 경우이든 마음이 편안해요. 우리 관계의 중심은 그리스도에 대한 헌신이에요. 성적 만남이 우리 결혼에서 가장 중요한 측면이 아닌 것은 분명하지만 한 번의 성관계는 다음번

까지 우리 안에서 타오르는 불꽃을 더해주지요.

이 말은 결혼생활에서 정상적인 성적 즐거움이 어떤 것인지를 보여준다. 다른 부부들은 이와 전혀 다른 모습일 수 있다.

당신에게 성적 자유는 어떤 모습인가? 기도하지 않겠는가?

주님, 제가 경건하고 감각적인 여자로 계속 성장하게 해주세요. 어떤 것이 정상인지에 대해 염려를 멈추고 무엇이 저와 제 남편에게 성공적인 부부생활인지에 마음을 쓰게 해주세요. 우리에게 거리낌 없고 기쁨이 넘치는 부부생활은 어떤 것일지 제게 지식과 지혜를 주세요.

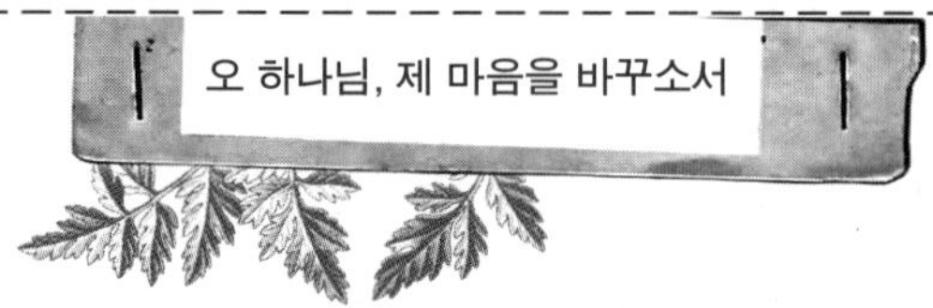

남편에게 이 장을 함께 읽고 다음 질문에 대해 함께 이야기해보자고 청하라. 가능하다면 시간이 많고 둘만 있을 때에 이것을 해보라. 남편이 함께하고 싶어하지 않는다면 혼자서라도 질문에 답해보라.

* 나는 우리의 성생활 빈도에 만족하는가?
* 나는 삽입 이외의 다른 방식으로 오르가슴을 주고받는 것에 아무 거리낌이 없는가?
* 사랑을 나눌 시간을 계획하는 것에 대해 어떤 기분이 드는가?
* 우리의 부부생활에서 오르되브르 섹스, 가정식 요리 섹스, 미식가 섹스는 어떤 자리를 차지하고 있는가? 어떤 유형의 관계를 원하는지 배우자에게 어떻게 전달하고 있는가?
* 우리에게 성공적인 부부생활은 어떤 형태인가?

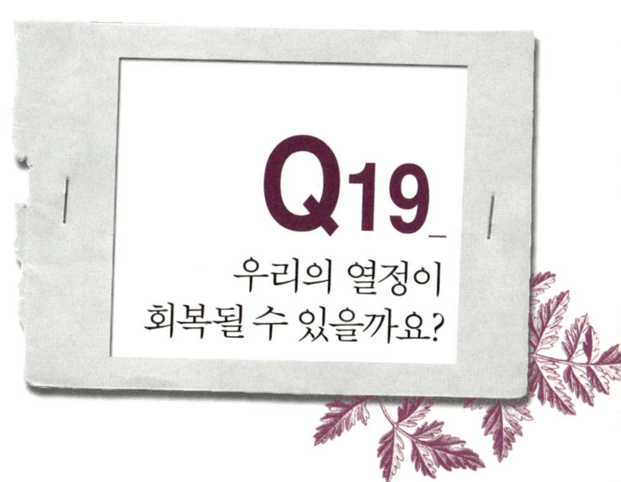

"나는 1분에 2킬로미터는 뛴 것처럼 심장을 두근거리게 만드는 연인을 갈망한다. 내 남편이 그랬다. 하지만 그 떨림은 사라진다. 모든 것이 조용하고 차분하고, 어느 순간 흙탕물처럼 둔탁해진다."_01

당신은 열정이 회복되기를 원하는 이 여성에게 공감할 수 있을 것이다. 당신은 결혼한 지 5년, 10년, 20년 또는 그 이상이 지났을 것이다. 영화는 에로틱한 분위기로 서로를 꼭 끌어안고 사랑을 나누는 부부의 모습을 보여준다. 소설에서는 두근거리는 열정이 휘몰아쳐서 자신을 주체하지 못하는 여주인공을 묘사한다. 당신은 '내게 무슨 문제가 있나?' 하는 의문을 품는다. 애가 타고 가슴이 두근거리는 열정은 기억일 뿐이다. 다시 돌아가고 싶다!

그래서 당신은 성급한 마음에 잡지를 집어든다.

* 빨래가 돌아가고 있는 동안 세탁기 위에서 사랑을 나누어라.
* 침실을 열정의 색깔인 보라색으로 칠하라.

＊ 야외에서 사랑을 나누어라.

이런 빠른 해결책이 도움이 될까? 이런 것들이 불을 붙일 수는 있다.(우리도 이 책 끝에 몇 가지 '점화장치'를 제공할 것이다.) 그러나 우리는 당신이 단순한 점화장치 이상을 생각해보길 원한다. 열정의 불길에 바람을 불어넣고, 그 불이 일생 동안 결혼관계를 따뜻하게 하며 계속해서 탈 수 있도록 하는 방법을 생각해보았으면 좋겠다.

열정은 연료이다. 그러나 우리는 영화나 소설이 묘사하고 있는 것과는 다른 방식으로 열정에 대해 생각해야 할 필요가 있다. 이렇게 하기 위해서는 열정의 진짜 근원을 찾아야 한다.

열정의 정의

웹스터 사전은 열정을 "저항할 수 없는 강렬한 느낌이나 감정; 사랑, 열렬한 애정, 사랑의 욕망"이라고 정의한다.

우리는 〈아가서〉에서 풍부한 열정을 본다. 매 장마다 강렬한 감정들이 살아 있다. 하나님은 그 책의 끝에 가서야 열정의 정의 그리고 열정적인 사랑의 근원을 보여주신다. 하나님은 열정은 강렬하고, 값을 헤아릴 수 없을 만큼 소중하며, 주님의 정열의 불꽃이 그 근원이라고 말씀하신다. 술람미 여인, 그 신부가 사랑하는 임에게 전하는 말 속에서 사랑과 열정에 대해 시적으로 표현한 아름다운 정의를 읽어보자.

도장 새기듯, 임의 마음에 나를 새기세요. 도장 새기듯, 임의 팔에 나를 새기세요. 사랑은 죽음처럼 강한 것, 사랑의 시샘(NRSV 원문은 passion 곧 열정이다—옮긴이)은 저승처럼 잔혹한 것, 사랑은 타오르는 불길, 아무도 못 끄는 거센 불길입니다. 바닷물도 그 사랑의 불길 끄지 못하고, 강물도 그 불길 잡지 못합니다. 남자가 자기 집 재산을 다 바친다고 사랑을 얻을 수 있을까요? 오히려 웃음거리만 되고 말겠지요.(8:6~7)

이 구절의 아름다운 깊이를 좀더 쉽게 파악하도록 돕기 위해 다음과 같이 풀어 써보았다.

> 내 사랑하는 임. 나를 당신의 마음에 새기세요. 나를 당신의 가장 소중한 소유물로 여겨 당신의 품에 꽉 끌어안으세요. 당신의 사랑은 죽음처럼 강하고, 저항할 수 없는 힘으로 나를 사로잡아요. 나 자신을 이 사랑에 맡기고, 그것이 나를 온전히 빨아들이기를 갈망해요. 당신을 향한 내 사랑은 격렬하고, 강력하고, 죽지 않아요. 무덤이 죽은 자를 내줄 수 없듯이 나도 당신을 내줄 수 없어요. 내 열정적인 사랑은 사람이 불을 붙인 불꽃이 아니라 거룩하신 하나님이 붙이신 불꽃이에요. 그것은 어떤 강력한 물길로도 끌 수 없는 불꽃, 완벽하게 방수된 횃불이에요.

술람미 여인이 표현한 이 열정적인 사랑은 전능하신 주 하나님이 우리에게 가지고 계신 열심 있는 사랑에 뿌리를 두고 있다.

〈아가서〉 8:6~7절에 '열정'으로 번역된 그 히브리어 단어는 《구약성경》의 다른 곳에서 종종 하나님의 열정을 묘사하기 위해 사용되었다. 때때로 그 단어는 열정으로 번역되지만 다른 경우에는 질투 혹은 열심으로 번역된다. 우리는 '주의 열심'이라는 구절을 여러 곳에서 발견할 수 있다.(열왕기하 19:31, 이사야서 9:7, 37:32) 하나님의 열심, 그분의 백성을 향한 열정적이고 질투하는 사랑은 강렬하고도 가치를 헤아릴 수 없는, 모든 것을 소멸하는 열정이다.

나는 영원한 사랑으로 너를 사랑하였고, 한결같은 사랑을 너에게 베
푼다. 처녀 이스라엘아, 내가 너를 일으켜 세우겠으니, 네가 다시 일
어날 것이다. (예레미야서 31:3~4)

하나님의 사랑은 강렬하고, 헤아릴 수 없을 만큼 소중하고, 계속해서 우
리를 세워준다. 그것은 항상 찾아내고, 항상 쫓아다니고, 항상 세워준다.
솔로몬을 향한 술람미 여인의 열정적인 사랑은 하나님의 사랑만큼이나
불같이 격렬한 헌신을 내포한다.

이것이 진짜 열정이다. 이것이 거룩한 열정이다. 지칠 줄 모르고 타오르
는 불길을 점화하시는 분은 항상 사랑하는 자를 찾아내고, 그녀를 쫓아다
니고, 그 사랑을 세워주는 우리의 사랑 넘치는 하나님이시다. 이러한 열
정은 관계의 내면 깊숙한 핵심에서 시작해서 사랑의 불길이 밝게 타오를
때까지 우리의 존재 모든 면으로 침투해 들어간다.

어떻게 하면 이 열정의 불길을 우리 결혼에 타오르게 할 수 있을까? 열
정에 우선순위를 두는 것으로 시작할 수 있다.

열정에 우선순위 부여하기

《결혼한 부부의 슈퍼 섹스》의 저자 폴 피어설 박사는 이렇게 말한다.

결혼이 먼저다. 다른 모든 사람들과 일은 결혼 다음이다. 자녀들, 부
모, 일 그리고 놀이는 결혼이 희생됨으로써가 아니라 결혼이 우선됨
으로써 유익을 얻는다. 왜냐하면 결혼은 모든 다른 과정에 중심이 되
는 단위이기 때문이다. 뿌린 대로 거두는 것이 진실이라면 결혼은 심
각한 곤경에 처해 있다. ……만일 우리가 사랑하는 데 허용하는 시
간만큼만 일하는 데 시간을 쏟는다면 아마도 실직하거나 파산하게

될 것이다._02

부부들은 애정관계에서 친밀감을 구하고 있지만, 심고 돌보지 않았기 때문에 보잘것없는 것을 거둘 뿐이다. 괴테의 말이 옳았다.

"가장 중요한 일이 가장 사소한 일에 좌우되어서는 안 된다."

우리 두 사람은 우리 삶에서 하나님의 우선순위를 지키기로 헌신했다. 하나님이 첫째고, 남편이 두번째이다. 그러한 헌신은 남편과의 성적인 열정을 포함한다. 우리는 해마다 남편에게 더 적극적인 아내가 되기로 맹세한다. 올바른 우선순위를 지키는 것—남편이 지상에 있는 모든 사람들 중에 첫번째이다—이 기초다.

남편을 향한 당신의 태도는 어떠한가? 그가 높은 우선순위에 있는가? 당신은 그를 당신의 연인으로 보는가 아니면 단순히 아이들의 아버지, 쓰레기나 버려주고 코를 골며 자는 사람으로 바라보는가? 당신은 그를 '연인의 시선'으로 바라보는가 아니면 너무 많이 봐서 이제는 실제로 보고 있지도 않은 시선으로 보고 있는가? 헌신의 강도가 점점 약해지는가? 아직도 그를 첫번째로 추구하는가 아니면 당신의 마음과 생각에서 그가 맨 마지막인가? 그를 쫓아다니고 두 사람 사이의 열정적인 사랑을 세워가기 위해서 노력하는가 아니면 당신의 애정생활은 죽어가고 있는가?

열정을 되찾는 것은 남편의 연인이 되는 것에 대한 당신의 태도와 일차적인 관계가 있다. 열정은 우선순위에서 시작되는 것이지 성기에서 시작되는 것이 아니다. 아침에 남편이 샤워를 하고 있을 때 문을 열고 들어가 "당신은 내 인생에서 가장 중요한 사람이에요."라고 말한 것이 마지막으로 언제였는가? 그러고 나서 다음 단계로 그에게 즐거움을 선사한 것은 언제였나?

어쩌면 당신은 이런 생각을 하고 있을 것이다.

'린다, 로레인, 당신들은 대체 어느 별에 살고 있는 거예요? 일상적인

생활을 하면서 남편을 연인의 시선으로 바라보는 사람은 아무도 없어요. 당신은 지금 지불해야 할 고지서들이 쌓여 있는 마루에서 그를 덮치라거나 밥을 하면서 그를 유혹하라고 말하고 있는 거예요?'

열정이 불타도록 유지하는 것이 어렵다는 것은 인정한다. 하지만 불가능한 것은 아니다. 사랑은 하나의 이벤트가 아니다. 그것은 환경이다. 우리는 열정에 우선순위를 두고 열정이 지배할 수 있는 분위기를 마련해야 한다.

열정을 위한 분위기 마련하기

웹스터 사전은 '분위기'를 "장소에서 받게 되는 좋은 느낌"이라고 정의한다. 당신의 연인이 침실에 들어오면서 어떤 느낌을 가질까? 열정인가 패닉인가? 욕망인가 절망인가? 안방 침실이 온 가족의 쓰레기를 내다버리는 곳처럼 되어버린 집들이 너무 많다. 개키지 않은 옷들이 바닥에 널려 있다. 의자에는 오래된 신문이 쌓여 있다. 7년 전 이사 왔을 때 풀지 않은 상자들이 구석에 밀려나 있다. 곰팡이가 핀 빵 조각과 냄새나는 테니스 신발이 침대 밑에 흩어져 있다.

한 여성이 말했다.

"침대에서 내가 눕는 자리 쪽에 책이 아홉 권이나 쌓여 있더군요. 적어도 육 개월은 거기 있었나 봐요. 마치 거기 아무것도 없는 것처럼 그곳을 쏙 빼놓고 청소기를 돌렸던 거죠."

안방 침실은 흔히 제일 청소를 하지 않고, 제일 나중에 장식한다. 거실, 부엌, 아이들방은 창조적으로 인테리어를 하지만 안방 침실을 누가 본다고?

침실에 들어가서 찬찬히 살펴보라. 열정적인 사랑을 위해 마련된 장소라고 할 수 있는가? 그렇지 않다면 무대를 마련하라.

<아가서>에서 왕은 사랑하는 사람을 위해 엄청난 노력을 기울여 호화로운 신부의 방을 준비한다. 그는 신부가 고향에 온 듯한 느낌을 갖도록 그녀의 고향에서 침실 천장에 설치할 전나무 목재를 주문하기까지 했다.(1:17) 화려한 그들의 침실은 아마도 비단으로 꾸며졌을 것이다. 왕은 수백 킬로미터나 떨어진 곳에서 수송해온 목재의 비용을 지불할 여유가 있었다. 그가 그랬던 것처럼 종들이 있어서 당신이 바라는 모든 것을 대신 해줄 수 있다면 로맨틱한 분위기를 만드는 것은 쉬운 일이다. 요점은 아름다운 장소와 열정을 품는 데 도움이 되는 분위기를 만들기 위해 솔로몬이 진심으로 배려했다는 것이다.

우리에게는 로맨틱한 분위기를 만들어주기 위해 대기하고 있는 종이 없지만 제한된 예산으로도 우리의 연인을 찾아오게 하고 열정적인 사랑에 빠지게 할 안식처를 만들어낼 수 있다. 당신의 침실을 살펴보고 하나님께(그리고 창조적인 친구에게) 어디서부터 변화를 주어야 할지 물어보라. 침실 분위기를 조성하기 위해 쓸 수 있는 돈이 있다면, 그렇게 하라. 돈이 없다고 해도 빠듯한 예산 때문에 당신의 연인이 쉴 곳을 마련하는 일을 포기하지 말라.

나(로레인)는 우리의 안방 침실과 욕실을 영국식 정원으로 바꾸었다. 꽃무늬 벽지를 바르고, 커튼과 어울리는 주름장식 이불을 깔고, 벽에 하얀 격자틀을 못으로 박고 나자 새로운 분위기가 만들어졌다. 그러고 나서 나는 격자틀에 실크로 만든 담쟁이와 장미 조화를 엮어놓고, 창고 세일에서 구입한 하얀 정원 벤치와 영국식 새장을 가져다놓았다. 마지막으로 99센트를 주고 초록색 스프레이 페인트를 사서 액자틀, 전등의 갓, 탁자를 칠했다. 그것으로 변화가 완성되었다. 총 비용은 300달러가 들었다.

안방에 들어가거든 시간을 가지고 찬찬히 살펴보라. 실제로 부부관계를 하는 것 이외에 부부가 함께 즐길 수 있는 가장 좋은 방법은 함께 샤워나 목욕을 하는 것이라고 한다. 당신의 욕실은 열정적인 사랑을 위해 준비되어 있는가? 그렇지 않다면 무대를 마련하라.

지금 나(린다)는 멋진 욕실을 가지고 있다. 산이 바라보이는 창문이 있고 두 사람을 위한 자쿠지가 있다. 그러나 바로 직전의 우리 집 욕실은 참으로 보기 흉한 곳이었다. 좁은 바닥에는 칙칙한 색깔의 작은 타일들이 붙어 있고, 적갈색 타일 위로는 촌스러운 진분홍색 벽이 이어졌다. 심지어 천정까지 진분홍이었다. 거기에다 싸구려 시트지가 캐비닛을 장식하고 있었다. 이 방에서 내가 느낀 유일한 열정은 즉시 수리를 하고 싶다는 것뿐이었다.

나는 '감추기' 작업을 시작했다. 바닥은 깔개를 깔아서 덮고, 투명 시트지에는 페인트를 칠하고, 진분홍 벽에는 벽지를 발랐다. 그 다음에 나는 친구와 품앗이를 했다. 그녀는 벽지와 어울리는 고상한 샤워 커튼과 창문에 드리우는 장식 천을 만들었고, 그동안에 나는 그녀의 아이들을 돌보고 그녀를 위해 저녁식사를 준비했다. 멋진 거래였다. 작은 욕조는 어떻게 해볼 수 없었지만 거기서 '큰' 기억들을 많이 만들었다.

침실과 욕실은 열정을 품을 분위기를 만들어줄 수 있다. 혹시 당신의 집에 벽난로가 있는 축복을 받았다면 그것을 백분 활용하라. 벽난로는 분위기 그 자체다. 머린다는 그렇게 했다.

우리는 주말여행을 떠날 돈이 없었기 때문에 집 안에 로맨틱한 은신처를 만들었다. 친구가 주말 동안 아이들을 데려가주었다. 내가 쓴 유일한 비용은 바람을 불어넣는 더블 매트리스를 구입한 것이었는데, 그것을 벽난로 앞에 가져다놓았다. 이것이 우리에게 '집을 떠난 집'이 되어주었다. 남편과 나는 타오르는 불길 앞에서 피크닉을 즐기고, 사랑을 나누고, 꿈을 이야기하고, 서로의 팔을 베고 잠이 들었다. 빨갛게 달아오른 난로 앞에서 사랑을 하고 잠이 드는 것이 얼마나 로맨틱한 일인지 미처 몰랐었다.

열정을 위해 분위기를 마련하는 것은 중요하다. 그리고 당신 자신이 열정을 품도록 준비하는 것도 마찬가지로 중요하다.

열정 준비하기

예민한 감각성(sensuousness)은 남편이 방으로 들어오기 전 당신의 마음에서 시작한다. 성적으로 생각하기는 마음의 불꽃, 집중이다. 당신 자신에게 열정적으로 집중할 시간을 허락해주었는가? 당신의 마음은 가장 중요한 성기관이라는 것을 기억하고, 그것을 사용하라.

레이첼은 재택근무를 하는 그래픽 디자이너인데, 스스로에게 열정을 위한 시간을 주지 않았다는 것을 알게 되었다.

"사랑을 나누기 위해 무대를 준비하고, 남편에게 열정적인 밤을 기대하라고 말하고, 그가 좋아하는 음식을 만들었어요. 나를 빼고 모든 게 준비되었죠. 나는 남편이 문을 열고 들어오는 순간까지 지금 맡아서 진행하고 있는 디자인 프로젝트에 몰두하고 있었어요. 외적인 준비는 잘 되어 있었지만 내 마음과 몸은 '프로젝트 기어'에 맞추어져 있었고, 실제 '열정 기어'로 바뀌지 않았죠. 한 가지 교훈을 얻었어요. 나는 나를 준비시켜야 한다는 것. 그건 내 마음이 열정에 맞추어지도록 나에게 시간을 주는 것을 포함하는 일이죠."

조앤은 다음과 같이 말했다.

"우습게 들리겠지만 목욕을 하고, 부드러운 음악을 틀고, 남편의 낡은 사각 팬티를 입으면 내가 사랑을 준비하는 데 도움이 되요. 그는 그걸 입은 나를 보는 걸 좋아하죠. 어쨌거나 이렇게 하면 나는 긴장이 풀리고 분위기가 잡혀요. 대부분의 여자들은 얇게 비치는 네글리제를 입으면 섹시한 느낌이 든다고 하지만 나는 남편의 사각 팬티를 입으면 그래요."

당신의 마음과 몸이 열정을 준비하는 데 도움이 되는 것은 무엇인가?

당신의 성생활 레퍼토리에 다음 네 가지를 집어넣도록 해보라. 재미와 놀이, 부드러운 터치, 열정적인 운동, 휴가 모드의 정신.

야호! 노는 시간이다

에스키모 언어로 섹스라는 단어는 '웃는 시간'이다. 당신의 부부생활을 즐거움과 놀이와 웃음이 넘치는 시간으로 정의할 수 있는가? 누군가의 말처럼 우리는 전희(foreplay)에서 '전(fore)'을 빼고 그냥 유희라고 말해야 한다. 그러면 사랑의 메시지를 보내는 놀이는 어떨까?

로나는 열정에 빠지고 싶은 마음이 들면 페퍼민트를 담은 작은 그릇을 침대 옆 탁자 위에 올려놓음으로써 남편에게 신호를 보낸다. 메릴리는 한 번이 아니라 연달아 세 번, 남편에게 키스를 하는 것으로 자기가 할 마음이 있다는 신호를 보낸다. 커트니는 마음이 내키면 침대 옆에 놓아둔 초에 불을 켜고, 데비는 "우리 보드 게임해요. 내가 보드가 되고, 당신이 게임을 하고."라고 말한다.

이런 아이디어들을 시도해보라. 우습게 보일 수도 있지만 좀 우스워질 필요도 있다. 눈을 감고 사랑을 나누어보라. 한마디 말도 하지 않고 사랑을 해보라. 계속해서 속삭이면서 사랑을 해보라. 옷을 다 차려입고 사랑을 나눠보라. '어떻게' 하느냐고 묻지 말고 한번 해보라. 웃음이 나올 것이다. 다양한 방법으로 키스를 시도해보라. 키스는 쉼표도 될 수 있고, 물음표도 될 수 있고, 느낌표도 될 수 있다! 그 모든 것을 재미있게 시도해보라.

이제 감이 잡히지 않는가. 성과 '심각한'이라는 말이 너무 자주 붙어 다닌다. 침실에서 분위기를 가볍게 하기 위한 방법들을 찾아보고, 웃음과 기쁨과 장난을 되찾으라.

부드러운 터치가 열정의 티켓이다

하나님은 우리의 몸을 감각적인 터치에 반응하는 피부로 창조하셨다. 결혼하고 몇 년이 지나면 우리가 서로의 몸을 만지는 방법은 흔히 두세 가지로 줄어든다. 마지못해 뺨에 키스하거나 등을 어루만지는 정도의 전혀 성적인 감정을 담지 않은 무성의한 터치 또는 지극히 한정된 곳에 완전히 성적인 감정만을 담은 터치. 열정의 왕국으로서 우리 몸 전체가 가진 가능성은 간과된다.[03]

UCLA의 한 연구는 정서적이고 육체적인 건강을 유지하기 위해서는 남자와 여자 모두 매일 8~10번의 의미 있는 터치가 필요하다는 것을 보여준다.[04] 터치는 건강뿐만 아니라 열정을 유지하는 데도 중요하다. 당신의 마음에 있는 열정이 어떻게 손으로 옮겨갈 수 있을까? 남편의 개인 마사지사가 되어보면 어떨까. 간단히 몇 가지 방법을 배우거나 마사지에 관한 책만 읽어도 제법 잘할 수 있다. 그러고 나서 남편에게도 당신의 개인 마사지사가 되어달라고 격려해보라.

마사지를 해주는 한 가지 방법은 머리 감기를 감각적인 예술로 전환하는 것이다. 사랑하는 사람의 머리를 마사지하고 손가락으로 머리칼을 쓰다듬는 데는 에로틱한 무언가가 있다. 실내온도를 조금 높이고 나이트가운이나 잠옷은 그냥 서랍 속에 넣어두라. 서로 벌거벗은 몸을 만지면서 잠들어보라. 옷을 벗고 잠을 자고 머리를 감겨주는 일은 간단한 즐거움일 뿐이다. 하지만 이런 단순한 터치가 주는 즐거움이 사랑의 열정을 더해줄 것이다.

PC근육 운동

이미 앞에서 '사랑의 근육', 치골미골근(PC근육)에 대해 언급했다. 이 근육이 어디에 있고, 어떻게 운동하는 것인지는 16장에서 다루었다.

이 근육을 강화하면,

* 질 감각이 증대되고, 그러면 쾌감이 증대될 수 있다.
* 성적 욕망에 당신을 맞추게 된다.
* 오르가슴의 강도가 증대된다.
* 당신이 그의 성기를 잡는 힘을 실제로 느낄 수 있게 되면서 남편의
  기쁨을 증대시킨다._05

휴가 모드

가장 멋진 부부관계를 경험했던 순간을 생각해보라. 어디에 있었는가?
산 속의 별장이나 아니면 바닷가 작은집이었을 가능성이 있다. 태양, 모
래, 사랑 그리고 해방감. 일상에서 벗어나 긴장을 풀고 즉흥성과 즐거움
을 누릴 준비가 되어 있었기 때문이다.

어떻게 하면 휴가 모드를 병에 담아서 일상의 삶으로 가져올 수 있을
까? 우선 두 사람이 서로에게만 집중할 수 있도록 적어도 서너 시간 정도
의 시간을 떼어놓으라. 둘째, 규칙을 정하라. 무슨 주제든지 이야기할 수
있지만 아이들과 직장 문제는 제외한다.(무슨 말인지 이해가 될 것이다.) 남
편과 돌아가면서 그 시간을 계획하라. 다음은 그런 계획들의 예이다.

마 사 지　데 이 트 : 커다란 타월과 향기 나는 마사지 로션을 구입하
라. 그리고 '개인 마사지사' 로서 당신의 전문적인 솜씨를 발휘하라.

침 대　위 의　피 크 닉 : 두 사람이 샌드위치를 싸서 침대로 가라.
TV를 끄고 그를 켜라. 조명을 어둡게 하고 초를 켜라. 당신의 삶에 관해

서 이전에 그에게 말해본 적이 없는 무언가를 남편에게 이야기하라. 그
다음에는 그가 이야기할 차례다.

모 텔 데 이 트 : 아이들이 없는 곳에서 두 사람만이 즐기는 모텔 데
이트는 당신의 애정생활에 맛을 더해줄 것이다. 소꿉놀이를 하듯 '미니
휴가' 놀이를 해보라.

필요하다면 5시부터 자정까지 아기를 돌봐줄 사람을 구하라. 그러고는
특별한 소풍 음식과 연인을 위한 목욕용품 선물 세트를 싸가지고 단 둘이
서 전화도 없고, 아이들도 없고, 의무도 없고, 방해도 받지 않은 채 오롯이
몇 시간을 보내보라. 오감 하나하나를 위해 무언가를 하고, 당신의 사랑
을 한껏 즐기라. 이것은 돈을 쓸 가치가 있는 일이지만 저녁을 먹고 영화
를 보는 것보다 돈이 더 많이 드는 것도 아니다.

당신의 남편은 이렇게 하는 것을 어떤 영화보다 더 좋아할 것이다. 남편
을 모텔로 데리고 가서 미니 휴가를 즐겼던 한 아내는 이것이 '낙수 효과'
가 있는 일이었다고 말했다. 성적 자유와 재미가 그들과 함께 집으로 돌
아왔기 때문이다.

평생 지속되는 열정

세상에 떠돌아다니는 온갖 창조적인 아이디어들을 알고 있을 수는 있
지만 정작 중요한 질문은 이것이다. "그래서 그것을 적용하는가?" 기꺼이
열정에 우선순위를 부여하려는 의지가 요구된다. 다음 이야기는 앤 랜더
스의 인생 상담에 실렸던 것인데, 바로 그렇게 실천한 부부의 이야기다.

지난 주말, 우리 부부는 부모님의 50주년 결혼기념일을 축하했어요.
이날 아침 두 분은 오랫동안 기다려왔던 하와이 여행을 떠나셨어요.

그분들은 마치 신혼여행을 가는 것처럼 흥분해 계셨어요.

우리 부모님이 결혼을 하셨을 때는 집 가까운 곳으로 3일 동안 여행을 다녀올 정도의 돈밖에 없으셨다고 해요. 그분들은 사랑을 나눌 때마다 저금통에 1달러씩 모아서 그 돈으로 50주년 결혼기념일에 하와이로 여행을 가자는 약속을 하셨어요. 아버지는 경찰관이셨고 어머니는 학교 선생님이셨어요. 두 분은 검소한 집에서 사셨고 수리도 모두 손수 하셨어요. 다섯 자녀를 키우는 일은 힘겨웠고, 때때로 돈이 부족했어요. 하지만 어떤 긴급한 일이 일어나더라도 아버지는 어머니가 '하와이 계좌'에서 돈을 꺼내지 못하게 하셨어요. 돈이 점점 불어나자 두 분은 그 돈을 저축통장에 넣었고 나중에는 양도성예금증서를 사셨어요.

우리 부모님은 언제나 사랑이 넘치셨죠. 아버지가 집에 돌아오셔서 어머니에게 "내 주머니에 1달러가 있어요."라고 말씀하시던 것이 기억나요. 그러면 어머니는 미소를 지으며 "나는 그 돈을 어떻게 쓸지 알고 있죠."라고 대답하곤 하셨어요.

자녀들이 하나하나 결혼할 때마다, 어머니와 아버지는 우리에게 저금통을 선물하시면서 그분들의 비밀을 말해주셨어요. 그 이야기를 들은 우리는 황홀해했죠. 지금은 우리 오남매가 모두 꿈의 허니문을 위해 저금을 하고 있어요.

부모님은 돈을 얼마나 모았는지 절대 말씀해주지 않으셨지만, 상당한 액수일 게 분명해요. 왜냐하면 양도성예금증서를 현금화하셔서 하와이 비행기표를 사고, 열흘 동안의 호텔 숙박비와 충분히 쓸 돈을 마련하셨거든요. 여행을 떠나시기 전에 우리에게 인사를 하셨는데, 아버지가 윙크를 하시며 말씀하셨어요.

"오늘부터 우리는 멕시코의 칸쿤에 갈 돈을 모으기 시작할 거란다. 그건 25년이면 충분할 거야!"_06

활활 타오르는 불길은 커다란 통나무를 차곡차곡 쌓아놓고 성냥을 켜는 것으로 시작되지 않는다. 오래 지속되는 불길을 만들어내는 방법은 작은 것에서 출발한다. 마른 종이, 약간의 불쏘시개, 작은 가지들 그리고 마지막으로 통나무가 필요하다. 불은 분명 계속해서 온기를 주고 밝게 유지해주는 경향을 가지고 있다. 이와 마찬가지로 열정의 불도 '작은 불쏘시개'들이 쌓아올려진 것이다. 열정의 불꽃이 밝게 타오를 때까지 생각에 생각을, 행동에 행동을, 하나하나 차곡차곡 사랑의 가지들을 쌓아올려야 한다. 분명 그런 노력을 기울일 만한 충분한 가치가 있을 것이다.

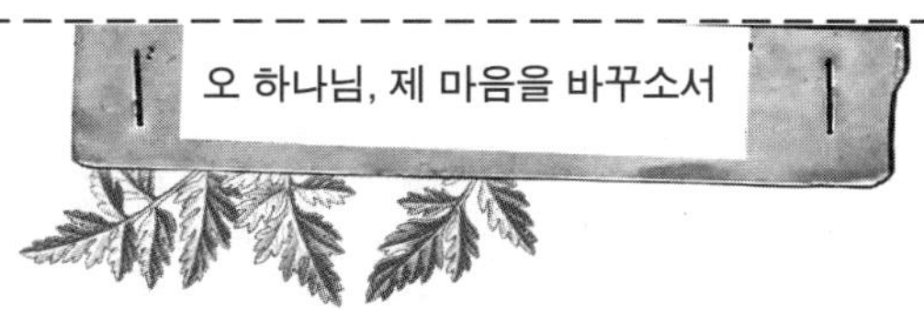

1. 침실과 욕실 분위기를 점검하라. 좀더 열정을 불러일으킬 수 있는 분위기를 만들기 위해 어떤 단계를 밟을 수 있을까?

2. 앞에서 이야기한, 열정을 불러일으키기 위해 가능한 네 가지 계획 중에서 하나를 고르자. 그리고 이번주에 그것을 당신의 사랑 만들기 레퍼토리에 집어넣어보자.

하나님은 우리 각 사람에게 오감을 만들어 넣으셨다. 그 감각들에 좀 더 민감해짐으로써 열정을 불타게 하고, 사랑을 나누면서 그 모든 감각을 통합시키기 위해 기꺼이 약간의 돈을 내어놓도록 하자.

| 후 각 | 감정과 분위기에 변화를 가져오는 가장 빠른 방법은 냄새를 통한 것이다. 후각이 다른 감각보다 뇌에서 더 빠르게 작용하기 때문이다.

* 당신의 몸에 향수, 파우더, 로션 등을 바르자.
* 방에 포푸리나 향기 나는 초를 놓자. 혹은 가지고 있는 향수를 전구에 한번 뿌려 주어도 좋다. 남편이 도착하기 직전에 불을 켜면 방 전체에 향기가 퍼지고 기분 좋은 향기를 맡을 수 있게 된다.

| 시 각 | 시카고대학에 있는 국립여론조사센터가 조사한 바에 따르면 남자와 여자에게 두번째로 호소력이 있는 성적 행동(첫번째는 삽입이다)은 파트너의 벗은 모습을 보는 것이라고 한다._07

* 천천히 감각적으로 옷을 벗는다.
* 흔들리는 촛불 아래에서는 어떤 몸이든 더 아름답게 보인다.
* 침실 조명을 낮춘다.

| 청 각 | 소리로 분위기를 마련한다.

* 흐르는 시냇물 소리를 내주는 탁자용 작은 샘.
* 부드러운 빗소리나 파도소리를 담은 CD나 카세트테이프.

| **촉 각** | 터치는 가장 효과적인 보디랭귀지다. 열정이 다가오고 있다는 신호를 보내는 레퍼토리를 개발하라.

＊ 실켓 가공된 가는 면이나 공단 이불

＊ 천천히 길게 하는 마사지

＊ 하루에 최소한 한 번, 5분 동안의 포옹

| **미 각** | 애를 태우는 사랑을 위해 톡 쏘는 맛을 더하라.

＊ 민트향의 가글액은 망설이던 키스를 불러온다.

＊ 얼음을 넣은 좋아하는 음료수.

＊ 베개 위나 당신 몸의 달콤한 부위에 숨겨놓은 자그마한 키스 초콜릿.

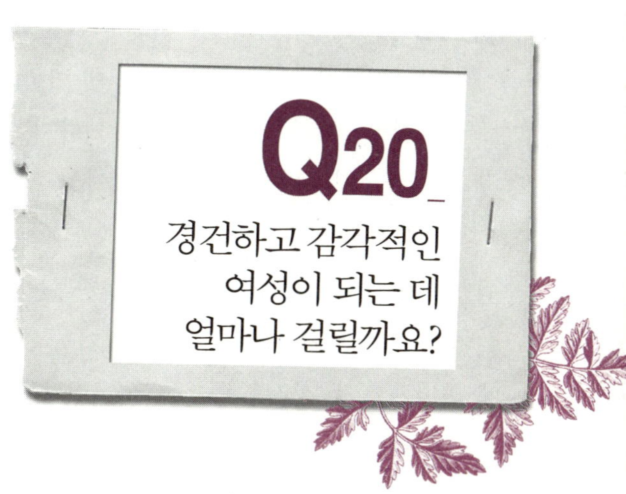

누구도 예외 없이, 우리 모두는 성경이 그리는 경건하고 감각적인 여인이 될 잠재력을 지니고 있다. 다만 그렇게 변화하는 데 시간이 걸린다는 것을 깨달아야만 한다. 변화는 내면에서부터 일어난다. 그것은 애벌레가 나비로 변하는 과정을 설명하는 데 사용되는 단어인 '변태'와 유사한 것이다.

우리는 잿빛 벌레가 천연색의 날개를 가진 우아하고 아름다운 나비로 바뀌는 이미지를 좋아한다. 하지만 그 과정에서 벌레가 기울여야 하는 노력에 대해서는 거의 생각하지 않는다. 유충이 속에서부터 가느다란 실을 뽑아내는 것을 상상해보라. 한 가닥 한 가닥, 벌레는 자기 주변에 고치를 짓는다. 몇 주가 지나도 결국 아무것도 변한 것은 없다. 그러나 그 고치 안에서 유충은 변화하고 있다.

유충과 마찬가지로 우리도 하나님의 말씀으로 주변에 고치를 지을 때 변화한다. 하룻밤 사이에 변하지는 않을 것이다. 하지만 우리가 계속 고치 안에 머물러 있으면, 언젠가는 남편과 함께 하나님이 선물로 주신 즐거움을 누리기 위해 날개를 달고 날아오르는 우아하고 자유로운 피조물로 태어나게 될 것이다. 바로 이런 일이 발레리에게 일어났다.

발레리는 남편과의 관계에서 '변태' 하고 싶었다. 그들은 결혼한 지 20년이 되었고 그들의 성생활은 시들했다. 발레리는 부부관계에 대한 마음가짐이 너무 부정적이었기 때문에 자신에게 잘못이 있다고 느꼈다. 브루스와 결혼하기 전에 그녀는 몇 번의 불행한 성경험을 했다. 일곱 살 때 그녀는 삼촌의 괴롭힘을 받았고, 스물한 살 때는 남자친구 캘빈 때문에 임신을 했다. 그녀가 아이를 유산시키기도 전에 그는 그녀를 떠났다. 그 후에 그녀는 모든 성적 감정을 닫아버렸고, 모든 에너지를 영적 성장에만 집중시켰다.

발레리는 부부의 성과 관련한 우리의 성경공부 모임에 참석했다.

"너무 오랫동안 이 영역에서 성장하기를 미뤄왔어요. 내가 어떻게 해야 할지 알려주세요."

나(린다)는 발레리에게 매주 나를 만나서, 이 책의 일정 부분을 읽고 성경을 암송하고 일기를 쓰는 '과제들' 을 받아들이겠느냐고 물었다. 그녀는 기꺼이 동의했다. 다음의 일기는 그녀가 쓴 것이다. 그녀는 자신이 배우고 있는 것이 이 책을 읽는 당신에게 용기를 줄 수 있기를 바라면서 자신의 글을 여기 실어도 좋다고 허락해주었다.

발레리의 일기

7 월　2 5 일 : 오늘 오후에 린다를 만났다. 하나님, 당신은 우리의 대화 가운데 함께 하시고, 우리가 기도할 때 가까이 계셨습니다. 우리 두 사람 모두 우리가 거룩한 기반 위에 있다는 것, 당신이 우리에게 성과 관련해서 당신의 마음과 생각을 어렴풋이나마 보게 하신다는 것을 느꼈습니다. 주님, 당신은 성이 제게 무거운 짐이라는 것을 알고 계십니다. 하지

만 저는 주님을 영화롭게 하고 제 남편을 영화롭게 하기를 원하기 때문에
제 생각이 성장하기를 원합니다.

8월 3일 : 지금 막 '경건하면서 동시에 감각적인 여성이 될 수 있
을까요?' 라는 장을 읽었다. 내가 성을 그다지 즐기지 못하는 이유는 나
자신에게 감각적인 사랑을 받아들이도록 허용하지 않기 때문이라는 사실
을 깨달았다. 나는 남편 브루스를 만나기 전에 많은 남자들과 데이트를
했고, 그 중 많은 시간을 남자들을 떼어내려고 애를 쓰느라 보낸 것 같다.
(주님, 당신은 제게 크리스천이 아닌 남자들과 데이트를 하는 것에 대해 경고하
셨지만 저는 듣지 않았습니다.) 노. 노. 노. 나는 그 단어를 수천 번은 말해야
했다. 캘빈을 만났을 때, 나는 '예스' 라고 말해버렸다. 내가 하고 있는 일
이 잘못이라는 것은 알고 있었다. 그리고 혹독한 값을 치렀다. 그와 헤어
지고 나서 나는 성관계를 멀리했다. 그 후에 브루스와 결혼했고, 이제부
터는 항상 '예스' 라고 말해야 했고 '이건 옳은 일이야.' 라고 생각을 바꾸
어야 했다. 하지만 내 노력과는 달리 내 안에 있는 무언가가 여전히 성을
너무 즐기는 것은 잘못이라고 말했다.

8월 10일 : 내 감각적인 부분이 감옥에 갇혀 제한을 받는 죄수
같은 느낌이다. 불쌍한 브루스. 그는 나를 너무 많이 참아준다. 그것은 마
치 그의 삶에 '아내와의 친밀한 즐거움' 이라고 이름 붙은 방이 있는데 내
가 문을 걸어 잠그고 열쇠를 어디에 두었는지 몰라서 절대 들어가지 못하
고 있는 것과 같다. 결과적으로 성적인 측면에서 그의 성장은 나와 함께
위축되어 왔다.
"준비됐어요, 여보. 하나님이 나에게 열쇠를 주셨어요. 우리 같이 문을
열어요."라고 말하고 싶다. 그러나 두렵다. 내겐 너무 낯선 일이다. 그 문
뒤에 있는 무언가가 내 것이고, 그것이 내게 맞을 것이라는 느낌이 들지

않는다. 그러나 하나님, 그 방 안에 있는 것은 주님이 제게 입히고 싶어하시고 저를 위해 맞춤으로 디자인하신 것입니다. 잘 어울릴 거예요. 그것을 입으면 아름답게 보일 것입니다. 남편은 제가 입고 있는 옷을 너무 좋아할 거예요. 그러나 저는 이 사실을 믿음으로 믿어야 합니다. 제 내면에서 그 문 뒤에 있는 것은 다른 누군가를 위한 것이지 저를 위한 것이 아니라고 외쳐대기 때문입니다.

8월 12일 : 이번주에는 내 생각에 관한 3장을 읽었다. 나는 성에 대한 생각이 얼마나 중요한지 깨닫지 못하고 있었다. 나는 절대적으로 생각을 이식할 필요가 있다. 〈아가서〉에서 두 구절을 암송하려고 한다. 그것이 도움이 되었으면 좋겠다.

8월 17일 : 린다가 내게 브루스와의 성생활을 풍성하게 하기 위해 이번주에 할 일을 한 가지 정하라고 도전해왔다. 어떻게 하면 지루한 성관계가 뜨거워질 수 있는가에 대해 다루고 있는 장을 읽은 후에, 바로 지금부터 사랑을 하면서 좀더 말을 많이 하기로 결심했다. 지금은 아무 말도 하지 않는다. 그것은 누군가와 함께 공원을 산책하는 것과 같은 일일 게다. 하지만 나는 두렵다. 내가 바보 같은 소리를 하면 어떻게 하지? 실제로 내가 느끼지 않는 것을 말할 수 있을까? 나한테는 전혀 자연스럽지 않은 방식으로 행동할 수 있을까?

하나님, 실은요, 저는 제 자신을 감각적인 여자로 보지 않지만 주님은 그러십니다. 제 남편도 그렇습니다. 하나님, 제가 하려고 하는 일을 실행에 옮길 때 주님이 저를 보시는 눈으로 제 자신을 바라볼 수 있도록 도와주세요. 주님이 도와주실 것을 신뢰하려고 합니다. 아버지, 당신을 사랑하고, 남편을 사랑합니다. 〈빌립보서〉 1:6절의 약속을 의지하면서, 저를 주님의 손에 올려드립니다. 선한 일을 내 안에서 시작하신 분께서 그 일을 완성하시리라고 저는 확신합니다.

8 월 1 9 일 : 어제는 내가 지금까지 한 중에 가장 아름다운 사랑을 나눈 날이었다. 나는 두 시간 동안 나 자신과 욕실을 준비했다. 코를 즐겁게 하기 위해 초와 향수를 준비하고, 귀를 즐겁게 하기 위해 피아노 음악을, 입을 위해서는 치즈 스틱과 에그롤을, 눈을 위해서는 꽃과 비누거품을 준비했다. 남편은 너무 행복해했다. 그는 톡 쏘는 사이다와 생화를 가져왔다. 우리는 두 시간 동안 그 모든 것과 서로를 즐겼다. 이전에는 부부가 몇 시간씩 사랑을 나누었다는 이야기를 들으면 도대체 그들은 무엇을 할까 의아했다. 이제 알 것 같다.

욕조에 몸을 담그고 내가 쓴 일기의 앞부분을 브루스에게 읽어주었다. 내 의심과 실패감을 그에게 알려주어야 할 필요가 있었다. 그는 내게 아주 다정하게 행동했다. 그가 말하지는 않았지만 내가 기울인 노력에 대해 고마워한다는 것을 알 수 있었다. 나는 약간 부끄러웠지만 말로 그에게 더 많은 표현을 해주었고, 그는 그것을 좋아했다.

8 월 2 1 일 : 내가 암송하고 있는 구절들이 정말 이상한 순간에 머릿속에 떠오른다. 식품점에서 쇼핑 카트를 밀고 있을 때나 교회에서 찬송을 부르고 있을 때 등. 하나님, 성에 관한 제 관점을 변화시키기 위해 주님의 말씀을 사용해주세요.

8 월 2 2 일 : 하나님 아버지, 오직 주님의 성령만이 하실 수 있는 방식으로 저를 변화시키고 계셔서 감사합니다. 제 안에서 계속 일해주세요. 저는 아직도 가야 할 길이 멉니다. 브루스처럼 인내심 많은 남편과 린다처럼 신실하고 영감을 주는 친구를 주셔서 감사합니다. 그들은 또한 저를 성장시키기 위한 주님의 도구가 될 것입니다.

8 월　2 8 일 : 호르몬이 정말 싫다. 생리전증후군이 정말 싫다. 성관계가 정말로 정말 싫다. 어쨌거나 그게 무슨 그렇게 안달할 일인가? 내게는 그것이 두 사람이 하나로 연합하는 상당히 이상한 방법으로 보일 뿐이다. 하나님, 왜 당신은 우리를 그렇게 다르게 만드셨어요? 나는 충분히 사랑을 하고 있는데 브루스는 그걸로 충분하지 않다. '노'라고 크게 말하고 싶다. 다시 원점. 바비큐 파티에서 돼지처럼 많이 먹었다. 내가 너무 뚱뚱해서 그가 나를 만지는 생각만 해도 불쾌해지는 것 같다. 왜, 도대체 왜, 내가 이 영역에서 성장하겠다는 결심을 했을까?

9 월　1 일 : 개학을 해서 아이들이 학교로 돌아갔다. 이제 내가 일상의 판에 박힌 생활로 돌아갈 시간이다. 정상적으로 해야 할 일들에 더해서 다이어트, 창고 정리 그리고 사랑을 추가했다. 사랑을 해야 할 일 목록 제일 꼭대기에 두어야 한다. 그렇지 않으면 나는 그것을 생각조차 하지 않을 것이다. 하나님, 사랑은 언제나 제게 '일'이어야 할까요? 사랑은 언제나 제가 억지로 그것에 대해 생각하고, 억지로 그것을 해야만 하는 무엇일까요? 저는 이 영역에서 성장하기로 헌신했습니다. 그리고 그렇게 할 것입니다……. 그렇게 할 것입니다! 그렇지만 주님 제게 약간의 욕망을 주실 수는 없나요? 제발?

9 월　2 일 : 브루스가 폭발 직전이라는 것을 알고 있었기 때문에 억지로 힘을 내어 먼저 사랑을 주도했다. 그는 직장에서 너무 많은 스트레스를 받고 있어서 성적인 해소를 할 필요가 있다. 좋았다. 나 자신을 너무 성취지향적으로 만들고 있어서, 약간 긴장을 풀 필요가 있다는 생각이 든다. 약간의 향수를 뿌리거나 좋은 음악을 틀거나 스피드 섹스도 이따금은 괜찮다는 것을 안다.

9 월　1 6 일 : 하나님, 희망이 있어요! 지난밤은 아마도 우리가 결혼을 하고 20년 만에 최고의 사랑을 나누었던 것 같다. 나는 모든 수단을 동원했다. 새 잠옷, 초, 부드러운 음악, 우리가 제일 좋아하는 음료. 나는 한 시간 동안 샤워를 하고, 향기 나는 젤을 바르고, 머리를 감고, 다리털을 면도했다. 손톱과 발톱에 매니큐어를 칠하고 온몸에 로션을 발랐다. 나는 보기에도 좋고, 냄새도 좋고, 기분도 좋았다. 그리고 그것도 좋았다.

남편은 커피를 마시면서 능글맞은 웃음을 보냈다. "어젯밤은 정말 재미있었어요." 그는 직장에 나가서 또 전화를 걸었다. "어젯밤은 정말 즐거웠어요." 지난밤이 뭐가 특별했을까? 내가 달랐던 것 같다. 나는 그렇게 '매어 있는' 것 같은 느낌이 들지 않았다. 긴장을 풀고 그와 함께 움직였다. 더 많이 말하고, 더 적게 거절했다. 평상시에는 내가 역겹게 생각하던 것들을 그가 하도록 내버려두었다. 나는 성장하고 있다. '경건하면서 동시에 감각적인 여성이 될 수 있을까?' 라는 장을 다시 읽은 것이 정말 도움이 되었다. 확실히 내가 감각적인 느낌은 한쪽 상자에, 다른 상자에는 하나님을 집어넣고 둘이 섞이는 것을 절대 용납하지 않았다는 것을 지난 몇 달 동안 분명히 인식하게 되었다. 결혼 전에 성관계를 허용했기 때문에 그리고 하나님이 그것을 승인하지 않으셨다는 것을 알고 있었기 때문에, 내가 남자친구와 계속 성관계를 하면서 동시에 하나님과의 관계를 유지할 수 있는 유일한 방법은 그 둘을 분리하는 것이었다.

성경에서 하나님이 술람미 여인과 솔로몬을 옆에서 지켜보시고 그들의 성적 연합을 축복하시는 부분을 읽으면서 영적인 것과 감각적인 것을 통합하는 데 도움이 되었다. 지난밤에 일어난 일이 무엇이었나 생각해본다. 이 두 열정이 하나가 되기 시작한 것이다. 여전히 내가 가야 할 길은 멀지만, 성장하고 있다! 하나님, 감사합니다.

1 0 월　1 2 일 : 열흘 전에 자동차 사고를 당했다. 내 몸은 도요타

자동차에 옆을 살짝 스친 정도가 아니라 대형 화물차가 치고 지나간 것 같다. 발가락이 부러졌고 왼쪽 엉덩이에는 타박상을 입었다. 온몸이 아프다. 사고가 난 후로 처음, 어젯밤에 사랑을 나누었다. 내가 편안하게 할 수 있는 방법은 등을 대고 똑바로 누워서 왼쪽 엉덩이에 베개를 괴고, 오른쪽 다리는 침대 옆으로 반쯤 떨어뜨려서 대롱거리고 있는 수밖에 없었다. 목을 움직일 수 없었기 때문에 우리는 키스를 많이 하지 않았다. 브루스는 내가 괜찮다고 해도 나를 아프게 할까봐 겁이 나서 자제했다. 아프기는 했지만 참을 수 없는 정도는 아니었다.

린다에게 이 이야기를 했더니, 그녀는 서서 샤워를 하는 동안 그에게 쾌감을 안겨주는 방법 등 몇 가지 다른 방법을 시도해보는 것이 어떻겠냐고 제안했다. 따뜻한 물이 내 목에 떨어지면 기분이 좋을 것이고, 브루스는 불평을 하지 않을 것이다. 이전에 그런 일을 해본 적이 없다고 그녀에게 말하려니 당혹스러웠다. 그녀는 내가 내숭을 떠는 것처럼 느끼지 않도록 조심하면서 나에게 새로운 무언가를 시도해보려는 의지를 가지라고 지지해주었다.

１０월 ２７일 : 브루스는 오늘 그의 법률회사에 새로운 파트너를 두었다. 그는 수년 동안 이것을 목표로 일해 왔다. 이 일을 축하하기 위해 우리가 할 수 있는 일은 많았다. 외식하기, 영화 관람 등. 그러나 그 어떤 것보다 그에게 의미 있는 것이 무엇인지 나는 알고 있었다. 섹시한 보디 슈트를 입은 나와 단 둘이서 오후를 보내는 것. 내가 무언가 큰일을 성취하고 그것을 축하할 당사자라면, 음식을 마련하고 친구들을 불러 모아 대대적인 파티를 열고 싶었을 것이다. 그러나 브루스는 단지 나를, 내 모든 것을 그리고 내가 그와 그의 몸에 집중해주기를 원했다. 그래서 그렇게 했다. 내 이기심을 옆으로 제쳐두고 그와 그의 필요를 먼저 생각하는 것이 기분 좋았다. 나중에 우리가 서로의 따스한 체온을 즐기면서 침대에 누워 있을 때, 그가 "다른 부부들도 우리가 함께 즐기는 행복을 알 수 있었으면 좋겠어요."라고 말했다.

파트너를 생각할 때마다 그는 그의 진정한 파트너는 나라는 것을 기억할 것이다.

1 1 월　3 일 : 끔찍한 일이다. 어제 브루스의 형이 음주운전 때문에 죽었다. 브루스는 제정신이 아니었다. 우리 둘 다 사건의 충격에 괴로워하다가 새벽 2시에 잠이 달아나버렸다. 나는 그의 고통을 조금이라도 덜어주고 싶었다. 하나님이 성이라는 선물을 주신 이유 중 하나는 위로를 위한 것이라는 내용을 읽은 것이 생각났다. 목과 어깨가 아픈 상태였지만(아직도 사고 충격이 남아 있다), 나는 내 몸으로 남편을 위로해주었다. 긴장하고 있는 그의 어깨를 주물러주고, 그 다음에는 나를 주었다. 그는 아주 격렬하게 방출하고는 울었다. 마침내 그는 잠들 수 있었다. 내가 언제나 성을 하나님의 선물로 바르게 바라볼 수 있는 것은 아니다. 하지만 그 순간에 나는, 내가 줄 수 있는 어떤 선물도 그것만은 못했으리라는 것을 알았다.

1 1 월　1 5 일 : 나는 사랑을 나누는 동안 말을 더 많이 하기로 한 것에서 한 걸음 더 나아가기로 결심했다. 지난밤 나는 절정을 향해 올라가면서 실제로 '소리를 냈다.' 나는 브루스에게 그가 나를 얼마나 기분 좋게 하는지 말해주었다. 당신이 봤다면 내가 그에게 한 100만 달러쯤 준 줄 알았을 것이다. 그토록 작은 일이 그를 그렇게 행복하게 할 수 있다니. 오 하나님, 제 마음이 낮아집니다. 왜 이걸 깨닫는 데 20년이나 걸렸을까요?

1 1 월　2 6 일 : 린다는 나에게, 브루스와 몇 시간 동안 계속해서 사랑을 나누는 것을 시도해볼 의사가 있느냐고 물었다. 나는 그렇게 긴 시간 동안 대체 무엇을 할지 상상할 수 없었다. 하지만 그녀에게 시도해

보겠다고 말했다. 린다는 용기를 북돋워주었다. 그녀는 "발레리, 3개월 전만 해도 당신은 이런 시도를 해볼 생각조차 못했을 거예요. 당신은 성장하고 있어요."라고 말했다.

１２월　２일 : 나는 '미식가의 기쁨'에 초대한다는 초대장을 섹시한 옷을 입은 테디 베어 인형에 옷핀으로 꽂아서 브루스의 차에 두었다. 그는 회사에 도착하자마자 내게 전화를 걸어서 "당신이 뭘 하려는지 모르겠지만 재미있게 들리는 걸요."라고 말했다. 그가 너무 즐거워하는 것 같아서 그를 위해 수고를 많이 해야 할 듯하다.

１２월　４일 : 아이들을 돌봐줄 사람에게 맡기고, 우리의 특별한 밤을 위해 내 몸과 생각을 준비하려고 한 시간 동안 욕조에 몸을 담그고 〈아가서〉를 읽었다. 브루스는 문을 열고 집으로 들어와서 케니 지의 색소폰 연주를 들었고, 부엌에서부터 새어나오는 유혹적인 아로마향을 맡았다.

나는 그의 손을 잡고 서재로 이끌었다. 나는 그에게 산딸기로 만든 칵테일 한 잔과 "목 위로는 무엇이든 허락함"이라고 쓴 쪽지를 건넸다. 칵테일 한 잔으로 얼마나 오랫동안 즐거움을 맛볼 수 있는지 깜짝 놀랐다.

그러고 나서 그를 이 방에서 저 방으로 끌고 다니면서, 맛있는 음식과 많은 터치를 즐겼다. 이윽고 우리가 마지막 코스에 이르렀을 때, 나는 그에게 서둘러서 빨리 먹으라고 재촉했다. 그래야 우리가 디저트를 먹을 수 있을 테니까. 그 디저트란 바로 나였다!

웬 난리인지! 결혼생활 20년 동안 사랑을 나누면서 이렇게 재미있었던 적은 없었다. 브루스는 '미식가의 기쁨'이 이제 자기가 제일 좋아하는 요리라고 말하면서, 최소한 일주일에 한 번은 그걸 먹었으면 좋겠다고 한다. 하나님, 제게 부부관계가 얼마나 즐거울 수 있는지 보여주셔서 감사합니다.

１２월　３１일 : 한 해의 마지막 날, 다가오는 해의 목표를 정할 때다. 브루스에게 감각적인 아내가 되도록 성장하기 위해 세 가지 목표를 정했다.

* 우리의 부부관계와 성적인 측면에서 나의 성장을 위해 날마다 기도할 것이다.
* 매달 성에 관해 말하는 성경 구절을 하나씩 암송할 것이다.
* 린다와 로레인의 책을 읽고, 거기서 제안하는 창조적인 부부관계를 위한 방법들 중 하나를 매달 한 가지씩 시도할 것이다.

목표를 정하면 기분이 좋다. 나는 성장하고 있다. 하나님, 당신이 기뻐하시기를 기도합니다. 내 남편이 기뻐하고 있다는 것은 이미 알고 있다.

오늘 시작하라

하나님은 발레리의 마음을 그분의 말씀의 실로 감싸셨다. 그녀는 성적인 면에서 나비로 탈바꿈하기 시작했다. 하나님이 선물로 주신 자유분방한 즐거움을 남편과 함께 누리기 위해 하나님의 날개로 거리낌 없이 날아오르는 나비.

오늘 당신은 어느 위치에 있는가? 경건하고 감각적인 아내가 되려는 목적을 가지고 앞으로 나아가고 있는가 아니면 그저 여전히 생각만 하고 있는가? 기다리지 말라. 발레리가 했던 것처럼 당신의 진보 또는 퇴보를 기록하는 일기를 지속적으로 써보면 도움이 될 것이다. 하나님은 신실하시다. 그분은 영원한 사랑으로 당신을 사랑하신다. 그분의 자비는 아침마다 새롭다. 그것들을 적어보라. 영원에 비추어볼 때, 경건하고 감각적인 아내가 되는 것은 절대 시간이 걸리는 일이 아니다.

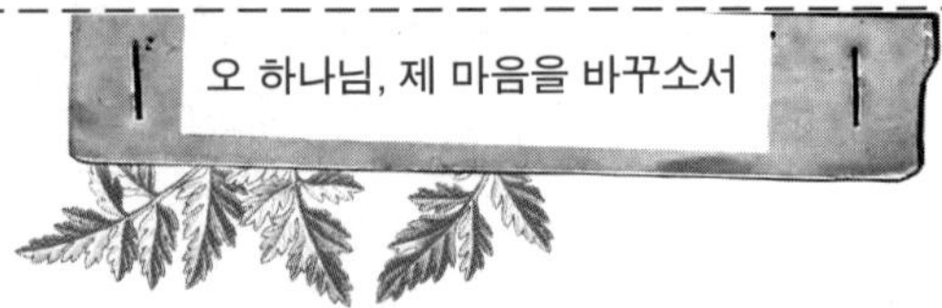

1. 계속해서 일기를 쓰라. (자물쇠가 달린 일기장을 사용하거나 안전한 장
   소에 확실하게 숨겨둔다.)

2. 이번주에 사랑을 나누면서 시도해보고 싶은 새로운 일을 한 가지
   결정하라.

3. 당신을 위해 기도하고 성경이 말하는 경건하고 감각적인 아내로
   성장하도록 격려해줄 신뢰할 만한 친구를 찾으라.

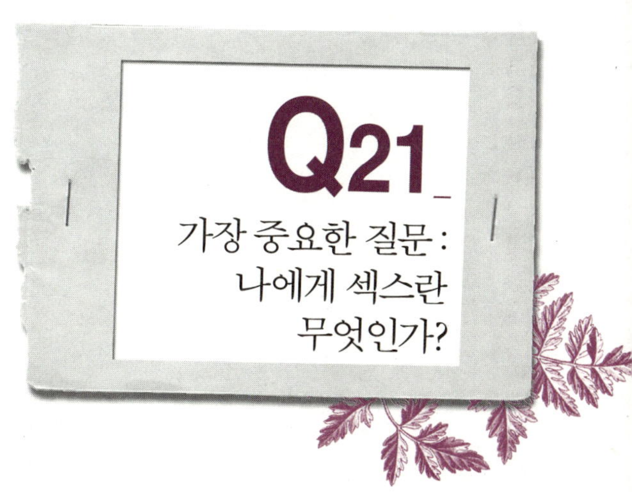

연인으로서 당신을 특징지어주는 단어는 무엇인가? 따뜻한? 기쁨에 찬? 감각적인? 창조적인? 적극적인? 재미있는? 아니면 지겨운, 상상력이 부족한, 억압된 같은 단어들인가? 당신이 진실을 볼 수 있게 도와달라고 하나님께 구하라. 남편의 눈을 빌려 그가 당신을 보는 대로 당신 자신을 바라보라. 종이와 펜을 가지고 연인으로서 당신은 어떠한지 적어보라.

그 다음에 용기를 내어 남편에게 다음과 같은 질문을 해보면 어떨지 생각해보라. 내가 당신이 꿈꾸는 연인이 되기 위해서 할 수 있는 일이 무엇일까요?

당신이 남편에게 이 질문을 하는 것은 "여보, 나는 감각적인 여인으로 성장하고 싶어요. 나는 정말로 당신이 꿈꾸는 여인의 모든 것을 갖춘 아내가 되고 싶어요."라고 말하는 것과 같다. 그가 이보다 더 받고 싶어하는 선물을 생각해낼 수 있는가? 그리고 일단 용기를 내어 이 질문을 했다면, 당신은 경건하고 감각적인 아내가 되기 위해 앞으로 나아가기로 헌신한 것이다. 얼마나 흥분되고 신나는 일인가!

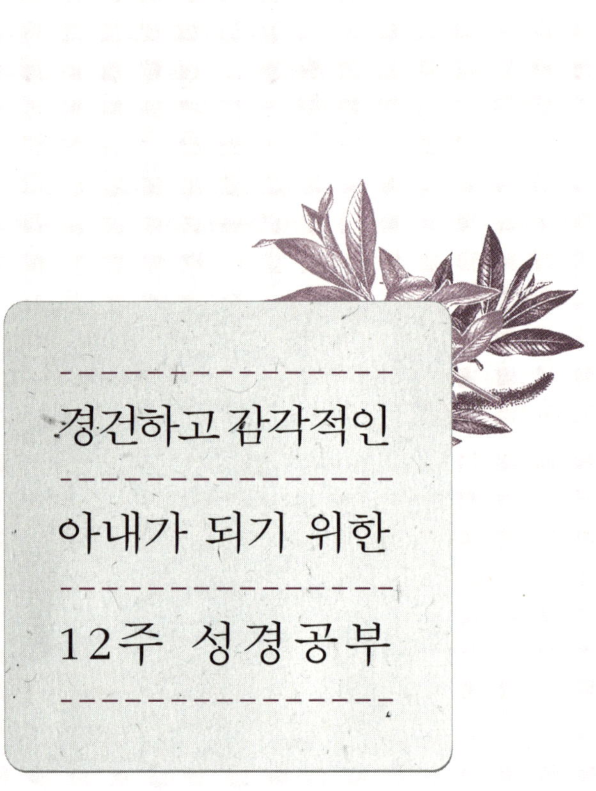

경건하고 감각적인
아내가 되기 위한
12주 성경공부

많은 여성들이 이와 유사한 주제를 다루는 책을 읽고는 흥분해서 생각한다. "그래! 이 진리를 내 결혼생활에 적용하고 싶어." 그러나 며칠이 지나면 그들의 열심과 결단은 빛이 바랜다. 성경 말씀을 연구하지 않고, 하나님의 성령이 계속해서 그들의 삶을 변화시키시도록 허용하지 않기 때문이다. 우리는 당신이 거기서 한 발 더 나아가는 것에 대해, 기꺼이 당신 자신을 하나님의 말씀에 깊이 젖게 하고 그래서 당신의 마음속에 들어온 새로운 생각이 실제 행동으로 나타나게 하려는 것에 박수를 보낸다. 우리는 수 주 뒤에 당신이 뒤를 돌아보며 "내가 이 공부를 했던 게 정말 다행이야."라고 말할 수 있게 되기를 기도한다. 당신의 남편도 감사하게 될 것이다.

| 목 적 |

이 12주간 성경공부의 목적은 당신의 마음과 생각을 하나님의 말씀에 흠뻑 적셔서, 성에 관한 당신의 태도가 하나님의 태도를 따르게 하는 것이다. 성경공부를 하기 위해 이 책 한 권, 성경, 답을 적을 공책 한 권이 필요할 것이다. 혼자서 공부할 수도 있지만 다른 사람과 함께 토론하면서 배우면 자극이 되고 격려가 될 것이다.

이 책이 다루고 있는 주제가 매우 민감한 것이기 때문에, 이 성경공부에서는 그룹으로 토론하는 데 적합한 질문들만을 선별하였다. 성적 학대, 낙태 또는 포르노그래피와 같은 주제가 당신에게 영향을 미치고 있다면, 그 주제가 이 그룹 성경공부에 포함되지 않았다는 이유로 간과하지 말기를 바란다. 이 책의 해당 장을 다시 읽고 말미에 나오는 '오 하나님, 제 마음을 바꾸소서' 부분에 있는 제안들을 실천해보라. 하나님이 당신을 특별히 다르게 인도하시지 않는다면, 그 문제들에 대한 구체적인 내용을 소그룹에서 이야기하지 말고, 크리스천 카운슬러나 해당 사안에 대한 지식을 가진 성숙하고 경건한 친구와 이야기해보기를 권한다.

| 지 침 |

다른 여성들과 함께 이 공부를 하기로 했다면, 첫번째 모임을 하면서 각 사람에게 다음의 지침을 따르기로 약속하는지 물어보라.

1. 공부의 초점을 하나님께 맞춘다. 하나님에 대해 그리고 성관계에 대한 그분의 관점에 대해 배운 것이나 하나님이 당신에게 개인적으로 가르치고 계신 것이 무엇인지 나눈다.

2. 어떤 상황에서도 당신과 남편의 부부관계에 대해 구체적인 것을 다른 사람에게 이야기해서는 안 된다. 어느 누구도 당신과 남편이 침대에 누워 있는 모습을 머릿속으로 그려볼 수 있게 해서는 안 된다. 남편에게도 부부관계를 비밀로 유지하겠다는 약속을 해서 지혜롭게 안심을 시키는 것이 좋다.

3. 이 공부 시간을 기도로 시작하고 기도로 끝내라. 성령께서 당신의 마음속에서 일하시도록 초청할 때, 함께 하는 시간이

훨씬 더 효과적이 된다는 것을 알게 될 것이다.

이와 비슷한 성경공부를 우리 교회에서 했을 때, 우리는 이런 말을 반복해서 들었다.

"이 시간이 너무 감사해요. 남편과의 부부관계가 이전 어느 때보다 좋아졌어요."
"성적으로 학대당했던 경험 때문에 성은 더러운 것이라고 생각했어요. 이제는 그것이 거룩한 것인 줄 알겠어요."
"하나님이 성적인 것과 영적인 것을 분리시키신 것이 아니라 서로 얽히도록 하셨다는 것을 처음 깨달았어요."

당신의 성경공부 그룹도 이와 유사한 것을 깨닫고 누리게 되기를 기도한다. 당신이 남편의 '술람미 여인'이 되기 위해 노력할 때에 하나님이 그분의 말씀으로 당신의 시간을 풍성하게 축복하시기를.

제
1
과

하나님은 성에 대해 어떻게 생각하시나요?

읽기 과제　Q1_ 하나님은 성에 대해 어떻게 생각하시나요?(17쪽)

1. 성에 관해서 처음에 어떻게 배웠는지 짧게 글을 써보라. 이것이 성에 대한 당신의 생각에 어떤 영향을 미쳤는가? 세월이 흐르면서 어떤 다른 '음성' 들이 당신의 생각에 영향을 미쳐왔는가?

2. 크리스천으로서 우리들은 하나의 진실한 음성 즉 하나님의 음성에 귀를 기울이기를 원한다. 1장의 내용에 따르면 하나님은 자신이 성이라는 선물을 주신 이유에 대해 무어라 말씀하시는가? 여섯 가지 이유 중에 당신을 놀라게 하는 것이 있는가? 그렇다면 그것은 무엇이고 왜 그런가?

3. 〈창세기〉 4:1절에서 아담은 하와를 '알았다(우리말성경에는 '동침하다' 로 번역되어 있는 단어다─옮긴이). '알다' 를 뜻하는 히브리어 단어는 '성교하다' 라는 의미를 가지고 있다. 부부관계는 어떤 방식으로 당신의 남편에 대한 특별한 지식을 주는가?

4. 〈사무엘하〉 12:24절에서 밧세바가 아들의 죽음을 슬퍼하고 있을 때, 다윗은 육체적 사랑을 통해 그녀를 위로했다. 당신은 어떤 상황에서 부부관계라는 선물을 주어 남편을 위로할 수 있었는가?

5. 〈창세기〉 2:24절과 〈에베소서〉 5:31~32절을 읽으라. 남편과 '한몸' 을 이룬다는 것이 의미하는 바가 무엇인지 당신의 말로 설명해보라.

6. 〈잠언〉 5장을 읽으라. 15~19절은 그 장의 나머지 부분에 제기된 질문에 대해 어떤 해결책을 제시하는가?

7. 〈잠언〉 5:18~19절을 암송하라. 그 구절들을 종이에 적은 뒤, 즐거움을 선물로 주신 하나님께 드리는 감사의 기도문으로 사용해보라.

8. 하나님이 성을 선물로 주신 여섯 가지 이유 중 하나에 초점을 맞추어
   서 이번주에 특별한 밤을 계획하라.

9. 성에 관한 하나님의 관점을 당신의 딸이나 다른 여성에게 설명한다
   고 생각하고 글로 써보라.

제2과 경건하면서 동시에 감각적인 여성이 될 수 있을까요?

읽기 과제 **Q2_ 경건하면서 동시에 감각적인 여성이 될 수 있을까요?**(31쪽)

1. 한자리에 앉아서 〈아가서〉를 처음부터 끝까지 읽으라. 당신이 감각
   적인 면에서 어떤 사람인지 말씀해달라고 하나님께 간구하라.

2. 당신은 어떤 방식으로 당신의 영성과 예민한 감각성을 분리시키는
   경향이 있는가? 어떤 상황이나 태도가 당신의 이런 생각에 영향을
   미치고 있는가?

3. 〈아가서〉 5:1절에서, 솔로몬과 술람미 여인은 성적 친밀함의 황홀경
   을 즐기고 있다. 그때 갑자기 하나님이 그들의 침대 옆에 나타나셔서
   이 부부를 축복하신다. 당신의 신혼여행날 밤에 하나님이 나타나셔
   서 당신과 당신의 남편에게 축복을 선언하시는 모습을 상상해보라.
   〈아가서〉 5:1절에 나오는 연인을 당신 부부로 바꿔서 당신의 말로 써
   보라.

4. 〈로마서〉 11:36절을 암송하라.
   "만물이 그에게서 나고, 그로 말미암아 있고, 그를 위하여 있습니다.
   그에게 영광이 세세에 있기를 빕니다. 아멘."
   이 구절을 반복해 읽으면서 '만물' 안에 당신의 섹슈얼리티도 포함

되는 것에 하나님께 감사하라.

5. 술람미 여인은 민감하게 반응하고, 모험적이고, 억압되지 않았고, 표현이 풍부하며, 감각적이다. 각각의 특성을 확인해주는 구절을 최소한 세 개씩 찾아보라. 다음 질문 아래에 그 구절들을 적으라.

   a. 술람미 여인은 어떻게 민감하게 반응하였는가?

   b. 술람미 여인은 어떻게 모험적이었는가?

   c. 술람미 여인은 어떻게 억압되지 않은 모습을 보이는가?

   d. 술람미 여인은 어떻게 표현하는가?

   e. 술람미 여인은 어떻게 감각적인가?

6. 이 다섯 가지 특성 중 당신에게 가장 자연스러운 것은 무엇인가? 어떤 것이 가장 어려운가? 이번주에 노력해보기를 원하는 한 영역을 선택하고 구체적으로 실천하려는 행동을 결정하라. (예: "나는 좀더 풍부하게 표현할 필요가 있다. 이번주에 남편과 사랑을 나눌 때, 그가 어떻게 하면 내 기분이 좋은지 남편에게 말로 표현할 것이다.")

7. 〈아가서〉에서 하나님에 대해 무엇을 배웠는가? 당신 자신에 대해서는 무엇을 배웠는가?

제 3 과 **어떻게 하면 성에 대한 생각을 바꿀 수 있을까요?**

<u>읽기 과제</u> **Q3_ 어떻게 하면 성에 대한 생각을 바꿀 수 있을까요?**(45쪽)

1. 〈로마서〉 12:2절의 앞부분을 암송하라.

"여러분은 이 세대의 풍조를 본받지 말고, 마음을 새롭게 함으로 변화를 받아서."

2. 이 장에서 당신은 마음을 꽃밭으로 그려보라는 질문을 받았다. 잡초는 성에 관한 잘못된 생각을, 꽃은 하나님의 생각을 나타낸다. 이 이미지를 사용해서 당신의 꽃밭을 구체적으로 묘사해보라.

3. 〈시편〉 139:1~3, 〈시편〉 26:1~2, 〈이사야서〉 55:8~9, 〈다니엘서〉 2:22~23절을 읽으라. 왜 하나님은 당신 마음의 꽃밭을 정확하게 그리기 위한 핵심적인 단계로서 마음을 살피라고 권고하시는가?

4. 〈로마서〉 1:28절은 스스로 잘못된 생각을 하도록 허용하는 사람들에게 어떤 경고를 하는가? 〈로마서〉 1:24~27절에 따르면 타락한 마음의 결과로 어떤 음란한 행위들이 나오는가?

5. 종이에 당신의 마음에서 뿌리 뽑고 싶은 '잡초(잘못된 생각들)' 의 목록을 작성하라. 하나님께 이 잡초들을 제거해달라고 기도하라. 당신의 '잡초' 들을 하나님께 내어드린 후에, 종이를 찢어서 쓰레기통에 버리거나 불태워라.

6. 〈신명기〉 11:18절은 하나님의 말씀을 우리의 마음에 새기라고 말씀한다. 어떻게 이렇게 할 수 있을까? 〈로마서〉 8:5, 11, 〈빌립보서〉 4:8~9, 〈에베소서〉 4:22~23, 29, 〈시편〉 119:11절에서는 어떤 방법을 제시하는가?

7. 하나님이 당신의 마음에 심기를 원하신다고 생각하는 '꽃씨(성에 관한 성경적 생각)' 가 무엇인지 최소한 세 가지를 적어보라.

8. 〈아가서〉 5:10~16절에서 술람미 여인은 남편의 벗은 몸을 마음속으로 그리며 즐거움을 맛보고 있다. 당신은 하나님이 왜 이것을 그분의 거룩한 말씀에 포함시키셨다고 생각하는가? 술람미 여인은 어떤 식으로 자신의 생각이 이런 백일몽을 꾸도록 허용하는가? 그녀는 어떤 식으로 자신의 생각을 제한하는가?

9. 〈베드로전서〉 1:13절은 우리가 "마음을 단단히 먹고 정신을 차려" 야 한다고 말한다. 〈고린도후서〉 10:5절은 "모든 생각을 사로잡아서 그리스도께 복종" 하라고 말한다. 이 구절들과 지금까지 논의해온 생각

의 훈련에 기초해서, 당신의 생각을 다스리기 위한 단계별 계획을 적어보라. 이 계획을 따른다면 성에 관한 당신의 사고방식이 어떻게 변할 것이라고 생각하는가?

<table>
<tr><td>제
4
과</td><td>

그는 전자레인지, 나는 뚝배기일 땐 어떻게 할까요?

</td></tr>
</table>

읽기 과제　**Q4_** 그는 전자레인지, 나는 뚝배기일 땐 어떻게 할까요?(59쪽)

1. 〈창세기〉 2:4~25절을 읽고, 남자와 여자가 창조될 때 어떤 차이점을 가지고 있었는지 적어보라. 하나님이 이런 차이를 두고 창조하신 목적은 무엇이라고 생각하는가?

2. 〈창세기〉 2:18절을 읽으라. 어떻게 하면 당신이 남편을 육체적, 정서적, 영적 그리고 성적으로 돕는 자가 될 수 있는가? 적어도 여섯 가지를 적어보라.

3. 하나님이 하와를 아담에게 데려오셨을 때, 그는 "뼈도 나의 뼈, 살도 나의 살"(창세기 2:23)이라고 말했다. 아담이 하와에게 열광하여 한 이 말은 "바로 이 사람이야!"라는 뜻이다. 이 구절을 당신의 말로 바꿔 써보라. '와우' 하는 아담의 이 반응은 하나님이 남자를 시각적으로 민감하고 육체적으로 반응하도록 지으셨다는 생각을 어떻게 강화시켜주는가?

4. 〈창세기〉 1:26~27절을 읽으라. 당신은 왜 남자와 여자가 둘 다 하나님의 형상을 반영해야 한다고 생각하는가? 당신의 남편은 당신에게 부족한 어떤 속성을 가지고 있는가? 당신은 그에게 부족한 어떤 속성을 가지고 있는가? 당신들의 차이점이 어떻게 좀더 완벽한 하나님

의 모습을 드러내주는가?

5. 〈창세기〉 2:24절을 읽으라. 육체적 친밀함은 어떤 방식으로 분열을 치유하는가?

6. 당신 부부에게 차이점이 있는 것을 하나님께 감사하고, 하나됨을 경험할 수 있도록 성이라는 선물을 주신 하나님을 찬양하라.

> **＊ 부부 연습문제(그룹 토론을 위한 것이 아니다)**
>
> 남편이 동의한다면, 이 장을 함께 읽고 당신들 부부에게 적용되는 것이 무엇인지 이야기를 나눠보라. 그러고 나서 다음 질문의 빈칸을 각기 어떻게 채울 것인지 서로 이야기해보라.
>
> "부부관계에서 내가 가장 좋아하는 부분은 ＿＿＿＿＿＿＿이다."

<table><tr><td>제
5
과</td><td>

하고 싶지 않을 때는 어떻게 할까요?

</td></tr></table>

<u>읽기 과제</u>　**Q5_ 하고 싶지 않을 때는 어떻게 할까요?**(75쪽)

1. 세 명의 여성이 성에 관한 자신들의 태도를 이렇게 설명했다.

　a. "그것은 보람이 전혀 없는 따분한 일이에요. 대부분의 경우 난 부부생활을 하지 않고도 잘 지낼 수 있어요."

　b. "남편이 하고 싶다는 신호를 보내는데 나는 그럴 기분이 아닐 때는, 우리가 하지 않아야 하는 이유를 찾아내요."

　c. "내가 하고 싶지 않을 때면, 하나님께 기도하고 그분이 나를 도우셔서 내 변명거리들을 치워버리고 남편을 섬길 수 있게 해달라고 간구해요."

그렇다면 성에 관한 당신 자신의 태도는 어떠한가? 짧은 글로 설명해 보라.

2. 〈고린도전서〉 7:3~5절을 당신 자신의 말로 풀어써보라.

3. '의무' 란 빚진 것을 갚는다는 뜻임을 깨달은 것은 성에 관한 당신의 관점에 어떤 영향을 미치는가?

4. 성적 친밀감을 '선물 교환' 으로 본다면 당신의 태도는 어떻게 변화 할 것 같은가?

5. 당신의 딸이나 친구에게 필요, 권한, 신실함의 원리를 설명한다면 어 떻게 할 것인지 써보라.

6. 〈빌립보서〉 2:3~5절을 읽으라. 이 본문을 당신의 성생활에 어떻게 적 용할 것인가?

7. 태도란 외적인 행위로 표현되는 내적인 감정으로 정의된다. 〈빌립보 서〉 2:5~11절에 따르면, 우리는 예수 그리스도와 동일한 태도를 갖고 있다고 한다.

   a. 그리스도의 태도란 무엇인가?

   b. '할 기분이 아닐 때' 이러한 태도를 부부생활에 어떻게 적용할 수 있을까?

8. 〈고린도전서〉 7:33~34절은 결혼한 여자가 지켜야 할 한 가지 의무를 무엇이라 말하고 있는가? 이것은 당신에게 어떻게 적용되는가?

9. 〈고린도전서〉 7:4절을 암송하라.

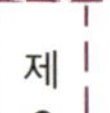

<table>
<tr><td>제
6
과</td><td># 몸을 새로 살 수는 없을까요?</td></tr>
</table>

읽기 과제　**Q6_ 몸을 새로 살 수는 없을까요?**(87쪽)

1. 세 가지 중요한 개념이 이 장에서 논의되었다.

   (1)하나님께서 당신에게 주신 몸을 받아들이라.

   (2)감각적인 아내로서의 아름다움을 개발하라.

   (3)당신의 '성전' 을 책임지라.

   이 개념을 당신의 딸이나 친구에게 가르친다고 생각하고 짧게 설명해보라.

2. 자기 몸에 대한 감정이 창조적인 아내가 될 수 있는 능력에 영향을 미치는 세 가지 방법을 적어보라.

3. 〈시편〉 139:14절을 종이에 적고, 그것을 거울에 붙여놓으라. 그러고 나서 옷을 벗고 거울 앞에 서라. 당신의 몸을 머리에서부터 발끝까지 아래를 향해 찬찬히 살펴보라. 당신을 "오묘하고 놀랍게 지으신" 하나님을 찬양하라.

4. 〈시편〉 139:14절을 암송하라.

5. 다음 문장 각각에 대한 당신의 반응을 짧게 설명해보라.

   a. "10점 만점의 몸매를 갖는 것보다 감각적이 되는 편이 더 낫다."

   b. "열정에 불타 흥분한 여성의 얼굴과 몸은 전통적인 미의 정의를 완전히 초월한다."

   c. "자신이 가진 것으로 최선을 다하고, 자신의 몸으로 남편을 유혹하고 기쁘게 하는 법을 아는 여자에게서는 자연스러운 아름다움이 풍겨나온다."

6. 〈잠언〉 6:6~11, 24:30~34, 26:13~16절에 나오는 훈련되지 않은 여자에 대해 읽으라. 그중에 당신에게 적용되는 것이 있는지 하나님께 여쭈어보라. 그렇다면 당신의 '성전' 을 더 잘 돌보기 위해 이번주에 시작할 한 가지 행동을 적어보라.

7. 〈잠언〉 24:30~33절을 읽으라. 그것은 당신이 개인적으로 보고, 묵상하고, 가르침을 받는 것에 어떤 의미를 갖는가? 당신이 자신의 몸을 돌보는 데 이것이 어떻게 적용되는가?

8. 이 장의 '보고 배우기' 에서 설명하고 있는 다섯 가지 제안을 다시 읽

으라. 이 제안들 중 하나를 선택해서 이번주에 실천에 옮기도록 하자. 어떻게 적용할 계획인지 구체적으로 적어보라.

9. 이번주에 하나님에 대해 무엇을 배웠는가? 당신 자신에 대해서는 무엇을 배웠는가? 당신이 배운 것을 담아서 하나님께 드리는 기도를 쓰라. 어색하지 않다면 당신의 기도를 그룹에서 나누라.

제 7 과   **과거의 성적인 죄로 인한 죄책감을 극복할 수 있을까요?**

<u>읽기 과제</u>   **Q8_ 과거의 성적인 죄로 인한 죄책감을 극복할 수 있을까요?**(125쪽)

1. 죄란 처벌이 따르는 법을 깨뜨리는 것이다. 수치심이란 죄에 수반되는 고통스러운 감정이다. 〈창세기〉 2:25절은 "남자와 그의 아내가 둘 다 벌거벗고 있었으나 부끄러워하지 않았다."고 말한다. 〈창세기〉 3:1~12절을 읽으라.

   a. 어떤 점에서 아담과 하와는 죄책감을 경험하였는가?

   b. 언제 그들은 부끄러움을 느꼈는가?

   c. 이런 감정은 그들이 무엇을 하도록 만들었는가?

2. 〈히브리서〉 9:22절은 "피를 흘림이 없이는 죄를 사함이 이루어지지 않습니다."라고 말한다.

   a. 〈창세기〉 3:21절에 따르면 아담과 하와의 죄를 덮기 위해 어떻게 피가 흘려졌는가?

   b. 〈히브리서〉 9:13, 〈에베소서〉 1:7 그리고 〈요한계시록〉 1:5절을 읽으라. 우리의 죄를 덮기 위해 어떻게 피가 흘려졌는가?

3. 〈요한일서〉 1:8~10절과 〈시편〉 32:1~5절을 읽으라. 이 구절들에 따르

면 우리가 우리의 죄를 인식하지 못할 때 어떤 일이 일어나는가? 우리가 죄를 고백할 때 어떤 일을 기대할 수 있는가?

4. 사전에서 '교정하다' 와 '정죄하다' 라는 단어를 찾아보라. 〈잠언〉 3:11~12, 〈요한복음〉 8:10~11, 〈베드로전서〉 5:8, 〈요한계시록〉 12:10절을 읽으라. 누가 우리를 교정하며, 그 이유는 무엇인가? 누가 우리를 정죄하고, 그 이유는 무엇인가?

5. 〈누가복음〉 7:36~50절에서 용서받은 간음한 여인의 이야기를 읽으라. 예수께서는 이 여인을 향해 어떤 태도를 보이시는가? 누가 그녀를 정죄하였는가? 누가 그녀를 교정하였는가? 예수께서 죄에 대해 용서를 베푸실 수 있는 이유는 무엇인가?

6. 이제 예수께로 나아가자. 당신의 죄를 고백하고 그분이 당신에게 용서를 베푸시게 하라. 〈히브리서〉 10:19~22절에 따르면 용서함을 받은 지금, 당신은 어떻게 하나님께 가까이 다가가야 하는가?

7. '오 하나님, 제 마음을 바꾸소서' 부분을 읽으라. 〈시편〉 51편과 52편을 묵상하고, 구체적으로 적용하며, 하나님과 둘만의 시간을 보내라.

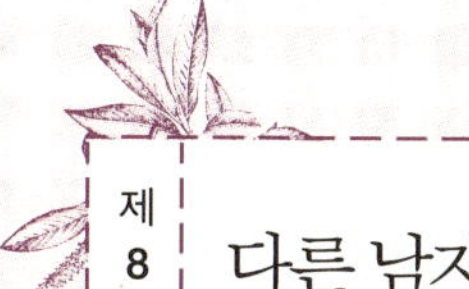

제8과 다른 남자에게 마음이 끌려요

읽기 과제 **Q9_ 다른 남자에게 마음이 끌려요**(141쪽)

1. 우리가 교회 리더십과 여성 수련회에서 조사한 여성들 중 90퍼센트가 성적인 유혹을 느낀 적이 있다고 대답했다. 이 통계가 놀라운가? 왜 그런가 또는 왜 아닌가?

2. 〈창세기〉 3:1~8절을 읽으라. 하와의 유혹은 9장에서 설명한 유혹, 깊

은 생각, 활성화의 세 단계를 거쳐 발전해갔다. 각 단계에서 그녀의
행동과 선택을 설명하라.

3. 〈창세기〉 3:8~24절을 읽으라. 하와가 유혹에 대해 '아니오'라고 말
   하지 못했기 때문에 일어난 결과를 적어보라. 하와의 선택은 다른 사
   람들에게 어떤 영향을 미쳤는가? 당신이 유혹에 진다면 당신의 선택
   에 의해서 누가, 어떻게 영향을 받겠는가?

4. 〈마태복음〉 4:1~11절을 읽으라. "그 즈음에 예수께서 성령에 이끌려
   광야로 가서서 악마에게 시험을 받으셨다."(1절) 왜 성령께서는 예수
   님이 시험을 당하도록 허용하셨을까? 유혹이 가져올 수 있는 긍정적
   인 유익은 무엇인가?

5. 〈마태복음〉 4:1~11절에서 예수님은 어떻게 유혹과 싸우셨는가? 〈누
   가복음〉 22:39~46절에서 누가 유혹을 받고 있으며 이유는 무엇인가?
   이 구절은 당신에게 유혹과 싸우는 방법에 대해 무엇을 보여주는가?

6. 〈히브리서〉 2:18절은 "그는 몸소 시험을 받아서 고난을 당하셨으므
   로, 시험을 받는 사람들을 도우실 수 있습니다."라고 말한다. 당신이
   시험에 들었을 때 예수님은 어떻게 도우실 수 있는가?

7. 이 장의 '탈출로' 부분을 읽으라. 당신이 앞으로 당면하게 될 유혹에
   저항하는 데 도움이 되도록 오늘 준비해놓을 수 있는 탈출 계획을 몇
   가지 적어보라.

8. 〈고린도전서〉 10:13절을 암송하라. "여러분은 사람이 흔히 겪는 시
   련밖에 다른 시련을 당한 적이 없습니다. 하나님은 신실하십니다.
   여러분이 감당할 수 있는 능력 이상으로 시련을 겪는 것을 하나님은
   허락하지 않으십니다. 하나님께서는 시련과 함께 그것을 벗어날 길
   도 마련해주셔서, 여러분이 그 시련을 견디어낼 수 있게 해주십니
   다."

결혼의 위기 속에서도 신실함을 지킬 수 있을까요?

<u>읽기 과제</u> **Q10_ 결혼의 위기 속에서도 신실함을 지킬 수 있을까요?**(161쪽)

1. 하나님의 말씀에서 대략 300번이나 사용된 '언약'이라는 단어는 두 당사자가 특정한 맹세를 지키기로 약속하는 구속력 있는 합의를 의미한다. 당신이 결혼식 날 했던 맹세를 적어보라. (결혼식 사진, 비디오 또는 그날 있었던 기억할 만한 사건들을 되새기면서 추억하는 시간을 보내기를 강력히 권한다.)

2. 이 장에서 우리는 결혼에서 신실함이란 불륜을 저지르지 않았다거나 이혼하지 않았다는 것 이상의 의미라고 말했다. 신실함은 우리가 결혼식 날 맹세한 사랑, 헌신, 존중, 충성, 격려를 포함한다. 당신이 한 결혼서약을 얼마나 지키며 신실하게 살고 있는지 짧게 적어보라.

3. 〈민수기〉 30:1~2, 〈신명기〉 23:21~23, 〈전도서〉 5:4~5절을 읽으라. 이 구절들에서 하나님이 서약을 지키는 것에 대해 어떻게 말씀하시는지 당신 자신의 말로 써보라.

4. 〈로마서〉 12:3, 〈베드로전서〉 3:8~9, 〈골로새서〉 3:13~14, 〈빌립보서〉 2:1~5 그리고 〈시편〉 62:8절을 읽으라. 이 구절들에서 당신이 서약을 지키는 데 도움이 되는 태도를 찾아 적어보라.

5. 하나님은 "나는 이혼을 싫어한다."고 말씀하신다. 〈말라기〉 2:13~16절은 하나님이 이렇게 강하게 말씀하시는 몇 가지 이유를 밝히고 있다. 무엇인가?

6. 〈마태복음〉 19:8절에 따르면, 이혼의 주된 이유 중 하나는 무엇인가? 생기에 넘치는 남편과의 부부관계가 서로를 향한 마음을 부드럽게 유

지하는 데 어떻게 도움이 될 수 있는지 적어도 세 가지 이상 적어보라.

7. 〈잠언〉 5:15~19절은 무엇을 격려하는가? 남편이 당신의 사랑으로 황홀한 기쁨을 누리게 하기 위해 이번주에 실천할 것을 한 가지 결심하라.

8. 결혼한 지 20년이 넘었고 존경할 만한 관계를 유지하고 있는 부부와 대화를 나누라. 그들이 결혼생활을 하면서 어떻게 어려운 시기를 지나왔는지, 당신에게 주고 싶은 조언이나 그들에게 도움이 되었던 결혼생활의 비결을 말해달라고 청하라. (그들을 저녁식사에 초대해서 남편도 이 만남을 통해 유익을 얻도록 하는 방법도 생각해보라.) 당신이 배운 것을 요약해서 적어보고, 그룹에서 나누라.

9. 결혼사진을 한 장씩 가져와서 그룹에서 돌려보며 각각의 부부들을 위해 기도하라.

제 10 과 │ 어떻게 하면 지루한 부부생활이 열정적으로 바뀔 수 있을까요?

<u>읽기 과제</u> **Q15_ 어떻게 하면 지루한 부부생활이 열정적으로 바뀔 수 있을까요?**(265쪽)

1. 사전에서 '지루한' 과 '창조적인' 이라는 단어를 찾아보라.

2. 당신이 창조성으로 칭찬을 받는 영역은 무엇인가?

3. 술람미 여인은 솔로몬과의 사랑에 향과 말을 창조적으로 사용했다. 또한 그녀는 자신의 몸을 도발적인 방식으로 사용했다. 성경에 나오는 또 한 명의 여자는 이 창조적인 수단들을 악하게 사용했다. 〈잠언〉 5~7장에 나오는 음행하는 여자에 대해 읽고, 그녀가 창조성을 어떻게 사용했는지 적어보라.

　　a. 말

　　b. 몸

4. 〈잠언〉 5~7장에서, 남자가 그 여자를 따라다니는 이유라고 생각되는 것을 적어도 세 가지 찾아보라.

5. 〈잠언〉 5:15~19절에서, 음행하는 여자의 창조적인 덫에 대한 해답은 무엇인가?

6. 〈잠언〉 5:15~19절을 현대적인 표현으로 옮겨보라.

7. 〈잠언〉 5:19절을 개인적으로 적용해서 하나님께 드리는 기도로 다시 써보라.

8. 이 장에서 우리는 스티븐 코비의 철학을 인용했다. "창조성의 열쇠는 바라보는 최종 목표로 시작한다." 지금부터 5년 동안 연인으로써 당신은 어떤 사람이 되고 싶은지 써보라. 그리고 나서 경건하고 감각적인 아내로 성장하기 위해 다음 한 달 동안 당신이 할 일을 적어도 세 가지 적어보라.

<table>
<tr><td>제
11
과</td><td># 우리의 열정이 회복될 수 있을까요?</td></tr>
</table>

<u>읽기 과제</u>　**Q19_ 우리의 열정이 회복될 수 있을까요?**(319쪽)

1. 열정은 "저항할 수 없는 강렬한 느낌이나 감정 ; 사랑, 열렬한 애정, 사랑의 욕망" 이라고 정의할 수 있다. 〈아가서〉 8:6~7절의 NRSV 성경에서 '열정(passion)' 이라고 번역하고 있는 히브리 단어는 《구약성경》에서 종종 하나님의 열정을 묘사하는 단어로 사용된다. 다른 성경 번역들은 이 단어를 '질투' 또는 '열심' 으로 옮긴다. 〈열왕기하〉

19:31, 〈이사야서〉 9:7, 〈이사야서〉 37:32 그리고 〈예레미야서〉 31:3절을 읽으라. 이 구절들에 드러나는 하나님의 열정에 대한 정의를 적어보라.

2. 〈아가서〉 8:6~7절을 읽으라.

   a. 이 구절들에서 하나님에 대해 배운 것은 무엇인가?

   b. 남편과 아내 사이의 열정적인 사랑에 대해 배운 것은 무엇인가?

3. 독일의 철학자 괴테는 "가장 중요한 일이 가장 사소한 일에 좌우되어서는 안 된다."고 말했다. 당신과 남편의 사랑의 관계는 하나님과 당신에게 중요하다. 당신의 결혼생활에서 열정을 우선순위에 두기 위해 할 수 있는 다섯 가지 방법을 적어보라.

4. 당신의 예민한 감각성은 남편이 방으로 들어오기 전 당신의 마음에서 시작한다. 성적으로 생각하기는 마음의 불꽃, 집중이다. 당신의 마음과 생각이 열정을 위해 준비되는 데에 도움이 될, 당신이 할 수 있는 일을 세 가지 적어보라.

5. 이 장의 '열정을 위한 분위기 마련하기' 부분을 다시 읽으라. 당신의 침실과 욕실의 분위기를 점검하라. 좀더 열정을 끌어낼 수 있는 분위기를 만들기 위해 당신이 할 수 있는 몇 가지 단계를 적어보라.

6. 이 장의 '평생 지속되는 열정'을 다시 읽으라. 이 이야기를 읽고 어떤 느낌이 드는가? 당신이 남편과 일생 동안 지속될 열정에 불을 붙이고 그것을 유지하기 위해서 취할 수 있는 실제적인 행동은 어떤 것들인가?

7. 이 장에서 제시한 열정을 일으키기 위해 가능한 네 가지 계획 중 하나를 골라서, 그것을 이번주 성생활 레퍼토리에 추가하라.

8. 당신을 향한 하나님의 열정적인 사랑과 당신이 남편과 더불어 누리기를 바라시는 열정적인 사랑에 대해 하나님께 감사의 기도를 드리라.

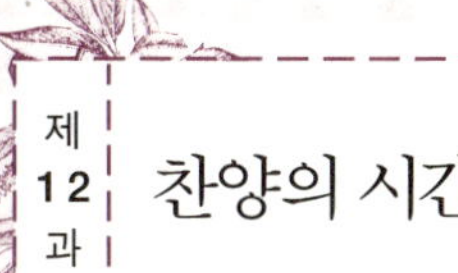

제12과 찬양의 시간

지난 11주 동안 당신은 성에 대한 하나님의 목적을 공부했다. 이 12번째 주는 하나님이 당신에게 계시하신 것에 감사를 드리고 축하하는 시간이다.

＊ 감사(당신 혼자서, 모임 전에)

하나님이 당신에게 가르치신 것들에 대해 그분께 감사하는 것으로 매일을 시작하라. 그에 더해서 다음의 과제를 완수하라.

1. 지난 11주간의 자료를 다시 살펴보라. 하나님에 대해 배운 것들을 표현하는 글을 써보라. 하나님이 성경에서 부부관계에 대한 그분의 견해를 분명하게 표현해주신 것에 대해 하나님을 찬양하라.

2. 당신 자신과 당신의 성관계에 대해 배운 것을 표현하는 짧은 글을 써보라. 그분이 당신의 태도와 행동에 대해 드러내 보여주신 것들에 대해 하나님께 감사하라.

3. 축하시간에 그룹과 함께 나눌 무언가를 준비하라. (아래 '축하' 항목에 있는 제안들을 보라.)

＊ 축하(그룹 모임 시간에)

축하시간은 마지막 그룹 모임 중에 있을 것이다. 이 시간을 어떻게 보낼 것인지 미리 결정하라.(음식을 하나씩 해와서 누군가의 집에서 모이는 모임을 할 수도 있다.) 이 공부가 성에 대한 그들의 견해에 어떤 영향을 미쳤는지, 각자 이야기할 수 있는 시간을 갖는다. 여섯 가지 제안이 있다.

1. 당신이 과제로 쓴 것을 읽는다.

2. 하나님이 당신에게 보여주신 것에 감사하는 노래나 시를 쓴다.

3. 당신이 배운 것을 딸(며느리, 손녀)에게 전하는 편지로 쓴다.

4. '친밀감' 과 같은 단어를 사용해서 삼행시를 지어본다. 아니면 당신에게
   특히 의미가 있었던 성경 본문을 인용한다.

5. 당신이 얼마나 성장했는지를 보여주는 그래프를 그린다.

6. 당신의 마음에 있는 새로운 꽃밭을 그림으로 그린다.

하나님이 하신 일을 축하하면서, 경배와 찬양으로 시간을 마무리하라.

주

머 리 말

1. Ann Landers, *Colorado Springs Gazette*, 23 November 1997, Lifestyle sec., 4.

2. Steve Marshall, "Harassment Makes Skies Not So Friendly," *USA Today*, 12 June 1998, sec. A, 4.

1 장

1. Eric Fuchs, *Sexual Desire and Love* (New York: Seabury Press, 1983), 108.

2. Mary Ann Mayo, *A Christian Guide to Sexual Counseling* (Grand Rapids, Mich.: Zondervan, 1987), 28.

3. Tim Stafford, *Sexual Chaos* (Downers Grove, Ill.: InterVarsity 1993), 37.

4. Mike Mason, *The Mystery of Marriage* (Portland, Ore.: Multnomah, 1985), 124.

5. Linda Dillow, *Creative Counterpart* (Nashville: Nelson, 1977), 169.

2 장

1. Dan B. Allender and Tremper Longman III, *Intimate Allies* (Wheaton, Ill.: Tyndale, 1995), 233-4.

2. Allender and Longman, *Intimate Allies*, 215.

3. William R. Newell, *Romans: Verse by Verse* (Chicago: Moody, 1938), 444.

4. 1998년 9월 19일 보네트 브라이트(Vonette Bright)와 나눈 대화를 허락을 맡고 인용한다.

5. 히브리 학자들은 일반적으로 솔로몬의 신부에게 '술람미 여인' 이라는 이름을 부여한다. 그 이름은 '수넴 이라는 마을에 사는 여성 거주민' 을 의미한다. G. W. Bromley, ed., *The International Standard Encyclopedia*, vol. 4 (Grand Rapids, Mich.: Eerdmans, 1988), 497.

6. Richard G. Moulton, "Lyric Idyll: Solomon's Song," *The Literary Study of the Bible* (London: Isbiter & Co., Limited, 1903), 207-24.

7. Allender and Longman, *Intimate Allies*, 252.

8. Allender and Longman, *Intimate Allies*, 252.

3 장

1. Douglas E. Rosenau, *A Celebration of Sex* (Nashville: Nelson, 1994), 86.

2. Bill Hull, *Anxious for Nothing* (Old Tappan, N.J.: Revell, 1987), 137-8.

3. John C. Maxwell, *Your Attitude, Key to Success* (San Bernardino, Calif.: Here's Life, 1984), 128.

4. Bill Hull, *Right Thinking* (Colorado Springs: NavPress, 1985), 68.

5. 내(로레인) 삶에 깊은 영향을 미친 이 강력한 지적에 대해 저자이자 연설가인 신시아 힐드(Cynthia Heald)에게 감사한다.

6. Allender and Longman, *Intimate Allies*, 254.

7. Rosenau, *A Celebration of Sex*, 85.

8. 이 도표는 다음에서 가져온 것이다. Maxwell, *Your Attitude, Key to Success*, 129.

4 장

1. James C. Dobson, "Dr. Dobson Answers Your Questions," *Colorado Springs Gazette Telegraph*, 11 September 1994, E3, quoting from Dr. Paul Popenoe, *Are Women Really Different?*

2. Donald Joy, "Innate Differences Between Men and Women," interview by James C. Dobson (Colorado Springs: Focus on the Family), tape CSO99/880.

3. Donna Jackson, "New News Relationship," *New Woman*, May 1998, 20.

4. Leslie Bennetts, "What Men Really Want," *Ladies Home Journal*, January 1996, 44.

5. Lesley Dorman, "The Three Styles of Sex," *Redbook*, March 1998, 93.

6. Dorman, "The Three Styles of Sex," 93.

7. John Gray, *Mars and Venus in the Bedroom* (New York: HarperCollins, 1995), 63.

8. Carolyn Hagan, "How to Make a Good 'O' Great," *Glamour*, May 1998, 287.

9. Hagan, "How to Make a Good 'O' Great," 285.

10. Hagan, "How to Make a Good 'O' Great," 284.

11. Gray, *Mars and Venus in the Bedroom*, 28.

12. Dennis Rainey, *Lonely Husbands, Lonely Wives* (Dallas: Word, 1989), 255. Used by permission.

6 장

1. "Mission Impossible," *People Weekly*, 3 June 1996, 73.

2. Manna Nash, "Marvelous Meg," *Good Housekeeping*, July 1998, 99.

3. "Mission Impossible," 73.

4. Elizabeth Austin, "The Pound-a-Year Problem," *Self*, January 1998, 109-11.

5. "Snapshots" *USA Today*, 9 June 1998, sec. D, 1.

6. Austin, "The Pound-a-Year Problem," 109-11.

7. "Snapshots," 1.

8. Nancy Wartik, *Glamour*, May 1996, 223.

9. Gray, *Mars and Venus in the Bedroom*, 60.

10. Andrew M. Greeley, *Sexual Intimacy* (New York: Seabury Press, 1973), 86.

11. Lisa Douglass, "Orgasms: The Science," *New Woman*, June 1998, 126.

12. Charles R. Swindoll, *Growing Strong in the Seasons of Life* (Portland, Ore.: Multnomah, 1983), 271-2.

13. Alisa Bauman and Sari Harrar, *Fat to Firm* (Emmaus, Pa.: Rodale Press, Inc, 1998), 10.

14. Weight Down Workshops/Seminar; P.O. Box 689099; Franklin, TN, 37068. Phone: (800)844-5208. E-mail: info@wdworkshop.com

15. "Relationship News," *New Woman*, June 1997, 77.

16. Wartik, *Glamour*, 225.

17. Wartik, *Glamour*, 225.

18. "Sex and Your Health," *Colorado Springs Gazette*, 15 March 1998, Parade sec., 20.

19. "Sex and Your Health," 20.

20. "Sex and Your Health," 20.

7 장

1. Mary Benin, quoted in Carol McD. Wallace, "7 Ways to Find Romance When You Have Little Kids," *Redbook*, July 1998, 96.

2. Jay Belsky and John Kelly, *The Transition to Parenthood*, quoted in Wallace, "7 Ways to Find Romance," 96.

3. Paul Pearsall, *Super Marital Sex* (New York: Ivy Books, 1987), 9.

4. Gary Chapman, *The Five Love Languages* (Chicago: Northfield Publishing, 1992), 156.

5. Lorraine Pintus, *Diapers, Pacifiers, and Other Holy Things* (Colorado Springs: Chariot Victor Publishing, 1995), 19-20.

8 장

1. 이 기도는 다음 저서에서 가져온 자료를 수정한 것이다. John Sandford and Paula Sandford, *The Transformation of the Inner Man* (Tulsa, Okla.: Victory House Inc., 1982), 269-94.

9 장

1. Ronnie Floyd, *The Power of Prayer and Fasting* (Nashville: Broadman, 1997), 13.

2. Charles Mylander, *Running the Red Lights. Putting the Brakes on Sexual Temptation* (Ventura, Calif.: Regal, 1986), 22.

1 0 장

1. Stephen Strang, "Just Say No to Divorce," *Charisma*, May 1994, 108.

2. Ann Landers, *Colorado Springs Gazette*, 30 September 1996, Lifestyle sec., 3.

3. Lewis B. Smedes, *Sex for Christians* (Grand Rapids, Mich.: Eerdmans, 1976, 1994), 146-7.

4. James Dobson, *Colorado Springs Gazette*, 8 March 1998, Lifestyle sec., 3.

5. Natalie Gittelson, "Infidelity--Can You Forgive and Forget?" *Redbook*, November 1978, 192.

6. James C. Dobson, *Love Must be Tough* (Waco, Tex.: Word, 1983), 8.

1 1 장

1. Janet Wolfe, *What to Do When He Has a Headache* (New York Hyperion, 1992), 2.

2. Dagmar O'Connor, *How to Make Love to the Same Person for the Rest of Your Life* (New York: Bantam Books, 1985), 293.

3. Wolfe, *What to Do*, 5-8.

4. C. H. Spurgeon, *Psalms 111-150*, vol. 3 of *The Treasury of David* (Grand Rapids, Mich.: Zondervan, 1966), 290.

5. Frank W. Cawood and Associates, *Natural Medicines and Cures Your Doctor Never Tells You About* (Peachtree City, Ga.: FC&A Publishing, 1997), 257.

6. 오난의 형이 죽었다. 관습에 따르면 오난은 그의 형수를 임신케 해서 그녀가 형의 이름을 이을 아이를 가질 수 있게 하리라는 기대를 받는다. 오난은 분명 자신과 자신의 자녀들을 위해 그 유산을 원했고, 그래서 그는 형수와 동침할 때마다 체외사정이라는 피임법을 실행했다. "그러나 오난은 아들을 낳아도 그가 자기 아들이 안 되는 것을 알고 있었으므로, 형수와 동침할 때마다 형의 이름을 이을 아들을 낳지 않으려고 정액을 땅바닥에 쏟아버리곤 하였다."(창세기 38:9) 오난의 죄는 마스터베이션을 한 것이 아니라 하나님께 불순종한 것이다. 다음을 참조하라. Rosenau, *A Celebration of Sex*, 151.

7. Rosenau, *A Celebration of Sex*, 152-3.

8. Clifford Penner and Joyce Penner, *The Gift of Sex* (Waco, Tex.: Word, 1981), 234.

9. *USA Today*, 31 March 1998, sec. D, 1-2.

10. 식품의약청에 따르면 1998년 봄 비아그라가 시장에 히트한 이래로, 약 130명의 미국인이 이 약을 복용하고 죽었다고 한다. "Drug's Label Gets Additional Warning," *USA Today*, 25 November 1998, 5A.

11. Editors of Prevention Magazine Health Books, *How to Romance the Man You Love* (Emmaus, Pa.: Rodale Press, Inc., 1997), 14.

12. Editors of Prevention Magazine Health Books, *How to Romance the Man*, 15.

13. Chris Bohjalian, "16 Natural Aphrodisiacs," *New Woman*, March 1998, 16.

1 2 장

1. Alan Guttmacher Institute, Special Research Affiliate of Planned Parenthood Federation of America, yearly abortion statistic.

2. Ten Reisser and Paul Reisser, *Identifying and Overcoming Post-Abortion Syndrome* (Colorado Springs: Focus on the Family, 1992), 17.

3. 낙태를 한 한 여성이 태어나지 못한 자신의 아기에게 바친 시. 이 시는 10년 전에 콜로라도 주 콜로라도스프링스에 있는 임산부센터에 익명으로 보내졌다. 우리는 이 시의 저자를 확인하지 못했지만 자신의 시가

오늘날에도 다른 엄마들을 격려하고 있다는 사실을 알고서 그녀가 행복하기를 기도한다.

4. Anonymous, "What They Didn't Tell Me About Abortions," *Today's Christian Woman*, September-October 1996, 75.

5. Anonymous, "What They Didn't Tell Me," 76.

6. Reisser and Reisser, *Identifying and Overcoming Post-Abortion Syndrome*, 7.

7. Reisser and Reisser, *Identifying and Overcoming Post-Abortion Syndrome*, 9.

1 3 장

1. Neal Clement, interview by Laurie Hall, *An Affair of the Mind* (Colorado Springs: Focus on the Family Publishing, 1996), 206.

2. Rosaline Bush, "Caught in a Raging River," *Family Voice*, May 1998, 15.

3. Hall, *An Affair of the Mind*, 207.

4. Hall, *An Affair of the Mind*, 11.

5. Hall, *An Affair of the Mind*, 12.

6. "Business of Pornography," *U.S. News and World Report*, 10 February 1997, 42-50.

7. Tom Helnen, "Sex on the Net," *Colorado Springs Gazette* 16 September 1997, LIF6.

8. Vic Sussman, "Sex on the Net," *USA Today*, 20 August 1997.

9. Debra Evans, *The Christian Woman's Guide to Sexuality* (Wheaton, Ill.: Crossway, 1997), 262.

10. Hall, *An Affair of the Mind*, 196.

11. Harry W. Schaumburg, *False Intimacy: Understanding the Struggle of Sexual Addiction* (Colorado Springs: NavPress, 1992), 20.

12. Tom Minnery, *Pornography: A Human Tragedy* (Wheaton, Ill.: Tyndale, 1987), 39.

13. Hall, *An Affair of the Mind*, 66.

14. Hall, *An Affair of the Mind*, 68.

15. Ron Miller, *Personality Traits of the Carnal Mind* (Hyde Park, Vt.: Entrust Media for Freedom Ministries, n.d.), 53.

16. Richard Foster, *Celebration of Discipline* (San Francisco: HarperCollins, 1978), 43-4.

17. Evans, *The Christian Woman's Guide to Sexuality*, 262.

18. Henry Cloud and John Townsend, *Boundaries* (Grand Rapids, Mich.: Zondervan, 1992), 31-2.

19. 이 목록에 있는 몇 가지 생각들은 홀의 책 《마음의 정사》에서 나온 것이다. 그리고 그 대부분은 진 맥도널이 미국상담가협회와 한 인터뷰 녹음에서 요약한 것이다. 이 테이프를 얻으려면 1-800-526-8673으로 전화하라.

20. Schaumburg, *False Intimacy*, 23.

21. Lou Gonzales, *Colorado Springs Gazette*, 30 January 1998, Business sec., 6.

1 4 장

1. Dan Allender, *The Wounded Heart* (Colorado Springs: NavPress, 1990), 41.

2. Marilyn Van Derbur Atler, interview in the *Colorado Springs Gazette*. 17 June 1998, A1, A12.

3. Atler, interview in the *Colorado Springs Gazette*, A12

1 5 장

1. Paul Lee Tan, *Encyclopedia of 7700 Illustrations* (Rockville, Md.: Assurance Publishers, 1979), 215.

2. Franz Delitzsch, *Commentary on the Song of Songs and Ecclesiastes* (Grand Rapids: Eerdmans, n.d.), 45.

3. Harris H. Hirschberg, *Vestus Testamentum*, no. 4 (September 1961): 380. Delitzsch, *Commentary on the Song of Songs*, 88에서도 '동산(garden)' 은 '여성의 방' 곧 질을 의미한다고 해석한다.

4. Joseph C. Dillow, *Solomon on Sex* (Nashville: Nelson, 1977), 132-4.

5. Delirzsch, *Commentary on the Song of Songs*, 122.

6. Dillow, *Solomon on Sex*, 134.

7. Stephen Covey, *The 7 Habits of Highly Successful People* (New York Simon & Schuster, 1989), 98-9.

1 6 장

1. Marjorie Ingall, "Romantic Getaways Gone Wrong: 7 True Tales," *Redbook*, August 1998, 66.

2. Douglass, "Orgasms: The Science," 109.

3. Marty Klein, "When Women Talk About Sex," *New Woman*, March 1997, 132.

4. Pearsall, *Super Marital Sex*, 123.

5. Rosenau, *A Celebration of Sex*, 47.

6. Catherine Dennis, "The Sex Skill You Can Practice Anywhere," *Redbook*, February 1997, 74.

7. Beverly Whipple, quoted in Dennis, "The Sex Skill," 76.

8. Dennis, "The Sex Skill," 76.

9. Linda DeVillers, quoted in Gail Hoch, "The Secrets of Highly Orgasmic Women," *Redbook*, November 1996, 101.

10. Gail Hoch, "The Secrets of Highly Orgasmic Women," 99.

11. Rosenau, *A Celebration of Sex*, 52.

12. Mary Ann Mayo and Joseph L Mayo, *The Sexual Woman* (Eugene, Ore.: Harvest House, 1987), 33-4.

13. Ed Wheat and Gaye Wheat, *Intended for Pleasure* (Old Tappan, N. J.: Revel, 1977), 103-11.

14. Rosenau, *A Celebration of Sex*, 242. 더 많은 정보를 찾는다면 이 책의 18장 "Women Becoming More Easily Orgasmic," 241-54을 읽어보라.

1 7 장

1. W. F. Arndt and F. W. Gingrich, *A Greek-English Lexicon of the New Testament* (Grand Rapids, Mich.: Zondervan, 1957), s.v. "molvno" (impure).

2. Bromley, *The International Standard Bible Encyclopedia*, s.v. "crime."

3. *The Lexicon Webster Dictionary*, vol. 2, s.v. "sodomy."

4. Bromley, *The International Standard Bible Encyclopedia*, s.v. "sodomite."

5. R. Laird Harris, Gleason Archer, Bruce Waltke, *Theological Wordbook of the Old Testament*, vol. 2 (Chicago: Moody, 1980), s.v. "gadesh."

6. Penner and Penner, *The Gift of Sex*, 228.

7. Dillow, *Solomon on Sex*, 31.

8. Rosenau, *A Celebrations of Sex*, 57.

9. Smedes, *Sex for Christians*, 211.

10. Wheat and Wheat, *Intended for Pleasure*, 76-7.

11. From *Legal Briefs* by Michael D. Shook & Jeffrey D. Meyer (New York: Macmillan, 1995) and from Details, June 1993, quoted in *Marie Claire*, November 1996, 78-9.

12. Smedes, *Sex for Christians*, 212.

1 8 장

1. Wheat and Wheat, *Intended for Pleasure*, 193.

2. Wolfe, *What to Do*, 22.

3. Karen S. Peterson, "Study finds highly educated have less sex," *USA Today*, 14 January 1998, 1A.

4. "Sex Sex Sex," *Jane Magazine*, March 1998, 70.

5. Mayo, *A Christian Guide to Sexual Counseling*, 82-3.

6. Mayo, *A Christian Guide to Sexual Counseling*, 83.

7. Evans, *The Christian Woman's Guide to Sexuality*, 130.

8. Smedes, *Sex for Christians*, 210.

9. Mayo, *A Christian Guide to Sexual Counseling*, 201.

10. Smedes, *Sex for Christians*, 211.

11. Wolfe, *What to Do*, 243.

12. Barbara DeAngelis, *Ask Barbara* (New York: Bantam, 1997), 169.

13. Gray, *Mars and Venus in the Bedroom*, 77.

14. Gray, *Mars and Venus in the Bedroom*, 139.

15. Gray, *Mars and Venus in the Bedroom*, 92.

1 9 장

1. Ann Landers, *Colorado Springs Gazette*, 12 March 1998, Lifestyle sec., 6.

2. Pearsall, *Super Marital Sex*, 15-6.

3. Editors of *Prevention* Magazine Health Books, *How to Romance the Man*, 20.

4. Rick Bundschuh and Dave Gilbert, *Romance Rekindled* (Eugene, Ore.: Harvest House, 1988), 64.

5. Bundschuh and Gilbert, *Romance Rekindled*, 193.

6. Ann Landers, *Colorado Springs Gazette* 6 June 1998, Lifestyle sec., 5.

7. Editors of *Prevention* Magazine Health Books, *How to Romance the Man*, 3.